普通高等教育"十二五"商学院精品教材系列

兼并重组

——企业外部扩张管理

马丁·格劳姆
(Martin Glaum)

[德]　　　　　　著

托马斯·赫特施莱因特
(Thomas Hutzschenreuter)

王煦逸　编译

上海财经大学出版社

图书在版编目(CIP)数据

兼并重组:企业外部扩张管理/(德)格劳姆(Glaum.M.),(德)赫特施莱因特(Hutzschenreuter,T.)著;王煦逸编译.—上海:上海财经大学出版社,2014.6

书名原文:Mergers & Acquisitions:Management des Externen Unternehmenswachstrums

普通高等教育"十二五"商学院精品教材系列

ISBN 978-7-5642-1849-2/F·1849

Ⅰ.①兼⋯　Ⅱ.①格⋯ ②赫⋯ ③王⋯　Ⅲ.①企业兼并-高等学校-教材②企业重组-高等学校-教材　Ⅳ.①F271

中国版本图书馆 CIP 数据核字(2014)第 037337 号

□ 责任编辑　李成军
□ 封面设计　钱宇辰
□ 责任校对　廖沛昕　赵　伟

JIANBING CHONGZU

兼 并 重 组

——企业外部扩张管理

马丁·格劳姆

(Martin Glaum)

[德]　　　　　　　　　　　　著

托马斯·赫特施莱因特

(Thomas Hutzschenreuter)

王煦逸　编译

上海财经大学出版社出版发行

(上海市武东路 321 号乙　邮编 200434)

网　　址:http://www.sufep.com

电子邮箱:webmaster @ sufep.com

全国新华书店经销

上海华教印务有限公司印刷

上海远大印务发展有限公司装订

2014 年 6 月第 1 版　2014 年 6 月第 1 次印刷

787mm×1092mm　1/16　17.75 印张　454 千字

定价:52.00 元

图字:09-2014-224 号

Original German language edition:"Mergers & Acquisitions: Manage-ment des externen Un-ternehmenswachstums"published by: Verlag W. Kohlhammer Verlag, Stuttgart, 2010 (ISBN 978-3-17-020375—4),© Martin Glaum & Thomas Hutzschenreuter

CHINESE SIMPLIFIED language edition published by SHANGHAI UNIVERSITY OF FINANCE AND ECONOMICS PRESS, Copyright © 2014.

译 者 序

    随着中国经济的发展,并购已成为我国企业快速发展的一个重要手段,目前我国每年有并购案3 500多例,合计金额超过1.2万亿元,不管是涉案金额还是案件数都比20世纪90年代末增长了十多倍,国内并购成为中国企业市场融合的一个重要手段,另外,国际并购也是中国企业国际化的一个重要途径,联想收购IBM个人电脑事业部和摩托罗拉、三一重工收购德国普茨迈斯特等并购案例成为中国企业国际化的标志,并购已经成为我国企业发展壮大的一个不可或缺的工具。

    为了把德国关于并购的最先进理念和方法介绍给我国读者,译者在德国众多的有关教材中,选择了格劳姆教授和赫特施莱因特教授合著的教材《兼并重组》作为引进对象。格劳姆教授来自德国著名的综合性大学吉森大学,赫特施莱因特教授来自德国一流的商学院奥托贝森管理学院,两位作者的学术背景保证了本书既具有理论的前沿性,又具有实践的适用性。本书不但从财务上介绍了兼并重组的经典知识,同时从战略管理的角度介绍了兼并重组的有关内容,创造性地实现了两者的结合,从而确立了本书的特点和学术地位,为读者提供了一个对于兼并重组的独特视角。

    在介绍了有关兼并重组基本知识框架的基础上,本书系统地介绍了兼并重组的整个过程以及分析方法,然后从金融和法律的视角分析了兼并重组的特殊性,最后从企业联合的角度分析了兼并重组的特点,给读者以一个全面视角来看待兼并重组,使得本书在不失理论先进性的同时保证了实践的适用性。

    本书的翻译得到了我以前的学生中国银行上海分行史雯婷硕士和我的硕士生杜金芳、刘妍、于善英和尤永浴的大力支持,在此表示衷心的感谢。同时本书的出版也得到同济大学中德学院普华永道会计和管理控制学教席、德国吉森大学和奥托贝森管理学院的大力支持,同时也感谢上海财经大学出版社的李成军先生为本书的出版所做出的贡献。

王煦逸

2014年3月19日于同济大学中德学院

中文版前言

并购是促进企业发展的重要方式。通过并购,企业可以迅速扩大规模、改善结构、扩大市场份额、进驻新市场和获得领先技术。

对于中国企业来说,并购的战略作用日益显著,1991 年以来中国企业并购市场的发展充满活力,目前中国每年共有并购案 3 500 多例,合计金额超过 2 000 亿美元,不管是涉案金额还是案件数都达到了 20 世纪 90 年代末的十多倍,已经明显超过德国的并购市场。国内并购成为中国企业市场融合的一个重要手段,另外,由中国企业参与的跨国并购具有更大的意义。以前中国企业更多是被并购的对象,目前越来越多的中国企业成为企业并购发起方,中国企业跨境并购的主要目标是保障能源供给和获得新技术。

但是,在实践中存在大量并购失败的例子,而且科学研究表明,很多并购交易并未达到预期目的。这就引发了一个问题,哪些因素是影响并购成败的关键因素,或者更确切地说,为确保较高的成功率,在并购的计划和执行过程中,高层管理人员应该关注哪些因素。

本书旨在为读者提供关于企业并购管理的系统和科学概述。并购对企业高层管理人员的要求较高,无论是在并购计划还是执行过程中,高层管理人员都要对企业管理各个分支学科有广泛而全面的理解,其中包括企业战略、组织、人力资源、采购、生产、销售、财务、会计等,同时,高层管理人员还要对微观经济学、法学有一定的了解。因此,并购管理也被称为工商管理的"皇冠上的明珠"。

目前关于并购的常见书籍都只深入研究了并购的单个方面,如并购融资、并购战略等。而本书尽可能全面、均衡地讲述了与并购相关的所有企业管理知识,特别将并购交易从战略角度和财务角度进行了整合。所有章节中都介绍了理论基础和经验研究的现状,为了使读者能够更形象地理解并购管理,书中运用大量并购实例说明问题。

本书旨在用于教学,适合各种课程和短期培训课程。全书共 4 个部分 15 章,涉及并购的各个方面,除了作为绪论的第一部分外,其他章节之间的前后顺序并不重要,读者可以按照自己的需要决定各个章节的顺序,也可以跳过某些章节。

此书的中文版本是以德文原版为依据进行编译,在德文原版的编写过程中我们得到很多专业人员的支持,在此感谢安妮特·布洛克、简·法布豪尔、亚历山大·格劳斯、朱利安·豪斯克特、托比斯·科勒、安德烈·克劳尔、西蒙·劳德克、赫尼格·迈耶和迈克尔·施密特。此外,还要特别感谢 CMS 德和信律师事务所的希尔克·赫辰博士、蒂姆·里赫博士和罗兰·威林先生为我们提供的关于企业并购的法律知识,感谢普华永道会计师事务所的豪哥·希姆勒博士仔细校对了企业评估这一章,感谢吉森尤斯图斯—李比希大学的教授迈克尔·威尔赫姆博士为税务方面的问题提供了很多宝贵意见。

同济大学中德学院普华永道内部控制学基金教席教授王煦逸博士为本书的翻译做出了巨大的贡献,并根据中国的具体情况对书中相关内容进行了适当的调整,使读者更清晰地理解书中内容,在此,我们向王煦逸教授表示诚挚的感谢!

我们希望,此书的中文版本可以丰富中国并购交易领域的专业知识。同时,我们也希望将来本书能用作中国高校相关课程的教材,为学生以及相关从业人员在企业管理方面的教育和培训提供帮助。

马丁·格劳姆

托马斯·赫特施莱因特

2013 年 2 月于吉森和瓦伦达尔

Vorwort zur chinesischen Ausgabe

Mergers & Acquisitions (M&A) sind ein wichtiges Mittel der Unternehmensentwicklung. Mit ihrer Hilfe können Unternehmen ihre Größe und Struktur schnell und weitreichend verändern, Marktanteile hinzugewinnen, in neue Märkte eindringen oder die Kontrolle über zukunftsweisende Technologien erlangen.

Auch für chinesische Unternehmen erlangen M&A-Transaktionen zunehmend strategische Bedeutung. Seit dem Ende der 1990er Jahre hat sich der Markt für Unternehmensübernahmen in China sehr dynamisch entwickelt. Derzeit werden in China pro Jahr mehr als 3. 500 M&A-Transaktionen mit einem Gesamtwert von mehr als 200 Milliarden US-Dollar durchgeführt. Anzahl und Gesamtwert der Transaktionen sind seit dem Ende der 1990er Jahre um mehr als das Zehnfache angestiegen und übertreffen heute deutlich die entsprechenden Werte für den deutschen M&A-Markt. Für chinesische Unternehmen sind Übernahmen im Inland ein wichtiges Instrument zur Konsolidierung von Märkten. Von großer Bedeutung sind grenzüberschreitende M&A-Transaktionen mit chinesischer Beteiligung. Während in früheren Jahren chinesische Unternehmen meist das Zielobjekt solcher Transaktionen waren, treten chinesische Unternehmen in jüngerer Zeit immer öfter als Käufer im Ausland auf. Wichtige Ziele der "outbound"-M&A-Transaktionen chinesischer Unternehmen ist die Sicherung von Rohstoffquellen und der Zugang zu modernen Technologien.

Allerdings zeigen zahlreiche Fälle in der Praxis, dass M&A-Transaktionen häufig fehlschlagen. Auch wissenschaftliche Studien belegen, dass Unternehmen mit den Transaktionen häufig nicht die angestrebten Ziele erreichen. Dies wirft die Frage auf, von welchen Faktoren der Erfolg von Zusammenschlüssen abhängt; oder, anders formuliert, was Führungskräfte bei der Planung und Durchführung von Zusammenschlüssen beachten müssen, um eine hohe Erfolgswahrscheinlichkeit zu gewährleisten.

Mit dem vorliegenden Lehrbuch wollen wir einen systematischen, wissenschaftlich fundierten Überblick über das Management von Akquisitionen und anderen Zusammenschlussformen bieten. Unternehmenszusammenschlüsse stellen hohe Anforderungen an Führungskräfte in Unternehmen. Sie müssen bei der Planung und bei der Realisierung der

Zusammenschlüsse auf ein sehr breites, ganzheitliches Verständnis aller Teildisziplinen der Betriebswirtschaftslehre (Strategie, Organisation, Personal, Beschaffung, Produktion, Absatz, Finanzierung, Rechnungslegung etc.) sowie angrenzender Disziplinen (z. B. Mikroökonomik, Recht) zurückgreifen. Das Management von M&A-Transaktionen kann daher mit Recht auch als eine Art "Königsdisziplin" der Betriebswirtschaftslehre bezeichnet werden.

Bislang vorliegende Bücher zum Themenkreis M&A gehen meist nur auf einzelne wissenschaftliche Dimensionen vertieft ein (z.B. Finanzen oder Strategie). Wir behandeln hingegen in unserem Buch alle betriebswirtschaftlichen Aspekte möglichst umfassend und gleichgewichtig. Insbesondere bemühen wir uns um eine Integration der strategischen mit der finanzwirtschaftlichen Perspektive von M&A-Transaktionen. In allen Abschnitten werden die jeweiligen theoretischen Grundlagen vermittelt und der Stand der empirischen Forschung dargestellt. Zahlreiche Praxisbeispiele illustrieren die Darstellung, um dem Leser die Herausforderungen des Managements von M&A-Transaktionen lebendig zu vermitteln.

Das Lehrbuch ist dazu konzipiert, um begleitend zu Vorlesungen oder anderen Formen von Lehrveranstaltungen eingesetzt zu werden. Es ist in vier Teile und 15 Kapitel untergliedert. Die Kapitel behandeln jeweils einzelne Aspekte von Akquisitionen und anderen Zusammenschlussformen. Abgesehen von den ersten, einführenden Abschnitten ist möglich, die Kapitel in einer anderen Reihenfolge zu behandeln oder einzelne Kapitel ganz zuüberspringen.

Die chinesische Version unseres Lehrbuchs baut auf der deutschen Fassung auf. Wir wurden bei der Arbeit an der deutschen Fassung durch wissenschaftliche Mitarbeiter unterstützt, insbesondere durch Annette Blöcher, Jan Faßhauer, Alexander Grothe, Julian Horstkotte, Tobias Keller, André Klöcker, Simone Lordieck, Henning Meyer und Michael Schmitt. Zu besonderem Dank verpflichtet sind wir auch Frau Dr. Silke Herchen, Herrn Dr. Tim Reher und Herrn Roland Wiring von CMS Hasche Sigle, Partnerschaft von Rechtsanwälten, für ihre vielen hilfreichen Anmerkungen zu rechtlichen Aspekte von Unternehmenszusammenschlüssen, Herrn Dr. Holger Himmel, PricewaterhouseCoopers AG, für seine intensive Durchsicht des Kapitels zur Unternehmensbewertung, sowie Herrn Prof. Dr. Michael Wehrheim, Justus-Liebig-Universität Gießen, für seine wertvollen Hinweise zu steuerlichen Fragen.

Die Übersetzung und die Anpassung des Textes an die Besonderheiten des chinesischen Marktes hat Herr Prof. Dr. Wang Xuyi, Inhaber der PwC-Professur für Rechnungswesen und Controlling am Chinesisch-Deutschen Hochschulkolleg (CDHK) der Tongji-Universität (Shanghai) vorgenommen. Wir bedanken uns bei ihm sehr herzlich für sein Engagement!

Wir hoffen, dass die nun vorliegende chinesische Version unseres Lehrbuchs die fachliche Diskussion über M&A-Transaktionen in der VR China bereichern wird. Wir hoffen, dass das Buch künftig in vielen interessanten Lehrveranstaltungen an chinesischen Hochschulen eingesetzt wird und auf diese Weise zur fundierten betriebswirtschaftlichen Ausbildung von Studierenden und Praktikern beiträgt.

Martin Glaum

Thomas Hutzschenreuter

Gießen und Vallendar, Februar 2013

企业联合是企业管理学中最有趣和最吸引人的论题之一,特别是大型企业并购是企业发展一个很重要的过程,对于企业发展具有里程碑意义。企业的管理层试图通过并购实现多样性的目标:跨越式的成长、对新市场的渗透、对于未来导向型技术的控制或者其他资源的控制。通过企业联合,参与者们特别想实现所谓的协同效应,以此来提高他们的企业价值——我们可以用"2+2=5"这个公式来简化表达这种作用。通常而言,管理者们在强调企业联合的积极战略价值时,企业的其他利益相关者却有他们自己的顾虑。例如,雇员可能会担心其职位,客户和供应商会关注其与企业建立的长期关系,投资者则会考虑并购交易对企业未来资金流动性的影响。人们公开讨论大量大型的企业并购交易并引发争议。例如,戴姆勒收购克莱斯勒(1998 年)、沃达丰对曼内斯曼的恶意收购(1999~2000 年)、舍弗勒对大陆集团的恶意收购(2008 年)以及保时捷收购大众汽车失败而被反收购(2006~2009 年)。

一方面,企业并购以及其他如战略联盟、合资企业的合作形式是企业发展的重要战略工具,而另一方面,实证研究也指出,参与联合的企业通常甚至在多数情况下都达不到其预期目标,因此,企业联合对管理层提出了很高的要求。由此,人们也许会问:一项企业联合的成功取决于哪些要素;或者说,为了保证企业联合有较高的成功率,管理者在企业联合的规划和执行过程中应该注意些什么。

通过本书,我们试图为读者提供有关企业并购以及其他企业联合形式管理的一个系统和科学的概览。然而,在企业管理学的研究和教学中,企业并购也是一个难点,有关它的分析,要求我们对企业管理学所有子学科(战略、组织、人事、采购、生产、营销、融资和财务等)以及相邻学科(如微观经济学、法学)有一个深刻、全面和整体的理解。从教学角度出发,有关本领域的教学内容针对本科高年级、硕士阶段以及经理人培训项目,以此可以让学生对企业管理学不同子学科的共同作用有一个整体认知。反之,这些知识通常是分别教授给学生的,他们无法看到其中的相关性。

至今为止,有关企业联合的书籍通常是从从业者的角度撰写,或者往往是深入研究其中的一个领域(例如,财务或者战略),在本书中,作者试图对所有企业管理的视角进行尽可能全面均衡的阐述。在各小节中,我们会介绍相关的理论基础和它们实证研究的现状,此外,来自实践的众多案例也使读者能够更加直观地阅读本书。

本教材是为相关的大学讲座课程或者其他教学课所设计的,分为四个部分共十五章,每章分别对企业并购或者其他企业联合形式的一个视角进行阐述,除了开始的导入章节,读者可以对各章节以不同的顺序进行处理或者对某些章节进行合理取舍。

作者为本书的撰写投入了数年的时间,其间我们进行了多次深入的讨论,这些讨论同时向我们展现了企业联合的多面性和多层次性,我们自身也学习到了很多。在此,要感谢所有对本书的编写给予支持的人:首先,要感谢我们的同事安妮特·布洛克(Annette Blöcher)、简·法布豪尔(Jan Faßhauer)、亚历山大·格劳丝(Alexander Grothe)、朱莉·豪斯克特(Julian Horstkotte)、托比斯·科勒(Tobias Keller)、安德烈·克劳克尔(Andre Klöcker)、西蒙·劳德克(Simone Lordieck)、赫尼格·迈耶(Hennig Meyer)和迈克尔·施密特(Michael Schmitt)。此外,还要特别感谢来自CMS德和信律师事务所(CMS Hasche Sigle)的希尔克·赫辰(Silke Herchen)女士、蒂姆·里赫(Tim Reher)先生和罗兰·威林(Roland Wiring)先生,他们对本书很多有关企业联合法律方面的内容给出了建议。同样,我们要感谢来自普华永道的豪哥·希姆勒(Holger Himmel)先生对本书有关企业评估的章节进行了审阅,以及来自德国吉森大学的迈克尔·威尔赫姆(Michael Wehrheim)教授对于税务问题提出了有价值的建议。

最后,本书也是基于我们过去几年在吉森大学和奥托贝森管理学院(WHU-Otto Beisheim School of Management)的许多讲座、讨论课、专题讨论以及MBA和经理人课程的教学经验,在此,我们也要感谢学生们的众多问题和建议。此外,在未来的教学活动中,我们希望本书对于学生们是有趣的和有启发性的,并且也希望本书能够帮助经理们在现实企业联合的操作中克服难题。

马丁·格劳姆

托马斯·赫特施莱因特

2010年4月于吉森和瓦伦达尔

C目录

ONTENTS

第一部分　基础知识

- 收购和兼并的实质
- 并购作为促进企业发展的工具
- 收购的目标及理论
- 并购的成就

收购和兼并的实质

以收购和兼并为表现形式的企业联合是企业发展的重要手段。与通过公司内部"有机"增长而促进企业渐进持续发展的方式相反,企业管理层可以通过企业联合方式,实现企业结构和规模的跳跃式发展。企业收购和兼并是一件十分复杂的事情,为了使读者能够全面系统地了解事情的原委,我们将在本章中解释一些基本概念,介绍企业收购和兼并最重要的形式及其特征。我们将详细讨论下列问题:

- 收购和兼并的含义是什么?
- 企业收购和兼并与其他形式的企业联合有什么区别?
- 企业收购和兼并的形式有哪些?
- 企业收购和兼并过程中要注意哪些特征?
- 企业并购过程涉及哪些参与者?

1.1 企业收购和兼并与其他企业联合形式的差别

收购和兼并都是企业联合的形式。企业联合这一概念指的是,法律上和经济上独立的两个或两个以上企业之间建立相互关系,参与这一过程的企业中至少有一个企业要部分甚至全部放弃自主权。企业联合可以实现不同的目的,其中最重要的是企业可以通过联合共享优势、分散风险以及实现规模经济效益,我们将在第3章中详细解释企业联合的动机。

在管理实践中,企业联合有很多不同形式,因此,需要按照某个标准对于企业联合进行分类,其中一个重要的标准就是结合度,结合度衡量对参与联合企业经济独立性的限制程度。如果参与联合的企业仍旧保持经济上的独立,这种企业联合称作企业合作,企业合作有很多种形式,如从所谓的战略同盟到合资企业。在本书的第14章中,我们将详细讨论企业合作的不同形式及其管理方式。

　　在企业联合的过程中,如果至少一家参与联合的企业失去其经济上的独立性,那么这种形式的企业联合就称为企业合并。如图1—1所示,企业合并可以进一步细分为企业收购和企业兼并,这些概念对于本书接下来的论述有着至关重要的意义,因此,在接下来的两节中,将详细解释这些概念。在此之前,需要简单解释一下来自英美的词组"Mergers & Acquisitions"(M&A),德文中也常使用这一说法,但目前对于这一词组尚没有一个统一的定义。一方面,这两个词是同义词,在语义上有重叠之处;另一方面,这一词组与企业联合这一概念的界限也很模糊(Pausenberger,1989)。因此,在本书中我们将尽量避免使用"Mergers & Acquisitions"这一含糊其辞的说法,取而代之的是定义明确的德文概念:企业收购和兼并。但是,对于在德文中被广泛使用的、带有"Mergers & Acquisitions"或其缩写M&A的一些出自英文的外来语,我们保留了"Mergers & Acquisitions"(M&A)这一英文词组。

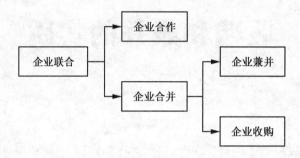

资料来源:Pausenberger(1989,第625页)。

图1—1　企业联合的形式

1.1.1　企业收购

　　企业收购指的是,取得一家之前已经存在、独立企业的控制权。[①]　企业收购是企业联合的一种重要形式,我们将在第2章中详细解释有关内容。企业收购是一种通过外部增长使得企业壮大的形式,它与企业的内部增长不同,企业的内部增长是指企业通过增加员工和生产设备来扩大生产能力,而企业的外部增长是指收购已经存在的生产要素组合。因为企业收购没有催生新的生产潜能,也没有创造新的工作岗位,它只是对现存生产潜力的所有权进行了再分配,因此,收购不能促进整个社会层面上的经济增长。

　　企业收购导致目标公司经济自主权的丧失,而收购方控制范围的扩大,也就是说,A公司取得了B公司的控制权。通常,收购法律上独立的公司通过收购其大部分资本或者投票权来实现,因此,买方通过补充条款或者人事兼职关系等各种方式来控制目标公司及其资源。根据德国《股份有限公司法》规定,当被收购方B公司受收购方A公司控制,并处在其领导下之时,一个康采恩集团就诞生了,更确切地说,是一个按照德国《股份有限公司法》第18条第1款定义的隶属康采恩集团,也称"多公司企业集团"(Pausenberger,1975),它的特征就是,多个法律上独立的企业处于统一领导之下。

---

　　①　从广义上讲,取得企业较大部门或法律上不独立的企业的控制权也属于企业并购的范畴。

1.1.2　企业兼并

兼并指的是,之前独立的两个或两个以上的公司,融合成一个法律实体,这与收购有一定的联系,兼并也可以是之前处于一个康采恩集团中经济上相互依存的公司之间的联合。

在德国,企业兼并要遵循《企业兼并法》。企业兼并主要有两种途径:一种是通过收购的方式实现兼并,被收购方失去其法律上的独立性和财产所有权,作为一个整体被收购,所有产权和业务往来都被收购方吸收,作为补偿,被收购公司的股东将得到收购方公司的股票。另一种兼并的形式是新建一家公司,即所有参与兼并的公司都将失去法律上的独立性,它们重新组合成一个新的法人实体。当新的公司在工商局进行注册时,所有参与兼并的原公司全部终止存在,参与兼并公司的所有者可以获得新成立公司的股票。兼并之后形成有组织的企业与形成这一企业的那些法人实体之间在法律意义上有严格的区别,后面将对这一区别进行解释。

在实际操作中,企业并购的法律程序,如各企业是仍保持法律上的独立性,形成一个康采恩集团,还是以兼并的形式合并成一个新法律人实体,这都取决于公司法和税法的规定。为了阐明这些问题以及相关的类似问题,在大型交易过程中,通常会聘请专业律师以及税务顾问。本书第 10 章将详细解释企业联合过程中公司法和税法方面的相关知识,在此之前,本书需要先介绍一些企业管理方面的相关知识,主要讲解经济上和法律上独立企业之间的并购。

接着简要介绍一下英美词条中的企业收购和兼并,有时候,兼并是指两个规模相当的企业之间的联合,这时,德文也会使用“Merger of Equals”,这与德语中“Fusion unter Gleichen”是一样的意思,都是两个规模相当企业之间的联合。在这种情况下,形成了一个新的法人实体,还是两个企业仍然保持法律上的独立性,这些都不重要,重要的是,这两个企业各方面都不相上下,得到的评价差不多,而且各自的领导层拥有的权力大体相当。通常,在企业联合之后,两个企业仍然由各自领导层管理,称为“双峰”体制。

规模相当企业之间的合并还有另外一个特征,就是企业可以进行股票交换,例如,企业 A 和企业 B 进行联合,企业 A 和企业 B 的股东都可以将他们所持有股票换成由 A 和 B 兼并而成的新公司的股票。这种形式的企业联合是否可行,涉及税务、财务会计以及其他相关法律规定,我们将在后面的章节中详细阐述(参见第 10 章)。

在实际操作中,有时候磋商联合企业双方之间的谈判能力并不对等,这种说法只是为了掩饰强大的公司收购弱小公司这一本质,使得被收购公司的领导层和员工不觉得自己处于劣势地位。在这种情况下,运用“规模相当的企业之间联合”这一说法除了考虑税法和其他相关法律的规定之外,也考虑了心理因素或者政治原因。有时候,采用“双峰”体制,也是出于这方面原因的考虑,设置双领导层并不能真正显示出公司中的权力关系,那只不过是为了完成过渡而采取的一种形式而已。

1998 年,戴姆勒奔驰和克莱斯勒公司的联合就是一个很好的例子,出于对心理因素的考虑,将实际上的企业收购说成是“规模相当企业之间的联合”。1998 年 9 月,这一场交易一直被说成是规模相当的企业伙伴之间进行的企业联合。2000 年 10 月 30 日,在接受《金融时报》采访时,戴姆勒克莱斯勒前董事会主席于尔根·施伦普承认了这次收购之所以被这样定义,主要是考虑了心理因素:“我们需要采取迂回的方式来完成这次收购,出于心理原因,我们不得不这样说,如果我们直接跟他们说克莱斯勒不行了,我们要收购它,那么他们那边的所有人都会说:‘没门,我们绝不会做这个交易’。”

1.2 收购的方式

本节将从以下几个方面介绍收购的基本特征:参与企业之间的关系、收购途径、交易形式、法律程序、支付方式以及融资方式。

1.2.1 参与企业之间的经济关系:横向收购、纵向收购和混合收购

收购的一个重要特征是收购方与被收购方之间的关系,根据这一关系,可以将收购分为横向收购、纵向收购和混合收购。

横向收购是指同行业企业之间的收购,例如,一家汽车企业收购另一家汽车企业、一家制药企业收购另一家制药企业等。横向收购使得同一行业内的企业数量不断减少,集中程度提高,同时很可能提高收购方的市场竞争力。2007年,柏林航空收购 LTU 航空公司就是一个典型的横向收购案例。

纵向收购是指收购处于同一价值链上的企业,它们通常处于这一价值链上创造价值的不同阶段,它们之间可能是顾客—供货商关系,也可能即将成为顾客—供货商关系。例如,一家钢铁公司收购一家铁矿石开采公司,一家制药公司收购一家药品销售公司等。如果供应商收购了它的顾客或者潜在顾客,这种收购行为称为前向整合,像前面所讲制药公司收购药品销售公司。相反,如果顾客收购了其供货商或者潜在供货商,那么这种收购行为称为后向整合,例如钢铁生产公司收购了铁矿石开采公司。

混合收购是指那种既不属于横向收购也不属于纵向收购的收购方式①,参与并购的公司既不是潜在的竞争关系,也不是潜在的采购与供应商关系。在实践中通常用风险控制理论来解释,收购与已方没有直接经济利益关系的公司。可是,出于这种目的的收购,并不是完全没有问题,我们将在第 3 章中详细阐述。

在管理实践中,横向收购占有重要地位,这是十分合乎常理的。因为如果参与并购企业的价值创造链有重叠,那么并购势必会促进利润增长和成本节约,进而促进价值的增长。在德国,由联邦卡特尔局负责收集和分析企业联合的数据,从表1—1中我们可以看到,在联邦卡特尔局登记的 2007 年和 2008 年的并购案中,横向收购的数量是纵向收购数量的 5 倍,数量居第二位的是混合收购。

表 1—1　　　　　　　　　德国横向收购、纵向收购与混合收购的次数

收购方式	2007 年	2008 年
横向收购	1 748	1 341
纵向收购	106	92

---

① 在有些参考文献中,这种既不属于横向收购也不属于纵向收购的并购有时也被称为"Konglomerat"。当然,我们很重视对参与并购企业之间经济关系的区分,以及这些企业在价值创造方面的相似度。如前所述,横向收购中的企业就可能拥有相同的价值创造水平,而纵向收购中的企业,往往处于同一价值创造链的不同位置,混合并购中的企业在价值创造方面常常没有直接关系。并购通常是一种战略成长工具,以此扩大企业的产品基础和地区基础,我们将在第 2 章中详细阐述这一点。根据收购和被收购企业的价值创造体系相似度,我们又可以将收购分为集中的、相关的和混合的收购。

收购方式	2007 年	2008 年
混合收购	388	242
总　计	2 242	1 675

资料来源:《联邦卡特尔局业务报告》第 13 500 期,第 181 页。

1.2.2　并购方式:谈判、拍卖和并购报价

根据收购方获得目标公司产权的方式,我们可以将并购分为三种形式:双边谈判(少数人参与的谈判)、拍卖以及公开的并购报价(Berens et al.,2005,第 34 页)。

双边谈判(或者称少数人参与的谈判)可用于任何法定形式的企业,双边谈判是德国最常用的并购方式。双边谈判既可以由买方提出,也可以由卖方提出,因此,任何一方都可以主动寻找潜在的买方或者卖方,并与之取得联系进行磋商。这种谈判,可以直接由两方中的一方提出,也可以全权委托一名顾问,由其负责联系。顾问可以由企业经纪人(中介人)、金融机构或者审计师担任,通过顾问建立联系时,顾问不应马上透露委托人身份,他可以首先以匿名的方式询问对方是否有兴趣参与进一步的谈判。顾问完全可以主动联系潜在的买方或者卖方。

双边谈判是灵活的,可以根据不同情况调整谈判持续的时间以及谈判进程。由于卖方在双边谈判的过程中,只选择了一个有购买兴趣的潜在买方,所以产权的移交相对较快。而买方只有在充分了解卖方期望的交易条件时,才可能成功收购卖方公司。此外,外界以及公司员工通常是在并购已经成功、老板已经换人之后才得知并购一事(Pausenberger,1989,第 23 页)。这种秘密谈判交易的一个缺点是,那些没有参与交易准备和执行的管理层以及公司其他员工很可能并不接受这项交易,他们觉得自己被忽视了。卖方公司应当注意的是,在这种秘密的、只要少数人参与的双边谈判过程中,卖方公司很可能得不到一个最优价格。如果卖方公司不能承担这种保密谈判所带来的损失,就应该试着同时与几家有兴趣的买方进行谈判,或者将企业拍卖。

在拍卖过程中,多家收购方同时参与竞争,争取与卖方公司单独谈判的机会。通过多家收购方的竞价,卖方公司通常能够得到一个最优价格。拍卖一般分为公开的和有限制的拍卖,二者的区别在于卖方与潜在收购方的联系方式。公开拍卖时,卖方企业在一个无限制和匿名的买方圈中公开自己的拍卖意愿,而在有限制的拍卖中,通常先由卖方公司在潜在的买方企业中做出选择,选出几家合适的买方。这样,一方面可以提高保密程度,另一方面可以减少组织和协调方面的经费。拍卖的好处在于,拍卖过程是有序进行的,而且多家参与竞争的企业只能在卖方给定的一个时间段内考虑并做出决策(Illenberger & Berlage,1991,第 442 页)。有购买意向的收购方必须迎合卖方给定的时间和条件限制,并在短时间内提出收购方案。

公开并购报价(或称公开投标出价)指的是公开向股份公司的股东提出,在一定时间内将其股份按某一价格出售,或者按照某一比例兑换成其他股份。为了吸引股东,使其卖出手中的股份,买方给出的价格应比股东在市场上出售股份的价格更具优势。公开并购报价的目的在于,在规定的时间内取得目标公司的控制权。与其他的收购方式相比,公开并购报价这种方式中,买方很难得到目标公司的内部信息,在不被目标公司支持的恶意收购案中,收购方完全拿

不到目标公司内部的信息。

自 2002 年以来,德国的公开并购报价按照《股权收购法》的规定实施。在《股权收购法》中,对期限、进程、提供信息的义务以及需公开信息的形式和内容都有规定,特别规定要公平对待所有股东以及保持进程的透明度。

1.2.3　交易形式:善意收购和恶意收购

资合公司(在德国主要是有限责任公司和股份有限公司)的一个核心特征是,管理功能和所有者功能是分离的,一些非股份公司也有这样的情况,例如,大型家族企业。所有者功能与管理功能的分离是股份公司特别是所谓公共股份公司的特征,公共股份公司的股东从几千人到几十万人都有可能。

如果公司不是由所有者经营,而是由雇用的管理者(总裁)来管理,则可能会引起这两方人员之间的利益冲突(见第 3 章)。在收购案中可能出现如下情况,管理者从自身利益出发,不支持对所有者有利的交易。在这种情况下,有购买意愿的收购方可以越过公司的管理层,直接找到所有者,说服他们出售自己的股权。根据公司管理层对收购案的基本态度,可以将收购分为善意收购和恶意收购。

善意收购指的是融洽的、符合目标公司管理层想法的收购。目标公司的管理层支持收购案,因此,在法律允许的范围内,他们为收购方提供信息,在接下来的收购过程中,与其行为保持一致。

在收购过程中,管理层措施的实施,有积极和消极之分。消极指措施的搁置,这可能阻碍收购过程。积极指实施措施以支持所谓独家协议的签订,与此同时,不允许目标公司以及其股东与其他可能的买方联系,或者同时与几家可能的收购方谈判。这两种形式都考虑了机会成本,而这一机会成本由当前的股东承担。

如果在与目标公司的管理层第一次接触时,有购买意愿的收购方就意识到,目标公司的管理层不愿意就可能的收购进行谈判,收购方可以直接找目标公司的所有者,向其提出收购其股权的方案,这种报价方案通常是有时限的,这种收购称为恶意收购。如前所述,有购买意向的收购方应向目标公司的股东提出比资本市场上更优惠的价格,以使收购方案更具吸引力。目标公司的管理层可能会试图通过防御措施来阻止收购。基于公开发布的可用信息,有购买意向的收购方可以构建关于目标公司的模型。除此之外,在成功完成一次恶意收购之后,部分地甚至全部失去目标公司的高层管理人员是要考虑的问题。随之出现的,是明显的智力流失。

恶意收购在社会上以及学术界都是有争议的,在美国以及其他盎格鲁撒克逊国家中,近几十年来有大量此类收购,这种收购是与管理层的意愿相违背的,目的是达到公司的战略转型。自 20 世纪 80 年代以来,在盎格鲁撒克逊资本市场上,投资者致力于找出那些在当前管理层管理下并不能达到最优收益并因此在资本市场上被低估的公司。那些被称为"企业掠夺者"的投资者试着收购这些价值被低估的公司,有时收购过程中要与其管理层对抗,之后,通过战略转型,甚至是将整个公司分割出售以获取收益(见第 13 章)。

在德国以及其他欧洲大陆国家,直到前几年,恶意收购还不常见。德国第一批恶意收购中的一个案例是 2000 年沃达丰收购曼内斯曼。曼内斯曼的管理层一开始对沃达丰的收购案并不知情,沃达丰没有经过与管理层的谈判,就直接向股东提出了收购案。曼内斯曼的管理层试图通过频繁的股东大会以及媒体报道使股东相信,曼内斯曼的实际价值以及预期的价值增长高于沃达丰收购案中提出的公司实际价值以及预期的价值增长。直到沃达丰明显改善了其收购方案,给曼内斯曼更加优惠的条件之后,曼内斯曼的管理层才不再反对收购案,并建议股东接受收购方案。在接下来的几年中,德国司法机构调查了曼内斯曼的收购案,当时高层管理人员被指行为不忠,因为他们在成功收购之后得到了大量的奖金。而根据一件在公众中引起广泛关注的事件,可以得知这次收购少支付的金额高达 580 万欧元。

1.2.4　法律形式:资产交易与股权交易

企业收购可以以资产交易或者股权交易的方式进行。资产交易指的是,收购方可得到目标公司的全部资产,包括实物资产与法律方面的权利,或者至少得到其资产的核心部分,其中包括地产、厂房和设备。民法上将之称为物品购买(《民法》第 433 条),即将目标公司的财产进行转交。如果还包含了债权以及权利的转交,通常被称为物品购买与权利购买相结合的收购。资产交易要求对每种物品以及每一项权利在质和量方面都进行详细的描述,收购方可以自行决定,接管哪些财产,不接管哪些财产。值得注意的是,对于动产、地产以及权利的转交存在着不同的法律标准。例如,《民法》(第 929 条)规定动产可以通过协调进行转交、地产可以进行转让和登记(第 925 条),而公司的法律权利只能转让给新的所有者(第 398 条)。在资产交易中,只有所涉及的财产能够进行明确确认时,收购才有效。出于规避赋税以及法律方面风险的需要,以资产收购替代股权收购也是有意义的。如果收购方已经收购了目标公司的全部财产,那么目标公司仅剩的是一个空壳法人,它将作为一个空壳被保留下来,供目标公司在未来的某些情况下用于经营活动。

股权交易指收购目标公司的股份。民法规定,股权交易的对象包括合伙公司(无限责任贸易公司、两合公司、有限责任公司和两合公司的子公司)的成员资格、有限责任公司的股份以及股份有限公司的股票。随着产权的收购,收购方也可以依照相关法律法规享有被收购公司信息的使用权、领导权以及控制权。与资产交易相比,股权交易中物权的转交相对简单,因为民法规定不必对目标公司的物权进行详细描述(在合伙公司中,公司财产与个人财产的分离是一个棘手的问题),收购方只收购股权。值得注意的是,在公司更换所有者的同时,目标公司之前已签订的合约仍然有效,其履约责任并不因此而取消,所以,在股权交易中,收购方做出的承诺有重要意义。

股权交易与资产交易不同,资产交易收购的是目标公司的全部物品以及法律权利,而股权交易中,收购方所收购股份的百分比是可变的。收购方可以收购目标公司 100% 的股份,也可以收购其过半数的股份,在某些情况下,可能只收购不到半数的股份,也能达到控股的目的,例如,当目标公司其他股份分布十分分散时。

1.2.5　支付方式:现金支付和股票兑换

收购方可以以不同方式向被收购方支付收购所需资金,最常见的两种方式是现金支付和股票兑换。除此之外,收购方还可以通过其他方式,付给目标公司原所有者补偿金,例如将其原有股份兑换成不动产或者是兑换成其他公司的股票。

现金支付是指被收购方从收购方处得到一笔钱(Yook,2003,第 477 页)。尽管这笔钱通常并不是以现金形式出现,而是直接通过银行转账到被收购方的账户,这种方式仍被称为现金支付。

股票兑换指的是公司股票之间的兑换。目标公司 A 的原有股东放弃其在 A 公司中的股份,将其兑换成收购方 B 公司的股份,在这一过程中,目标公司 A 变成了收购方 B 公司的子公司。对于收购方来说,股票兑换的好处是,不用支付现金,不会使得流动资产量减少。因为 B 公司的原所有者也成了 A 公司的所有者,所以 A 公司的所有者需与 B 公司的原所有者分享 A 公司的所有权、控制权以及分摊未来收益的权利,B 公司原所有者参与 A 公司未来收益分配的同时,也为新成立的 AB 联合康采恩集团承担风险。

两公司合并之后的控制权分配以及机会的分配和风险的承担,由对两公司的比较评估和因此得出股票兑换时的股份兑换比例所决定,关于这一点将在第 7 章中详细阐述。

1.2.6 融资方式:自有资本和外部融资

收购方可以用本公司现有流动资产支付收购金,也可以为此筹集新的资金。在一些小的收购案中,收购方有能力用本公司现有流动资产支付收购款项,例如,瑞士移动通信公司在通信行业中观察了很多年,以寻找一个合适的收购目标,到 2003 年 12 月 31 日,它已经为此积累了 29 亿瑞士法郎的资金,有能力用现有流动资金收购一家大规模的目标公司。然而,瑞士移动通讯公司的管理层没有进行收购,而是在 2006 年 2 月 16 日,向股东分派了一笔高达 10 亿瑞士法郎的红利。

如果需要筹集新增资金,那么,可以是自有资本,也可以是外部融资。股份有限公司吸收额外自有资本会使资本增多,可以将新增股份出售以获取流动资金,也可以将新增股份用作收购资金。如果将新增股份卖出,原有股东就有优先认购权(见《股份有限公司法》第 186 条),当然前提是,他们没有在资本市场上将自己的优先认购权转让出去。原有股东行使优先认购权时,应用现金购买新发行的股票。

原有股东行使优先认购权之后,剩余未出售的股票可以在资本市场出售,或者选择某些投资者,向其推销。通过增资,公司可以获得流动资本用于收购目标公司。

新发行的股票可以直接用作收购资金,付给目标公司的所有者,作为他们在买方公司的投资。将目标公司原有股份兑换成收购方公司股份这一增资形式在法律上称为实物入股,前提是收购方公司的原有股东放弃其对新发行股票的优先认购权。增资以及放弃优先认购权,必须在全体股东大会上至少由出席会议的原有股东中 3/4 的人同意方才有效(见《股份有限公司法》,第 186 条第 3 款)。股东大会也可以委托管理层或者董事会执行增资以及放弃优先认购权等事宜(《股份有限公司法》,得到许可的增资,第 202 条)。

除了自有资本,买方也可通过外部融资来获得收购所需资金。外部融资有很多不同形式,从传统的银行贷款到在资本市场发行有价证券。外来资金的利息水平取决于信用风险,风险越小,利息越低。抵押担保分为物权抵押和无物权抵押担保。在物权抵押担保中,抵押的是实物或资金财产。在无物权抵押时,人们可以用将来的现金流来进行抵押。从价值稳定性角度考虑,无物权抵押有很大的风险,出资人会利用与收益相关的利息获得一些附加收益作为补偿。抵押担保物的价值稳定性越差,自有资本的参与度越高,自有资本与外部资本的结合程度就越高,这种自有资本和外部资本结合的形式,被称为"夹层债务融资"。外部融资的一种特殊形式是杠杆收购,买方公司很大程度上依靠外部资金来支付收购款。在第 9 章中将详细讨论收购融资的问题。

1.3 并购的参与者

1.3.1 买方主要特征

在并购案中,买方主要有三类:所谓的战略买家、金融买家以及管理层。

战略买家是指那些希望通过并购实现其战略目标的企业。战略性发展是指收购方将目标公司与本公司的财务资源和实体经济资源相结合,收购方希望达到的战略目标是多种多样的,例如,扩大市场、取得补充资源以增强企业的获利能力、通过规模或者财务协同作用(特别是风险控制)来降低成本,第 3 章将详细讨论战略买家的收购动机。

金融买家指基金公司、风险投资公司和私募股权融资公司,其目标是企业财务重组潜能或战略重组潜能。金融买家通常在 2～5 年内,将目标公司进行重组,然后整体出售或者分割出售以赚取利润。可以通过发行新股将重组后的目标公司卖出,也可以将其卖给战略买家或者转卖给其他金融买家,将收购来的公司转卖给其他金融买家的做法称为"Secondary"。例如,2002 年,KKR 私募股权融资公司收购了西门子股份有限公司的德马格控股(Demag Holding),KKR 将其液压减震器业务转卖给了另一家私募股权融资公司,而将计量仪器这一业务卖给了这一领域的另一竞争者,也就是所谓的战略买家。

除了战略买家以及金融买家之外,目标公司也可能被本公司的管理层接管,这称为管理层收购。收购团队通常由在目标公司工作多年的中高层管理人员组成,他们对公司的各个部门以及各项业务都十分熟悉。如果是外部管理者接管了目标公司,担任管理层,并成为公司所有者,这种收购被称为买进管理权(MBI)。

由于管理者很难有足够的资金去收购一家公司,因此,他们通常要与愿意提供资金的出资者合作。管理层收购通常由私募股权融资公司出资,私募股权融资公司很重视资助管理层收购目标公司这一方式,这样可以稳定目标公司的管理层。私募股权融资公司有意识地让管理层参股目标公司,以激发管理人员的认同感和工作动力。通过将公司的所有权和领导权结合,可以把管理者和所有者之间的利益冲突降低到最低程度,建立一个以企业价值增长为目标的管理层。

这种管理层收购以及买进管理权的案例在美国十分普遍,但是,这两种方式在欧洲还没有得到广泛应用。德国私募基金与风险投资联合会称,近年来,在德国管理层收购的案例明显增加。长期以来,管理层收购在德国股票市场上并不受重视,但自 2001 年以来,在股份公司的并购案中,管理层收购占据了主导地位。2007 年,德国私募股权融资公司和风险投资公司进行的所有收购案中,55.7% 是管理层收购。2007 年,德国管理层收购的总投资额为 33 亿欧元,超过了 2006 年的 26 亿欧元①。

1.3.2 卖方特征

分析公司卖方的特征之前,有必要先区分一下上市公司以及非上市公司(由一个人或者几个人所有的公司)。上市公司的所有者又可以进一步被区分为私人投资者和投资机构(基金公

---

① 详情请参见网址:http://www.bvk-ev.de/privateequity.php/cat/98/aid/213,2008 年 11 月。

司、银行、保险公司等),或者称其为企业家或者企业家族。此外,上市公司还可以通过其资本区分为由自由流通资本控制或者由大的投资者控制。对于由自由流通资本控制的上市公司,可以通过买入股票获得公司的控制权,因此,投资人可以向目前的股东提供收购方案。小股东以及投资机构都对更高的投资收益率感兴趣,所以,如果新投资人提供的价格高于目前股价以及他们的期望收益,他们通常会选择将股票卖出。

在德国有很多上市公司是由一个人或者几个人控股的,例如,阿尔塔纳(Altana)、费森尤斯(Fresenius)、汉高(Henkel)、默克(Merck)、保时捷(Porsche)和 SAP 等是由一个人完全或者大部分控股,通常控股人是公司的创建者或者最初创建者的家族。投资人需要说服控制大部分股权的股东,才能取得公司的控股权。与小股东不同,公司创建者或者其家族考虑最多的往往不是经济利益,他们对公司有着深厚的感情,所以对公司的长期存在更感兴趣。

在一些中小型非上市公司中,也存在着类似的情况,这些公司的所有者对公司也有着深厚的感情,然而,由于两个原因,他们还是要将公司出售。一个原因是,小企业通常不具备将公司发展成具有国际竞争力大公司的财力以及人力资源,因此,将公司出售给大的、国际化的康采恩集团往往更符合公司以及员工的利益。另一个原因是,在一些典型的中型家族企业中,没有合适的继承人来领导公司将来的发展,创始股东要退休时,不得不考虑公司后续的控制问题而将公司出售。

除了之前讨论到的自然人之外,在并购市场上法人也起着重要的作用。尤其是那些卖出公司主营业务或者其他业务的大企业,这种撤资决定,可能是公司战略调整的结果。公司管理层在分析公司的业务投资组合时,得出的结果可能是公司某些业务与公司的战略不相符(参见第 15 章),这些不相符的业务将被关闭或者被出售,或者在交易所交易。尤其是 20 世纪 90 年代以来,很多多元化公司都不再投资其边缘业务,而将重心放在其"核心业务"上。例如,西门子在 1999 年通过首次公开发行股票的方式将爱普科斯的被动式组件生产业务从公司分离出去;几乎同时,英飞凌公司也将其半导体业务通过首次公开发行股票的方式分离出去;2005年,西门子又将为其造成严重亏损的移动电话业务出售给中国台湾企业明基。这三大并购案,只是西门子公司在过去的几年中很多个撤资案中的几个例子。其他的公司也通过并购和撤资等方式来重组其业务投资组合,例如,德国巴斯夫公司在 1992~2003 年间,通过并购案和撤资案,所获资金总额高达 110 亿欧元。

收购方在完成收购后,可能将收购来的目标公司的部分业务出售,或者是因为这些业务是收购方不需要的边缘业务,或者是按照卡特尔法的规定必须将这些业务出售。例如,沃达丰在收购曼内斯曼时,欧盟反垄断监管机构对其进行了严格限制。沃达丰必须将曼内斯曼集团英国移动公司 Orange 出售,否则的话,沃达丰就会垄断英国的移动市场,沃达丰以 480 亿欧元将 Orange 出售给了法国电信公司,同时他也将意大利 Infostrade(Festnetz)以 110 亿欧元的价格出售给了能源集团意大利国家电力公司(ENEL)。为了将精力集中到移动业务上,沃达丰将曼内斯曼的工业业务艾泰克斯(Atecs)以 96 亿欧元的价格出售给了西门子和博世公司,将奢华手表业务以 20 亿欧元的价格卖给了瑞士历峰集团(Richemont Gruppe),将亏损的管材业务以 0.51 欧元的象征性价格卖给了萨尔茨基特公司。

金融投资公司也可能成为卖方公司。私募基金以及其他金融投资公司的基本运作方式就是,一段时间之后将其收购来的股票卖出。例如,私募股权融资公司通常在 3~5 年的重组期之后,将其收购的公司卖出,所获得的自有资本用于新的投资,或者分配给股东。

1.3.3　并购市场上的服务提供商

在并购过程中,根据自身能力和经验以及并购案规模的大小和复杂程度,买方和卖方公司会找服务提供商来完成某些任务,服务提供商包括战略顾问、投资银行、公司经纪商、审计师、税务顾问、律师等,在实际操作中,他们的任务领域往往有交叉。

战略顾问帮助企业评价自身的业务投资组合以及增长型战略的发展潜力。卖方公司雇用战略顾问来开发撤资战略,而买方公司雇用战略顾问为其收购案的开发提供咨询,并协助寻找目标公司。此外,在并购案完成之后,战略顾问还要在对目标公司的整合过程中提供帮助。

为并购案提供咨询是盎格鲁撒克逊投资银行的传统业务之一,近些年来,德国的银行努力增强其在投资银行以及并购案咨询方面的能力,尤其是德意志银行,已经发展成为这一业务领域内国际领先的银行之一(参见表1-2)。其他德国大银行也广泛开展并购案咨询业务,主要服务对象是中型企业。

表 1-2　　　　　　　　　　　2008 年德国并购咨询公司排行榜

咨询公司	交易额(单位:十亿美元)
德意志银行	116.86
高盛集团	86.64
瑞士银行	85.40
摩根士丹利	71.16
法国巴黎银行	60.95
德利佳华	55.78
汇丰银行	55.00
野村证券	54.68
摩根大通	52.19
花旗集团	51.42

资料来源:Kunisch(2009,第51页)。

投资银行为买方和卖方公司在整个并购过程中提供服务,直到签约。为买方公司提供的主要服务包括寻找目标公司、与目标公司取得联系、分析和评价目标公司、制定融资战略,甚至提供资金支持、主持谈判直到签约、协助买方公司通过反垄断检查,还可以协助买方公司与其他投资人及利益群体谈判。投资银行也可以为卖方公司提供相应的服务,特别是目标公司出售之前的准备工作、寻找潜在的买家、从卖方公司的角度分析目标公司、主持谈判、协助签约等。此外,银行的并购专家还可以帮助目标公司的管理层抵御"恶意收购"。

在并购案中运用投资银行提供的咨询,是有利益冲突的(Sudarsanam,2003,第466~467页)。利益冲突的一个原因是,投资银行家的收入通常与交易相关,所以,他们总是尽最大可能促成并购案的签约,不管并购案是否能保证买方和卖方公司的长期利益。此外,投资银行中负责并购案咨询的工作人员,可能将在咨询过程中得到的 A 公司绝密信息,应用于竞争对手 B 公司或者 C 公司的咨询过程中。这种行为一旦被揭发出来,相关人员就要承担法律责任,例如,A 公司可能索要赔偿,但是不管怎样,这种行为一定会极大地损害投资银行的信誉,所以,投资银行与其服务对象通常会签订保密协议。此外,将在咨询过程中得到的非公开信息,用于可以获利的证券买卖,也是违法的(这种行为称为内幕交易)。

全能型的大银行如果参与信贷业务或者大量持有上市公司的股票(以前,这种现象在德国很常见),那么在提供咨询服务时,它们可能还有更多的利益冲突。例如,2006 年,林德集团收购英国燃气供应商 BOC 时,德意志银行既是参与董事会的股东,又是企业的顾问。因此,银行有义务在其各个业务领域之间树立屏障,防止关键信息的进一步传播。[①]

企业经纪人专门负责撮合买方公司和卖方公司。他们得到卖方公司的授权卖出公司或者公司的某个部分,同时协助买方公司寻找合适的目标公司。他们在公司买卖市场上有着过硬的知识和丰富的经验,与投资银行家得到报酬的方式类似,企业经纪人的收入通常也是与交易相关。大型国际性投资银行占据了大企业并购案的市场,小的企业经纪人则专注于中型和小型企业在并购过程中的服务需求,有时,他们甚至只专注于某一特定领域或地区。

审计公司的核心业务是对目标公司的财务关系进行仔细的审计(这种审计称为财务尽职调查,详见第 5 章)以及对目标公司的评估。在合同谈判之前,审计公司受有购买意向的买方公司委托,对目标公司的外部会计与内部会计数据进行校验。财务尽职调查的目标是,确定目标公司是否符合收购方的标准,是否存在某些风险,收购方可能因为这些风险而放弃收购目标公司。财务尽职调查的数据是接下来对企业进行评估的基础,企业评估通常也由审计师来执行。

企业并购中,如何得到最佳的税务组合,需要拥有专业知识的专业税务顾问的协助,特别是在跨国并购案中,要考虑多个国家的公司法及税法规定,更需要专业税务顾问。这时税务规划通常由大型国际审计公司的税务部门来制定。

对并购交易法律后果的评估,交给律师事务所来做比较好。通常,买方公司和卖方公司都会让其原有的法律顾问参与到并购案中,律师通常要在签合同之前的尽职调查中提供协助(法律尽职调查)。他们在合同谈判中向交易对象提供咨询,尤其是在签订最终条件和保证的时候,还要涉及并购交易公司法和税法方面的问题。此外,律师事务所还负责制定所有交易所需的合同协议,并监控后面的签订过程。另外,在大型并购案中,需要专业律师协助买方公司应对反垄断法的审查。

1.4　参考文献

Berens, W., Mertes, M. & Strauch, J. (2005): Unternehmensakquisitionen, in: Berens, W, Brauner H. & Strauch J. (Hrsg): Due Diligence bei Unternehmensakquisitionen, Stuttgart, pp.25—68.

BVK (2006): BVK-Jahresstatistik 2006, im Internet unter: http://wivw.bvk-ev.de/privateequity.php/cat/98/aid/213(November 2008).

---

① 参见《证券交易法》第 33 条第 1 款。

Deutscher Bundestag(2009),Bundeskartellamt,Drucksache 16/13500,Tätigkeitsbericht 2007/2008,Nr.13500.

Holzapfel,H.P.& Pollath,R.(2000):Unternehmenskauf in Recht und Praxis:rechtliche und steuerliche Aspekte,9.Auflage,Köln.

Illenberger,S.M.& Berlage,J.S.(1991):Verfahrenswahl beim Unternehmenskauf,in: *Die Bank*,Nr.8,pp.441—445.

Kunisch,S.(2009):Der deutsche M&A-Markt 2008—Im Zeichen der Finanzkrise,in: M&A Review,No.2,pp.47—55.

Pausenberger,E.(1975):Konzerne,in:Grochla,E./Wittin,W.(Hrsg.) Handwörterbuch der Betriebswirtschaft,Stuttgart,pp.2234—2249.

Pausenberger,E.(1989):Zur Systematik von Unternehmenszusammenschlussen,in: WISU,H.11,pp.621—626.

Sudarsanam,S.(2003):*Creating Value from Mergers and Acquisitions*.The Challenges, Pearson Education Limited.

Yook,K.C.(2003):*Larger* Return to Cash Acquisitions:Signaling Effect or Leverage Effect?,in:*Journal of Business*,Vol.76,No.3,pp.477—498.

并购作为促进企业发展的工具

为了说明并购与企业发展的关系,我们首先构建一个理念来描述企业发展的最终目标。企业要达到其发展的最终目标,必须通过很多战略决策以及增长型战略,而并购正是战略决策的结果,也是实施增长型战略的关键。本章最后将用经验数据说明并购在企业管理实践中的重要意义。

本章主要涉及如下几个问题:

- 企业发展包含哪些内容?
- 战略决策有哪些特征?
- 增长型战略主要有哪些?
- 如何根据企业发展这一概念将并购分类?
- 并购在企业管理实践中有什么意义?

2.1 企业发展的过程

企业随着时间而发生的变化称为企业发展。企业的变化可以通过量的特征或者质的特征来描述,量的特征如企业规模,质的特征如企业的组织形式。考察管理实践中的企业发展,规模不是持续扩大,正常情况是,在某一时期高速发展,在某一时期低速发展甚至萎缩。并购是企业发展过程中的战略决策,会促进企业突飞猛进的发展,给企业带来很大的变化。

图2—1显示,企业的变化是企业发展的结果。改变会发生在两个时间点之间,这两个时间点企业的状况可以通过如下几个因素来描述:

企业环境:主要包括经济增长、客户关系、竞争者数量和关系、潜在的竞争者、技术创新和规章制度;

企业特征：包括实体经济规模和金融经济规模，如产品种类和数量、生产设备、销售额、企业组织结构、员工人数和领导层；

企业目标实现程度：意味着个人目标以及公司目标的实现，如销售额和利润的增长。

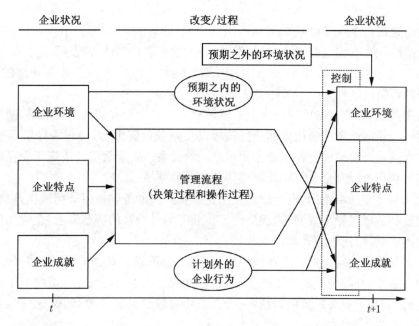

资料来源：Hutzschenreuter(2009，第78页)。

图2—1 企业发展的过程

在时间点 t 和 $t+1$ 之间企业的状况发生变化，也就是说，用来描述企业状况的企业环境、企业特征、企业目标实现程度等相关因素发生了变化。很多因素对企业的发展有影响，其中一部分因素不受企业影响或很少受企业影响，管理层可以调整另一部分可受企业影响的因素，使其对企业产生积极的影响。

对企业发展的积极影响来源于企业的管理流程，即决策过程和操作过程。例如，当企业的某一目标未能实现时，就会启动一个管理流程，企业在过去某一时期决定的增长目标如果没有实现，那么这个理论与实际之间的偏差就会促使管理层做出进一步的决定。在决策过程中，必须找出对评估有重要影响的选择项。此外，还需确定哪些人对最后决定的方法负责，可以使用哪些资源。决定的履行和监控保证了管理流程的完成。

企业增长战略的核心问题是，在通过内部方式和外部方式促进企业增长之间的选择问题（参见2.4节）。企业要决定，是通过企业内部的发展逐步实现企业的发展，还是通过并购促进企业突飞猛进的发展。如果企业要在短时间内达到某一增长目标，或者企业本身无法提供内部增长所需的资源，那么管理层会做出通过外部方式促进企业增长的战略决策。

除了管理层会对企业施加积极的影响之外，企业本身也会因为自身所处环境的改变而变化，这些环境改变可能是预期之内的，也可能是预期之外的。例如，某家企业的竞争对手突然破产了，这时这家企业就有了收购竞争对手的机会。不可能所有的事情都按照管理层的计划进行，那些偏离了管理层计划的企业行为，被称为计划外的企业行为。例如，收购了目标公司之后，必须对目标公司进行整合，整合进程可能明显偏离了原来的整合计划。

2.2　战略决策

企业战略是指对企业发展基本结构所做的决策(Chandler,1961；Ansoff,1965；Andrews，1987)，企业战略往往有固定的模式，包括设置目标、发现客户群体、涉及哪些产品、主要市场领域以及公司如何运作(Hutzschenreuter,2006,第43页)。战略决定企业内外部的发展方向，以促进企业的可持续发展。

根据适用范围，企业战略可以分为企业整体战略和各个业务领域内的战略，例如企业战略和竞争战略。企业战略考虑公司全部业务领域以及业务投资组合，公司领导层通过企业战略确定企业未来的发展领域以及各个业务领域之间的关系。企业战略还决定了现存业务领域将来的发展趋势和任务以及企业将要开辟哪些新的业务领域。

竞争战略与企业战略不同，竞争战略指出企业在某一业务领域应如何操作，以获取在该领域竞争中的胜利。通过竞争战略，管理层确定企业应满足顾客的哪些需求、企业如何塑造自己与竞争对手的差异，以何种方式取得成功。

并购决定与撤资决定可以是企业战略的一部分，也可以是竞争战略的一部分。康采恩集团通过大的收购案，开辟企业新的业务领域，这种并购决定是管理层企业战略的组成部分。相反，在公司现存的某一业务领域内，收购一个规模相对较小的竞争者，则是这一业务领域领导层所做的竞争战略决策。

根据企业发展的方向，也可以将战略分为不同的类型：增长型战略、稳定型战略和收缩型战略等。这几个战略的特征分别是，某一业务领域内的可用资源增多、保持不变或者减少。增长型战略是指管理层决定对现存业务领域扩大投资或者进军新的业务领域。如果战略分析结论与企业的发展目标没有大的偏差，企业领导层可能决定实施稳定型战略，维持现状。收缩型战略是指企业减少某一个或者几个业务领域的可用资源，以减少业务活动量，或者干脆将该业务领域完全出售或者清算。

在增长型战略的实施中，并购自然起到了重要的作用。接下来首先主要介绍增长型战略的概念、类型和实现方式。对于撤资决策，将在第15章中详细阐述。

2.3　增长型战略

企业的增长是指随着时间推移企业规模的扩大。企业的规模可以用不同方式来衡量，例如，通过员工数量、总资产、企业价值、市值等企业的状态规模或者通过销售额、价值增值、利润和产量(一年产多少台汽车或者多少吨钢铁)等公司的流量规模来衡量。不同行业用不同的衡量方式，例如，银行之间通常是比较其总资产的多少，而工业企业通常比较其销售额，有时也比较产量的大小。观察者的角度和利益关系不同，选择的衡量标准也不同。例如，工程师倾向于强调企业的技术规模，即企业的产能和产量等，人事经理及工会代表可能更关心员工人数，管理者及财务经理重视企业的财务指标，如资产、销售额、现金流和利润等，而对于企业的所有者来说，最重要的是企业价值、价值增值以及价值的增长率。

在下面的论述中，假定企业规模大小的衡量取决于企业的资源状况，准确地说，企业规模

指的就是企业所投资的金额（Hutzschenreuter，2006，第 36 页）。企业投资的金额多少由企业
的管理层决定，并且企业管理层所决定的企业目标规模与企业价值有着明显的区别。从企业
规模定义的角度出发，企业的增长指企业投资额的增长，这主要是在新资源方面的投资，这里
的资源包括物质资源，如工厂设备等，也包括非物质资源，如员工素质、技术知识等。因此，增
长型战略就是指对新投入资源的运用。

2.3.1　增长型战略的类型

根据企业市场扩张的方式，可以将增长型战略分为两种类型：以扩展企业产品为基础的增
长型战略和以扩展企业涉及地区为基础的增长型战略。产品基础代表的是企业的业绩，而地
区基础反映的是企业获利的地区。如果将企业的这两种增长结合起来，就会得到如图 2—2 所
示的四区域矩阵。

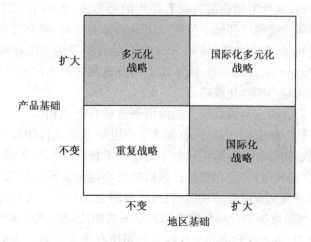

资料来源：Hutzschenreuter（2006，第 51 页）。

图 2—2　通过扩大产品基础和地区基础的增长战略

在分析企业并购时，最吸引人的两种增长型战略是多元化战略和国际化战略。多元化战
略是指通过投资新的资源领域，扩展企业的产品基础，以此达到扩大企业规模的目的。国际化
战略则是指通过投资新的资源领域，扩展企业的地区基础，以此达到扩大企业规模的目的。

根据买方公司和卖方公司现存价值创造链的关系，可以将多元化战略和国际化战略分别
进一步细分。多元化战略进一步细分为同心多元化战略、相关多元化战略、离心多元化战略；
国际化战略进一步细分为同心国际化战略、相关国际化战略、离心国际化战略（参见图 2—3）。

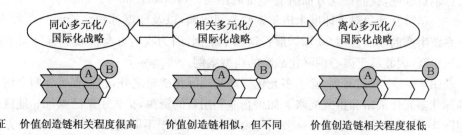

资料来源：Hutzschenreuter（2006，第 54 页）。

图 2—3　根据价值创造链相关程度区分企业战略类型

与第 1 章中以买卖双方企业经济绩效关系为主要特征来区分横向收购、纵向收购、混合收购不同,此处用于分类的主要特征是买卖双方企业价值创造链的相关程度。因此,横向收购、纵向收购、混合收购既可以属于同心多元化战略、相关多元化战略、离心多元化战略,也可以是同心国际化战略、相关国际化战略、离心国际化战略。例如,2007 年 Tomtom 收购 Tele Atlas 是一项纵向收购案,同时也是一项离心多元化战略。Tele Atlas 是一家数码地图供应商,而 Tomtom 是移动导航系统供应商,这次并购案中的两家企业是典型的顾客—供应商关系。因此,就企业经济绩效关系而言,可以将这次收购看作纵向收购。但是,因为这两家企业的价值创造链完全不相关(一家是软件供应商,一家是硬件供应商),因此,这次收购也被看作是一项离心多元化战略。

同心多元化战略指收购方与被收购方的价值创造链十分相似,同心国际化战略与此类似。2007 年柏林航空(Air Berlin)收购 LTU 航空公司,就是一个同心多元化的典型例子,因为这两家企业都是航空公司,在价值创造链方面有很大的相似度,收购了 LTU 之后,柏林航空可以扩展其长途航班业务。德国汉莎航空公司(Lufthansa)在 2007 年和 2008 年的收购案,是同心国际化战略的典型例子,它在 2007 年和 2008 年先后收购了瑞士国际航空公司(Swiss Air)和奥地利航空公司(Austrian Airlines),由于瑞士和奥地利这两个国家与德国十分相似,这两起收购案被视为典型的同心国际化战略。

相关多元化战略指收购方与被收购方的价值创造链有一些相似之处,相关国际化战略与此类似。例如,惠普(HP)和康柏(Compaq)等以生产电脑系统及打印机等电脑配件为主要业务的生产商,新增了数码相机等产品,但这并不是进入了传统的相机领域,因为在传统的相机领域,核心竞争力一直是光学,如今相机生产领域的核心竞争力慢慢转为数据处理,这就给了这两家生产商一个通过并购开辟新市场的机会,但是新业务与旧业务对竞争力的要求有着显著的区别。1998 年,德国戴姆勒奔驰收购美国的克莱斯勒,以及 2008 年比利时英博公司收购美国百威这两个案例中,由于收购方与被收购方公司所在国家有着一定的相似度,因此,这两起收购案被视为相关国际化战略的例子。

离心多元化战略指收购方与被收购方的价值创造链只有很少相似之处或者根本没有相似之处,离心国际化战略与此类似。在实际操作中,实施离心多元化战略最多的是家族企业,它们有意识地寻求着不同业务领域之间的风险平衡。施万—斯特比洛(Schwan-Stabilo)收购户外运动用品专业生产商多特(Deuter)公司的案例,就是一起典型的离心多元化战略案例。2006 年,收购多特之前,施万—斯特比洛的主要业务领域是文具和化妆品两大类。集团主席塞巴斯蒂安·施万豪瑟(Sebastian Schwanhaeuser)认为,此次离心多元化战略的实施除了有分散风险的好处之外,还有一个优点:"化妆品业务领域与户外用品业务领域都需要开发市场和目标消费群体,我们在这方面有着丰富的经验。"(Ritzer,2006)。2006 年,卢森堡阿赛洛钢铁生产公司被其竞争对手印度米塔尔钢铁公司收购,以及印度苏司兰能源公司收购德国风能开发系统生产商瑞能公司 90.72% 股份这两个案例,因为收购方与被收购方公司所在的国家,相似度很低,因此属于离心国际化战略的典型案例。

从图 2—2 中我们看到,除了多元化战略与国际化战略之外,还存在另外两个增长型战略,即国际化多元化战略和重复战略。如果企业利用新的资源,扩大了产品基础和地区基础,就称为国际化多元化战略。如果目标公司与收购方公司处于不同的国家,并且,收购方认为,目标公司能够为收购方开辟新的业务领域,那么,这种收购通常被称为国际化多元化收购。如果企业的产品基础和地区基础保持不变,企业在原有业务领域投资新的资源就能保持增长势头,那么这种增长型战略被称为重复战略。实施这一战略的收购方通常收购那些与本公司有着相同的产品基础和地区基础的目标公司。一个特殊情况是,当涉及行业整合时,国际化多元化战略通常被视为重复战略。

2.3.2　增长型战略的实现形式

增长型战略可以通过外部增长、内部增长和内外部混合增长实现(参见图2—4)。外部增长通过并购实现,即企业收购一些已经整合在一起的资源,外部增长可以促进企业绩效潜能的显著增长。

资料来源:Hutzschenreuter(2006,第58页)。

图2—4　增长型战略的几种实现可能

企业收购尚未整合的资源,将其整合为可以为企业带来经济效益的资产,此类资产与资源以及资源整合的方式相关,这种增长方式称为内部增长。顾客需求的改变可能促使企业采用内部增长模式,例如,金融服务业中网上银行的出现,使得顾客的需求发生变化,20世纪90年代,很多银行进军网上银行领域,组建自己的网上银行部门,一个典型的例子就是德国商业银行 Commernbank AG 建立的子公司 Comdirect Bank AG。

处于内部增长和外部增长这两种极端的增长模式之间的,是内外部混合增长。内外部混合增长的目标是,将多家互不依赖的外部合作伙伴手中尚未整合的资源结合在一起,以此获得在特定领域内的竞争优势,例如,研发营销和研发合作伙伴,或者是合作开发国外市场。因此,这种内外部混合增长模式结合了内部增长和外部增长的要素(Bausch & Glaum,2003)。一方面,混合增长与内部增长有着相似之处,因为合作伙伴通常还需要各自努力加大开发力度。另一方面,混合增长又与外部增长有着相似之处,因为,在混合增长中,有时合作伙伴之间必须要将各自手中拥有的资源结合起来才能取得收益。混合增长与另外两种增长模式的关键不同之处是,权力下放,混合增长中允许任一合作伙伴在共同的业务领域内行使权力。

2.4　通过并购实现企业增长

本节将详细讨论并购如何促进企业的发展。虽然并购会极大地影响企业的发展,但是并购未必能够实现最初的目标,原因有两点:第一,在管理实践中,员工并不总是一成不变地执行领导层的决定(参见第8章);第二,企业的发展会受到很多企业无法控制的外部因素的影响。

通常,企业做出并购决策并不是临时起意,而是经过计划、选择、执行等多阶段的决策过程之后得到的最终结果。企业的领导层通常是从战略角度出发,做出并购决策。因为并购一家企业通常涉及大量资金、稀缺的管理能力、企业整体结构的巨大改变等问题,所以,企业的并购决策通常是从企业全局角度出发做出的战略决策。通过资源的分配,确保企业集聚竞争优势,以获得长期收益。

通过并购,买方获得了卖方公司的资源,将其与自身已有资源进行重新分配整合,实现所谓的协同效应,也就是说,销售额增长、成本下降和财务成本减少等,最终提高企业的整体价值。

如前所述,企业的并购有着多元化和国际化特征。因为两家企业生产完全相同的产品、提供完全相同服务的情况很少见,因此,并购通常具有多样性。而根据收购方与被收购方企业价值创造链的相似程度,又可以将并购分为同心多元化并购、相关多元化并购和离心多元化并购。然而,并购中的多样性不会持续很久,一旦收购方用原有的产品系列替代了目标公司所生产的产品之后,最初的多元化特征就消失了。

并购战略也具有国际化特征,与多元化战略相似,国际化并购战略也可以分为同心国际化战略、相关国际化战略和离心国际化战略。然而,仅当收购方和目标公司必须具有完全相同的产品组合时,通过并购才能够达到纯粹国际化的目标,所以一般很难实现纯粹的国际化。通过并购达到纯粹国际化目标的一个典型例子是,2002年美国的毕博(BearingPoint Corporation)收购了德国的毕马威咨询公司(KPMG Consulting)。毕博是从美国毕马威审计公司原来的咨询部门独立出来的,毕马威咨询公司更名为毕博并在美国成功上市之后,获得了毕马威在德国的咨询业务。由于过去都曾属于毕马威,而且毕马威的标准又全球通用,这两家公司提供的服务在很大程度上是相同的,区别只在于各自所在的市场区域。

将外部增长模式与内部增长模式进行对比,外部增长模式的最大优势为节约时间,也就是说,收购了一家有着固定员工、技术、产品和市场份额的现存公司(关于混合增长的优点和缺点,将在第14章详细讨论),可以实现短期内大幅的增长。因此,在管理实践中,与内部增长相比,外部增长不管是在产品多样化方面,还是在市场国际化方面都有着巨大的优势。如果企业增长战略中所需的专利技术以及稀缺资源都掌握在其他公司手中,那么企业只能放弃内部增长的模式,而采取收购的办法实现增长,在某些特殊情况下,合作也能达到目标。并购的另一个好处就是,可以保持市场上的总产能不变。如果通过企业内部增长扩大了产能,会加剧市场竞争,并购不会导致此类事情发生。而竞争对手之间并购的目标之一可能是,获得市场支配力、降低市场竞争强度。

与内部增长相比,并购的一个缺点是,不可逐步进行,需要依次投入大量资金,同时有着很高的风险,而且需要接收目标公司的一切财物和产权,例如,接收所有的员工,可能还包括过剩的产能、效率低下的设备和地区等。而在内部增长战略中,企业可以计划最佳产能、购买最先进的技术设备、制定有效率的结构和挑选合适的员工。在管理实践中,通常会衡量将目标公司重组并将其融入原有公司所需的时间及其难度(参见第8章)。

2.5 并购意义的沿革

2.5.1 并购浪潮

近几十年来,在几个重要的发达国家中,并购在企业及企业集团结构的形成过程中发挥了重要的作用。如果研究相当长一段时间内并购案的频率及其价值,就会发现:并购市场遵循周期化的发展历程。并购在美国有着很长的历史,根据每年并购案数目的多少,可以将 19 世纪末开始的并购历史,划分为六个重要的并购浪潮(参见图 2—5)。

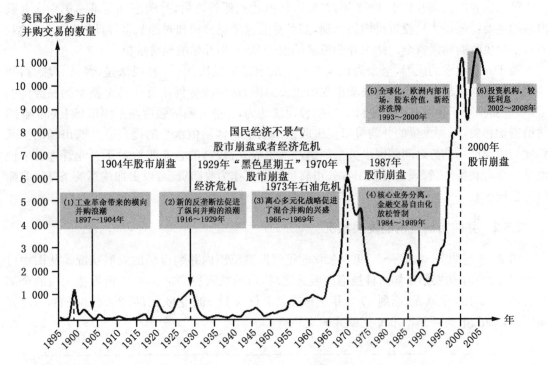

资料来源:Jansen(2008,第 62 页)。

图 2—5　美国并购市场的发展

如图 2—5 所示,美国的并购浪潮主要是根据技术环境变化、监管环境变化以及宏观经济环境变化而划分的。第一次并购浪潮开始于 20 世纪初,它是由工业革命引起的。这一时期爆发了战争,同时还伴随着产能过剩、价格战等问题。因此,企业试图通过横向并购来解决问题,但是,却使得很多市场上出现了垄断结构。第一次并购浪潮结束于 1904 年的股市大跌。

1916～1929 年第二次并购浪潮的主要特征是纵向并购,主要原因是美国颁布的反垄断法使得横向并购很难完成,而企业又要通过外部增长扩大规模,所以只能转向纵向并购(Leeth & borg,2000 年)。与第一次并购浪潮一样,第二次并购浪潮同样结束于股市大跌("黑色星期五"),而且经济危机在那之后又持续了很长一段时间。

第三次并购浪潮始于 1965 年,终于 1969 年。此次并购浪潮的起因是,很多企业试图进入新兴领域以及利润增长较高的领域,以获得多元化优势(Hubbard & Palia,1999)。这一时期的很多交易是通过股权交易完成的,此次并购浪潮同样结束于股市的下跌。

第四次并购浪潮时间为 1984～1989 年。起因是反垄断法的放松以及自由化税法的实行,横向并购在这一时期得到十分广泛的应用,此外,20 世纪 60 年代和 70 年代的多元化战略被重估,很多企业放弃多元化战略,转而将精力集中于增强企业的核心竞争力上。离心多元化的企业结构被视为低效率的,很多多元化企业被拆分,当然,其中有一些是恶意收购或杠杆收购,从那时起,杠杆收购才开始在美国资本市场上出现(Jarell et al.,1988;Lubatkin et al.,1997)。此次并购浪潮结束于 1989～1990 年间的经济衰退。

第五次并购浪潮开始于 1993 年,其典型特征是所谓的"大型交易",也就是主要发生在通信行业、制药业、石油工业、银行业的巨额交易。[①] 另一个特征是,很多交易是跨境交易。2000年起,随着股市高科技泡沫的破灭,并购案交易量大幅下降。

第六次并购浪潮开始于2002年,在股市估值达到低谷之后,并购浪潮复苏。第六次并购浪潮的主要特征是大量投资机构的出现,如私募股权融资公司和对冲基金等,以相对较低的利率水平提供收购所需资金。此次并购浪潮结束于2008年开始的经济危机。

关于并购浪潮的成因,至今为止没有一个决定性的说法。[②] 一种说法是,经济领域、科技领域和监管领域的变化是并购浪潮出现的主要原因,这些改变促使行业乃至整个国民经济的重组,进而拉开了企业并购的序幕。另一种说法认为,企业并购的强度与股票市场上对企业的估值密切相关,因为大量的并购可以促进股票市场上整体估值水平的提高。并购市场的活跃程度与股票市场估值之间的因果关系颠倒过来也成立:较高的企业股价对于企业管理者来说也是一个有利条件,管理者可利用本公司高价的股票作为收购资金,以更加优惠的条件来收购目标公司。

2.5.2 并购市场当前的发展状况

图2—6与图2—7展示了1995~2008年间世界范围内并购市场的发展状况。从图中可以看到,2000年初股票市场高科技泡沫破灭之时,市场跌入谷底。2000年世界范围内的全部交易额是38 100亿欧元,而到2003年全球交易额仅为11 390亿欧元,从2004年开始,市场开始回暖,2007年达到了30 090亿欧元的交易额。

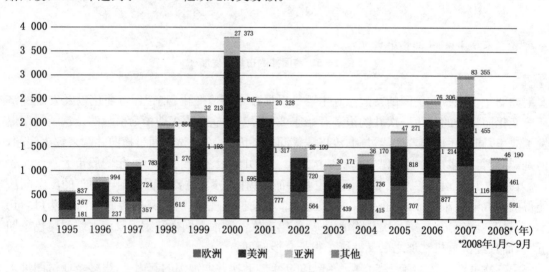

数据来源:汤姆森金融(Thomson Financial)。
资料来源:Glaum & Vogel(2009,第15页)。

图2—6 1995~2008年世界范围内并购案(并购额)

---

① 1995~2000年间20起大并购案中,有10起属于通信行业。大多数并购发生在美国,最大的并购案是1999~2000年间,英国沃达丰收购德国曼内斯曼的恶意收购,此次收购涉及金额高达1 900亿欧元。默勒(Moeller)等人在2005年出版的书中,详细讲述了20世纪末21世纪初的收购浪潮。

② 对于并购当前的研究情况,可参考如下著作:Hartford(2005),Rhodes-Kropf(2005),Mueller & Gugler(2008)。

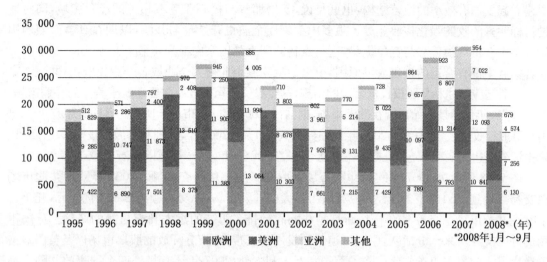

数据来源：汤姆森金融(Thomson Financial)。

资料来源：Glaum & Vogel(2009，第 15 页)。

图 2—7　1995～2008 年世界范围内并购案(并购案数量)

　　由于金融危机的巨大影响，并购市场也随之出现大幅的衰退。经济危机始于 2007 年下半年美国不动产市场价格的下滑，以及证券化抵押贷款市场的衰退，大量银行和保险公司破产导致了资本市场上很大的不确定性，而 2008 年秋季，美国投资银行雷曼兄弟的破产表明经济危机已经扩大到实体经济领域，导致了世界范围内的经济衰退。经济危机的一个后果是对风险的全面重估，更高的风险溢价，银行减少发放贷款。更高的风险溢价导致资本成本的上升，尤其是对于那些由私募股权融资公司操纵，大规模使用外部资本的杠杆收购案来说，更是如此。2008 年上半年，私募股权融资公司的交易额同比下降了 70%(Capaldo et al.，2008；Kunisch，2008)。同时，企业战略投资型交易显著减少，因为金融危机同样也提高了这些企业的外部资金成本与自有资本成本，而且经济的恶化同样严重影响了企业的收益与现金流，因此影响了企业内部融资的潜力。同时，金融危机也给了实力较强企业更有利的条件去吞并实力较弱的企业，从这个意义上说，金融危机促进了只有通过并购才能实现的市场重新分配。

　　图 2—6 与图 2—7 中还有两个值得注意的地方(Glaum & Vogel，2009)，1995～2008 年间，交易数量的波动并不像交易额的波动那么明显，由此可以看出，数额巨大的交易对市场波动的影响最为显著，原因可能是，与数额较小的交易相比，数额巨大的交易与资本市场的联系更为紧密，因为数额巨大的交易通常是通过股权交易实现的，如果是现金支付的话，那么收购中会使用大量的外来资金。

　　另外一点值得注意的是，虽然美国在并购市场上一直占据着主导地位，欧洲和亚洲近年来在并购市场上的作用也日益显著。欧洲原来在并购市场上的作用非常小，近年来其作用日益显著的主要原因有以下几点：第一，由于 20 世纪 90 年代欧盟的成立，很多领域内的市场结构发生了变化，原来分散的各国市场形成了统一的欧洲市场甚至国际市场。很多企业实施了跨境收购，取得规模优势和其他必备的协同效应，以此在欧洲市场乃至国际市场的竞争中获胜。第二，欧洲市场在过去的 10～15 年间，放宽了通信、能源、邮政等重要领域的管制政策，这也引起了很多并购案，有一些甚至是跨境收购。

　　欧洲并购市场日益活跃的另一个原因是，欧洲企业经营结构比美国企业更多元化，它们试图建立起更加有效率的经营结构,也就是说,卖出那些与核心业务不相关的经营领域,同时通过目标明确的收购强化核心业务。很多中型家族企业也开始参与并购,以期在日益激烈的国际竞争中获得规模优势与竞争优势,这一点在欧洲大陆国家中最为明显。此外,由于企业换代或者家族中没有合适的接班人等原因,很多中型家族企业被大企业或者金融投资机构收购。

最后还应关注私募股权投资公司的出现,这类投资公司一开始主要活跃于美国的并购市场,20 世纪 90 年代后期开始出现在欧洲市场,据估计,2003 年欧洲市场上所有的并购案中有 12% 是由私募股权投资公司操控的,2000 年此项数据只有 4%。2004 年,欧洲私募股权投资公司以及风险投资公司达到 7 000 多家,操控资本多达 369 亿欧元(Achleitner & Klöckner,2005)。

图 2—8 所示为 2007 年欧洲并购市场上收购方所支付的交易额。2007 年欧洲并购市场总交易额达到 11 160 亿欧元,其中英国为最大的并购市场,总交易额为 2 653 亿欧元,几乎占了欧洲并购市场总交易额的 1/4,而且是并购总额排名第二的意大利交易额的 2 倍。英国市场的并购交易历来十分活跃,原因可追溯到发展程度很高、十分开放的股票市场以及英国盎格鲁撒克逊人的资本市场文化。除了英国和意大利之外,2007 年还有另外四个国家的并购交易额也很高,分别是法国、荷兰、德国和西班牙,其中前三个国家的交易额超过了 1 000 亿欧元,而西班牙的交易额为 803 亿欧元。与这些并购交易十分活跃的国家相比,斯堪的纳维亚地区以及欧洲中东部地区的国家并购交易数额很小。

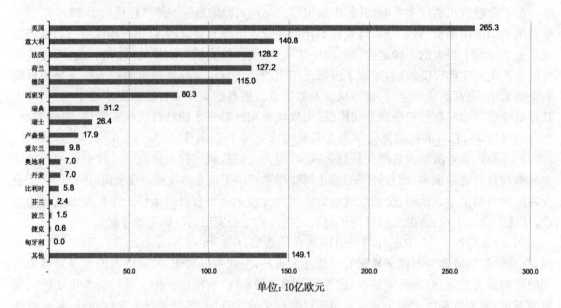

数据来源:汤姆森金融。

资料来源:Glaum & Vogel(2009,第 17 页)。

图 2—8　2007 年欧洲各国并购交易额(收购方角度)

图 2—9 为 2007 年欧洲并购市场不同行业的交易额。排名第一的为金融服务业,总金额高达 5 000 亿欧元,占 2007 年欧洲并购市场总交易额的 45%。这表明了在经济危机爆发前,银行以及保险领域企业外部增长的强度。其中,私募股权融资公司操控的并购案也被归为金融服务业。有八个欧洲国家金融服务业的并购金额(包括私募股权融资公司操作的并购案)超过 100 亿欧元,分别是为首的英国,金额高达 1 738 亿欧元、意大利 1 093 亿欧元、荷兰 875 亿欧元、法国 498 亿欧元、德国 479 亿欧元、西班牙 284 亿欧元、比利时 175 亿欧元以及瑞典 104 亿欧元。

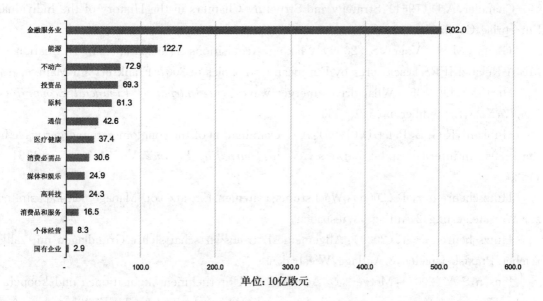

数据来源：汤姆森金融。

资料来源：Glaum & Vogel(2009，第 17 页)。

图 2—9　2007 年欧洲并购市场按照行业交易额(收购方角度)

　　2007 年，第二大并购领域为能源领域，总金额为 1 227 亿欧元。相比之下，在能源领域并购案中起主导作用的是几个大规模交易。交易额最多的几个国家是意大利，总金额 221 亿欧元、西班牙 218 亿欧元、英国 163 亿欧元和法国 133 亿欧元。2007 年间，并购市场较活跃的行业是不动产。通过对各行业数据的分析可以发现，各行业的平均交易额差别很大，例如，通信企业以及能源企业的平均交易额通常显著高于消费品工业以及零售企业的交易额。最后要强调的是，图 2—8 与图 2—9 中的数据只代表了 2007 年一年的情况，而各个国家及各行业某一年的并购额受单笔大型交易的影响非常大。

2.6　参考文献

Achleitner, A.K. & Klöckner, O.(2005): Employment contribution of private equity and venture capital in Europe, Research Paper, Private Equity and Venture Capital Association.

Andrews, K.R.(1987): *The Concept of Corporate Strategy*, 3. Auflage, Homewood.

Ansoff, H.I.(1965): *Corporate Strategy*, New York.

Bausch, A. & Glaum, M.(2003): Unternehmenskooperationen und Unternehmensakquisitionen als alternative Wachstumsformen: Theoretische Erklärungsansätze und empirische Befunde, in: Bach, N., Buchholz, W. und Eichler, B. (Hrsg.): Geschäftsmodelle für Wertschöpfungsnetzwerke, Festschrift zum 60. Geburtstag von Prof. Wilfried Krüger, Wiesbaden, 2003, pp.41—77.

Capaldo, A., Dobbs, R., and Suonio, H.(2008): Deal Making in 2007: Is the M&A Boom over?, *McKinsey on Finance*, Winter/2008, pp.8—13.

Chandler, A. D. (1961): Strategy and Structure-Chapters in the History of the Individual Enterprise, Cambridge.

Glaum, M. & Vogel, S. (2009): Making Acquisitions Transparent: An Evaluation of M&A-Related IFRS Disclosures by European Companies in 2007, Frankfurt am Main.

Hartford, J. (2005): What drives merger waves?, in: *Journal of Financial Economics*, Vol. 77, Xo. 3, September, pp. 529—560.

Hubbard, R. G. & Palia, D. (1999): A re-examination of the conglomerate merger wave in the 1960s: An internal capital markets view, in: *Journal of Finance*, Vol. 54, No. 3, pp. 1131—1152.

Hutzschenreuter, T. (2006): Wachstumsstrategien. Einsatz von Managementkapazitäten zur Wertsteigerung, 2. Auflage, Wiesbaden.

Hutzschenreuter, T. (2009): Allgemeine Betriebswirtschaftslehre. Grundlagen mit zahlreichen Praxisbeispielen, 3. Auflage, Wiesbaden.

Jansen, S. A. (2008): Mergers & Acquisitions. Unternehmensakquisitionen und-kooperationen. Eine strategische, organisatorische und kapitalmarkttheoretische Einführung, 5. Auflage, Wiesbaden.

Jarell, G. A. & Brickley, J. A. & Netter, J. M. (1988): The market for corporate control: The empirical evidence since 1980, in: *Journal of Economic Perspectives*, Vol. 2, No. 2, pp. 49—68.

Kunisch, S. (2008): M&A Aktivitäten in Deutschland im ersten Halbjahr 2008: Steigende Deal—Zahl bei fallenden Transaktionsvolumina, in: *M&A Review*, H. 9, pp. 393—400.

Leeth, J. D. & Borg, J. R. (2000): The impact of takeovers on shareholder wealth during the 1920s merger wave, in: *Journal of Financial and Quantitative Analysis*, Vol. 35, No. 2, pp. 217—238.

Lubatkin, M., Srinivasan, N. & Merchant, H. (1997): Merger strategies and shareholder value during times of relaxed antitrust enforcement: A case of large mergers during the 1980s, in: *Journal of Management*, Vol. 23, No. 1, pp. 59—81.

Moeller, S. B., Schlingemann, F. P. & Stulz, R. M. (2005): Wealth Destruction on a Massive Scale? A Study of Acquiringfirm Returns in the Recent Merger Wave, in: *Journal of Finance*, Vol. 60, No. 2, pp. 757—782.

Mueller, D. C. & Gugler, K. P. (2008): The Determinants of Merger Waves: An International Perspective, ZEW-Centre for €pean Economic Research Discussion Paper No. 08—076, im Internet verfügbar: http://paperP. ssrn. com/sol3/paperP. cfm? abstract_id = 1275293 (Januar 2008).

Rhodes-Kropf, M., Robinson, D. T. & Viswanathan, S. (2005): Valuation waves and merger activity: The empirical evidence, in: *Journal of Financial Economics*, Vol. 77, No. 9, pp. 561.

Ritzer, U. (2006): Warum Stabilo plötzlich Rücksacke verkauft, im Internet verfügbar: http:// www. sueddeutsche. de/wirtschaft/438/340283/text/(August 2009).

第3章

收购的目标及理论

本章将重点讨论收购的目标。收购方的目标主要由公司所有者与管理者制定,因此,接下来主要讨论这两个利益群体在收购中的目标。

在收购中,企业所有者的主要目标是企业价值的增长,因此,本书中将详细讨论,收购将如何促进企业价值的增长,或者说,介绍收购之后企业的价值为什么高于收购之前两个独立企业价值之和的理论方法,也就是说,协同效应是如何产生的。有时候,由于代理人问题,管理者追求的目标很可能与企业所有者追求的目标不同。下面将讨论,收购如何能够优先满足管理者的目标。

因此,本章主要讨论如下几个问题:

- 在企业中,哪一利益群体的目标对于收购决策有关键作用?
- 企业所有者通过收购要达到哪些目标?特别是,如何通过收购促进企业价值的增长?
- 企业管理者在收购中追求哪些目标?

3.1　各利益群体在收购中的目标

在解释收购理念时,需考虑其要实现哪些目标。企业本身是没有自己的目标的,有目标的是企业中的人,他们想要通过企业来实现自己的目标。因此,接下来首先讨论,企业中的人通过企业追求哪些目标。这一问题一直是行为管理学理论的核心问题(Barnard,1938;Cyert & March,1963)。只有存在激励时,人们才会为企业工作或者与某企业合作,也就是说,存在个人利益。另一方面,为了实现个人利益,员工要为企业创造收益。通常假设,所有人员都试图优化自己的激励贡献率,也就是说,各自追求与相关企业的利益价值最大化。

企业中的人员属于不同的类别,可以根据其激励以及贡献的类型,归为几类利益群体(参见图 3—1)。

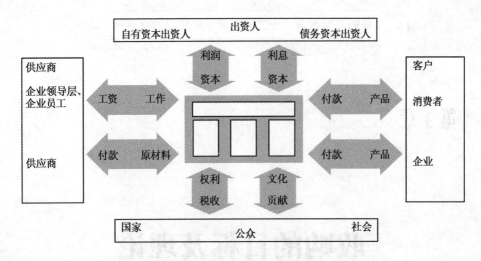

图 3—1 企业利益群体的激励与贡献

企业自有资本出资人为企业提供永久资金,目标是获利。因为供应资本有着很高的风险,企业自有资本出资人通常获得企业的控制权和决策权。

债务投资人在一段时间内为企业提供资本,目标是获得利息以及按合同规定要求还贷。

顾客购买企业的商品或服务,同时付钱给企业。

企业领导层掌管企业的领导权,管理企业,并得到适当的报酬。在人合公司以及中小型资合公司中,企业的所有者就是管理者。在大企业中,尤其是在那些持股人众多的公开招股股份公司中,企业需要雇用管理人员,企业的所有权与经营权是分离的。

员工为企业工作,并得到薪水。

供应商为企业提供所需的材料或者服务,企业付给其适当的报酬。

国家和社会为企业提供经营活动的基础,作为回报,企业要缴纳相应的税收。

作为企业发展的一部分,收购对于企业中个人以及利益群体目标的实现有着重要作用。但是,并不是所有的利益群体都能直接影响企业的收购决策。如前所述,此类决策权并没有完全委托给管理层,也就是说,通常参与此类决策的是企业所有者与管理者。因此,本章将详细讲述这两个利益群体通过收购要达到的目标。

如上所述,在小企业中,企业的所有者就是管理者,而大企业通常由职业管理者来经营,所以在所有权与经营权分离的情况下,所有者与经营者的利益并不总是相同的,这就是所谓的委托—代理问题或代理人问题(参见 3.3 节)。考虑到这一点,在接下来的讨论中,将区分企业所有者与经营者通过收购追求的目标(参见图 3—2)。与其他企业管理相关文献相同,此处假设企业所有者的首要目标是促进企业价值的增长。因此,3.2 节将详细讲述收购是如何通过销售协同效应、成本协同效应、财务协同效应以及对管理层的影响来实现企业价值增长的终极目标。根据代理人问题理论,假设管理者的首要目标是个人收入的增长、权力范围的扩大以及工作岗位的保障。在 3.3 节中将讲述,管理者如何通过收购实现上述目标。

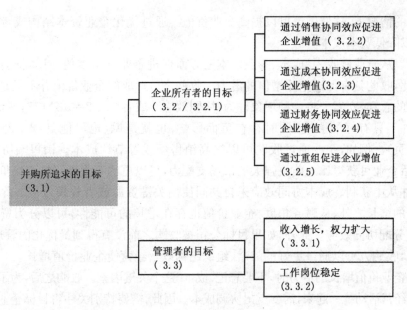

图 3—2　收购的目标

3.2　所有者的目标

3.2.1　所有者目标概述

　　企业中不同的参股群体可能有不同的目标,即使是一个参股群体中的成员也可能因为不同的原因而投资企业。所有者的一个最重要目标就是收入最大化以及企业价值的增长。对于上市公司来说,企业所有者的首要目标是所投资本的增值。在家族企业中,所有者的目标也可能是实现理想或者其他个人动机,例如,企业的长期存在、企业的发展、稳定的工作、企业声誉的提高或者权力的扩张等。

　　下面假设,企业所有者的首要目标就是企业价值的增长。如果纯粹从财务的角度考虑企业价值增长的问题,那么所有者认为的企业价值即为企业创造的经济收入,简单地说,就如传统的投资项目分析一样,将未来的预期收益贴现到当前时间点,算出净现值。管理实践中最常使用的是企业价值评估模型,即企业总体价值(UW)减去企业负债(FK),剩余差额为自有资本价值(Rappaport,2000,参见第 6 章)。此外,还有另外一种计算企业价值的方法,首先预测自由现金流(FCF),即将来可能产生的、不再投入企业促进价值增长而用于分配的现金盈余,将这些现金流以企业加权资本成本 WACC 贴现,然后除去付给外来资本提供商贴现后的现值,剩余的即为企业所有者所获价值。企业价值计算公式如下:

$$W = UW - FK = \sum_{t=1}^{t=\infty} \frac{E(FCF_t)}{(1+WACC_t)^t} - FK$$

　　为了简化起见,后面的讨论中假设,自由现金流为收入与支出的差额,收入指销售额,支出即为成本,同时,不考虑支付层面与交易层面的区别。

　　通过公式可以看出,如何提高企业的价值,一种方法是提高预期未来自由现金流,最核心的做法就是提高企业销售额以及降低企业成本。另一种方法是降低企业加权资本成本,在其他条件不变的情况下,这样做也可以提高企业价值。通过优化企业资本结构或者降低投资风险,企业可以降低资本成本。

收购可以从营业额收入、成本、参股成本三方面促进企业资本增值,具体将会在下面进一步论述,因此,收购具有促进企业增值的潜力。收购之后形成的企业价值并不只是收购之前两个企业价值的总和,安索夫将这种现象称为"协同效应",或者"2+2=5效应",然而,安索夫还指出,收购并不只有好的影响,同时存在负面影响,也就是说,也可能是:2+2=3(Ansoff,1965,第83页)。例如,企业通过收购可以提高销售额或者节约成本。销售额协同效应指的是,收购之后企业可获得比之前更强大的市场支配力,可以更加有力地影响市场价格或者其他市场参数,并从中获利。成本协同效应来自共同使用关键资源或者规模效应。除了实体经济中企业价值的增长之外,从财务角度,企业价值也存在增长的可能性,可以分为资本融资协同效应与资本分配协同效应。此外,如果目标公司被收购之前没有得到最优化的管理,那么在收购完成以后,收购方可以通过更好的战略、组织结构以及经营使企业价值增长。

在考虑企业价值增长的潜力时,不要忘记"成本"这个关键因素。收购之后,为了将之前两家企业的生产经营活动统一起来,需要支出协调成本。因此,需要特别关注将目标企业融入收购方原有企业的过程(参见第8章)。此外,还需考虑"妥协成本",因为收购之后,考虑到目标公司的业务领域,收购方原有业务领域内的决策可能不再是最优决策。收购之后通常要将目标公司重组,有时甚至要将两方公司都重组,某些分部的关闭、工作岗位的减少或者转移、设备的现代化与统一等都会产生成本。制订收购计划时,通常忽略了对实现价值创造潜力的成本分析,这部分成本通常会被低估,一些收购案也因此未能实施。例如,收购之后两家企业信息系统的融合与统一就是一个巨大的挑战,很多企业都没有真实地评估这项支出,因此,根据调查,收购案中关于信息系统融合的项目,只有16%在计划的时间与资金预算内完成(德勤,2008)。

收购之后企业的价值以及总的价值增长由收购之前两家企业的价值、价值增长的潜力以及实现价值增长所需的成本决定。其关系如图3-3所示。

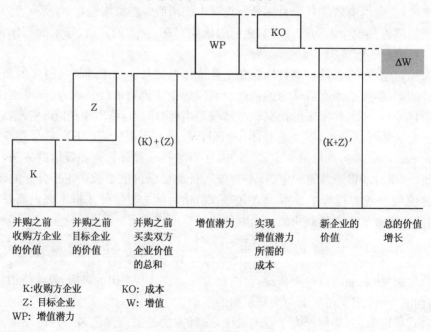

K:收购方企业　　KO:成本
Z:目标企业　　　W:增值
WP:增值潜力

图3-3　收购后企业价值增长的组成部分

收购带来的总价值增长（W）可以分为属于目标公司所有者的价值增长以及收购方公司所有者的价值增长（参见图 3—4）。通常，只有买卖双方企业的所有者都确认收购会促进己方价值增长之后，才会同意收购案。在管理实践中，宣布收购案之后，企业价值的变动可以直观地由上市公司股价变动反映出来。通常，宣布收购之后，目标公司的股价会大幅上升，收购方需支付"收购溢价"。目标公司原来所有者因此通过收购获得预期的协同效应。

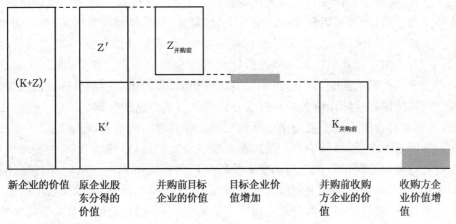

新企业的价值　原企业股东分得的价值　并购前目标企业的价值　目标企业价值增加　并购前收购方企业的价值　收购方企业价值增值

K: 收购方企业
Z: 目标企业
A: 并购

图 3—4　买卖双方原所有者都将参与价值增长的分配

如果收购溢价低于预期通过收购能获得的价值增长，那么收购方的股价也会上涨。也就是如图 3—4 所示的情况，买卖双方企业的所有者都将通过收购交易获利。在管理实践中，通常出现宣布收购之后股价下降的情况，因此，在上市公司的收购中，通常并不直接要求公司的股东同意收购交易。

股价的回落说明，目标公司的股价太高了，收购溢价超过了潜在的价值增长额度。[①] 可能股市上收购的参与者并没有想要净价值增长，或者希望出现负协同效应，在这种情况下，收购溢价实际上是收购方企业的资本向目标企业再分配的过程。

宣布收购之后，如果收购方企业的股价回落，就会引出如下问题，为什么企业的管理者会实施一个有损于企业股东利益的措施。一个可能的原因是，管理者与股东的期望不同，管理者确信，收购之后价值增长的潜力有利于目标企业的价格以及收购溢价，而股东并不支持这个乐观的期望，他们担心收购的积极效果被夸大，而可能的成本被忽略了。显然，这种情况是由于管理者与股东之间缺乏沟通造成的，当然也有可能是管理者为了自身利益，不顾收购对股东造成的消极影响，而做出收购决策。在 3.3 节中将详细阐述收购中的代理问题。在第 4 章中，将主要从收购方所有者的角度讲述如何使得收购成功。

3.2.2　通过销售额协同效应而增值

3.2.2.1　竞争结构的影响

收购可以影响市场上相关企业的竞争结构，并促进销售额协同效应的产生。竞争结构本

---

① 值得注意的是，宣布收购案之后，股价的变动只反映了市场参与者对交易对未来现金流影响的期望。

质上由市场上相关企业的数量和规模决定,如果直接竞争者之间进行收购交易,这一市场上企业的数量就会减少,这样一来,无论是对于生产链前端的供应商还是对于成品消费者来说,可以选择的交易伙伴都变少了;此外,通过横向收购会产生一家规模很大的企业,由于其很高的市场占有率,在与供应商及顾客交易时更具优势,还有可能影响定价以及其他状况。

在某些极端情况下,企业可能通过收购直接竞争者来取得市场垄断地位,接下来降低产量,将产品的价格提高到可以使利润最大化的价格,取得垄断利润。对于个别企业来说,实施这样的战略完全合理,因为可以使企业价值最大化,但是,从总体经济角度考虑,却应该禁止这样的行为。垄断市场的情况一方面会导致利益的再分配,即生产商利润的扩大以及消费者利益受损;另一方面,由于总体供应量的降低会导致社会福利的下降。此外,动态效率及市场的创新能力都会受到垄断的影响,最后,由于社会政治原因,人们也会拒绝选择性的减少。因此,德国以及很多其他国民经济体都禁止那些会导致产生市场垄断的收购。

因此,通常通过收购不能出现完全垄断的现象。随着时间的推移,渐渐出现了寡头垄断的市场结构。所谓寡头垄断,指较少几个供应商垄断了较高的市场份额。在寡头垄断市场上,某一个大企业的行为,如降价等,都会对消费者的行为产生极大的影响,并且会间接影响竞争对手的销售额和利润,竞争对手很可能因此会采取反击措施,例如,同样采取降价的措施。所以,在寡头垄断市场上,理性的市场参与者在做决定的时候,会考虑可能给竞争对手带来的影响以及竞争对手可能采取的反击措施,也就是说,寡头垄断竞争者之间是相互依存的,寡头垄断厂商会慎重地考虑产品的定价,并制定一个相对较高的价格,获得较高的利润。

如果市场上长期存在一个稳定的寡头垄断市场结构,各个垄断寡头之间可能不用直接交流就已经达成共识,采取一致的行为,都像垄断供应商一样经营,而且与完全竞争市场相比,又能获得更好的价格和利润。寡头垄断的一个例子是汽油市场,德国市场上只有少数几个汽油供应商,经常采取同样的措施,他们的连锁加油站总是几乎同时涨价或者降价。

3.2.2.2 互补性、顾客关系、网络效应

通过使用交叉销售也能提高企业价值,交叉销售就是一家企业为顾客提供多种商品。企业提供的商品要与顾客需要的商品有联系,也就是说,企业提供的由多种商品组成的一个商品组合有优势,例如,企业提供的商品之间具有互补性,也就是说,当顾客拥有一种商品时,他所拥有的另一种商品的使用价值会更高。例如,电脑中装有的与电脑及其操作系统兼容的软件越多,对使用者来说,使用率越高。另外,产品外观相似或者销售渠道相似的话,也会建立起联系。这些产品通常会被捆绑销售。因此,收购的一个可能动机就是,将自己的产品与目标公司的产品组成互补产品,或者通过收购获得可供交叉销售的产品组合。

如果收购的动机是获得销售额协同效应,那么,在分析收购是否成功时,一方面可以从顾客角度分析产品的相关性,另一方面,可以分析顾客群体的相似度。SAP 公司收购法国商业智能软件提供商 Business Objects 时,就是这种情况。SAP 公司的执行总裁汉宁·卡格曼(Henning Kagermann)指出,收购 Business Objects 的根本动机就是产品的互补性,"对于我们来说,收购 Business Objects 很重要,因为我们的产品有很好的互补性"(Kagermann,2008)。成功收购几个月之后,就推出了两家企业产品结合起来的产品组合(SAP AG,2008a)。此外,有 3 万家使用 SAP 的客户没有使用 Business Objects 的产品,而 Business Objects 大约 60%的客户也没有使用 SAP 的软件(SAP AG,2008b,第 26 页)。另外,顾客对目前已经购买商品的满意度及其价格,也是交叉销售成功的决定性因素,在做收购决策时应慎重考虑。

如果顾客是否使用一种产品取决于,有多少其他顾客使用这种产品、使用频率如何,那么

收购也是很有意义的。这种情况就是所谓的网络效应,网络效应指产品消费的外部经济效应。积极的网络效应指,如果使用某种商品的人越多,就有更多的人使用这种商品,并且使用得越加频繁。典型的积极网络效应的例子是通信领域、软件以及媒体。如果存在积极的网络效应的话,企业可以通过收购使其产品更受欢迎,提高销售额。收购首先会促进顾客人数的增加,而顾客人数的增加反过来又会促进顾客对产品使用的增长,以及对产品和产品需求支付意愿的提高,这样一来,产品的销售额就提高了,因此,积极的网络效应有利于收购,但是应注意,只有当自己真的已经进入网络效应时,才会出现网络效应。

3.2.3 通过成本协同效应促进企业增值

3.2.3.1 规模效应(规模经济)

规模效应或称规模经济,指当企业每一期的产品数量增长、企业规模扩大时,平均成本下降。通过收购,企业规模在相对较短的时间内显著扩大,所以规模经济通常被称为企业收购的动机。以规模经济作为收购动机的一个突出事例就是 2008 年德国商业银行收购德累斯顿银行的交易。德国商业银行预期通过收购,每年节约大约 19 亿欧元,例如,每年节约支付交易成本约 3 亿欧元,在信息技术方面,每年节约 3.5 亿欧元,通过收购,总共 67 000 个工作岗位中的 9 000 个岗位将被取消,这也将节约一定的费用(Strutz,2008 年;《法兰克福汇报》,2009 年 2 月第 14 期,第 16 页)。下面将详细说明,在哪些前提下、以哪种方式可以借助于收购获得企业规模效应(Glaum,1996,第 56 页)。

规模经济可以用生产函数或者成本函数来解释。生产函数指的是投入量与产出量之间的关系,当产出量增长比例高于投入量增长比例时,就是良性的规模效应。成本函数告诉我们,当投入要素的价格不变时,那么随着投入要素的增加,每一单位产出的平均成本下降。规模效应的可能原因是,在生产中使用了效率较高的大型机械设备、专业技术人员以及增长比例较小的库存量等。

规模效应最开始出现在生产产品的技术领域(也就是企业规模优势)。然而,规模优势也可以体现在企业的其他领域,如研究和开发部门、采购部门、市场部门或者管理部门。例如,当公司增长时,企业人事部门、法律部门等重要部门的成本通常不会按照相同的比例增长。如果优势来自企业的职能部门,那么在企业规模扩大时,平均成本的增长与产品在一地还是多地生产无关,这一优势被称为企业规模经济或者多工厂规模经济。

提出规模经济的依据建立在考察企业长期平均成本的基础上。假设所有的生产要素都是可变的,不存在固定成本,追求的是最优企业规模,也就是平均成本最小时的企业规模。图 3—5 显示的是长期平均成本函数(LDK)的发展过程,成本的减少与每一期的产出量(M_X/t)相关。产出量 M_{MOB} 指的是最小的企业最优规模(MOB)。在这一点成本函数下降到最低点,从这点往后,成本函数的走向与横坐标平行,也就是说,企业规模继续扩大,不会产生成本优势。可想而知,当达到某一产量之后,平均成本又会上涨。在图 3—5 中,在产量 M^* 之后就是这样的情况,平均成本重新上涨的原因可能是,企业规模很大时,企业的复杂程度提高,企业协调控制的成本超过了规模效益。

很明显,对于规模小于 M_{MOB} 的企业来说,单位成本还可以降低,也就是说存在降价空间以及利润增长空间。那么,这与收购又有什么关系呢?假设两家规模相同的企业 A、B,这两家企业的生产规模都已经达到最优,并且规模最大只有 M_{MOB} 的一半,那么也就是说,如果将两家企业联合,就会降低总产出的单位成本。但是,要注意的是,收购只改变两家企业的所有

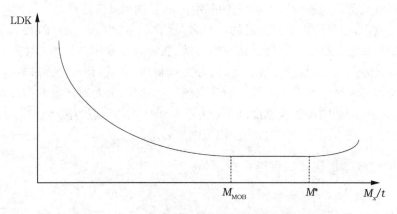

图 3—5　规模效应以及最小最优的企业规模

权关系,不改变企业的生产结构与成本结构。收购之后实施重组措施可以为企业建立更有利的成本结构,例如,关闭一些部门、转移一些生产线,使得生产过程效率更高,重组销售与管理结构,消除双重职能,同时减少工作岗位,节约人力成本。这些必需的融合措施会带来成本,企业可能要投资新的生产设备,如果要关闭一些部门或者裁掉一些工作岗位,那么企业也需要付一定的遣散费,如果为员工在新的地点或新的部门安排了新的工作岗位,那么企业通常需要为这部分员工付出一定的搬迁费用以及培训费用。例如,德国商业银行收购德累斯顿银行时,预计通过收购取得成本协同效应只有 19 亿欧元,而计划的重组成本高达 20 亿欧元,仅为现金结算、证券管理等后台办公部门的重组和融合就计划使用 10 亿欧元的成本(Strutz,2008;《法兰克福汇报》,2009 年 2 月第 14 期,第 16 页)。除了可计划的、直接的融合与重组成本之外,还要注意可能产生的政治成本,因为收购通常会导致员工工作的不稳定,有时候还可能激发矛盾。如果要采取谨慎的措施解决这些问题,成本就会增加,尤其是在人事融合过程中,更需要双方的密切合作与沟通(参见第 8 章)。

　　由此可以得出结论,通过收购以后成本结构的重组,企业可以节约成本。但是,当考虑企业通过长期性节约成本而产生规模效应时,还应注意那些短期的、一次性的重组与融合成本。只有既考虑预期的收益,即所谓的节约成本,又考虑预期的成本时,才能做出合理的收购决定,然而,实证调查表明,重组以及融合成本在管理实践中通常被低估(参见第 4 章)。

3.2.3.2　固定成本递减

　　规模经济还有降低成本的作用,即固定成本递减。规模经济的前提是所有生产要素都是可变的,在考察长期成本时,这个假设是合理的,因为企业的规模长期内是可变的。但是,企业的规模短期内是不可变的,也就是说,短期内并不是所有的生产要素都可变,例如,企业机械设备成本(设备的折旧、租金和租赁年费等)以及人力成本通常在短期内都是不可变的,在某些极端情况下,即使企业不生产,也会产生这方面的固定成本费用。

　　如果企业尚未充分利用其生产能力,那么,随着产量增加而增长的只有可变成本,固定成本要均摊到每一单位产品,所以产品的短期平均成本则随之下降。这种随着产量的增加,每一单位产品总成本中固定成本部分递减的现象称为固定成本递减。

　　如果企业最大限度利用其生产能力,可以使短期平均成本最小化,这对企业十分有利。对于钢铁企业、汽车企业等固定成本较高的设备密集型企业来说,充分发挥其生产能力的益处最大。一个典型的例子就是通信网络运营商,通信网络的建立和运营需要大量的固定成本,而通话以及数据传输所产生的边际成本非常低。换句话说,通信企业的营业收入与其贡献几乎一致。

在这种成本结构市场上,如果存在产能过剩的现象,那么,供应商之间一定会发生价格战甚至是毁灭性的竞争,在成熟市场或者不断萎缩的市场上,企业之间的联合有助于避免此类恶性竞争。但企业收购并不会直接导致固定成本下降,只会改变所有者的持股比例。由于收购之后,一家企业获得了两家甚至多家企业的控制权,也就可以有序地解决产能过剩问题以及降低由此产生的固定成本。例如,可以关闭一些工厂,以使其余工厂的产能得到充分利用,降低单位平均成本。近年来,在钢铁以及汽车行业中,企业联合以降低成本的案例十分常见。但是,只有当企业将过剩的产能(例如不必要的车间)出售或者用于其他用途时,才是真正意义上的降低折旧成本或资金成本,否则,如果只是将其关闭的话,那么整个部门将会作为成本体现在总成本上。

企业联合带来的固定成本递减效应与之前提到的规模效应是有区别的。简单地说,固定成本递减效应指的是联合的两个企业中,只有一个是必需的,企业联合之后固定成本可以更好地分配,而规模效应是指将两个较小的企业合并成一个较大的企业,其平均成本低于之前两家小企业的平均成本之和。

3.2.3.3　学习效应

企业可以通过借鉴之前的高效生产经验来节约生产成本,经验可以为企业带来学习效应,从而改善生产过程,因此,经验属于企业的资源。

学习效应的基础是经验曲线这一概念,莱特(Wright)于 1936 年首次开始研究经验曲线。根据经验曲线,一种产品的平均成本随着产量的不断增加而下降,在生产领域内节约的很大一部分成本来自于生产时间的减少。通过优化每个生产过程的最优时间,避免操作失误、降低次品率等都可以减少每单位产品的成本。在价值创造链的其他阶段也可以节约成本,例如,采购人员的经验越丰富,就可以创造出更有利于节约成本的条件,而销售人员也可以利用丰富的经验开发出更好的销售渠道,以节约成本。

企业也经常以获取知识作为收购的目标。如果收购方企业在收购目标企业之后得到了收购目标企业之前所拥有的知识,这也在一定程度上节约了成本。当然,收购方企业也可以将其知识转移给目标公司(Sporing & Blöcher,2008)。显性的知识可以被编写出来,因此,其传播相对来讲更容易,成本更低,例如显性的知识可以通过计划、手册等书面材料传播或者通过电子媒介发送给接收人。与此相反,"隐性的知识"没有书面表达方式,而且依存于人,也就是说,只能通过个人经验获得。在一个康采恩集团内部不同部门之间,如果要传递隐性的知识,人员之间必须建立密切的联系,很可能要建立一个长期的工作小组。

康采恩集团内部不同部门之间知识的传递会产生成本,例如,信息资料的制作和传输、培训、人事调动等都会产生成本。此外,知识的发送者以及接受者也可能为知识的传递制造屏障。例如,知识的发送者拥有重要的知识,可是却不愿意将其教给企业内的其他员工,或者是由于不同的原因(如非原创发明综合征等),知识的接受者不愿意接受其他人的知识。

3.2.3.4　范围经济

范围经济(Economics of Scope)是指不是由产量带来的,而是由产品多样性带来的成本效应。1975 年,J.帕恩查(J.Panzar)和 R.韦利格(R.Willig)在书中提出这一概念。此前,"单一产品企业"是微观经济领域的核心论题,如今,人们越来越重视对于"多产品企业"的分析(Panzer & Willig,1975)。

范围经济指一家企业生产两种或者多种商品的成本低于分别在不同的企业生产这些产品

的总成本。这一事实可用如下公式表示出来，其中，产品 X_1 和产品 X_2 的单位成本为 DK：

$$DK(X_1,X_2)<DK(X_1,0)+DK(0,X_2)$$

共同生产而使得成本下降的原因是所谓的"共享生产要素投入"，也就是那些可以用于生产很多种产品，却不需要额外增加相应成本的生产要素。如果企业内部的生产要素不能精确地分配到产品 X_1、X_2、X_3 上，即存在共享的生产要素投入，而且企业多余的生产能力也不能在市场上出租，那么，企业通常倾向于将企业内部产品的生产结合起来。而那些拥有共享生产要素投入的企业，如果还有过剩生产能力的话，可以通过收购一家目标企业充分发挥其生产能力（Teece,1980）。

如表 3-1 所示，产品多样化的范围经济在企业的很多领域都存在，不管是核心部门，还是市场营销、物流、顾客服务等辅助部门。之前讲述的规模效应、固定成本递减、学习曲线等成本效应常见于同心收购，而规模经济也适用于相关性收购以及离心收购。企业考虑规模经济的成本优势时，应先确认其是否高于收购产生的成本。巴斯夫（BASF）是一家通过范围经济而获得显著利润的企业，在路德维希港（Ludwigshafen）的工厂内，通过生产多种产品而不是生产一种产品，企业每年节约成本 5 亿欧元，其中 3 亿欧元来源于物流费用的节约，1.5 亿欧元是所节约的能源费用，另外节省的 0.5 亿欧元是基础设施成本。此外，企业在安特卫普、弗里波特（Freeport）、盖斯马（Geisma,美国）的工厂，在马来西亚关丹（Kuantan）的工厂，以及在中国南京的工厂都有这种范围经济（BASF AG,2007,第 4 页；Thomaschewski D.,2007,第 110～111 页）。

表 3-1　　　　　　　　　产品多样化的成本优势举例

价值链活动	共享的活动	价值链活动	共享的活动
采购活动	共同采购 共同的库存控制系统 共同的仓储设施 共同的库存分配系统 共同的质量保证 共同的投入要求系统 共同的供应商	销售和市场营销	共同的广告投入 共同的促销活动 产品的交叉销售 共同的定价系统 共同的营销部门 共同的分销渠道 共同的销售人员 共同的销售办公室 共同的订单处理服务
生产活动	共同的产品组件 共同的产品组件生产 共同的装配设施 共同的质量控制系统 共同的保养维修操作 共同的库存控制系统	零售商支持与服务	共同的服务网络 共同的售后保障 共同的应收账款管理系统 共同的零售商培训 共同的零售商支持服务
仓储及运输	共同的货物运输系统 共同的仓储设施		

资料来源：Berney(1997,第 363 页)。

3.2.3.5　交易成本

在收购中，可以通过节约交易成本促进企业增值。交易指签订协议以及执行的整个过程，交易成本包括签约准备、签约过程、协议最终的签订、签约之后对交易的调整以及控制各个阶段产生的成本。交易成本的概念是由科斯(Coase)于 1937 年首次提出的,他指出,市场是不完善的,由于市场的不完善产生了一些交易成本,而这些交易成本是建立企业的基础。此后,威廉姆森(Williamson)于 1975 年和 1985 年的著作中,重新论及科斯的观点。威廉姆森是交易成本理论最重要的代表人物,2009 年,因其在这一领域的突出贡献被授予诺贝尔经济学奖。

交易成本理论是所谓新制度经济学①的一个分支,借助于交易成本理论可以分析经济行为中不同合作形式的优缺点,以及由此产生的制度。简单地说,经济交易行为可以在市场上甚至公司内部完成,所以,根据交易成本理论,在其他条件不变的情况下,理性的交易参与者总是会选择那些使得交易成本最小的制度。

市场通过价格机制的协调作用,促使企业签订交易协议,协议中应详细定义交易对象以及交易条件。在正常运作的市场上,价格机制可以通过对所有商品与服务价值的货币衡量,促进资源优化配置。不同交易选择之间的比较相对容易,企业最后可以选出最优的交易方案。因为在市场上可以在较短时间内更换交易对象以及交易伙伴,因此,市场交易还有一个优点,即资源具有较强的适应性,尤其是即期交易市场。

企业通过一个层次分明的组织与决策结构来协调交易,在这种结构下,企业员工只需要完成各自签订的劳动合同中规定的工作任务即可,这些工作通常都很简单。由于企业层次分明的决策与指令结构,使得员工在业绩符合相应需求的前提下,拥有很大的工作弹性。此外,企业内部信息的交流比互相独立的两个市场主体之间信息的交流更简单、可信。资源可以更加优化分配,交易的不确定性也会降低,而且可以有效限制交易伙伴的投机行为。但是,企业内部的交易成本也要考虑进去,因为官僚主义障碍可能影响交易过程的速度以及效率。

收购使得原本在两家不相关企业之间的交易可以在一家企业内部进行。从交易成本理论角度看来,如果收购以后,在一家企业内部交易的成本小于原本在市场上两家企业之间交易的成本,那么,收购就是有价值的。很显然,交易成本理论十分适用于纵向收购,也就是顾客—供应商关系的企业之间的联合。交易成本理论为传统的经济管理问题提供了理论基础,即自制或者外购决策问题,也可以说是企业经营活动扩张的问题。

根据威廉姆森 1985 年的理论,交易成本由交易人的行为以及交易的商品或服务的特征决定。根据行为理论的观点,经济主体在交易中是有限理性。因为经济主体获取信息以及分析信息的能力是不完善的,他们追求的也不是最优方案,只是使自己最满意的方案,其行为并不是完全理性的。另外,企业还要考虑到,交易伙伴可能使用欺诈手段,进行投机交易以获取利益。例如,交易伙伴披露的材料可能是假的,他们也可能破坏协议等。因此,企业在实际交易中必须采取必要的预防措施,应对交易伙伴的不轨行为。拟定更加复杂的交易协议,并监督交易协议的执行,交易过程严格遵守法律程序,以确保己方的权利等都是可行的方法,但是,这些行为也会产生一定的费用。

交易最重要的一个特征是投资的高度专用性,投资对交易来说很重要,投资的不确定性对企业也有很大的影响(Williamson,1985,第 44～45 页)。如果投资专用于某些交易,用于其他交易没有意义的话,即被称为专用投资。例如,某些产品的生产具有高度专业性,需要十分昂贵的设备,可是这些设备几乎完全不能生产其他产品,所以,如果企业没有接到这种产品的订单,这些设备就没有意义了。此外,技术的发展以及人际关系的建立也具有这种特别的属性。在市场交易中,专用投资导致了企业之间的依赖性。如果一笔资金专用于一项交易,那么,企

---

① 新制度经济学的其他重要分支是产权理论以及委托—代理理论。

业内层次分明的协调比在市场上进行交易更有优势。

例如,收取高额预付款的供应商需要与客户企业建立一种长期的协议供应关系。因为供应商支出了沉没成本,有投机心理的顾客可能要求重新谈判、签订新的合同,在某些极端的情况下甚至可能会将产品价格降到与可变成本相同,如果这样的话,由于无法摊销,供应商的投资是亏损的。供应商应理性地经营,在投资之前就要预先考虑到这种依赖关系,并设法通过合适的激励控制机制保护自己免受客户企业的剥削。但是,这些相应的规范和机制会产生费用。如果供应商需要投入大量资金,而且认为顾客企业可能存在投机交易的可能性,那么,交易成本可能很大,在这种情况下,交易无法实现。

如果专用投资会导致大量的费用,那么,交易的内部化,即供应商与顾客企业之间的联合,对于企业来说就具有很大的吸引力。如果投资的专用性很低,那么,在其他条件不变的情况下,直接在市场上开展即期交易的成本更具优势。

除了投资的专用性外,投资的不确定性也会增加交易成本,对未来环境状况以及交易参与者未来行为的计划性越差,所需的交易规则以及激励控制机制越复杂。在其他条件不变的情况下,不确定性越大,成本增加越多,因此,相对来说,由企业内部来组织交易的话,更具优势。

过去几十年中,交易成本理论对经济研究与经济文献发展有很大的影响,同时,也受到了强烈的批评,此外被批评的还有交易成本模糊的定义,导致在管理实践中很难度量。人类活动,尤其是对投机行为的假设,也受到了批评。总之,借助于交易成本理论,可以分析企业合作的利弊,第14章中将详细阐述这方面的内容。

3.2.4 通过财务协同效应促进企业增值

在3.2.2节和3.2.3节中,我们已经详细阐释了企业如何通过收购促进其销售额增长以及成本下降,并以此促进企业增值。企业财务协同效应也具有促进企业增值的潜力,财务协同效应也分为不同种类:应用内部资金市场的优势、多样性的优势和税收优势等。第一种效应的目标是资金优化配置,而后面两种效应的目标是降低在资金市场上筹集资金的成本。下面将详细讨论这三种效应。

3.2.4.1 内部资金市场

资金市场由对资金的供给与需求组成。资金供给者暂时拥有多余的购买力,而需求者正需要购买力来投资获利。资本市场上自发形成的价格就是利率,投资者认为,利率是其资金投资的回报。而企业把利率看作必须付给资金供给者的资金成本。在理想的、市场完善的、新古典主义世界中,尤其是当信息和交流不会产生成本的时候,市场上的资金会在价格机制的作用下得到最优配置。

但实际的情况是,资金市场通常是不完善的,尤其是信息的获取和分析会产生一定的成本。因此,在资金的供给者与需求者之间通常存在信息不对称的情况,也就是说,企业,尤其是企业的管理者,比供给资金的投资者更清楚其项目的机会和风险。此外,投资者应事先考虑到,将来可能对资金需求者的项目以及其未来对资金的使用安排而失望。因此,投资者一般会要求额外的风险溢价,这必然会导致企业资金成本上升,企业要在公允价值(无风险收益率)以及由项目决定的风险溢价之外,再付一部分风险溢价。如果资金供给者无法区分企业的良性风险与恶性风险,那么,他通常会要求一个总收益。但是,对于"好的项目"与"坏的项目"的评价,有时候也存在歧视现象,即一些好项目的资金成本非常高,而一些坏项目却得到了很多资助。好项目得到的投资很少,而坏项目却得到很多投资,这种现象有损于资金的最优分配,还可能导致资金市场崩溃的风险。

在资金市场上,为投资项目融资的另一种方式是利用企业内部的资金市场,即多部门企业内部的资金分配。企业领导层或者说是康采恩集团领导层将资金聚拢在一起,在对企业内部信息的分析与交流的基础之上,将资金重新分配给不同的部门。某一部门的现金流收入不必立刻再投资在这一部门,可以将其投资到本公司内需要资金的其他业务领域。① 在图 3—6 中,将内部资金市场与外部资金市场的操作方式进行了比较。

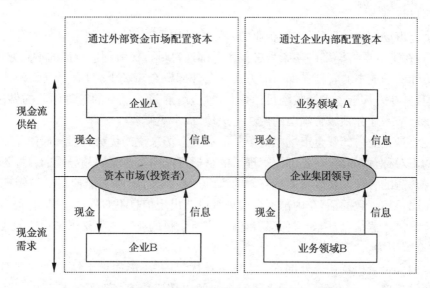

图 3—6　内部资金市场与外部资金市场的资金分配方法

相对于外部资金市场来说,在解决资金分配中信息交流以及利益分配问题时,内部资金市场更具优势。与对商品以及生产资料市场交易的分析类似(参见 3.2.3.5),此处也可以应用交易成本理论来解释,即如果将资金分配的交易内部化,那么,企业内部的交易将比外部交易节省成本(Williamson,1975)。

收购可以使康采恩企业集团领导层能够比市场上匿名的投资方更好地评价目标公司项目的机会以及风险,更好地应对项目管理中出现的激励控制问题。更加优化地分配资金、更加有效地管理项目,可以使企业获得更高的回报,或者至少获得更高的评价。内部资金市场这一概念也可能促使一些理性离心收购的出现,也就是说,会生成一些广泛多元化的企业结构。

企业内部资金市场相对于外部资金市场的一个好处是,从企业内部得到的关于投资项目的信息,比在外部资金市场获取的信息更加可靠,同时,获取信息所需的成本更低。通常,企业内部的部门管理者需要将其投资项目向企业集团的管理层汇报,管理层会选出价值贡献大的项目,而外部资金市场的投资者一般得不到这方面的信息。外部资金市场上投资方案的内容一般比较宽泛,但是,深度不够,在企业内部资金市场上,通常会更加详细、更加具体地讨论投资方案。在内部资金市场上也会讨论技术问题以及未来预期收益等问题,但是外部资金市场的资金需求方通常会避免讨论这类敏感问题,否则就会失去信息预测方面的竞争力。因此,企

---

① 在企业的战略计划中,经常用到投资组合矩阵,例如波士顿咨询集团的市场增长率—相对市场份额矩阵等。这些矩阵的理论基础类似。根据波士顿矩阵的标准化战略,多部门企业的领导层应将投资需求较小的部门(瘦狗、金牛业务)赚得的现金流投入到投资需求较大的部门(明星、问题业务)。关于投资组合理论将在第 5 章中详细讲述。

业领导层将比外部资金市场上的匿名投资者得到关于投资项目更深入的信息,信息不对称问题相对较小,投资的风险也会相应降低,企业获得的价值就会更大。

在项目进行过程中,企业领导层可以通过企业内部报告—控制系统,随时跟踪各部门投资项目成果的详细情况,因此,就可以逐渐地根据现有成果一步一步推进项目进程。如果计划的中期目标没有达到的话,就可以缩小投资项目的规模。在外部资金市场上,对已经实施的项目进行调整的难度相对更大,因为投资者通常无法掌握项目进展的详细信息,因此,一般不能直接地影响项目管理者。

内部资金市场的另一个好处是,企业的领导层可以通过激励控制系统更加有效地监督和管理各部门,在第5章将详细讲述康采恩集团总部通过母合优势创造价值的不同方法,这可以形成一种更加节约成本的管理各部门的方式。在外部资金市场上,只有恶意收购才能威胁到管理者。但是,在外部资金市场收购目标企业之后,解雇效率低下的管理团队的做法,要比在企业内部解雇某一业务领域管理层的做法更烦琐、成本更高。

上述主要是企业内部资金市场相对于外部资金市场来说的优势,但是,即使是企业内部也存在信息的不对称,例如,企业各部门管理层的目标可能与企业集团领导层的目标不一致。如果通过选择合适的管理人员以及实施有效的激励—控制机制,都不能使得部门管理人员的目标与企业集团目标一致的话,在内部资金市场就可能出现信息不对称的情况,有资金需求的部门管理者会提供虚假信息,例如,将其到目前为止所获得的业绩或者是未来预期的收益进行修饰,使其更有吸引力。

到底是内部资金市场还是外部资金市场更具优势,并不能简单下结论。一方面取决于外部资金市场的效率,另一方面取决于多部门企业的内部资金市场激励—控制机制的质量。此外,各个国家内部资金市场的相对优势也不同,而且随时间在不断地变化着。在一些新兴国家里离心化的大型(家族)企业的内部资金市场的效率相对较低,随着这些国家及其资本市场的发展,内部资金市场渐渐失去了优势。例如,韩国的经济在20世纪90年代之前一直是由所谓的财阀控制(Shin & Park,1999),随着韩国资金市场的发展和开放,这些巨大的、由家族控制的财阀集团逐渐失去了存在的意义,外部资金市场不断壮大,很多财阀集团在20世纪90年代末的亚洲经济危机中瓦解了。

一个检验内部资金市场优势的经验方法是比较企业集团的市场价值与假定拆分后的企业价值,即企业所有分部门合在一起的总值。在朗和斯图尔兹(Lang & Stulz,1994)及伯格与奥菲科(Berger & Ofek,1995)的开创性研究中确认,美国资本市场上企业集团价值大幅度低于分拆后企业价值之和,称为综合折扣。根据伯格与奥菲科的研究,与只有一个业务领域的企业相比,企业集团市场价值要少10%～15%(Berger & Ofek,1995,第39页)。也许是由于关于德国资本市场的数据资料不够充分①,到目前为止还没有明确的证据可以证明,德国资本市场上存在综合折扣,很多研究结果都是互相矛盾的(如 Lins & Servaes,1999,第2215页;Schwetzler & Reimund,2003;Weiner,2005)。

关于综合折扣、内部资金市场的优势以及离心化企业结构的讨论到目前为止还没有结束,新的研究论文更加关注多元化战略与企业业绩的因果关系,它们指出,可能多元化战略本身并不会导致被资金市场被低估,而是那些实施多元化战略的企业,之前已经得到了很低的评估,

---

① 这些研究的基础是上市公司的数据,而德国上市公司的数量与美国相比少很多。此外,做这些研究还需要分部报告所提供的信息,但是,在德国资本市场上,直到20世纪90年代末才在上市公司中引入分部报告制度。

并且收购了评价更低的企业(Campa & Kedia,2002;Graham et al.,2002)。也有一些企业,虽然多元化的程度较高,但是,在资金市场的表现依然良好,如美国通用电气在多元化战略方面就是一个很好的例子。马丁与萨耶克(Martin & Sayrak)以及苏达萨纳(Sudarsanam)在 2003年的著作中有关于综合折扣的详细论述。

3.2.4.2　多元化

这种解释收购方法的依据是投资组合理论这一财务学概念,以及它在企业战略性业务投资领域的运用。20 世纪 60 年代和 70 年代,投资组合理论以及在此基础上形成的多元化战略得到了广泛的应用,当时,在美国、欧洲的企业战略性管理中,由于这一理论的应用,产生了离心化的企业结构,企业多元化的程度也明显上升。

1952 年,H.马科维茨(H.Markowitz)提出了金融经济的基本模型,投资组合理论,投资者的投资决策都是运用该理论进行分析。根据投资组合理论,投资者在分析其投资决策时,只注重两个参数,即投资的预期收益率以及不同回报率下的风险率。马科维茨指出,合理的投资多元化战略是有优势的。投资组合的预期总体回报率是由每个个体回报率加权平均得到的,因此,总体投资组合的方差总小于每种投资有价证券的方差,除了每种投资选择正相关程度很高的特殊情况。换句话说,通过投资多元化战略一般可以降低每个投资组合的总体风险。所投资的有价证券的相关性越小,或者说负相关性越大,越能降低风险,突出多元化战略的优点。在股票的所有风险中,那些通过多元化战略可以消除的风险,称为非系统风险,其他通过多元化战略不能消除的风险,称为系统风险,它们是基于市场的风险。理性的投资者会选择多元化战略来规避那些非系统风险,因此,根据投资组合理论,投资者在资本市场上只能通过无法分散的、系统性风险来获利[1],可以通过多元化战略消除的非系统性风险对于价格形成没有任何影响力。投资者的规范化做法是,在现存所有可以选择的有价证券或者有价证券组合中,选择那些使得预期风险最小、预期收益最大的投资组合,所有满足这一条件的投资组合都是高效的投资组合。在所有高效的投资组合中,投资者选择那个与其风险偏好函数相适应的、使其预期收益最大化的投资组合。

显然,投资组合理论也可以在企业实体经济的投资项目中得到应用,企业业务投资组合的多元化程度越高,规避总体风险的可能性就越大,企业可以通过相关多元化或者离心多元化战略进行收购,提高多元化程度。企业各业务领域业绩的联系越小,企业规避风险的效率就越高。通过将一些应用不同技术的、运用不同机制的、存在不同需求周期的业务领域组合在一起,可以平衡项目的现金流波动,企业总体的现金流也会比各个业务领域的现金流走向更加平稳,因此可以减小企业的破产概率,图 3-7 是现金流密度函数与多元化程度的关系。[2] 企业的破产概率由密度函数左下方的破产界限决定,从图中可以看出,多元化程度较低的企业的破产区域 A 明显大于多元化程度较高的企业的破产区域 B。

如果通过多元化战略可以使得投资者有效降低企业现金流风险,投资者对于借出资金所要求的风险溢价也会较低,如此一来,资金的利息就会相应减少,企业未来要支付款项减少,资金成本降低,企业的价值就会上升。

多元化战略的关键性问题是,是否能以一种对于投资者来说有效的方式降低企业风险。

---

[1] 马科维茨的投资组合理论是资本资产定价模型(CAPM)的基础,根据资本资产定价模型,投资的系统风险可以通过其贝塔来衡量,也就是说通过相关证券回报率的协方差来衡量,它会随着市场投资组合的方差而变化。

[2] 图 3-7 表明,企业多元化的程度不会影响企业现金流预期价值的高低,但是,事实并非如此,这一点将在后面详细解释。

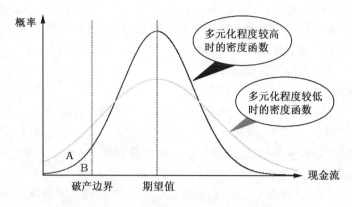

图3-7 现金流密度函数与多元化程度的关系

至少在投资组合理论的新古典模型中无法满足这个要求,在新古典模型中不存在信息成本与交易成本,企业的破产也不会带来真正的经济损失。而且由于投资者可以自己选择多元化的业务投资组合,可以在没有交易成本的前提下通过投资获得现金流,控制风险,因此,投资者也不需要支付价格溢价。投资者可以通过具体的业务投资组合简单、灵活地实现多元化战略的优势,无须建立不可逆的、综合的、耗资较多的离心化企业集团。在新古典模型中,对多元化战略的"不重要性"也有描述;通过离心多元化收购,企业可能会降低总体风险,但是,降低的都是在资金市场的定价中不重要的、非系统性风险,对于企业的评价十分重要的系统性风险并没有降低。

在管理实践中,投资者是否能够通过多元化战略在企业层面获得利益,主要取决于投资者方面的交易成本与企业方面的交易成本。至少在发达国家,投资者可以通过很少的交易成本获得多元化的优势,如直接投资不同的证券或者购买投资基金及交易型基金,因此,通过离心收购战略形成的多元化企业很有可能比业务投资组合多元化战略需要更多的交易成本。如果不存在其他由于离心多元化机构而带来的优势,如内部资金市场优势或者范围经济等,就可以说离心多元化收购战略有损企业价值。

近年来,一直到目前经济危机爆发之前,对于多元化战略的怀疑态度无论是理论方面还是实践方面,都比20世纪60年代、70年代更加严重。如今,只有在大家族企业中还广泛实施着多元化战略。例如,欧特家康采恩集团经营领域涉及食品生产、酿酒厂、宾馆、航运公司以及银行。另一个例子就是哈尼尔集团,奥霍姆等(Ohlms et al.,2002,第192页)对于哈尼尔集团结构和战略的描述如下:"哈尼尔集团由六大企业领域组成,它们的业务分支完全不相干……各个业务领域之间几乎不存在协同效应。这种企业投资组合是有意识地应用多元化战略,在较小的风险程度下,最大限度地追求回报的结果。"

在当今世界范围内经济危机的情况下,那些基于新古典模型中完善的资金市场的假设而提出的反对多元化战略的论点,同样受到了批评和质疑。所以,现在有些人认为,在不完善资金市场的前提下,多元化战略可能降低那些对于投资者来说很重要的、可能影响资金成本的风险。对于多元化战略的利弊已经持续讨论很多年,现在仍然没有得出最后的结论。

3.2.4.3 税收优势

除了内部资金市场以及多元化的优势之外,产生财务协同效应的另一个原因是税收效应。如果企业联合之后,新形成的企业所缴税收少于之前相互独立两家企业所缴税收的总和,那么,企业联合就会促进企业增值。如果一家需要按照利润缴纳税收的企业获得利润,那么,当其收购一家处于亏损状态的企业时,就可能产生这种税收协同效应,这两家企业融合之后或者是建立税收方面的从属关系之后,获利企业获得的利润与亏损企业的损失可能相互抵消,企业不再需要缴纳税收,因此,税收负担相应减小。比起正处于亏损状态的企业,那些过去经历了亏损而拥有亏损扣抵权利的企业更受收购方企业的欢迎。如果企业联合之后,可以使用目标企业的亏损扣抵权利来冲减收购方企业的利润,那么,企业的税收负担也会减轻。

但是,应该注意的是,立法机构通常限制使用亏损扣抵的权利[1],尤其是在企业联合中,更加限制使用亏损扣抵的权利。按照德国税法规定,如果在五年内以直接或者间接的方式,将认购所得的资本、成员资格、参与权、表决权等的 25% 出让,那么,亏损抵扣将部分甚至是完全无效。[2] 企业联合在税收方面的详细情况将在第 9 章进行阐述。

卢埃琳(Llewellen,1971)将多元化战略的概念与外来资本税收优势相结合,指出了另一个间接支持离心化企业联合的观点。如前所述,通过离心化收购可以降低企业破产的风险,在其他条件不变的情况下,实施多元化战略的企业可以比实施单一战略的企业负担更高额的债务。因为大部分税收体系中的外来资本成本利息是可以抵税的,企业通过离心多元化联合战略,可以节约税收成本,以此提高企业的价值。需要指出的是,德国对于这种所谓的利息障碍有着严格的规定,因此,使用外来资本利息抵税的做法受到了严格限制。

综上所述,在实际操作中,税收方面的优势通常不是企业联合的主要动机。但是,即使是出于其他原因而实施收购战略的企业,也会寻求税收方面的最优操作。第 10 章将主要讨论企业收购中税收方面的主要策略。

3.2.5 企业通过重组而增值

如前所述,收购带来的销售协同效应、成本协同效应、财务协同效应等可以促进企业增值。另一个促进企业增值的方法是,持续改善目标企业的结构和经营过程。收购的一个动机就是,假设目标企业没有得到最优化的管理,因此,通过重组以及新的领导可以挖掘出增值的潜力,实现企业增值。

收购方企业通过向目标企业传输关于业务领域、资源、结构以及经营过程方面的知识,开启对目标公司的重组工作。假设目标公司原有的管理层并不知道这些知识,因此,在过去的经营过程中没能做出正确的决策,取得令人满意的业绩。向目标公司传输知识,例如,建立新的目标、在某一领域给予具体的操作指导或者教授新技术等,可以影响现有管理层的行为。如前所述,可以清楚表达的显性知识的传输相对容易,而隐性知识,如关于文化或者方针政策的知识很难顺利地传达给现有的管理层。如果需要通过传播隐性知识来达到对目标公司重组的目的,那么需要更换目标企业现有的管理层,并且必须由收购方企业的部门领导出任新的管理层职位。

私募股权融资公司的业务模式就是重组的一个典型例子:收购目标企业或者目标企业的部分业务,将其重组之后再出售。私募股权融资公司的目标是在极短的时间内促使企业极大地增值,私募股权融资公司的收益目标一般是 25% 左右,有时候甚至更高(Eckhardt,2007,第

---

① 参见《所得税法》第 10 节 d 款。
② 参见《企业所得税法》第 8 节 c 款第 1 段,除此之外还有一个股权认购的制度,其目的是重建相关企业的业务运营机制。

246 页）。

私募股权融资公司的经营方式通常遵循一定的步骤（Eckhardt,2007,第 252 页；Sobott-ka,2007,第 265 页）。收购之后第一阶段的计划是重组目标企业，通常时间十分紧迫，被称为"百天项目"，私募股权融资公司内部的专家以及外聘咨询师会大力参与重组项目，这一时期将确定促进企业增值的杠杆，以及企业增值的潜力所在，并且确定重组团队及控制系统，尤其是生产项目或者是规模稍大目标公司的投资业务组合也会在此期间确定。不能促进企业增值的业务会被出售或者清算。此外，还将通过优化定价策略提高销售额，并尽可能降低成本，例如，优化采购条件、改善内部操作流程、取消不必要的投资等。通过出售不必要的厂房设备、清理库存以及优化现金流管理，可以收回一部分无意义的投资。

第二个步骤是改变目标企业的融资状况，通过分红将其原有资本转移给新的所有者，同时通过使用外来资本大幅度提高其负债率。高负债由税盾作用产生税收方面的优势，同时企业不得不还本付息的业务模式可以形成对管理者的制约。

关键之处是对杠杆效应的利用，只要总的资本回报率高于使用外来资本的成本，使用外来资本就可以增加自有资本的收益率。但是，企业的资本结构风险也随之上升。一旦经营状况不好，企业总的投资回报率低于使用外来资本成本，那么，杠杆效应就会起反作用：对资本回报率的消极影响很大，企业只有很少的自有资本，不够作为亏损缓冲资本，因此，企业很快就会面临破产威胁。

收购之后，与重组计划同时进行的是改变企业的管理控制结构（公司治理）。将对企业领导层进行评估，尤其是那些重组之后仍然出任管理层的人员，可以分享企业自有资本的所有权，同时，赋予其促进企业增值的责任。此外，还将建立汇报制度，以获取关于重组进度的详细信息，并随时监控重组事宜。

计划之后是实施阶段，对于私募股权融资公司来说，既定措施的实施、所有者的密切监控、对于操作过程的直接指导等都是典型特征。如埃克哈特（Eckhardt）在 2007 年的著作中所述：

> "密切地监控项目，每个项目都要定期向控制人员进行汇报，通常汇报时间间隔不会超过四周，那些获利潜力较大的项目或者有问题的项目，需要每周进行汇报，此时不需要形式上的表决循环，控制人员将直接做出重要的决定。
>
> 运行良好的私募股权融资公司赋予增值项目中的每一个具体项目一个精确的目标，并且用关键绩效指标来分析项目的情况，通过定量指标以及一些定性指标确保目标的实现，一旦出现问题，就会开督导委员会会议，分析出现偏差的原因，并讨论制定纠偏措施。
>
> 总之，在实施过程中，私募股权融资公司预期的成果并不能完全实现。需要严格、系统地制订必要的计划，而且实施中以巨大的压力推进计划的落实。"（Eckhardt,2007,第 257 页）。

在典型的私募股权融资公司中，实施过程通常持续两年，之后就要着手准备出售事宜。此时，需要渲染企业"增值的潜力"来吸引未来的买方企业，可以通过引入新的、创新型产品等方式来达到这一目标。私募股权融资公司可能的撤资方式如下：将重组的企业出售给战略投资者，即不是私募股权融资公司所操纵的企业；管理层收购；通过上市出售给机构以及个人投资者；出售给其他的私募股权融资公司。通常私募股权融资公司的持有期是 3～5 年。

3.3　管理者目标以及管理者行为

本章开头部分已经提到了,参与企业收购决策的除了企业的所有者之外,还有企业的管理者,因此,管理者有可能因为个人的目的而做出企业收购的决定。

如今,规模较大的企业通常都不是由企业所有者直接管理,而是由职业经理人管理。企业所有者将企业的管理任务委托给专业管理人员,管理者由于其所具有的知识以及专业方面的经验可以为企业做出更好的经营决策。此外,在规模较大的上市公司中,因为并不是所有的股东都有时间和能力来共同管理公司,所以必须采取所有权和经营权分离的经营方式。由于人们获取信息以及分析信息的能力是有限的,所以,在代理关系中存在着信息不对称的问题,即企业管理者通常比企业所有者更了解企业的经营状况。如此一来,如果企业经营者的目标与所有者的目标不一致,那么,管理者可能为了实现自己的目标而损害企业所有者的利益。

一般将管理者与所有者之间的代理关系称为委托—代理关系,除了前面所讲的交易成本理论之外,委托—代理理论是新制度经济理论的另一个重要分支(Jensen & Meckling,1976,Grossman & Hart,1983,Eisenhardt,1989)。有关委托—代理理论的著作经常讨论委托—代理关系可能导致的问题,并制定激励方式以及其他的制度,以确保企业得到最优化的领导,例如,企业的所有者可以监督管理者的管理行为,所有者掌握关于管理者经营行为的信息越多,管理者损害所有者利益来实现自己目标的空间就越小。但是,要监督管理者的行为会产生一定的费用,因此,所有者要权衡监督管理者行为所要付出的成本以及管理者的投机行为可能给其带来的损失。另外一个应对代理问题的方法是,将管理者的薪酬与其业绩挂钩,例如,采用股票期权激励方式。但是,这种方法也存在问题,因为管理者可以使用会计手段等方法来影响与其绩效挂钩的业绩规模,提高自己的收益(Bebchuk & Fried,2003)。

企业中存在的委托—代理问题通常不能得到完全解决,因此在实际操作中,管理者还是有实现自己个人目标的机会。管理者可能追求增加收入、保住工作岗位等物质方面的目标,也可能追求权力或者威信等非物质方面的目标。下面将详细讲述,管理者个人目标会如何影响企业的收购决策。

3.3.1　收入增长、提高威信以及自我价值的实现:建立"帝国大厦"

20 世纪 50 年代末,在"公司管理理论"(此理论可以看作代理理论的先导)中已经存在这样的论点,即企业管理者追求的不是企业利润或者企业价值的最大化,而是企业规模最大化,理由很清楚,不论是管理者的物质目标还是非物质目标都可以通过企业规模的扩大而得以更好地实现。这里假设,管理者行为受其收入多少、对生产资料的支配权利、威信等的影响。

在实际操作中,管理者收入与企业的规模之间趋向于正相关,这一点可以用经验数据证实。不同国家的研究都明显指出,企业的规模甚至比企业的业绩对管理者收入的影响更大(美国,Jensen & Murphy,1990;德国,Graßhoff & Schwalbach,1997),因此,管理者可能有意或无意地通过收购促进企业规模的扩大,进而提高个人收入。收入的增加可以体现在工资方面,包括养老金等,也可以体现在其他可以通过货币衡量的福利方面,如公司配车、差旅费或者生活费用的报销等。

管理者的非物质目标也可以通过企业规模的扩大而更好地实现,收购可以扩大企业拥有的资源基础,这正好符合管理者追求支配权力的目标。而管理者追求威信的目标也可以通过企业规模的扩大而实现,管理者威信由很多部分组成,例如,经济新闻对其经常性的报道、获得"年度管理者"等奖项都可以增加其威信。因此,管理者可能会无意识地实施大型的收购案,来增加在媒体上的曝光率,提高威信。最后,大规模、国际化和多分支康采恩企业集团的建立也可以促进管理者自我价值的实现,通常,将这些企业集团称为管理者建立的庞大"帝国大厦"。

詹森(Jensen)在 1986 年提出的自由现金流假设可以证明之前提到的观点。这一假设的基础是,管理者可以从对生产资料的支配权中获益,因此,管理者会想方设法扩大企业的生产资料基础,只要投资项目可以提升企业的价值,企业的所有者对于这一点不会有异议。如果企业取得的经营收入再次进行投资也不会提高企业价值的话,那么,在股东价值最大化的大前提下,企业的所有者应将这些收益分配给股东。詹森指出,管理者为了继续支配这部分资金,不愿意向股东分配红利,因此,即使收购交易并不能促进企业增值,管理者可能用这部分资金来收购其他企业。根据自由现金流假设,管理者通常会选择成熟行业实行这种有损企业价值的收购案,也就是在高现金流、低投资需求的行业中进行收购。过去,属于这种成熟行业的是石油工业以及烟草业,现在,通信行业也属于此列,如德国电信就是一个高现金流企业。

3.3.2 保住工作岗位的目标

管理者在管理活动中投入了专业知识以及社会关系等人力资本,一旦工作变动,所投入的这些都将损失,因此管理者想要保住其工作岗位的目标是合理的。

如果企业破产了,管理者的工作岗位就没有了,因此,管理者总是试图降低企业的破产风险,避免投资那些高风险的或者可能使企业倒闭的项目。代理理论认为,企业管理者比企业所有者更厌恶风险,尤其是那些采取了多元化战略的所有者,对他们来说,只有与其有价证券相关的系统风险才重要,因为非系统性风险已经被多元化战略分散了。但是,管理者却需要担心企业的总体风险,包括系统和非系统的风险。

通过多元化的业务投资组合,可以稳定企业的现金流。如前所述,如果交易成本较小,多元化战略对于企业所有者来说是无所谓的,因为多元化战略只能消除与定价无关的非系统性风险,与业务投资组合的价值无关。但是,对于管理者来说,企业的总体风险是最重要的,多元化战略对于分散企业风险很有帮助。因此,管理者可能从自身的利益出发,实施离心收购战略,即使对于企业的所有者来说这种战略并不能促进企业增值,管理者也会坚持实施,以分散企业总体风险。

如果企业被收购,尤其是恶意收购,那么,管理者的工作岗位也会受到威胁。通常,收购方企业管理层代表的是另一种经营战略,因此,收购完成之后,目标公司之前的管理层很可能会被解雇,尤其是在恶意收购中,解雇目标公司之前管理层的可能性更高。因此,企业管理者会尽可能减少企业被收购的可能性,采取的措施可能是促进企业价值的最大化。如果企业管理者制定并实施了企业价值最大化的战略,那么,外部投资者就没有机会收购企业,管理者因此可以保住自己的工作岗位。

如前所述,企业的管理者可能由于收入、权力和威信等个人原因,不以促进企业增值为目标,而从自身利益出发,扩大企业的规模,提高企业多元化程度。一种说法是,企业主动收购其他目标企业,扩大自身的规模,也是保护自己不被收购的一种方式。企业规模扩大之后,潜在的收购者将很难对其实施收购战略,因为随着规模的扩大,收购资金将增加,风险也会变大,而且收购之后的融合和重组工作将更加复杂。例如,2000 年 4 月 14 日,在《法兰克福汇报》上刊登了关于机械制造集团 IWKA 收购战略的一则新闻,题目是"收购保护 IWKA 不被收购"。20 世纪 90 年代末的高科技热潮中,德国电信的管理者也提出类似的论点,即企业必须主动去收购大的竞争对手,以确保自己不成为收购目标。

提出这种观点的原因可能是,在资本市场上,收购规模较大企业的可能性比较小。但是,这种观点还是值得商榷的。首先,如果企业不以提升价值为目标而进行收购的话,那么收购可能会损害企业的经济利益,甚至为企业带来风险。这种类型的收购,本该保护企业不成为其他企业的收购目标,但是,长期看来,却有损企业的稳定性。其次,实践证明,仅仅扩大企业规模,并不能避免企业被收购。有很多小企业或者投资人团体在外来资金的支持下收购大规模企业的例子,有一些还是恶意收购。例如,2000 年沃达丰收购曼内斯曼,以及 2004 年赛诺菲(Sanofi)收购安万特(Aventis)。[1]

3.3.3　傲慢假说

除了传统的协同效应和管理者动机之外,罗尔(Roll)于 1986 年提出了有关于收购的傲慢假说。罗尔试图解释,收购一般无法实现其预期目标,经验研究表明企业的所有者通常无法通过收购获益,这一点将在第 4 章中详细解释。尽管无法从收购中获益,但是,收购却常常发生,可能是由于管理者系统性自我高估("傲慢")。此外,管理者还可能系统性高估收购带来的协同效应,资本市场上被正确评估的企业在管理者看来被低估了,因此在资本市场上以高价收购这些企业。这种类型的收购案很快会被证明是错误的("赢家的诅咒"),唯一能够从收购交易中获益的就是目标企业原来的所有者,交易将资产进行了重新分配。罗尔指出,管理者几乎无法从这种失败的收购中学到经验教训,因为在其职业生涯中,通常很少发生这种类型的收购。

根据罗尔的观点,资本市场总是能合理评估企业的价值,收购仅仅是由于管理者的"傲慢"所引起的,而且这种收购基本上都会给收购方企业所有者带来损失,这种说法当然是夸张又不切实际的。此外,管理者无法从失败的收购中吸取教训的假设也是不合理的,经验研究明确证实了收购的学习效应(Haleblian & Finkelstein,1999;Vermeulen & Barkema,2001;Finkelstein & Haleblian,2002;Hayward,2002;Schijven & Barkema,2007;Laamanen & Keil,2008;Barkema & Schijven,2008)。不过,也不排除管理者由于高估了自己的能力(傲慢)而做出收购决策的可能性。行为科学的知识表明,人们在实践中倾向于高估自己的能力("过于自信")。[关于这方面进一步的知识以及其在行为金融学中的评价可以参见巴伯里斯和西尔(Barberis & Thaler,2002)等。]

3.4　结　论

本章主要介绍并讨论了解释收购的几种理念。有些收购的执行是由于通过协同效应或者重组可以促进企业增值,而有些收购的出现完全是由于管理者个人的动机和行为。之后又指出,这些收购的原因之间并不是相互排斥的,有时候,收购产生的原因既有企业增值目标,又有

---

① 经典的恶意收购案例是 1987 年名不见经传的私募股权融资公司 KKR 收购雷诺兹—纳斯贝克(RJR Nabisco)的恶意收购。交易金额高达 314 亿美元,是到那时为止世界范围内最大的收购案。KKR 与其他有收购意向的企业进行了长时间的竞争,最终收购成功。B.伯勒(B.Burrough)和 J.希亚利尔(J.Helyar)所著的畅销书《门口的野蛮人》(*Barbarians at the Gate*)描述了"收购故事"的细节,这个故事还于 1993 年被改拍成电影。

管理者有意或无意的个人动机。

在 3.2 节中评价了企业增值理论值得注意的是,成本协同效应比销售协同效应更加明显,在管理实践中也是一样,节约成本通常是收购的主要原因,而促进销售额增长很少被当成收购的主要动机。南方卫理公会大学和麦肯锡公司的一项联合研究表明,收购在实践中通常无法促进销售额增长,研究的对象是 160 家在 20 世纪 90 年代中期实施收购案的美国企业,其中只有 12% 的企业在收购的 3 年后显著提升了销售额,收购之前增长能力就很低的企业在收购之后,增长能力仍然很低,而原本增长能力较强的企业通常也在收购之后失去了活力(Bekier et al.,2001)。

此外可以确定的是,销售额及成本协同效应通常是企业增长的主要原因,但并不是促进外部增长的特殊原因。规模经济、固定成本递减、学习经验曲线等企业内部增长因素起到主要作用,其次才是并购促进企业增值。如 2.4 节所述,权衡企业内部增长与外部增长的利弊时,首先要考虑对于收购来说最重要的两个原因:一是节约时间,二是取得无法复制资产的所有权。

如前所述,需要不断监督企业管理者的收购决策是否能够促进企业增值。除了预期对企业有利的协同效应之外,还应考虑所有在重组过程中可能产生的成本费用。收购之后,收购方的所有者如果能比目标企业原来所有者更好地管理所收购资源的话,收购才有价值。第 5 章中将借助于"母合优势"这一概念深入讲解这一点。

如果企业的需求结构或者成本结构随着时间发展不断发生变化,那么各业务单元之间的协同效应也可能发生变化。因此,企业需要不断检验其业务投资组合,如果检验结果表明,另一家企业在这一领域获得的价值贡献高于本企业,那么,因为预期售价超过了继续经营的价值贡献,在价值最大化的总体目标下,应对该企业撤资。

3.5　参考文献

Ansoff,I.(1965):*Corporate Strategy*,New York.

Barnard,C.I.(1938):The functions of the executive,Cambridge,MA.

Barberis,N.& Thaler,R.H.(2002):A survey of behavioral finance,NBER Working Paper No.W9222,Im Internet verfügbar:http://papers.ssrn.com/sol3/papers.cfrn? abstract_id =332266.

Barkema,H.G.& Schijven,M.(2008):How Do Firms Learn to Make Acquisitions-A Review of Past Research and an Agenda for the Future,in:*Journal of Management*,Vol.34,No.3,pp.594—634.

Barney,J.B.(1997):Gaining and sustaining competitive advantage,Reading (Mass.).

BASF AG (2007):Daten und Fakten 2007,Ludwigshafen.

Bebchuk,L.A.& Fried,J.M.(2003):Executive compensation as an agency problem,in:*Journal of Economic Perspectives*,Vol.17,No.3,pp.71—92.

Bekier,E.M.,Bogardus,A.J.& Oldham,T.(2001):Why mergers fail,in:*The McKinsey Quarterly*,No.4.

Berger,P.G.& Ofek,E.(1995):Diversification's effect on firm value,in:*Journal of Financial Economics*,Vol.37,No.1,pp.39—65.

Burrough, B. & Helyar, J. (1991): *Barbarians at the Gate*: Fall of R. J. R. Nabisco, New York.

Campa, J. & Kedia, S. (2002): Explaining the Diversification Discount, in: *Journal of Finance*, Vol. 57, No. 4, pp. 1731—1762.

Coase, R. (1937): The nature of the firm, in: *Economica*, Vol. 4, No. 16, pp. 386—405.

Cyert, R. M. & March, J. G. (1963): A behavioural theory of the firm, Englewood Cliffs, NJ.

Deloitte & Touche GmbH (2008): Segel setzen-IT M&A in Deutschland, München.

Eckhardt, A. (2007): Wertschaffung von Private-Equity-Investoren, in Glaum, M., Hommel, U. & Thomaschewski, D. (Hrsg): Internationalisierung und Unternehmenserfolg-Wettbewerb, organisatorischer Wandel und Corporate Governance, Stuttgart: Schaeffer-Poschel, pp. 243—260.

Eisenhardt, K. (1989): Agency theory: An assessment and review, in: *Academy of Management Review*, Vol. 14, No. 1, pp. 57—74.

Finkelstein, S. & Haleblian, J. (2002): Understanding acquisition performance: The role of transfer effects, in: *Organization Science*, Vol. 13, No. 1, pp. 36—47.

Frankfurter Allgemeine Zeitung (2000): Akquisitionen sollen IWKA vor Übernahmeversuchen schützen. Nr. 89, pp. 19.

Glaum, M. (1996): Internationalisierung und Unternehmenserfolg-Eine Diskussion theoretischer Erklärungsansatze und empirischer Untersuchungen zur Erfolgswirkung der Internationalisierung von Unternehmungen, Wiesbaden: Gabler.

Graham, J. R., Lemmon, M. L. & Wolf, J. (2002): Does Corporate Diversification Destroy Value? in: *Journal of Finance*, Vol. 57, No. 2, pp. 695—720.

Graßhoff, U. & Schwalbach, J. (1997): Managervergütung und Unternehmenserfolg, in: *Zeitschrift für Betriebswirtschaft*, Vol. 67, No. 2, pp. 203—217.

Grossman, S. J. & Hart, O. D. (1983): An Analysis of the Principal Agent Problem, in: *Econometrica*, Vol. 51, No. 1. pp. 7—46.

Haleblian, J. & Finkelstein, S. (1999): The influence of organizational acquisition experience on acquisition performance: A behavioral learning perspective, in: *Administrative Science Quarterly*, Vol. 44, No. 1, pp. 29—56.

Hayward, M. L. A. (2002): When do firms learn from their acquisition experience? Evidence from 1990—1995, in: *Strategic Management Journal*, Vol. 23, No. 1, pp. 21—39.

Jensen, M. C. (1986): Agency costs of free cash flow, corporate finance and takeovers, in: *American Economic Review*, Vol. 76, No. 2, 1986, pp. 323—329.

Jensen, M. C. & Meckling, W. (1976): Theory of the firm: Managerial behavior, agency costs, and ownership structure, in: *Journal of Financial Economics*, Vol. 3, No. 4, 1976, pp. 305—360.

Jensen, M. C. & Murphy, K. J. (1990): Performance Pay and Top-Management Incentives, in: *Journal of Political Economy*, Vol. 98, No. 2, pp. 225—263.

Kagermann, H. (2008): Rede auf der Hauptversammlung der SAP AG, 03. Juni 2008.

Kaye,C.& Yuwono,J.(2003):Conglomerate Discount or Premium? How Some Diversified Companies Create Exceptional Value,Marakon Associates Research.

Laamanen,T.& Keil,T.(2008):Performance of serial acquirers:Toward an acquisition program perspective,in:*Strategic Management Journal*,Vol.29,No.6,pp.663—672.

Llewellen,W.(1971):A pure financial rationale for the conglomerate merger,in:*Journal of Finance*,Vol.26,No.2,pp.521—537.

Lins,K.& Servaes,H.(1999):International Evidence on the Value of Corporate Diversification,in:*The Journal of Finance*,Vol.54.,No.6,pp.2215—2239.

Markowitz,H.(1952):Portfolio Selection,in:Journal of Finance,Vol.7,No.1,1952,pp.77—91.

Ohlms,D.,Tomaszewski,C.& Trützschler,K.(2002):Entwicklungstendenzen der Rechnungslegung aus Sicht des Familienunternehmens Haniel,in:ZfbF,Jg.54,H.3,pp.191—200.

Panzar & Willig (1975):Economies of Scale and Economies of Scope in Multi-Output Production,Economic Discussion Paper,Nr.33,Bell Laboratories.

Rappaport,A.(2000):Creating Shareholder Value:A guide for managers and investors,New York.

Roll.R.(1986):The Hubris Hypothesis of Corporate Takeovers,in:*Journal of Business*,Vol.59,No.2,pp.197—216.

SAP AG (2008a):SAP und Business Objects prasentieren erste gemeinsame Produkte,Pressemittleilung vom 16.01.2008,Walldorf.

SAP AG (2008b):Geschaftsbericht 2007,Walldorf.

Schijven,M./Barkema,H.G.(2007):A stepwise approach to acquisition capability development:The joint importance of experience homogeneity and heterogeneity,Arbeitspapier,Tilburg Universität.

Schwetzler,B.& Reimund,C.(2003):Congolmerate discount and cash distortion:New evidence from Germany,Handelshochschule Leipzig,Arbeitspapier Nr.60.

Shin,H.H.& Park,Y.S.(1999):Financing constraints and internal capital markets:Evidence from Korean >chaebols<,in:*Journal of Corporate Finance* Vol.5,No.2,June 1999,pp.169—191.

Sobottka,R.D.(2007):Das Management von Private-Equity-gefuhrten Unternehmen,in:Glaum,M./Hommel,U./Thomaschewski,D.(Hrsg.):Internationalisierung und Unternehmenserfolg-Wettbewerb,organisatorischer Wandel und Corporate Governance,Stuttgart,pp.261—282.

Sporing,J.& Blöcher,A.(2008):Wissenstransfer in M&A-Prozessen,in:M&A Review,H.10,pp.469—474.

Strutz,E.(2008):Commerzbank acquirers Dresdner Bank,Investor Relations Presentation,25 September 2008,Im Internet verfügbar:https://www.commerzbank.de/ media/aktionaere/vortrag/ 2008/080925_Unicredit_Konferenz.pdf.

Sudarsanam,S.(2003):Creating Value from Mergers and Acquisitions:The Challenges,Harlow etal.

Teece,D.J.(1980):Economies of scope and the scope of the enterprise,in:*Journal of Economic Behavior and Organization*,Vol.1,No.3,pp.223—247.

Thomaschewski,D.& Rigall,J.(2007):Internationalisierung und organisatorischer Wandel am Beispiel der BASF Aktiengesellschaft,in:Glaum,M.,Hommel,U.& Thomaschewski,D.(Hrsg):Internationalisierung und Unternehmenserfolg - Wettbewerb, organisatorischer Wandel und Corporate Governance,Stuttgart,pp.107—138.

Vermeulen,F.& Barkema,H.(2001):Learning through acquisitions,in:*Academy of Management Journal*,Vol.44,No.3,pp.457—476.

Weiner,C.(2005):The Conglomerate Discount in Germany and the Relationship to Corporate Governance,Sonderforschungsbereich 649,Humboldt-Universität zu Berlin,Discussion Paper 2005—063.

Williamson,O.E.(1975):Markets and hierarchies,analysis and antitrust implications:A study in the economics of internal organization,New York.

Williamson,O.E.(1985):The economic institutions of capitalism,New York.

Wright,T.P.(1936):Factors affecting the costs of airplanes,in:*Journal of Aeronautical Sciences*,Vol.3 No.4,1936,pp.122—128.

第4章

并购的成就

　　如前所述,并购是企业战略管理的一项工具,通过并购可以迅速、深刻地改变企业的结构。企业的所有者与管理者在并购中追求不同的目标,有时他们所追求的目标甚至是相互冲突的。对于企业的所有者来说,企业增值是最主要的目标,如果并购之后,企业的销售额会增长、成本下降、资本成本减少,那么,企业所有者的这个最高目标就能够实现。而企业的管理者在并购中追求的很可能是个人目标,尤其是扩大企业的规模或者通过多元化战略降低企业的风险。因此在管理实践中,关键问题是,并购能够满足所有者的目标还是管理者的目标,或者说并购如何影响企业的业绩(Glaum et al.,2006,第 287 页)。

　　本章的核心是并购对企业业绩的影响,主要将讨论以下几方面的问题:

- 并购的成就究竟是什么?
- 如何通过经验研究衡量并购的成就?
- 过去几十年中关于并购成就的科学研究得到哪些最重要的结论?

4.1　成就的定义

　　成就一般指目标实现的程度(Bierich,1988,第 43 页)。如果采用这种方式解释成就的定义,那么,并购的成就取决于决策者在并购之前所确定目标的实现程度。在第 3 章中已经指出,企业中不同的利益群体("利益相关者"),尤其是企业的所有者和管理者很可能追求完全不同的目标,因此,决策时要权衡这些相互冲突的目标。在实践中,企业各利益群体的权利分配决定了他们的目标在决策中所占的权重。企业中各个利益群体权利分配的方式决定了,是某一个利益群体的目标占主导地位,还是在各个利益群体的目标之间取得平衡。对于经验研究来说,研究人员通常无法知晓不同利益群体的目标,因此,也无法得出关于不同利益群体如何在相互冲突的目标中取得平衡的结论。如果考虑企业中所有利益群体的不同目标,甚至是相互冲突的目标,那么,将无法就企业并购的成就给出明确的定义。

因此,关于并购成就的经验研究通常从企业所有者的角度出发。[①] 之所以从企业所有者角度出发,是因为企业其他所有利益群体的利益都是通过合约明确规定的,只有企业所有者是不一样的,所有者只能得到企业的剩余利润(或者在企业清算时,所有者得到清偿了所有债务之后的净资产)。换句话说,企业所有者在很大程度上承担了企业与投资相关的经济风险。因此,企业所有者还要考虑,自己管理企业还是请专业的管理人员来管理企业、赋予其战略目标并对其进行监督。最后要指出的是,考虑企业所有者利益而做出的投资决策,在某些特定前提下,有时也会促进资源的社会最优配置。

由于企业所有者的效用函数是不明确的,并且不同所有者效用函数的相加方式也是不确定的,因此,经验研究通常局限于通过企业易于测量的财务方面目标(如利润、企业价值等)来研究并购的作用,其前提是,假设企业所有者的首要目标是从企业获得收入的最大化以及企业价值的最大化。换句话说,相关的研究试图弄清楚,并购是否会促进股东价值增长。

由于企业所有者与管理者相互冲突的目标,在这些研究中,通常会做出关于企业并购成就的不同假设,这些假设可以通过经验数据进行检验。如第 3 章所述,企业所有者追求的主要目标是企业价值增长以及股东价值的提高,而企业管理者导向或者委托—代理的观点通常有损企业自有资本的价值。如果经验研究得出的结论是,并购促进了企业价值的增长,那么在并购决策中,占主导地位的就是企业所有者;如果与此相反,研究表明,并购有损企业的价值,那么也就是说并购中管理者的动机占了主导地位,相关的委托—代理问题对并购决策有一定的影响。

4.2 衡量并购成就的方法

在科学研究中,通常使用五种方法来衡量并购的成就:对企业代表的调查、对转售率的分析、对财务报表指标的评估(也会分析一部分经营指标,如生产率等)、披露并购计划之后股票价格的反应情况(事件研究)以及近年来常用的托宾(Tobin)-q 理论,简单说就是企业市场价值与资本重置成本之比(Kirchner,1991,第 92 页;Glaum,1996,第 159 页;Picken,2003,第 54 页)。采用不同方法衡量企业并购的成就,得到的结论可能不同,因此,如果对并购成就进行合理的评估,就要谨慎地选用经验研究的方法以及对成就的理解。

4.2.1 对企业代表的调查

显然可以假设,企业的管理层更了解有关其执行并购案的原因、情形以及结果的详细信息。通过标准的调查问卷向企业管理层调查这些信息,是为了评估并购的成就以及推断出对并购成就来说重要的决定性因素。咨询公司所做的很多关于并购案成就的研究都用到这个方法。[②]。

但是,需要谨慎评估这种调查方法。对并购案负责的企业管理层能否客观评价这一战略措施的成就,这一点值得怀疑,毕竟并购案是他们一手发起的。就算他们能够客观地进行评价,另一个问题是,他们在做问卷的时候,是否会给出真实的数据。而且他们也可能过于乐观

---

① 参见 Glaum(1996,第 137 页)。
② Bruner(2003)第 63 页有一个这类研究的列表。

地评价并购案,或者隐藏自己所犯的错误。此外,失败并购案的负责人很可能倾向于不参加问卷调查,成功并购案的负责人会在调查中将成就展示出来,这样也会影响调查的客观性。而且,面向管理者所做问卷调查的结果通常是从管理者角度出发,无法反映企业所有者对成就的看法。因此,对企业代表调查的方法只有在少数情况下才可以用于评价企业并购案的成就。

4.2.2　对转售率的分析

另一个分析并购案成就的方法是对转售率的分析。根据这种方法,在一定的时间段内没有将收购到的企业再次转售的并购案就是成功并购案。此处要引用波特(Porter)于 1987 年所做的研究,其样本是 1950～1980 年间美国所有的并购案,调查结果显示,到 1986 年,之前的并购案中所收购的目标企业有一半以上又被转售,霍夫曼(Hoffmann)于 1989 年在德国做了一个类似的调查,在 80 个德国大型并购案中,转售率为 20%。

转售率分析这个方法的基础是,假设并购案不成功就会将收购到的目标企业转售。这种假设在管理实践中也会经常用到,著名的案例如宝马收购罗孚又将其转售,以及戴姆勒收购克莱斯勒的失败案例。但是,值得注意的是,在评价并购成就时,并购以及转售之间时间跨度的确定是十分武断的。这样一来很可能将成功的并购案归为不成功的一列,因为有一些并购案在并购之前就计划好了重组事宜以及之后的撤资步骤,所以,极有可能在短时间内转售,这类并购案如果根据转售时间来看的话,会被归为不成功的并购案。最后还要注意,有些并购案虽然不成功,但是,却没有在这个时间段内转售。例如,管理层通过并购追求个人的目标,或者是避免短期内撤资带来的损失等,并没有在短时间内将不成功的并购案中收购而来的目标公司转售。由于对转售率的分析存在这些缺点,所以,转售率并不适合用来分析企业并购案的成就,相关研究也没有太大的意义。

4.2.3　基于财务报表的分析

大量的经验研究以对财务报表指标的评估为依据,有时候也会比较参与并购企业的某些指标并购前后的变化。另一些研究将收购方企业与在某一时间段内没有进行并购案的企业进行对比,这些对照组企业在规模、行业等方面与收购方企业存在可比性。

分析财务报表的目标是找出并购对收购方企业经营行为的影响,优先选择的报表指标是销售额、自有资本回报率、总资本回报率和销售回报率。有些研究也会放弃这些传统的衡量指标,转而研究并购对生产率的影响或者对收购方企业创新能力的作用,也会分析企业研发产出的变化以及申报的专利数目。[①]

运用外部会计指标来衡量企业并购成就的方法也由于某些原因而受到质疑(Kirchner,1991,第 93～94 页;Gerpott,1993,第 194 页;Glaum,1996,第 166 页)。根据其性质,外部会计信息记录的都是过去信息,而且不同会计制度对会计信息有不同的计量和评价规定,因此,企业的管理者有可能通过财务报表和评定的不同选项,影响所使用指标的准确性。此外,会计标准的改变也可能在一段时间内导致指标的可比性受到限制。另外,基于财务报表指标分析的研究无法考虑,风险越大的并购案,要求的回报率越高。

----

① 有趣的是,大多数研究表明,并购之后,企业的经营行为以及企业的创新能力并没有改善。不过,这些研究结果也与所选择的研究方法有关,详细的介绍可以参见 Sudarsanam(2003,第 77 页),Hitt 等(1991a,第 693 页),Hitt 等(1991b,第 32 页)。

尽管存在这些问题,基于财务报表指标研究并购案成就的方法仍然是经验研究的标准方法之一,与通过采访或者问卷等方式对管理者进行调查的方法相比,对财务报表数据的分析更加客观,与接下来将要介绍的基于资本市场的分析方法(事件研究、托宾-q 理论)相比,财务报表分析有两个优点:第一,财务报表指标反映的是已经发生并购案的成就,而事件研究以及托宾-q 理论研究的是股票价格及其变动所反映出来的投资者对未来现金流的预期;第二,用财务报表分析的方法还可以分析那些未上市企业并购案的成就。

4.2.4　事件研究

近年来,除了基于财务报表数据的评价方法之外,第二种常使用的经验研究方法就是基于资本市场的研究方法。基于资本市场的研究方法中最常见的是事件研究方法,不过,近年来,所谓的托宾-q 理论也作为研究并购成就的指标得到广泛运用。下面首先详细介绍事件研究方法,然后再介绍托宾-q 理论。

事件研究分析的是,收购方企业的股票价格在宣布并购案信息之后一段时间的情况,在有些研究中,也会研究被收购方企业的股票价格(Kirchner,1991,第 94 页;Glaum,1996,第 239 页)。事件研究的原则可以借助于图 4—1 来解释。事件研究的前提是,假设资本市场是信息有效的,也就是说,假设所有公开可用的信息都可以反映在股票的价格中。[①]　于时间点 t_0 在资本市场上发布一条信息,这里假定发布一条并购信息,那么根据假设,市场参与者会评价这条信息的意义,很有可能做出买卖其股票的决策。"评价这条信息的意义"指的是,估计并购对企业价值的影响,并预测这一并购措施对企业未来现金流会带来多大的好处或者风险。如果市场参与者认为,这一并购举措会提高企业未来现金流量或者会降低企业风险,就会做出买入其股票的决定,因此,企业股票价格就会上涨。如果市场参与者认为这一举措会对企业未来的现金流带来消极影响,就会卖出其股票,股票价格便会下降。根据假设,在完备和信息有效的资本市场上,股票价格的反应是没有延迟的,但是,实际上从发布一条新的信息到新平衡价格的建立是需要一定时间的,从图 4—1 可以看出,在时间点 t_1 才达到新的平衡价格。

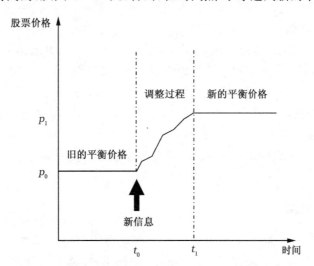

图 4—1　事件研究的原理:新信息(事件)对股票价格的影响

[①]　信息效率的概念可以追溯到美国财务学家尤金·F.法玛(Eugene F.Fama)于 1970 年和 1971 年所写的论文。本书中所用的是所谓的"中等严格的信息效率"。

在事件研究中,用于衡量并购成就的标准是资本市场上发布新信息时股票价格的变动,也就是原有 t_0 时点的平衡价格 p_0 与 t_1 时点的平衡价格 p_1 之间的差额。为了比较股票价格不同时段的股票价格变动效应,此处并不考虑绝对数值的变化,而是分析报酬率,也就是股票价格的差额(p_1-p_0)与初始价 p_0 的比,更确切地说,即使没有并购事件,在 t_0 与 t_1 之间,股票的价格也会变化,这种所谓的异常报酬率(AR)被认为是成就,指的是相关股票实际的报酬率与预期报酬率,即正常的报酬率 $E(R)$ 之间的差额,股票 i 在时间点 t 的异常报酬率的通用公式如下:

$$AR_{it}=R_{it}-E(R_{it})$$

预期报酬率可以用不同的模型来表示。有时,只要用观察到的报酬率减去所有企业在某一段时间内的平均报酬率,得到的就是异常报酬率。在很多研究中用所谓的市场模型来计算预期报酬率,这一模型是夏普(Sharpe)于 1963 年研究出来的,它是资本资产定价模型的"经验版本",其基础是假设股票的报酬率与总体市场的报酬率之间存在线性关系(市场组合或者相关指数)(Brealey & Myers,2007;Elton et al.,2009)。在市场模型下,计算异常报酬率的公式如下:

$$AR_{it}=R_{it}-(\alpha_i+\beta_i R_{Mt})$$

系数 α_i 和 β_i 通常是由并购之前一段时间的数据估计而来,将估计得到的异常报酬率累积起来得到的就是宣布并购之后市场的总体反应,也包括那些由于内幕交易或者传言而引起的早期价格变动。异常累积报酬率(CAR)的计算方式如下:

$$CAR_{it}=\sum_{t=1}^{T}AR_{it}$$

如前所述,异常报酬率是宣布了并购决定后市场的反应,如果异常报酬率是正的,那么,资本市场参与者预期并购决策会促进企业未来现金流的增加(以及风险的降低);相反,如果异常报酬率为负,市场参与者预期并购决策会给未来现金流以及风险带来负面影响。

在事件研究中,对于并购成就的评价并不是取决于产生了多少现金流,而是取决于市场参与者对企业未来发展的预期。因此,只有当相关信息立刻并且不失真地作用于相关企业的股票价格时,也就是符合信息有效性假设时,经验研究的结果才是可信的。所谓"不失真",指的是市场参与者对企业未来现金流的预期没有犯系统性错误。如果满足了这些标准,并且样本的范围足够广泛,就可以将异常报酬率作为衡量并购成就的标准。股价的影响是可以客观计量的,它们直接反映出并购所引起的股东资产变动。

事件研究中有争议的一点是关于信息有效性的假设。资本市场上信息有效性的假设,不管是在理论上还是在管理实践上都是有争议的,如果像 1998~2000 年时技术市场上股价反应失真的话(投机泡沫),那么股价对于某一事件的反应就不再是对企业未来现金流"不失真的预测"。

4.2.5　托宾-q 研究

所谓的托宾-q 是一个基于资本市场评价并购成就的指标,它的出现可以追溯到经济学家、诺贝尔奖获得者詹姆士·托宾(James Tobin)的论文,托宾于 1969 年在总体经济平衡模型框架内研究出了这一指标[Glaum(1996,280 页)对托宾-q 作为评价并购成就的指标做了解释,同时也对托宾-q 在经验研究中的运用进行了评价]。

托宾-q 的定义是企业的市场价值与企业重置成本的比值:

$$托宾\text{-}q = \frac{企业的市场价值}{企业重置成本}$$

企业重置成本指的是重置企业所需花费的成本,估计重置成本的费用很高,因此,在经验研究中常用企业的市场价值与企业账面价值的比作为托宾-q 的近似值。

如果 $q>1$,那么,企业的市场价值大于企业的重置成本,也就是说,资本市场的投资者未来可以获得收益,投资就是值得的;反过来,如果 $q<1$,那么,企业的市场价值低于企业的重置成本,也就是说,新的投资是不值得的,不但不能获得收益,反而会发生亏损。

在管理实践中,托宾-q 常作为经验研究中的关键指标来评价某一战略措施,例如,用来评价多元化战略以及国际化战略。在这些研究中,q 的大小是衡量企业管理层业绩的指标:如果 $q>1$,那么,企业管理层增强了企业的竞争优势,如领先的技巧、塑造了良好的品牌形象、在采购或者销售市场取得垄断地位。据估计,这些竞争优势可以让企业在未来获得超额利润,企业的市场价值就会超过企业重置成本。

4.3　经验研究的结果

4.3.1　美国

自 20 世纪 70 年代以来,美国资本市场有大量关于并购成就的经验研究。如果想要详细了解那些最重要的研究,可以参见雷文斯克拉弗特和谢勒(Ravenscraft & Scherer,1987)、穆勒(Mueller,1997)、布鲁纳(Bruner,2003)以及苏达萨纳(Sudarsanam,2003)。尤其是近年来,大部分研究都采用事件研究的方法。

研究得到的结论如下:如预料的一样,在宣布并购决定后,被收购方企业的股价上涨,存在 20%～40% 的异常累积报酬率,而收购方企业的情况在不同的研究中得到的结果并不相同,大致可以分为两个部分:大约一半研究得到的结论是,收购方的异常报酬率为负,另一半中有一部分研究的结论是收购方企业并没有明显的异常报酬率,还有很小一部分研究的结果是收购方企业也会获得良好的异常报酬率(Goergen & Renneboog,2004,第 11 页)。结论不同的原因可能是不同的研究选取了不同的研究方法,例如,计算异常报酬率的方法可能不同,或者观察的时段不同,又或者是研究所选取的样本不同。金(King)等在 2003 年做了一个所谓的 Meta 分析,这个分析评估了 93 个关于并购成就的经验研究结果,得出的结论是,并购最大的受益者是被收购方原来的所有者。相反,收购方企业的所有者很难从并购中获益,长期观察表明,收购方企业的所有者完全不能从并购中获益。金等因而断定:"并购并不能为收购方企业带来优势⋯⋯"(King 等,2003,第 192 页)。

由于收购方企业通常都比被收购方企业大得多,因此,只通过这些个别结果很难断定并购的总体财富效应。那些既考虑收购方企业股东财富效应、又考虑被收购方企业原有股东财富效应的研究表明,并购可以促进股东价值的增长(Jensen & Ruback,1983,第 9 页;Jarrell,Brickley & Netter,1988,第 51 页;Eun,Kolodny & Scheraga,1996,第 1575～1576 页;Andrade,Mitchell & Stafford,2001,第 109 页)。问题在于,为什么收购方企业很少能够从并购带来的财富效应中获益,有时候甚至完全不能从中获得好处。与此相反,被收购方企业原有股东的财富却总是能够增长。有时候,收购方企业的领导层要支付给被收购方企业股东的金额甚至高于并购所带来的全部财富增长。

这种现象的一个可能解释就是,在"企业控制权市场"上,也就是在交易企业控制权的资本市场上,竞争非常激烈。有很多潜在的收购方想要购买一家目标公司,如此一来,目标企业的原有股东就可以在出售企业时完全实现其经济价值,因此,收购方企业就无法在交易中获得"异常收益"。

默勒、施林格曼和斯图尔兹(Moeller,Schlingemann & Stulz,2005)的研究推翻了并购具有的积极财富效应。他们研究了1980~2001年间美国资本市场上的并购交易公告效应,尤其是在1998~2001年间,参与并购企业股东的财富损失高达1 340亿美元,在高科技泡沫阶段以及之后的价格下跌阶段,企业并购也造成了巨大的财富损失,遭受损失的主要是收购方企业股东,损失总计2 400亿美元,与此相反,被收购方企业的股东却获得了高达1 060亿美元的财富增长。作者看来,收购方企业的巨大损失相对而言主要是由于少数具体的交易。根据作者的猜测,这些企业在交易时都被高估了,并购决定一宣布,这些被高估的企业在资本市场上的价值马上就降低了(Moeller,Schlingemann & Stulz,2005,第757页)。

另一个推翻对并购积极评价的因素是对收购方企业在资本市场上长期表现的观察:一系列有关长期表现的研究结果表明,并购后3~5年内企业的异常报酬率为负(Agrawal & Jaffe,2000,第9页;Sudarsanam,2003,第72~73页),其中一些研究表明,收购方企业在较长一段时间内的负异常报酬率太大,以至于参与并购企业的股东净财富效应为负(Andrade,Mitchell & Stafford,2001,第112页)。这些结果太异常,表明资本市场的信息处理可能是低效率的,市场参与者可能最初都过于乐观地评价并购。

然而,从方法论的角度来看,对并购"长期表现"的研究结果受到了质疑。在这些研究中,异常报酬率的计算方法是有问题的,因为预期报酬率的计算与所选取的计算方法有关,计算方法不同会导致波动较大。此外,还要注意,观测到的长期异常报酬率是否是由并购引起的,安德雷德(Andrade)等得出的结论是,"假设长期经验研究确实存在如上所述的这些严重方法论问题,那么,我们不愿接受这些结果"(Andrade,Mitchell & Stafford,2001,第114页;Barber & Lyon,1997,第341页)。

4.3.2　德国

在德国资本市场上也有关于并购交易成就的经验研究,其结论与美国资本市场上研究所得出的结论基本一致,下面简要介绍一下德国最重要的几个研究。

格克、加扎和奥尔克(Gerke,Garz & Oerke,1995)研究了1987~1992年间德国上市公司并购交易的成就,样本是105家收购方企业,计算了首次在媒体上宣布并购决定之前的40天,到宣布并购决定后的第40天之间的异常报酬率,在事件研究的这个时间段内,平均异常报酬率的波动以及收购方企业的累积异常报酬率的波动都为零。格克、加扎和奥尔克(1995)的研究结果表明,横向收购在资本市场上相对来说更受欢迎,混合收购会对股价带来消极影响,而纵向收购几乎没有明显的异常报酬率。

波默和洛夫(Böhmer and Löffler)于1999年进行的事件研究样本是1985~1993年间,德国133家上市公司及其子公司所进行的672宗并购交易。对总体样本的研究表明,在媒体上首次公开宣布并购交易的时候,收购方企业并没有获得显著的异常报酬率。波默和洛夫1999年的研究还表明,经济强劲时,并购的累积异常报酬率可达+1.73%,而在经济衰弱之时,负的累积异常报酬率可达-1.08%。

皮肯(Picken)也于 2003 年对德国资本市场进行了研究,他研究了 1993～1998 年间,114 家在法兰克福证券交易所上市的、总部在德国的企业所进行的 224 宗并购交易的公告效应。此外,皮肯还分析了在同一时间被收购的 33 家德国上市公司股价的情况。对于被收购方企业存在着较高的正公告效应并不让人吃惊,累积异常报酬率达到 8.76%,但是,皮肯证明,对于收购方企业来说也存在着正的累积异常报酬率,并购方企业的所有者在宣布并购之前的 5 天,直到宣布并购之后的 5 天内可以获得+2.04%的累积异常报酬率。皮肯的研究同样表明,在横向收购中,收购方企业的股东所获得的财富效应高于混合收购中收购方企业的股东。

4.3.3　并购成就的决定因素

之前的研究想要确定,并购是否与企业的成就之间有着直接的联系,现在要将这些研究结果综合起来,大量研究和深入探讨是不是并购或者并购交易伙伴的某些特征决定了并购的成就。这类研究的目标是确定那些能够显著增强企业并购成就的因素。

赫特施莱因特等在 2008 年系统地总结了这一领域内的研究报告,指出了优点和缺点。他们确定了三个可能影响并购成就的因素:(1)并购的前提条件,即并购之前的环境条件以及并购交易伙伴的情况;(2)并购交易内在的、客观的特征,如参与并购交易企业业务领域的相关程度;(3)并购过程的特征,例如,并购是否取得了目标企业管理层的认可,是现金收购还是采用股权兑换等形式收购。赫特施莱因特等将所有的决定性因素分为与时间点相关状态变量、与时间段相关状态变量以及与路径相关的变量。

下面将概述这些研究的重要结果,找出使得并购取得成就的关键条件(Bruner,2003,第 10 页;Sudarsanam,2003,第 84 页;Goergen & Renneboog,2004,第 11 页)。

(1)一个有趣的问题是,企业的并购历史是否会对以后的并购成就产生影响。很显然存在着这样的假设:过去进行过并购的企业,已经具备了一些经验,可以在之后的并购中更好地选择目标企业、对于目标企业能够做出更加可靠的评价、在与目标企业的原有股东谈判时更灵活巧妙、可以更好地进行并购后的整合。但是,也有人反对企业可以从过去的并购中取得丰富经验这一假设,因为具体的企业管理者在其职业生涯中只能参与有限的并购案,而且还不确定他们是否能够将在并购中取得的经验清楚明确地传达给企业的其他人员,从而运用到今后的并购当中去。此外,企业之间是有差别的,因此不同企业并购案的特征也是不同的,如果想要在以后的并购案中运用之前并购案的经验,那么,一定要事先进行详细的检验。近年来的研究表明,企业只有在特定的条件下才能从过去的并购案中受益,而且如果不慎将不合适的经验运用到了新的、不同类型的并购中,很有可能会产生消极影响(Haleblian & Finkelstein,1999;Finkelstein & Haleblian,2002;Haywood,2002)。

(2)并购之前的一些情况也可能影响企业并购的成就,如并购之前买卖双方企业的不同特征,主要包括企业所属的行业、所有者结构以及财务状况等。

很多研究试图阐明,企业所属的行业是否影响企业并购的成就。唐贝特(Dombret)等(2006)的研究表明,这种影响金融领域最明显,原因是金融领域会在跨行业平均并购溢价的基础上进行打折,因为金融领域有着严格的规范,所以才会出现这种折扣。美国的一系列研究证明了这种观点,美国银行业并购极大地损害了股东的利益(Pilloff & Santomero,1998;Berger 等,1999,第 135 页),但是在欧洲银行业中,这种消极影响并没有得到确认(Cybo-Ottone & Murgia,2000,第 856～857 页;Beitel & Schiereck,2001,第 29 页)。

(3)很多研究表明,企业所有者结构与并购的成就之间存在着复杂的关系,赖特(Wright)

等(2002)的研究得出如下结论：如果企业的 CEO 持有企业自有资本中很少的一部分，那么，宣布并购会对企业的异常报酬率产生积极的影响；如果企业的 CEO 持有企业自有资本中很大一部分，那么，宣布并购会对企业的异常报酬率带来消极的影响，因为，此时 CEO 更倾向于实施企业多元化战略来分散风险。默勒(Moeller，2005)的研究表明，目标企业的所有者结构也会影响并购的成就。观察 20 世纪 90 年代的案例，可以发现，CEO 持有企业自有资本越多，并购对异常报酬率的消极影响越大(Stulz et al.，1990；Song & Walkling，1993)。

(4)并购之前买卖双方企业的财务状况也是很多研究的目标，但是，研究的结果却并不一致。例如，默克(Morck)等在 1990 年的研究结果表明，好于平均水平的企业通常比那些不到平均水平的企业更成功地进行并购。但是，海沃德与汉布里克(Hayward & Hambrick)在 1997 年的研究却得出了相反的结论，他们指出，好于平均水平的企业可能由于管理者的"傲慢"而在并购中支付很高的收购溢价，而对企业并购的成就产生消极影响。马尔克兹与伊特纳(Markides & Ittner)于 1994 年的研究也证明了企业的盈利与宣布并购之后的高额异常报酬率之间是负相关的，他们运用了詹森 1986 年提出的自由现金流假设来评估这一关系(参见 3.3.3 节)。

(5)买卖双方业务领域的相关程度作为并购交易重要的内部客观特征，也是并购成就研究中的重要目标，研究结果却是不一致的，很多研究得出的结论是，横向并购案通常可以为收购方企业的所有者带来积极的财富效应，而混合并购案通常会使得股价下跌(Morck 等，1990，第 31 页；Gerke，Garz & Oerke，1995；Picken，2003，皮肯的研究是关于德国资本市场的)。科蒙特与贾雷尔(Comment & Jarrell)于 1995 年进行的研究指出，通过并购提高多元化战略程度的企业，长期看来股价会受到消极影响；而那些实施集中化战略的企业，反而会从资本市场获得高于平均水平的利润(Comment & Jarrell，1995，第 67 页)。但是，在相关的产品—市场领域内并购带来的优势以及其他研究中所证明的混合并购劣势(Sudarsanam，2003，第 180~181 页)在两项范围较大的 Meta 分析中并未被证实(King et al.，2003，第 187 页；Bausch & Fritz，2005，第 1 页)。

与这些研究密切相关的问题是：多元化企业在资本市场上是否会被系统地折扣交易(混合折扣)。在 3.2.4.1 中已经讲过，郎格和斯塔尔茨(Lang & Stulz)在 1994 年的论文以及伯格和奥芬克(Berger & Ofek)在 1995 年的论文中开展了关于混合折扣的经济讨论，并指出，在美国资本市场上，企业多元化的程度与其托宾-q 值之间是负相关的。近年来的研究表明，对企业多元化程度和并购成就之间关系的研究与以往不同。多元化很有可能并不是企业在资本市场上受到较低评价的根本原因，因为研究表明，实施多元化战略的企业在这之前的托宾-q 值已经很低了，而且并购的通常是评价更低的企业(Campa & Kedia，2002，第 1731 页；Graham，Lemmon & Wolf，2002，第 695 页)。

(6)企业除了通过扩大产品基础促进自身增长之外，还可以通过扩大地区基础而促进自身增长，也就是所谓的国际化战略。大量研究是关于跨国并购成就的，其中一些研究得出的结论是：这种类型的并购案通常并不能给企业带来明显的积极影响，有的完全没有正面影响，甚至有时还会出现负的异常报酬率(Doukas & Travlos，1998，第 1161 页；Conn & Connell，1990，第 689 页；Eun，Kolodny & Scheraga，1996，第 1559 页)。造成这种结果的一部分原因是，与本国内的并购相比，在跨国并购中收购方企业需要支付更多的资金。有些研究结果也指出，在跨国并购中存在一些特殊的、影响并购成就的因素。这些研究表明，如果跨国并购中的目标企业是技巧密集型企业，如具有研发能力、良好的品牌、营销能力等，那么，收购方企业就可以在跨国并购中获得较大的异常报酬率(Sudarsanam,2003,第 209～210 页)。如果目标企业确实具有这些能力,那么,收购方企业就可以在跨国并购中获益(Morck & Yeung,1992 年,第 31 页;Markides & Ittner,1994,第 343 页)。

有趣的是,资本市场上的并购案因其购买方企业所属的国家不同而受到了不同的评价,尤恩(Eun)等在 1996 年确定,日本企业收购美国企业的并购案受到的评价要好于英国企业收购美国企业的并购案。乔治与麦科里森(Gregory & McCorriston)在 2005 年研究了 1984～1994 年间的英国企业所执行并购交易的成就,并确认,短期内,即在公布并购案之后的短短几天内,不管是横向并购还是混合并购,也无论目标企业所属的国家是美国、欧洲还是世界上其他地方,收购方企业都没有获得明显的异常报酬率。而长期观察得出的结论是,总体样本的评价异常报酬率几乎为零。但是,研究的结果与企业所在的国家密切相关,美国的并购在交易之后的 5 年内会出现十分明显的负异常报酬率,可达－27%,而欧洲市场的并购交易长期看来也没有获得明显的异常报酬率,但是,除了欧美地区之外的其他地区的并购交易都存在明显的收益(Gregory & McCorriston,2005,第 99 页),这种地区差异的原因目前还不清楚,对于跨国并购的影响因素还需要进行深入的研究。

(7)并购过程的一个重要特征是,通过公开竞拍获得目标企业还是通过与目标企业的所有者谈判收购目标企业。很多研究得出的结论是,通过在资本市场上公开竞拍收购目标企业的交易,通常比与目标企业管理层谈判进行并购的交易,能够获得更高的异常报酬率(Sudarsanam,2003,第 72～73 页)。一个可能的原因是,进行公开拍卖的企业通常在过去的经营中业绩很差,因此,企业能够以很低的价格竞拍收购目标企业,之后对其进行重组能够获得较高的预期收益。

(8)另一个并购交易过程中的重要特征就是支付方式。支付方式主要有两种:一种是现金支付,即目标企业的原有股东卖出其股份并获得现金,另一种是股票兑换的方式,即目标企业的原有股东将其股份兑换成收购方企业的股份。资本市场的经验证明,通过现金支付进行的交易通常比通过换股进行的交易获得更高的收益(Sudarsanam,2003,第 406～407 页)。原因是,投资者认为,通过换股进行交易的做法,表明收购方企业的管理层过于高估己方的股票(Rappaport & Sirower,2000,第 39 页)。关于并购融资方面的问题将在 9 章中详细讨论。

4.4　参考文献

Agrawal, A. & Jaffe, J. F. (2000): The Post Merger Performance Puzzle. In: Cooper, C./Gregory, A. (Hrsg.): Advances in Mergers and Acquisitions, Amsterdam, pp.1－41.

Andrade, G., Mitchell, M. & Stafford, E. (2001): New Evidence and Perspectives on Mergers, in: *Journal of Economic Perspectives*, Vol.15, No.2, pp.103－120.

Barber, B. M. & Lyon, J. D. (1997): Detecting Long-Run Abnormal Stock Returns: The Empirical Power and Specification of Test Statistics, in: *Journal of Financial Economics*, Vol.43, No.3, pp.341－372.

Bausch, A. & Fritz, T. (2005): Financial Performance of Mergers and Acquisitions-A Meta-Analysis, Paper presented at the Academy of Management Meeting, August 2005, Hawaii, USA.

Beitel, P. & Schiereck, D. (2001): Value creation at the ongoing consolidation of the European banking market, Institute for Mergers and Acquisitions (IMA), Working Paper No. 05/01.

Berger, A. N., Demsetz, R. S. & Strahan, P. E. (1999): The consolidation of the financial services industry: Causes, consequences, and implications for the future, in: *Journal of Banking & Finance*, Vol. 23, No. 2−4, pp. 135−194.

Berger, P. G. & Ofek, E. (1995): Diversifications Effect on Firm Value, in: *Journal of Financial Economics*, Vol. 37, No. 1, pp. 39−65.

Bierich, M. (1988): Der wirtschaftliche Erfolg von Auslandsgesellschaften, in: Domsch, M. (Hrsg.): Unternehmungserfolg. Planung, Ermittlung, Kontrolle, Wiesbaden, pp. 43−51.

Böhmer, E. & Löffler, Y. (1999): Kursrelevante Ereignisse bei Unternehmens Übernahmen: Eine empirische Analyse des deutschen Kapitalmarktes, in: Zeitschrift für betriebswirtschaftliche Forschung, 51. Jg., H. 4, pp. 299−324.

Brealey, R. A. & Myers, S. C. (2007): Principles of Corporate Finance, 9. Auflage, Boston.

Bruner, R. (2003): Does M&A pay? A Survey of Evidence for the Decision Maker, *Journal of Applied Finance*, Vol. 12, No. 1 Spring/Summer, pp. 48−68.

Campa, J. & Kedia, S. (2002): Explaining the Diversification Discount, in: *Journal of Finance*, Vol. 57, No. 4, pp. 1731−1762.

Comment, R. & Jarrell, G. A. (1995): Corporate Focus and Stock Returns, in: *Journal of Financial Economics*, Vol. 37, No. 1, pp. 67−87.

Conn, R. L. & Connell, F. (1990): International Mergers: Returns to US and British Firms, in: *Journal of Business Finance and Accounting*, Vol. 17, No. 4, pp. 689−711.

Cybo-Ottone, A. & Murgia, M. (2000): Mergers and shareholder wealth in European banking, in: *Journal of Banking & Finance*, Vol. 24, No. 6, pp. 831−859.

Dombret, A., Mager, F. & Reinschmidt, T. (2006): Übernahmepramien bei M&A-Transaktionen: Lander-vs. Brancheneinfluss, in: Finanz-Betrieb, H. 12, pp. 764−768.

Doukas, J. & Travlos, N. G. (1988): The Effects of Corporate Multinationalism on Shareholders Wealth: Evidence from International Acquisitions, in: *Journal of Finance*, Vol. 43, No. 5, pp. 1161−1175.

Eckardt, J. (1999): Kurz-und langfristige Kurseffekte beim Erwerb von Beteiligungen deutscher börsennotierter Aktiengesellschaften, Lohmar/Köln.

Elton, E. J., Gruber, M. J. & Brown, S. J. (2009): Modern portfolio theory and investment analysis, 8. Auflage, Hoboken. Eun, C. S., Kolodny, R. & Scheraga, C. (1996): Cross-border Acquisitions and Shareholder Wealth: Test of the Synergy and Internalization Hypotheses, in: *Journal of Banking and Finance*, Vol. 20, No. 9, pp. 1559−1582.

Fama, E. F. (1970): Efficient Capital Markets: A Review of Theory and Empirical Work, in: *Journal of Finance*, Vol. 25, No. 2, pp. 383−417.

Fama, E. F. (1991): Efficient Markets: II, in: *Journal of Finance*, Vol. 46, No. 5, December, pp. 1575−1617.

Finkelstein S. & Haleblian, J. (2002): Understanding acquisition performance: The role of transfer effects,in:*Organization Science*,Vol.13,No.1,pp.36—47.

Gerke,W.,Garz,H.& Oerke,M.(1995):Die Bewertung von UnternehmensÜbernahmen auf dem deutschen Aktienmarkt,in:Zeitschrift für betriebswirtschaftliche Forschung,47.Jg.,H.9,pp.805—820.

Gerpott, T. J. (1993): Integrationsgestaltung und Erfolg von Unternehmensakquisitionen,Stuttgart.

Ghosh,A.(2001):Does Operating Performance Really Improve Following Corporate Acquisitions?,in:*Journal of Corporate Finance*,Vol.7,No.2,pp.151—178.

Glaum,M.(1996):Internationalisierung und Unternehmenserfolg,Wiesbaden.

Glaum,M.,Lindemann,J.& Friedrich,N.(2006):Erfolg von Mergers & Acquisitions:Ergebnisse empirischer Forschung,in:Wirtz,B W.(Hrsg.):Handbuch Mergers & Acquisitions Management,Wiesbaden 2006,pp.287—314.

Goergen,M.& Renneboog,L.(2004):Shareholder Wealth Effects of European Domestic and Cross-border Takeover Bids,in:*European Financial Management*,Vol.10,No.1,pp.9—45.

Graham,J.R.,Lemmon,M.L.& Wolf,J.(2002):Does Corporate Diversification Destroy Value? in:*Journal of Finance*,Vol.57,No.2,pp.695—720.

Gregory,A.& McCorriston,S.(2005):Foreign Acquisitions by UK Limited Companies:Short and Long-Run Performance,in:*Journal of Empirical Finance*,No.12,pp.99—125.

Grossman,S.J.& Stiglitz,J.E.(1980):On the Impossibility of Informationally Efficient Markets,in:*American Economic Review*,Vol.70,No.3,pp.393—408.

Hlebian,J.& Finkelstein,S.(1999):The influence of organizational acquisition experience on acquisition performance:A behavioural learning perspective,in:*Administrative Science Quarterly*,Vol.44,No.1,pp.29—56.

Hayward,M.L.A.& Hambrick,D.C.(1997):Explaining the premiums paid for large acquisitions:Evidence of CEO hubris.*Administrative Science Quarterly*,Vol.42,pp.103—127.

Healy,P., Palepu,K.& Ruback,R.(1992):Does Corporate Performance Improve After Mergers?,in:*Journal of Financial Economics*,Vol.31,No.2,pp.135—175.

Hitt,M.A., Hoskisson,R.E.,Ireland,R.D.& Harrison,J.S.(1991 a):Effects of Acquisitions on R&D Inputs and Outputs,in:*Academy of Management Journal*,Vol.34,No.3,pp.693—706.

Hitt,M.A.,Hoskisson,R.E.,Ireland,R.D.& Harrison,J.S.(1991 b):Are Acquisitions a Poison Pill for Innovation?,in:*Academy of Management Executive*,Vol.5,No.4,pp.22—34.

Hoffmann,F.(1989):So wird Diversiflkation zum Erfolg,in:Harvard Manager,H.4,pp.52—58.

Hutzschenreuter,T.,Kleindienst,L & Schmitt,M.(2008):Distinguishing between status and path:A review and agenda in M&A research,Working Paper,WHU,Vallendar.

Jarrell,G.A.,Brickley,J.A.& Netter,J.F.(1988):The Market for Corporate Control-The Empirical Evidence since 1980,in:*Journal of Economic Perspectives*,Vol.2,No.1,pp.49—68.

Jensen,M.C.& Ruback,R.S.(1983):The Market for Corporate Control,in:*Journal of Financial Economics*,Vol.11,No.1,pp.5—50.

Kaye,C.& Yuwono,J.(2003):Conglomerate Discount or Premium? How Some Diversified Companies Create Exceptional Value,Marakon Associates Research.

Kerler,P.(2000):Mergers & Acquisitions und Shareholder Value,Bern et al.

King,D.R.,Dalton,D.R.,Daily,C.M.& Covin,J.G.(2003):Meta-Analysis of Post-Acquisition Performance:Indications of Unidentified Moderators,in:*Strategic Management Journal*,Vol.25,No.2,pp.187—200.

Kirchner,M.(1991):Strategisches Akquisitionsmanagement im Konzern,Wiesbaden.

Lang,L.H.P.& Stulz,R.M.(1994):Tobins Q,Corporate Diversification,and Firm Performance,in:*Journal of Political Economy*,Vol.102,No.6,pp.1248—1280.

Lins,K.& Servaes,H.(1999):International Evidence on the Value of Corporate Diversification,in:*The Journal of Finance*,Vol.54.,No.6,pp.2215—2239.

Loughran,T.& Vijh,A.(1997):Do Long—term Shareholders Benefit from Capital Acquisitions?,in:*Journal of Finance*,Vol.52,No.5,pp.1765—1790.

Markides,C.C.& Oyon,D.(1998):International Acquisitions:Do they create value for shareholders,in:*European Management Journal*,Vol.16,pp.125—135.

Markides,C.C.& Ittner,C.D.(1994):Shareholder Benefits from Corporate International Diversification:Evidence from US International Acquisitions,in:*Journal of International Business Studies*,Vol.25,No.2,pp.343—366.

Martin,J.D.& Sayrak,A.(2003):Corporate Diversification and Shareholder Value:A Survey of Recent Literature,in:*Journal of Corporate Finance*,Vol.9,pp.37—57.

Moeller,T.(2005):Let's make a deal! How shareholder control impacts merger payoffs,in:*Journal of Financial Economics*,Vol.76,No.1,pp.167—190.

Moeller,S.B.,Schlingemann,F.P.& Stulz,R.M.(2005):Wealth Destruction on a Massive Scale? A Study of Acquiring-firm Returns in the Recent Merger Wave,in:*The Journal of Finance*,Vol.60,No.2,pp.757—782.

Morck,R.& Yeung,B.(1992):Internalization.An Event Study Test,in:*Journal of International Economics*,Vol.33,No.2,pp.41—56.

Morck,R.,Shleifer,A.& Vishny,R.(1990):Do Managerial Motives drive bad Acquisitions?,in:*Journal of Finance*,Vol.45,No.1,pp.31—48.

Mueller,D.C.(1980):The Determinants and Effects of Mergers:An International Comparison,Cambridge.

Mueller,D.C.(1997):Merger Policy in the United States:A Reconsideration,in:*Review of Industrial Organization*,Vol.12,No.5/6,pp.655—685.

Picken,L.G.(2003):Unternehmensvereinigungen und Shareholder Value,Frankfurt a.M.

Pilloff,S.J.& Santomero,A.M.(1998):The Value Effects of Bank Mergers and Acquisitions,in:New York University Salomon Center Series on Financial Markets and Institutions,Vol.3,pp.59—78.

Porter,M.E.(1987a):From Competitive Advantage to Corporate Strategy,in:*Harvard*

Business Review, Vol. 65, No. 3, pp. 43—59.

Rappaport, A. & Sirower, M. (2000): Unternehmenskauf-in Aktien oder in bar bezahlen?, in: *Harvard Business Manager*, H. 3, pp. 32—46.

Ravenscraft, D. J. & Scherer, F. M. (1987): Mergers Sell-Offs, and Economic Efficiency. The Brookings Institution, Washington D.C.

Ravenscraft, D. J. & Scherer, F. M. (1988): Mergers and Managerial Performance, in: Coffee, J. C. I Lowenstein, L. & Rose-Ackermann, S. (Hrsg.): Knights, Raiders, and Targets: The Impact of the Hostile Takeover, New York, pp. 194—210.

Sharpe, W. (1963): A Simplified Model for Portfolio Analysis, in: *Management Science*, Vol. 9, No. 2, pp. 277—293.

Song H. M. & Walkling A. R. (1993): The Impact of Managerial Ownership on Acquisitions Attempts and Target Shareholder Wealth, in: *Journal of Financial and Quantitative Analysis*, Vol. 28, No. 4, pp. 439—457.

Stulz, R. M. (1990): Managerial discretion and optimal financing policies, in: *Journal of Financial Economics*, Vol. 26, No. 1, pp. 3—28.

Sudarsanam, S. (2003): Creating Value from Mergers and Acquisitions: The Challenges, Harlow etal.

Tobin, J. (1969): A General Equilibrium Approach to Monetary Theory, in: *Journal of Money*, *Credit and Banking*, No. 1, February 1969, pp. 15—29.

Vogel, D. H. (2002): M&A-Ideal und Wirklichkeit, Wiesbaden.

Weiner, C. (2005): The Conglomerate Discount in Germany and the Relationship to Corporate Governance, Discussion Paper 2005—063, Sonderforschungsbereich 649, Humboldt—Universitat zu Berlin.

Wright, P., Kroll, M. & Elenkov, D. (2002): Acquisition Returns, Increase in Firm Size, and Chief Executive Officer Compensation: The Moderating Role of Monitoring, in: *The Academy of Management Journal*, Vol. 45, No. 3, pp. 599—608.

第二部分　并购过程

- 并购的战略规划
- 评估并购目标
- 并购谈判与成交
- 并购后整合

并购的战略规划

本章将概要介绍并购的过程,并对第一阶段并购战略规划作详细阐述。并购战略规划的起点是设定并购目标,为此我们首先介绍母合优势的概念,接着我们会讨论几种分析企业初始状态的方法,最后研究并购目标的寻找过程。本章的结尾将描述如何对并购对象进行尽职调查。

整个章节的核心是以下几个问题:

- 并购的过程由哪几个阶段组成?
- 如何在并购过程中实现企业价值的升值?
- 哪些方法适用于并购过程中企业以及环境的战略分析?
- 如何成功找到合适的并购对象?
- 如何对并购对象进行尽职调查?

5.1 并购过程概况

企业在并购过程中有不同的行为和措施,这些行为和措施可以落实到各个并购阶段。企业并购过程可以分为战略规划、价值评估、协商成交以及整合一体四个部分(见图5-1)。

本书描述的并购过程只是一种理想状态,在实际操作中,并购很少遵循本书所介绍的并购顺序。在实际并购案例中,大部分情况下会省略某几个并购的环节,有时候并购过程是以其他顺序进行,也有时候某些环节会重复多次出现,因此实际并购过程是很不一样的。假如一个企业突然有了一次并购的机会,那么寻找可选并购对象的过程就可以省去了,因为接下来只需要评估和分析并购对象即可。本书的目的不在于探讨并购的固定过程,而是描述并购过程的一般顺序和结构。

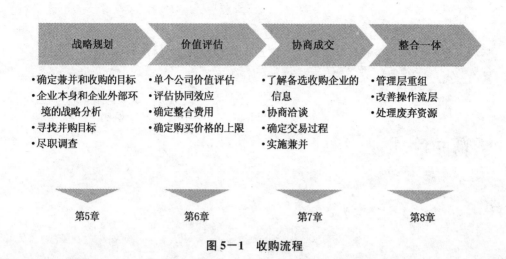

图 5—1　收购流程

戦略规划的主要任务是确立通过收购能实现的目标,下面都假设,以企业价值通过并购得到持续增长为首要目标,这个首要目标贯穿于并购实际操作的整个过程。然后将引入母合优势的概念,接着介绍企业本身及其环境战略分析的工具,从这些分析中我们能得出潜在收购对象所具备的条件,通过这些条件可以一步步缩小并购对象的范围,最终只剩下少数公司,再对这些少数公司进行详尽的尽职调查。

并购的第二阶段是价值评估,价值评估需要确定买方企业愿意支付价格的上限,即买方企业为了收购目标企业而愿意支付的最大额。因此,确定目标企业现在的价值、并购之后的价值以及并购的成本很重要(见第6章)。

在协商成交阶段,买方企业的管理层与目标企业的所有者和管理层建立联系,双方将就并购问题进行详细讨论(见第7章),一旦达成一致,双方将签订合同,交易完成。

交易完成之后,买方企业对目标企业进行整合,这也就是并购流程中的整合一体(见第8章)。这一过程的主要内容是,员工职位再分配以及管理层重组,目的是为了改善企业流程(Prozessverbesserung)以及实现企业协同的价值。合并后的企业必须确定哪些资源不再需要使用了,从而可以将这些资源另作他用。

5.2　母合优势

如前所述,下面我们讨论企业如何通过并购实现其价值增长。首先我们将这个"企业通过并购实现价值增长"的目标具体化,母合优势是该目标实现的基础(Goold et al.,1994)。这个概念来源于一个事实,即总公司相较于下属公司来说扮演着"父母"角色,在德语中也有相同的比喻,总公司和下属公司分别被称作"母公司"(Konzernmutter)和"子公司"(Konzern-tochter)。通过并购一个企业或者其一部分就归属到"生母"旗下所有。(类似的情境,例如"继母"、"岳母"关系不在本书中进行讨论。)

母合优势主要体现在:买方企业的管理层能更有效率地运用目标企业的资源。资源使用方式的改变有其优势,但同时也会增加企业整合的成本。如第3章所述,改善资源投入能在两个方面提高企业的价值:一方面,买方企业和目标企业能实现协同效应。另一方面,买方企业对目标企业造成直接影响,从而使目标企业重组。在第一种情况下,母合优势在于销售额、成本协同以及由于财务协同形成的价值增长(扣除整合成本)。第二种情况下,母合优势在于通过重组产生的直接价值增长(扣除重组成本)。

由此可以推导出并购的目标:从实现企业价值最大化的总目标出发,企业应该进行所有能够实现企业价值增长的并购项目。而事实上,管理层的能力和资金都有限,企业不可能无限制地并购其他企业,因此我们需要确定一个现实的目标,即企业应该并购那些借助母合优势价值增长得快的企业。当然,这些目标企业也必须能被并购才行,因此在并购中必须考虑,目标企业价值借助母合优势达到的增长,其中至少还有一部分是买方企业支付给目标企业原所有者的并购酬金(见第 3 章和第 4 章)。但是,如果通过并购实现的价值增长全部都是买入企业支付给目标企业原所有者的酬金,这必然和之前描述的并购目标相违背。

两种形式的并购直接影响了母合优势实现的可能性。一方面,集团公司可以通过横向并购实现企业价值增长,另一方面,可以通过纵向并购调整目标企业的业务流程。横向并购以实现协同效应为目标,企业价值的增长只能通过买方企业与目标企业在价值创造和管理流程的结合来实现,因此并购之后,买方企业的价值创造和管理流程也会发生变化。相反,纵向并购是指买方企业对目标企业产生直接影响,而不会改变买方企业的价值创造和管理流程。这两种方式并不一定独立存在,可以结合使用。接下来将详细介绍这两种方式。

横向并购是指将两个单独经营领域联系到一起,通过横向并购来实现母合优势,它主要体现在重要资源的整合以及战略的协调。

不同经营领域在物质资源上结合的目标在于,降低单位产品平均成本,例如,可以通过充分利用共有资源、共同使用生产机器、共同享有技术以及其他非物质资源来降低成本。

广泛的资源整合既可以通过横向功能整合来实现,也可以沿袭传统价值增值链模式,例如,通过横向功能整合的方式,一个公司的财务总监可以管理公司各个方面的业务;而传统模式则是通过共同使用生产机器来实现。各经营领域的研发都为母合优势的实现提供了可能性。企业以通过横向并购来实现母合优势为目标,这是战略投资者在交易阶段最重要的评判标准。

在协作市场战略框架方面,只要可以多次使用客户关系,或者公司用其一个领域的市场影响力帮助另一个领域定位市场,横向并购就能提升销售额协同价值。举例来说,第一种情况可以通过总品牌战略实现;第二种情况是,在与客户签订合同时,鼓励甚至是强制客户购买另外一个领域的产品,这样就能够实现销售额的协同效应,这种形式在 IT 行业比较有可行性。

纵向并购的目的是直接对目标企业的决策过程产生影响,随后是管理层重组,预先设定并购后企业的目标、战略、流程以及设定新管理层之后企业的计划系统、控制系统和信息系统的实施方式。如前所述,私募股权企业主要使用上述方法,他们在纵向并购进行投资就是为了对管理施加影响(见 3.2.5 节)。管理层重组将建立受到信任的领导层,与此同时也会对企业价值创造过程产生间接影响。值得注意的是,一个新的领导层也可能不被接受,从而阻碍企业重组。预先设定并购目标能防止现金流的再投资得不到收益,这通常通过限制性控制和分配投资方法来实现。

业务流程以及新的计划、控制和信息系统的设定会直接对企业价值创造过程以及管理实践产生影响,这里通常会对流程进行专业化改造。由于对操作过程不了解,有可能使得新系统对企业造成损害而不能实现改善。一些被并购企业得到了新系统,员工经常抱怨无法理解新的上级管理层(指新的企业所有者)做出的决定,过了一段时间后这些企业由于蒙受损失,从而再次被转卖。

横向并购和纵向并购对企业的影响,取决于买方企业和目标企业在经营领域的关联程度以及双方企业具备的特性。以纵向并购来说,买方企业的能力具有决定性作用,买方企业是否具有足够的能力,取决于买方企业管理层对目标企业及其市场了解多少、经营目标企业的能力有多强等。企业领导者发展企业的能力有限也可能阻碍企业的发展。横向并购的影响取决于双方企业价值创造系统的关联程度,一般来说,买方企业和目标企业的价值创造系统越相似,双方就越有可能共同使用资源,就战略达成一致(见第 2 章)。

5.3　战略分析

如第 2 章所述,并购是一个能使企业发展壮大的战略。一个企业想要扩张,企业手头有资金或者企业可以为并购筹措到资金,并购都是可以考虑的选择,接下来的讨论基于上述两个条件已满足的情况。一个企业想要增长和扩张,并购并没有结束问题,而是引发了新的问题,即在哪个领域扩张? 为了回答这个问题就要对企业现有经营领域组合进行分析,这种产品—市场组合的分析展现了企业通过自身力量是否具有足够的增长可能性。就算企业不具备增长能力,为了企业之后在该领域的发展,对价值创造流程和资源基础的分析也是有用的。下面将对投资组合的两个层面进行详细阐述。

有两点值得注意:第一,新的增长可能性不仅仅局限在企业现有经营领域中,企业能通过情境分析,即其他形式的环境分析,发现经营领域外企业的增长机会。这种增长方法的讨论与本书相关性不大,这里推荐一些文献,供读者自行阅读:Hungenberg(2006),Müller-Stewens & Lechner (2005),Welge & Al-Laham(2008)。第二,在本章中我们只介绍战略分析的基础,详细的内容读者也能在上述推荐的文献中找到。

5.3.1　产品—市场组合分析

产品—市场组合分析的目的是,确定在哪个产品和市场领域企业有增长的可能性。一个企业要实现增长,首先要在有增长可能性的领域经营,其次,要有能利用增长机会的能力。基于此,接下来详细介绍产品—市场组合分析,其中一个要素是企业所在市场的增长能力和盈利潜力,另一个要素考虑企业相对于竞争者在市场中占据的份额。

组合分析的概念最早由咨询公司提出,其中最有名的是由波士顿咨询公司(The Boston Consulting Group,inc.,1970)提出的市场增长率/相对市场份额矩阵,亦称波士顿矩阵或四象限矩阵。麦肯锡、阿瑟·D.利特尔和其他人也提出了组合的概念,这些概念都从两个维度分析企业经营领域:市场行为(即市场增长和盈利能力)以及相对于竞争者企业具备的优势。

波士顿矩阵考虑市场中的市场增长率(企业所在市场的增长率),企业相对于竞争者的优势则通过相对市场份额来衡量。相对市场份额是企业在某一领域的销售额与该领域最大竞争者销售额的比值。两个维度都由高低两部分构成,市场增长率象限的分界线可以使用国内生产总值的增长率(国民经济所有行业的平均增长水平),在国际市场中则是与企业有业务往来国家的国内经济增长率的平均值。相对市场份额维度的分界线最初由波士顿公司将其设为1,之后改成了0.5。

结合两个维度和相应的分界线就能得出一个四象限矩阵。每一个象限都有自己的名字

（见图 5—2）。"明星"产品是指处在高市场增长率、高市场占有率象限的产品群；"问题"产品则是指处在高增长率、低市场占有率象限的产品群；"金牛"和"瘦狗"产品都是处在低增长率象限的产品群，前者有较高的市场占有率，而后者则相反。"问题"和"明星"产品是最值得关注的，因为它们的市场有继续增长和盈利的可能性。

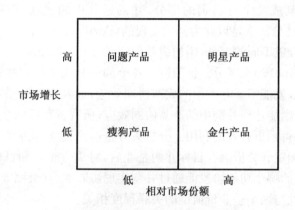

图 5—2　波士顿咨询公司的市场增长—相对市场份额矩阵

对企业所有经营领域都用上述维度分析并构成组合矩阵后，就能看到企业在该领域有多大的增长空间、企业能否通过自身能力实现增长、并购和撤资对企业继续发展起到了什么作用。根据从矩阵分析得来的"标准战略"法则，尽可能地发展"问题"产品，通过扩张增加市场占有率使其成为"明星"产品。想扩张"问题"产品，一种可能性是并购合适的目标企业，目标企业可能具备该企业缺少的资源，并购后能使买方企业更强大。如果进一步的发展不如人意，就要考虑该不该撤资的问题，通常把该项目出售给在该领域拥有较强地位的竞争者。

"明星"产品的市场地位应该继续保持并使其持续增长。企业该考虑，其所具有的能力能不能转移到目标公司上，使该能力能得到更广泛的使用。组合分析的结果是为了缩小寻找目标并购企业的范围。

"明星"和"问题"产品需要投入大量资金，这样才能至少保住其在市场中的地位。根据波士顿矩阵，企业每个经营领域中至少有一部分资金要投入到"明星"和"问题"产品中，对于增长能力较弱的产品则不需投入太多资金。根据波士顿矩阵，"金牛"产品能源源不断地产"钱"，即使没有持续的资金投入，"金牛"产品也能带来稳定现金流。相反，企业一般得从"瘦狗"产品中撤资，即卖给其他公司或者变现，因为"瘦狗"产品所占市场份额较少，又处在饱和或者缩水的市场中，长期下去没有能力补偿资金投入成本。

波士顿矩阵只是产品—市场分析的基本思想，其实际结构在公司实践中可以很不一样。因此，又出现了麦肯锡矩阵和利特尔矩阵/ADL 矩阵。麦肯锡矩阵的横纵轴有更多的子维度，而利特尔矩阵则将产品与技术生命周期联系在一起。

产品组合的概念受到了很多批评。其中最多的批评在于，矩阵中所使用的维度和经营领域的经济吸引力没有明确的联系；维度分界线的确定具有一定随意性，而象限"高低"的区分又取决于分界线；产品矩阵的标准战略以及矩阵平衡的定义，即怎样才是平衡状态，并不清楚。尽管有批评的声音，产品—市场组合分析还是可取的，它是进一步了解企业经营领域的基础。其价值在于用较为简单的语言为并购中其他流程做了准备，同时也为并购提供了一个交流平台。

5.3.2　价值增值流程和资源分析

要想知道企业如何通过并购增强实力,在哪个领域能有协同的潜力(见第 3 章),则要对企业价值增值流程和可使用资源进行分析。而为了分析企业价值增值流程,就需要将企业在某一领域的经营活动分割成几个可辨别的部分,并确定其中的关联,迈克尔·波特(Michael Porter)提出来的价值链分析就是以此为基础实现的(Porter,1985)。

企业将其价值链分成不同的部分,用初级基础活动(Primäraktivitäten)和次级支持性活动(unterstützende Aktivitäten)来区分。价值链的各个部分共同使用实物资源(如生产场地、生产设备以及销售手段),就能实现并购中的成本协同效应,而共享非物质资源(如研发知识、客户关系网和销售网络)则能达到并购中的产品协同效应,所有者和目标企业的能力也就得到充分利用,从而使得资源得到更有效的利用。分析买方企业价值链,就能知道在哪些领域存在协同效应的可能性。在确定和分析潜在目标并购企业后,对买方企业和目标企业的价值链进行比较分析,确定价值链的哪个功能阶段能通过并购实现协同效应(见图 5—3),同时也证明了,实现协同效应的可能性与两个企业价值链的关联程度相关。

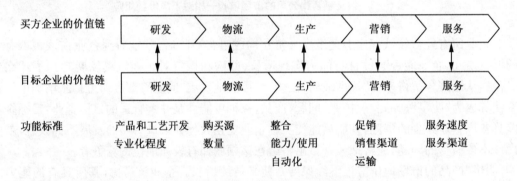

图 5—3　确定资源优势和劣势的价值链分析

在价值增值的各个阶段,企业拥有或投入的资源是接下来要重点分析的对象。资源分析的目的在于,确认买方企业哪些地方可以或者必须增强,哪些资源应该转移出来以促进资源的有效利用。资源既可以是物质资源也可以是非物质资源,资源包括实物资源(如设备和工厂)、人力资源(如职工和管理层)、知识(技术和组织方面的知识)、财务资源和客户关系等。

由于某些特定资源不能轻易从市场中获得,企业只能通过并购或者自己建设来获得这些资源,例如,在医药行业通常会并购小公司,以此促进新药的研发以丰富原公司产品。当买方企业发现自己没法快速实现复杂的自主研发或者达到相同产出时,经常决定采取并购的方法。当资源具有较强流动性时(如有能力的员工),并购行为也是危险的,如果目标公司最重要的员工离开了,买方企业就无法通过并购实现它的目标。从资源分析角度出发,并购的动机是由于资源没能被有效利用,市场上的产能过剩促使企业寻找和开辟新的市场,通过新市场的新需求减少产能过剩。

对产品市场组合、价值增值流程和资源进行分析之后,企业就可以着手寻找合适的并购目标企业,接下来本书将详细阐述寻找目标并购企业的步骤。

5.4　寻找并购目标企业

　　寻找目标企业的前一步是战略分析,它限定了寻找目标企业的区域,例如,企业可以并购直接竞争者(横向并购)、并购供应商或者客户(纵向并购)或者并购对企业来说全新市场的供应商(混合并购)。寻找合适并购目标企业的目的在于,确定能实现企业价值增长潜能的候选企业。

　　在寻找过程中,企业会发现大量候选目标企业,首先应该缩小候选企业的范围。可以使用漏斗型流程筛选候选企业,在漏斗上方是过滤网即筛选标准,之后逐步缩小候选企业的范围,最终确定最合适的并购目标企业(见图 5—4)。在实际应用中,筛选第一步是确定过滤网上的筛选标准(K.O.标准),目标企业必须符合这些标准。例如,如果买方企业只并购销售额达到一定规模的企业,大部分企业都会被挡在过滤网的外面。典型的筛选标准包括规定经营领域即目标企业所在的行业、潜在候选企业的财务参数(销售额、产出)、产品及客户组合、潜在协同效应以及生产地点等。

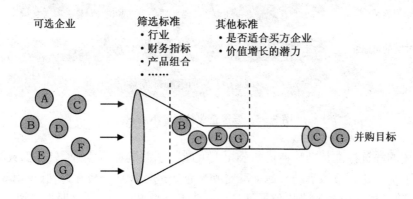

图 5—4　漏斗型目标企业战略筛选流程

　　一旦候选企业不符合上述标准,买方企业就不会再关注这些企业,留下来的企业进入筛选的第二阶段。该阶段的评估标准由两个方面组成,首先从市场、产品、文化和其他角度考虑目标企业是否适合买方企业,另一方面则要估计目标企业未来价值增长的潜力,因此确立一个现实可行的高标准很重要,既能衡量企业价值增长潜力又能确定整合和重组成本。通过第二阶段筛选的候选企业直接进入尽职调查及公司价值评估阶段(见第 6 章)。

研究案例

　　下面用一个案例来说明筛选目标企业的流程。哈斯塔尔(Hartstahl)股份公司是一家德国机械制造集团,该公司一直遵循扩张的战略。要想实现母合优势,企业间需共同使用广泛的物质和非物质资源、有协调一致的战略及有可以共同使用的管理系统。由于企业关联度对实现母合优势有决定性影响,哈斯塔尔公司将关联度设为筛选最重要的标准。由于这样的筛选标准,因而候选企业只会限定在同一行业中(见图 5—5)。哈斯塔尔公司想扩大自己的国际化进程,因此进一步锁定了候选目标,只考虑利润大部分产自非欧洲国家的企业。哈斯塔尔想提升自己在专业机械制造领域的市场占有率,因此哈斯塔尔公司又缩小了候选范围,只选择生产能力和销售额与自己相同或者比自己大的企业,仅在部分细分市场上有竞争力的小型制造商则不在考虑范围内。哈斯塔尔公司想在动力和轨道交通技术领域以及航空、航天领域扩张,因此哈斯塔尔公司只选择50%以上利润来自这些领域的公司。除此之外,目标企业能否被并购也是一个决定性因素。借助上述筛选标准,企业应该避免白花力气在不可并购的企业上。

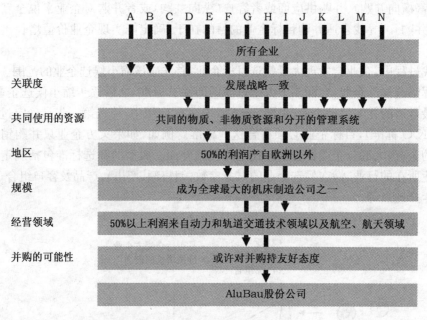

图5—5 候选企业范围缩小流程

实施上述的筛选标准帮助哈斯塔尔公司大大减少了并购候选企业,只有少数符合最低要求的企业留下来。接下来该借助其他标准对剩余企业进行详细分析和评估(见第6章)。在我们的案例中,哈斯塔尔公司最终找到了最符合其要求和标准的 AluBau 股份公司。

5.5 尽职调查

尽职调查是公司在实际操作中确定和量化协同效应、协同成本和并购风险的工具,接下来本书将详细解释并购流程中的尽职调查部分。

5.5.1 尽职调查的定义和目标

尽职调查是指由审计事务所、并购咨询机构以及投资银行对买方企业的交易对象实施审慎性的调查和分析(其他动机如为了 IPO、公司重组而进行的尽职调查,本书不予考虑)。罗克霍茨(Rockholtz)认为尽职调查是:为了确认公司与并购相关的所有重要信息,而对一个单独的、潜在并购目标进行详尽调查和分析的过程(Rockholtz,1990,第70页)。贝伦与斯塔奇(Berens & Strauch,2002)给出了尽职调查的定义:

尽职调查可分为委托人为购买者(买方调查)与委托人为卖方(卖方调查)两种情况,从时间上考虑,尽职调查又可分为并购前和并购后的尽职调查。

投资商主要在并购前即签订合同以前对目标企业实施尽职调查。以下是尽职调查的几个目标：

- 获得对方企业的数据库，在此基础上可以做出深入的投资决策。
- 如果可能，确定交易破坏因素（deal breaker）的数量，即会使交易失去吸引力的客观事实和风险。
- 再次检验卖方提供信息的真实性和完善性，为交易中合同签订建立可靠基础。
- 加强企业在合同签订、价格协商阶段中的强势地位。

总之，尽职调查的主要目的是减少卖方和买方之间的信息不对称。在现有信息不对称情况下，投资方要求保障自己的利益不受损害并减少交易风险。

5.5.2　尽职调查的对象

从内容上来看，尽职调查又可以分为财务、税务和法律尽职调查（Berens et al., 2005）。财务尽职调查的重点在企业过去、现在和未来的价值创造潜力，税务尽职调查旨在调查目标企业的税务风险，而法律尽职调查则考察法律风险。其他调查重点如环境、人事、战略和市场则放在其他尽职调查种类中考虑。马滕（Marten）和科勒（Köhler）的一项实证研究展现了尽职调查类型在德国的分布：94%的并购交易都会实施财务尽职调查，82%会进行法律尽职调查，78%进行税务尽职调查。因此，这三种尽职调查都是审慎并购管理标准程序的一个部分。

5.5.2.1　财务尽职调查

财务尽职调查的目标是调查和分析目标企业资产、财务和收益状况。审计报告、企业近3～5年的年报以及企业内部业务分析、财务计划和客户供应商签订的重要合同都是进行分析的信息基础。

对企业资产状况进行分析时，要详细研究目标企业的资产负债表。可以调查相应数据是否符合该时间点的情况，也可将该数据与竞争对手和行业平均水平比较。一个有参考价值的分析，要求对目标企业的会计原则和评估原则有详细的了解。在做资产分析时，会计原则和评估原则要按照委托企业的原则做相应调整。在国际交易中，数据必须符合德国商法、美国会计准则或者国际会计准则的统一会计要求。

财务状况分析主要调查目标企业现金流管理、财务管理以及营运资本管理的能力，其中营运资本主要从流动性和现金管理质量层面来考虑。

收益状况则是分析目标企业的损益表。主要考虑企业的销售额以及材料、人事和管理费用。同时，分析收益状况也要界定可能的风险领域，例如，企业过分依赖少数大客户，故意计提坏账准备或者企业工资结构不合理。

对企业过去和现在的资产、财务和收益状况的分析是做财务计划的基础，也是接下来进行企业评估的基础。除了已经提到的方面，还要调查目标企业的计划编制流程、对计划的忠诚度、计划制订者的风险偏好。基于这些信息才能计算出最好情况、一般情况和最坏情况下的协同效应。

5.5.2.2　税务尽职调查

税务尽职调查的目标是发现潜在的税务风险。企业向国家纳税，就会减少企业未来的现金流。与公司审计一样，税务尽职调查也会分析公司近几年年报、报税单和纳税单、以往的税收准备金和卖方提供的咨询。除了考虑过去的信息，也会调查买方未来可使用的亏损免税额度。然后可以分析，并购之后的公司重组会受哪些税务影响。

税务调查的结果能帮助公司在并购之后建立最理想的税收结构。因此,税务调查对买卖合同有很大的影响,例如,合同中究竟规定以资产转让还是股权转让的方式实现并购。资产转让的好处是,它会揭露目标企业的沉没储备——买价的一部分需要计提折旧。第二种交易方式,也就是股权交易,这时沉没储备是股东的购入成本,一般来说不需要考虑折旧。本书第10章将从税务角度详细阐述并购的流程。

5.5.2.3　法律尽职调查

法律尽职调查考察企业的基本法律环境以及由此产生的法律风险。公开的企业信息、公司法合同、与客户供应商和员工的合同以及企业内部诉讼信息都是调查的信息基础。

由各种不同的法律(公司法、劳动法和债务法)调查出的潜在风险也大不相同,法律尽职调查与环境和人力资源尽职调查有紧密联系。

法律尽职调查的结果对交易内容和交易时间有很大影响,因为其调查的目的是给从其他尽职调查中得来的经济、资产和税务信息提供法律保障。交易合同中的法律保障和合同担保能将已确认的风险转移到卖方企业身上。

5.5.2.4　其他尽职调查

除了上述提到的种类,还有很多其他类型的尽职调查,例如接下来将介绍的市场尽职调查、环境和人力资源尽职调查。

市场或经营尽职调查考察目标企业在现在和未来市场中的地位与竞争力。因为拥有新技术和新客户群体的企业在未来的发展中具有不确定性,所以企业的技术或者客户越新,市场尽职调查就越重要。结合内部和外部信息从市场稳定性和市场前景的角度去评价企业,这就是市场尽职调查。

环境尽职调查是从环境的角度考虑企业的风险,其目标是确定责任风险和成本风险,例如土壤污染、营业执照问题、企业环境不好对员工造成的污染。

人力资源尽职调查的目的是分析公司人事结构、人事成本、工作制度以及评价人事管理系统和流程,人力资源尽职调查经常与文化尽职调查和管理审计一起使用。文化尽职调查是确定由于双方公司文化差异而导致的文化整合壁垒,并找出解决方案。管理审计的任务则是检查管理人员的质量和忠诚度,这样可尽早采用合适的人事方案。

5.5.3　尽职调查的组织流程

尽职调查需要调查非公开的信息,因此并购双方还会签订保密协议或非公开协议(Berens & Strauch 2002)。协议规定,什么时候能将保密信息转给规定的人,同时保密协议中也要确定买方是否值得信任,能否正确使用保密信息。在横向并购中,如果两个直接竞争者之间的交易失败了,会对潜在卖方的竞争势态造成负面影响。在大部分企业实际操作中,会建立一个所谓的资料室,所有尽职调查需要用到的信息和文件直接整理在里面,包括年报、报税单、重要的合同信息和许可证、会计数据、工资表和专利信息(Kinast,1991)。近年来,并购所需的重要信息存放在"虚拟资料室"里面,即放在互联网的信息平台上,有意向买家的尽职调查团队得到许可后能查看信息平台上的信息。专业IT公司提供建立和运营虚拟资料室所必需的软件(例如DRS资料室,Intralinks,Merrill Corp)。

在协商成交阶段,双方一般会签订意向书(Berens & Strauch,2002),目的在于确认谈判的中间结果,该意向书不具备法律效应,更多是公布双方的意向。该意向书中会确定基本和协商好的细节以及接下来的并购步骤。除此之外,还要保证在一段特定时间内谈判的排他性。

合同双方确定要进行尽职调查,为了保证有效率的时间管理以及对尽职调查有基本的认识,要考虑如何组织尽职调查的问题。表5—1示范性地展现了尽职调查的理想流程。

表 5—1 　　　　　　　　　　　　　　尽职调查的理想流程

1. 准备尽职调查(方案)
·选择实施地点
·确定尽职调查目标
·组建尽职调查团队
·设计尽职调查方案(规模、重点调查范围、过程、时间计划)
·评估现有文件
·按照需要可能发放问卷和调查清单
2. 实施尽职调查(信息收集和分析)
·管理层做报告、与员工谈话
·参观企业、在资料室分析数据
·检查已确定的调查因素
·评价尽职调查的现行成果
·与卖方管理层讨论现行调查成果
3. 尽职调查后期整理(信息再加工和信息报告)
·详细分析和总结评估
·预测财务计划中的现金流
·协调和制定尽职调查备忘录
·提出与并购目标相关的特定问题解决战略
·需要的话,给出按照重要性排序的并购计划

资料来源:Liniger(1995,第77页)。

在准备阶段,首先要确定尽职调查的地点、目标以及调查分析的重点。确定了地点、目标和重点之后,则可以成立一个尽职调查团队、制订尽职调查方案。团队成员应该是重点调查领域的专家,选择专家要看他的资质、经验、团队协作能力,在国际交易中还要考虑语言能力。团队成员不能全由买方公司决定,目标企业也要挑选重点调查领域的调查员。还有一点很重要,即除了针对各个领域的调查员还要确定出团队总负责人,总负责人的任务是找到每个有关领域的专家并且确定是否得到了已经协商好的信息。

尽职调查实施阶段为收集和分析信息的阶段。评估得到的文件,与管理层和挑选出的部分员工对话,参观公司能让买方企业对目标企业有更具体的印象。为了确认已经得到的数据,与卖方管理层讨论现行调查结果、再次确认之前确定的调查重点的必要性。

信息收集阶段结束就开始信息加工和信息报告阶段。用所得到的信息分析企业的优势、劣势以及与此相关的机会和风险,然后将分析结果整理成报告。所有与决策相关的重要信息都分析完毕之后,就能决定要不要进行并购交易了。此外,分析报告还给价格协商提供了根据。在这样的背景下,有必要给出特定并购问题的解决战略并且制订具有财务效应的行动计划。

5.5.4　国际尽职调查

在跨区域交易的尽职调查中,必须考虑一些特定国情问题。基辛和赫雷拉(Kissin & Herrera,1990)强调,因为一个客观而有效的尽职调查能有效减少由于空间和文化的差距而引起的并购困难,所以国际交易中的尽职调查很重要。相较于国内尽职调查,国际尽职调查还需考虑更多,如政治风险、汇率转换风险,尤其是相应国家的资本市场情况、国际税务规章制度等(Kissin & Herrera,1990)。跨区域并购的特点详见第 12 章。

大部分情况下,英美国家由律师和审计师实施尽职调查,其他国家则取决于调查的领域。尽职调查的形式也各不相同,楚(Chu,1996)提出了两种不同形式的尽职调查:"盎格鲁撒克逊形式"(Anglo-Saxon practice),即美国、英国和加拿大的尽职调查形式,另外一种叫作"其余国家的尽职调查形式"(practice in the rest of the world)。英美国家尽职调查的范围广泛、内容详细,而这在其他国家可能被认为是不信任的标志。在日本,由卖方而不是买方实施尽职调查,为了维持信任,卖方有义务准备好可信的数据。

在尽职调查的时间点上也存在文化的差异。英美国家主要在并购前,即合同签订前进行尽职调查,而很多其他国家则是在合同签订后才进行深入尽职调查。亚洲国家的交易更多是建立在和谐关系而非所得到的信息内容是否准确的基础上。

尽职调查的范围受到调查时间、成本、信息获取渠道和文化差异的约束。国际交易中,维系双方的信任关系占着举足轻重的地位。

5.6　参考文献

Bain, J. S. (1956): *Barriers to New Competition*, Harvard University Press, Cambridge Mass.

Bain, J. (1968): Industrial Organization, New York.

Berens, W. & Strauch, J. (2002): *Due Diligence bei Unternehmensakquisitionen-eine empirische Untersuchung*, Frankfurt am Main.

Berens, W., Brauner, H. U. & Strauch, J. (2005): *Due Diligence bei Unternehmensakquisitionen*, 4. Auflage, Stuttgart.

Brealey, R. & Myers, S. (2002): *Principles of Corporate Finance*, 7. Auflage.

Chu, W. (1996): The Human Side of Examining a Foreign Target, in: *The Dealmaker Journal*, Vol. 30, No. 4, pp. 35−39.

Copeland, T. & Koller, T./Murrin, J. (1994): *Valuation*, 2. Auflage, New York.

Goold, M., Campbell, A. & Alexander, M. (1994): *Corporate-Level Strategy*, New York.

Hungenberg, H. (2006): *Strategisches Management in Unternehmen*, 4. Auflage, Wiesbaden.

Liniger, H. U. (1995): Die Umweltproblematik in der Unternehmensbewertung, in: *DST*, Nr. 2, pp. 71−78.

Kinast, G. (1991): Abwicklung einer Akquisition, in: Baetge, J. (Hrsg.): Akquisition und Unternehmensbewertung, Düsseldorf, 1991, pp. 31−43.

Kissin, W., Herrera, J. (1990): International Mergers and Acquisitions, in: *Journal of Business Strategy*, Vol.11, No.4, 1990, pp.51—54.

Marten, K.-U. & Köhler, A. (1999): Due Diligence in Deutschland-eine empirische Untersuchung, in: *Finanz Betrieb*, H.11, 1999, pp.337—348.

Müller—Stewens, G. & Lechner, C. (2005): *Strategisches Management*, 3. Auflage, Stuttgart.

Nicklisch, H. (1927): Der Betriebsprozeß und die Wertumlaufe in der Wirtschaft, in: *Zeitschrift für Handels-Wissenschaft & Handelspraxis*, 20.Jg., H.6, pp.121—125.

Penrose, E. (1959): *The Theory of the Growth of the Firm*, New York.

Porter, M.E. (1979): How competitive forces shape strategy, in: *Harvard Business Review*, Vol.57, No.2, pp.137—145.

Porter, M.E. (1980): *Competitive Strategy*, New York.

Porter, M.E. (1985): *Competitive Advantage*, New York.

Rockholtz, C. (1999): Marktorientiertes Akquisitionsmanagement-Due Diligence-Konzeption zur Identifikation, Beurteilung und Realisation akquisitionsbedingter Synergiepotenziale, Frankfurt am Main.

Seth, A. (1990a): Sources of value creation in acquisitions: An empirical investigation, in: *Strategic Management Journal*, Vol.11, No.6, pp.431—446.

Seth, A. (1990b): Value creation in acquisitions: A re-examination of performance issues, in: *Strategic Management Journal*, Vol.11, No.2, pp.99—115.

The Boston Consulting Group, Inc. (1970): The Product Portfolio, in: *Perspectives*, Boston, MA.

Welge, M & Al-Laham, A. (2008): *Strategisches Management*, 5. Auflage, Wiesbaden.

Wernerfelt, B. (1984): A resource—based view of the firm, in: *Strategic Management Journal*, Vo.5, No.2, pp.171—180.

第6章

评估并购目标

企业价值评估是并购流程中的中间步骤,也是很重要的一步。企业价值评估是确定企业并购成交价格的基础,通过企业价值评估确定的成交价格,不管是买方还是卖方都能接受。能否达成一致的价格,是并购交易能否成功的关键。尽管最后的价格也会受到谈判实力和技巧的影响,但是提前对企业价值进行系统、详细的评估仍是成功并购的关键,因为通过对企业的价值进行评估,能确定买卖双方可接受的价格幅度。评估本身也是建立在先前对企业详细尽职调查的基础之上(见第5章)。

在管理实践和理论中,过去十年产生了不少评估企业价值的不同方法。本章首先介绍不同的评估动机和方法,然后简单分析各种方法的优缺点,最后通过实例计算讲解如何运用最重要的评估方法。本章还将详细阐述国际通用的评估法则:现金流折现法(DCF 法),并介绍和阐述现金流折现法的变化形式及使用条件。除此之外,本章还会讲述税务对价值评估的影响。本章的最后是一个实证研究,研究不同评估方法在德国企业中的实际应用。

本章主要解决以下问题:

- 企业价值评估动机和方法有哪些?
- 不同评估方法的步骤是什么?分别有哪些优缺点?
- 不同企业价值评估方法在实际操作中有何意义?

6.1 价值评估的动机和方法

本章主要讨论并购情况下的企业评估,我们会介绍一些企业评估的方法。出于法律、合同规定或者其他动机,必须进行企业评估。根据《股份有限公司法》的规定,在签订企业协议或者实行所谓的"挤出"①时,都需要进行价值评估。根据《股份有限公司法》第304条规定,签订控制协议②和利益转移协议③时,必须保证小股东得到合适的补偿,确定补偿金额需要评价企业未来的收益能力(见8.1节)。根据《股份有限公司法》第305条,在签订企业协议时,小股东有权要求从母公司以股票形式得到补偿,确定股权交换比例也需要对双方企业进行评估。在"挤出"中,小股东强制得到现金补偿,股东有权得到合适的补偿,但补偿价格需要经过评估来确定(见《股份有限公司法》第327a条或《证券收购和接管法》第39a条第1款)。第11章中我们将详细阐述"挤出"的规则。由签订合同产生的评估动机主要有:合伙企业中新晋股东和老股东退出、亲属间的继承纠纷、遗产分配和赔偿案件。其他评估动机包括企业买卖,除此之外主要还有IPO,管理层并购产生的评估需求以及一些贸易、税务方面的评估需求。

评估方式可以分成两大类:个别计价法和总体评价法(见图6-1)。个别计价法是指公司计算自己扣除负债后的资产价值,并在一个特定的基准日披露,这个方法在今天已经没有实际应用意义。相反,总体评价法将企业作为总体来评价。总体评价法既包括未来业绩价值法——企业价值建立在未来收益的基础上,也包括比较法,即企业借助乘数来比较企业的相对价值(市场比较法)。此外,还有混合评价法,综合了个别计价法和总体评价法,这里就不讨论这种方法了(Helbling,1998)。

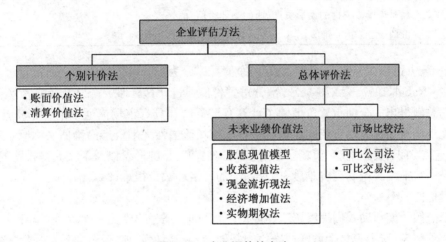

图6-1　企业评估的方法

在介绍未来业绩价值法中会先简短介绍股息贴现模型,接着是收益现值法。收益现值法在德国一直有着很高的地位。然后介绍现金流折现法,这个方法是国际通用的,具有较高的实践意义。经济增加值(EVA)法和实物期权法是两种比较新的评估方法,经济增加值法是现金流折现法的改进形式。这两种方法从理论上来说很有意义,可是却很少在现实中使用,本书只做一个简短的介绍。通过比较乘数的评估法在现实中运用得很多,因为这种方法能较快评估企业而且成本较低,但可惜该方法缺少理论基础。

---

① 挤出:通过现金补偿强制并购小股东。

② 控制协议:一个股份公司或两合公司与一个国内外任意形式的公司签订协议,一方控制另一方。

③ 利润转移协议:一个股份公司或两合公司与一个国内外任意形式的公司签订协议,其利润补偿给后者。

6.2　个别计价法：账面价值法

运用账面价值法时，评估者估算完全"白手起家"重建该企业所需要的成本。这种方法是建立在这样一个假设之上，就是企业的资产都是独立的，并具有交换市场，评估者可以计算所有资产之和（例如，房屋及建筑物、生产设备、办公设备和存货等）。评估的基础是企业在某个特定基准日披露的所有资产，企业的价值是单个资产评估价值的总和。这种评估方法以持续经营为前提，生产所必需的资产以重置成本法计量价格，非生产必需的资产用单体售价来衡量。要计算出资产净值，还需要扣除总额中的负债（见表6-1）。

表6-1　　　　　　　　　　　　资产净值的计算过程

	重置成本法计算出独立并具有市场流通性的生产必需有形资产和无形资产价值
+	单体售价法计算出具有市场流动性的非生产必需有形和无形资产价值
-	负债
=	部分重置价值（狭义物品价值）
+	非独立不具有市场流通性的无形资产（原始商业价值/商誉）
=	全面重置价值（广义物品价值）

从表6-1可以明显看出，企业的资产净值可以分为部分重置价值和全面重置价值两部分（Mandl & Rabel，1997，第275页）。部分重置价值通过计算有形资产以及具有市场价值的无形资产的总额得出。全面重置价值除了计算有形资产和具有市场流通性的无形资产以外，还要计算无市场流通性无形资产的价值。这种无市场流通性无形资产的价值又称原始商业价值或商誉，包含知识、员工经验、市场了解度、市场知名度、品牌形象以及未来获得投资的可能性。计算商誉存在很多理论和现实难度，因为商誉的价格和数量很难计算，因此资产净值一般计算部分重置价值。

下面的例子能帮助我们理解资产净值即账面价值。表6-2是一个企业2009年12月31日的资产负债表，这个表是计算资产净值的基础。出于简化原则，企业商誉在我们的例子中不予考虑，要计算的企业净值实际上相当于计算部分重置价值，此外，非生产必需资产我们也不考虑，只考虑企业拥有生产所必需的资产。

表6-2　　　　　　　　企业2009年12月31日资产负债表　　　　　　　单位：万欧元

资产	
房屋及建筑物	3 250
机器	2 820
生产设备	980
产成品	410
半成品	350
原材料	1 040
应收账款	1 420
流动资产	160
资产总额	10 430

负债	
实收资本	2 500
盈余公积	620
资本公积	410
备用金	910
长期负债大于 3 年	2 520
中长期负债大于 1 年小于 3 年	1 250
短期负债小于 1 年	940
应付账款	1 280
负债总额	10 430

　　企业资产总额总共有 10 430 万欧元。由于用资产和负债的重置成本法来计算企业的资产净值,且资产负债表得符合商法和税法的规定,因此价值的评估必须与资产、负债相匹配。在我们的例子中,房屋和建筑物会增值,因此计算成 500 万欧元,应收账款随着时间贬值,计算成 2 200 万欧元。企业还拥有自己的一个专利,由于是以自己的研发为基础计算价值,因此不能在资产负债表中得到体现,专利的价值为 300 万欧元。考虑完资产增减值,并且扣除以留存收益和债务形式存在的负债之后,计算得到资产净值为 4 110 万欧元(见表 6—3)。

表 6—3　　　　　　　　　　　　计算资产价值(部分重置价值)　　　　　　　　　　单位:万欧元

总资产价值(会计总额)	10 430
＋　房屋及建筑物增值	500
＋　专利	300
－　应收账款贬值	220
＝　毛资产	11 010
－　留存收益	910
－　负债	5 990
＝　净资产值(部分重置价值)	4 110

　　另一种计算资产净值的特殊情况就是所谓的清算价值。清算价值是指,企业不打算继续经营,准备转让该企业时企业的价值,单个财产的价值通过计算出售收益来衡量。负债以当下应付的数额计算,还要考虑解散成本(提前偿还贷款的成本和对员工的辞退补偿等)。清算价值是变卖资产获得收益与结清负债和解散成本的差额,企业的清算价值是企业价值的下限,即最低价。企业值不值得继续经营下去,取决于企业持续经营的价值是否高于其清算价值。

　　个别计价法的优势在于计算方法简单、容易理解和易于信息交流,运用过去的数据没有预测风险,由于借助市场价格来评估从而具有高度客观性(Sieben & Maltry,2009,第 564 页)。

　　然而,从并购交易的角度来看,这些优点未能起到作用,恰恰相反,账面价值法本身的特点违背了企业评估方法的基本原则。企业评估方法有两个基本原则。第一是与未来的相关性,第二是考察对象作为整体评估。与未来的相关性是指潜在买家对企业未来的盈利能力感兴趣。而考察对象作为整体评估(也称整体评估原则)是指企业价值计算的是企业整体的价值而不是所有资产的总和,买家看重的是卖方企业持续经营(going concern)的能力。账面价值法计算的是企业过去的单个价值,并未满足上述两个基本原则。除此之外,评估方法还需考虑到主观性原则,因为在不同潜在的买家眼里,企业价值是不同的,因此评估方法需要考虑特殊的评估因素,账面价值法也没能满足这个条件,在计算企业并购价格上下限的时候没考虑重要的协同效应、战略性优先购买等因素。

综上所述,账面价值法已经不适用于核算企业的价格限度,这种方法 20 世纪中期在德国很流行,但在今天已经很少投入使用(见 6.5 节)。

6.3 总体评价法

6.3.1 未来业绩法:未来收益贴现

未来业绩法在以未来期望收益的基础上确定企业的价值,这个方法的主要特色是其投资导向性和基础分析法。公司买卖是一种特殊的投资项目,企业所有者希望企业成为未来的收入来源,我们必须估算这些收益,并将这种收益贴现到 一个决策的时间点,整个现值的总额就是企业的价值。与用传统投资核算方法净现值法一样,把企业的价值与其买入价格相比较,就能估算出并购的好处。

未来业绩法的基础是投资决策分析中的收益现值法,这里将其应用到整个企业上。投资目标企业(即并购企业)的好处能通过比较同期限和风险的投资而得到,因此我们需要找到一个相同期限和风险的金融资产。利用核算利率对备用投资未来的收益进行贴现。

比较企业投资与资本市场备用投资的一个理论上正确的绩效指标就是净现金流,就是企业支付给所有者的收益。但是,这个指标很难预测,尤其是当一家企业的股份同时被多人所拥有的时候。很难预测的原因是,因为确定的净现金流还会流入到第三方手中(Helbling,1998),因此我们在用未来业绩法时主要考虑企业未来的收益。根据不同的未来收益指标(股息、收入盈余或者自由现金流),未来业绩模型又可分成三类,即股息现值模型、收益现值法和现金流折现法。由于基本假设相同(一样的定义、数据和计算),理论上所有未来业绩法算出来的企业价值应该是一样的。但是,在实际中不是所有条件都是已知的,例如,收入盈余和现金流量在某种程度上就不能放在一起使用,通常来说,很少有完整的预算规划(损益预算、现金流预算即投资和财务预算)能涉及各个维度。而且影响贴现率的因素各个评估方法也各不相同〔在这种情况下,不同评估方法算出的结果或多或少有出入,至于详细的原因读者可以参照默克勒(Mokler,2005)〕。接下来我们将详细介绍未来业绩法的三种形式,由于在现实中 DCF 法使用频率最高,我们也将重点讲解 DCF 法。之后,本章还想介绍一下两种新颖的评估方法即经济增加值法和实物期权法。

6.3.1.1 股息现值模型

股息现值模型是未来业绩法中最古老的模型,它是其他新的模型变形的基本理念来源。股息现值模型主要用于股票价格的基本面分析,也可以用于公司股权资产的定价。

企业的股权价值在于企业未来派发给股东的股息。[①] 企业遵循持续经营的假设,因此不

---

① 从这里我们将区分企业实体价值(enterprise value)和股权价值(shareholder value)。企业实体价值=股权价值+负债。

考虑企业的清算价值,企业未来支付给股东的主要是股息。诸如股票赎回之类的其他支出在该模型中也能当作股息来考虑。因此企业的股权价值就是未来股息的现值之和。假设没有到期时间,且收益率曲线平坦,即贴现率 r 是不变的,股息现值模型如下:假设未来每个时期的股利都是固定的,则能用"经验法则"来计算企业股权价值:

$$EK_0 = \sum_{t=1}^{\infty} \frac{E[Div_t]}{(1+r)^t}$$

假设企业未来股息以固定增长率增长,则能用企业增长模型计算(也称戈登模型,以经济学家迈伦·J.戈登的名字命名)。

$$EK_0 = \frac{Div}{r}$$

股息现值模型需遵循的假设较少,使用起来简单方便。此外,模型与未来相关,评估对象是个整体,考虑到了评估中的主观因素(支付股息数量的变化、贴现率的变化等)。

$$EK_0 = \frac{Div_1}{r-g} = \frac{Div_0(1+r)}{r-g}$$

如何计算未来股息是应用该模型的主要问题。股东获得股利的多少取决于企业的派息制度,当然,首先这些派息制度是合法的,其次是由公司领导层多方考虑后制定的,对外界透明度较小。股息现值模型是用过去的派息额推算未来股利数量,因此总会有估算错误的时候。企业根据变化的情况统计过去的派息历史,会出现低估和高估企业股权价值的情况。一些成功企业主要通过利润积累实现增长,至今很少或者几乎不发放股利,这种情况下,企业价值就被低估了。还有一些公司,实行激进的派息政策,但长期来看企业发展是在走下坡路,这种企业的价值易被高估。现行企业派息政策不一定能推测出企业真实的价值。

6.3.1.2 收益现值法

收益现值法以前在德国一直占主导地位,因为很多企业评估(大部分出于法律要求)是由审计师来实施的,其次德国审计师协会(Institut der Wirtschaftsprüfer,IDW)早在 1983 年就确定使用收益现值法来评估企业价值了。IDW 到 2000 年才强调国际通用的 DCF 模型在德国的地位,公布了独立评估标准 IDW S1 后,DCF 法和收益现值法在德国具有同等重要的地位。即使是今天,审计师也频繁使用收益现值法来评估企业价值,在管理实践中,企业价值的评估很多需要得到法庭的复查,法官和律师都熟悉收益现值法评估的结果。本节接下来的内容都基于 IDW S1(2008 年版)公布的内容。

企业收益是指企业未来预期收益盈余的现值。企业收入盈余指企业可支配收入,就是企业股东能得到的收入。根据 IDW S1,企业股东的收入现值就是企业的收益。非生产必需资产以其转让价值(N_0)的现值计算,再加到企业收益中。[①] 下式就是企业自有资本的市场价值:

$$EK_0 = \sum_{t=1}^{\infty} \frac{E[G_t]}{(1+r)^t} + N_0$$

公式中的收益,即股东在未来得到的收入产生于企业收入盈余预算。预算基于对企业过去环境和资产的分析,做预算首先要弄明白损益预算中收入和费用对企业盈利的重要性,然后就能预测企业未来的收益额。确定企业收入盈余必须首先确定纳税政策和企业利润分配政

---

① 确定企业未来收入盈余只考虑企业生产所必需的资产。界定生产所必需的资产和生产非必需的资产在实践中也是个问题。

策,这样才能得到企业利润积累额和股东收入。在接下来每个时期都要考虑利润积累对企业未来收益和企业股权价值的影响。

　　股东从收益盈余中获得的收入还需扣除个人资本利得税,这才能得到股东实际到手的数额。在管理实践和国际通用教材中,出于简化原则,一般不考虑个人所得税。德国审计师协会颁布的 IDW S1 详细规定了企业的税务行为(出于法律合同规定的评估动机),如"挤出"并购。如果企业家想确定企业价值,企业评估和经济专业委员会认为没有必要直接考虑个人纳税问题。关于企业股东个人纳税的问题,我们在 DCF 法中会详细讨论。

　　运用收益现值法时要注意,预测的收益是由收入和费用决定的。由于资产负债表具有会计分期假设,收益和费用可能与收入和支出不同而在其他期间实现,从而无法偿付股息。要检查企业的收益是否具有偿付能力,需引用财务预算,即计算企业的派息额、投资额以及内部筹资潜力,进行财务预算同时还能得知企业未来有多少外部筹资的需求。

　　利率 r 应该根据投资者个人行为来确定(IDW,2008)。资本回报率是投资者的机会成本,在预测回报率的时候首先要考虑投资者在资本市场上对最佳另类投资的预期回报。股东要求的资本回报率可以分成两个部分,即市场无风险收益率和资本市场的风险溢价。在实践中通常不考虑这么多,因此我们经常使用门槛收益率(hurdle rates)或平均收益率。

　　之前的收益现值法公式要求评估企业无限规划自己的收益。在现实中这不太可行,而且区间越长,预算的准确性会大幅降低,因此在用收益现值法的时候主要将时间周期分为两个阶段:第一阶段(3~5 年)详细计算企业收益;第二阶段是用之前提到的持续收益增长模型大致算出企业的收益,也就是所谓的持续经营价值(continuing value,CV)。

$$CV_T = \frac{E(G_{T+1})}{r} \text{ 或 } CV_T = \frac{E(G_{T+1})}{r-g}$$

其中,CV 为持续经营价值,$E(G_{T+1})$ 为 $T+1$ 时期的收益,r 为利率,g 为固定增长率。

　　企业持续经营价值也需要像第一阶段一样贴现到决策时间点。修正后的收益现值法模型如下(Mandl & Rabel 2009,第 59 页):

$$EK_0 = \sum_{t=1}^{T} \frac{E[G_t]}{(1+r)^t} + \frac{CV_t}{(1+r)^T} + N_0$$

其中,N_0 是非生产必需资产的现值。

　　如表 6—4 所示,我们以一个例子来解释收益现值法,依旧是同一家企业,之前的表显示这家企业的账面价值为 4 110 万欧元。像之前提到的一样,出于简便原则,这里不考虑非生产必需资产的收益,也就是说我们例子里的收益全来自生产必需的资产。在该例中,企业 2009 年盈利 690 万欧元,年净利润可以直接从损益表中得到。

表 6—4　　　　　　　　企业 2009 年 12 月 31 日损益表　　　　　　　单位:万欧元

销售利润	17 120
生产成本	−13 040
毛利润	=4 080
运营成本	−820
管理成本	−1 230
其他运营费用	−680

续表

日常运营收益	1 350
所得税和盈利税	−660
年净利润	690

确定企业的收益价值不能使用当年的净利润,而应该预测未来的盈利。如先前提到的,预测也分为两个阶段。如表 6−5 所示,在接下来的例子中就是企业 5 年(2010～2014 年)内收入盈余的详细预测。之后一个阶段,包含 2015 年在内的所有区间,收入盈余都预测为 780 万欧元。想要计算企业的收益价值,现在只差贴现率了。出于简单原则,我们采用税后利润率 9%,这样就算出 2009 年末企业的价值为 8 480 万欧元(见表 6−5)。

表 6−5　　　　　　　　　　　　　　　确定企业的价值　　　　　　　　　　　　单位:万欧元

年　份	第一阶段					第二阶段
	2010	2011	2012	2013	2014	2015 以后
年净利润	7.0	7.2	7.4	7.5	7.6	7.8
贴现率	9%	9%	9%	9%	9%	9%
贴现到 2009 年 12 月 31 日的现值	640	610	570	530	490	5 630
总额	2 840					5 630
2009 年 12 月 31 日的企业价值	8 480					

我们在 6.2 节讨论过企业价值评估方法需满足的要求,收益现值法符合企业价值评估的要求,可以借助收益现值法做出相应并购决策。收益现值法考虑到了企业未来的收益,评估对象是一个整体,但是确定贴现率和派息数量有主观因素在里面。

文献中也不乏对收益现值法的批评,首当其冲的就是未来收益预测的准确性,不过这是所有未来业绩价值法的通病。所有以未来为导向的评估方法(尤其是接下来要介绍的 DCF 法),都有预测失误的风险,即当企业未来收益有可能迅速增长的情况下,仍预测企业的未来收益和过去没有区别。另一个批评点在于,企业折现的收益来自会计利润,而会计政策对会计利润有影响。这也是近年来收益现值法主导地位下降的原因,即使在德国收益现值法也逐渐被国际通用的 DCF 法取代。

6.3.1.3　现金流折现法(DCF 法)

现金流折现法是以支付流量为导向的模型,这里企业实体价值是企业未来收入流量(现金流)的现值,借助资本市场理论中风险调整后的资本成本来折现。在现金流折现法中整合了投资理论和资本市场理论。

现金流折现法有几种基本形式(Krag & Kasperzak,2000):实体现金流量(entity approach)和股权现金流量(equity approach),其中实体现金流量又有 WACC(加权平均资本成本)法和 APV(现值调整 adjusted present value)法。实体现金流量和股权的区别在于二者现金流量计算法不同,折现使用的成本也不同。

6.3.1.3.1　实体现金流量(1):加权平均资本成本法

以加权平均资本成本贴现的实体现金流量是目前现金流折现法的主流。实体现金流量以间接方法计算企业自有资本值,企业未来自由现金流量的现值加上非生产必需资产的市场价值就是企业实体价值。第二步是计算企业股权价值,可以用企业实体价值减去企业的负债。企业负债的市场价值就是未来该偿付给债权人的本金和利息的现值。

自由现金流量指在一个经营年度中产生的现金流入盈余,该盈余不能再投入到现值为正的项目中,而应该分配给所有者。运用 DCF 法有几个前提:要预测企业未来经营、从项目中产生的现金流流入和流出的数量,计划投资企业未来可能增值的项目(投资预算),并且假设已确定的现金流全部支出(全支出假设)。

WACC 法下企业价值公式(Mandl & Rabel 2009):

$$EK_0 = \sum_{t=1}^{\infty} \frac{E\left[FCF_t^{GK}\right]}{(1 + k_{WACC})} + N_0 - FK$$

其中,EK_0 为企业价值,$E\left[FCF_t^{GK}\right]$ 为企业未来收益,FK 为负债,k_{WACC} 是贴现率,N_0 是非生产必需资产的现值。

在上述式子中,自由现金流即企业的收入盈余,是未来可供股东和债权人使用的资金。自由现金流有两种计算方法:第一种可以直接用企业经营活动中预计的收入减去支出,同时要考虑到未来对可能增值项目的投资;第二种是间接计算自由现金流:首先预测未来利润和损失,从中得到经营结果[息税前利润(EBIT)],然后加上非现金支出,再减去非现金收益,损益表中与收益无关的活动也要考虑在内,因为那都是现金支出。

在管理实践中,间接计算自由现金流的方法运用较广。但是,用所有非现金以及与收益无关的现金活动来预测企业营运中的息税前利润也是很困难的。因此有了简化模型,经过调整更适合实践中的现金流计算,表 6—6 给出了一个例子。

表 6—6　　　　　　　　　　　实体现金流量法中自由现金流的确定方法

	息税前利润
—	所得税(股权融资情况)
=	息税后利润
+/—	折旧/增值
+/—	增加/减少准备金
=	总现金流量
—/+	固定资产投资/撤资
—/+	增加/减少运营流动资产(净营运资本)
=	自由现金流

资料来源:Copeland 等(2002,第 16 页);Mandl & Rabel(2005,第 64 页)。

经过上述计算,自由现金流就是利息加上折旧和准备金,减去固定资产投资,加上净营运资本变化之后的结果。净营运资本是企业流动资产减去短期负债的值。值得注意的是,只有当企业进行的所有投资活动都有正的净现值,且企业没有计划外投资有增值可能性的项目存在时,该简化模型才能较准确地算出企业的自由现金流。

在收益现值法中就已经说过,无限期计算企业未来现金流是不现实的。因此在实际应用 DCF 法时,计算过程会分成两个阶段(IDW,2008)。首先详细计算企业未来 3～5 年的自由现金流现值,之后则通过可持续经营原则确定企业未来时期的持续经营价值(residualwert),并贴现到评估的时间点。计算持续经营价值可以使用之前提到的零增长模型（Ewige Rente，增长率为 0，以固定现金流为假设前提）和戈登模型（以现金流固定增长为假设前提）。

下式为在 WACC 法下，考虑了企业资本在两个阶段的市场价值[①]：

$$EK_0 = \sum_{t=1}^{T} \frac{E\left[FCF_t^{GK}\right]}{(1+k_{WACC})^t} + \frac{CV_T}{(1+k_{WACC})^T} + N_0 - FK$$

上述自由现金流的计算基于加权平均资本成本（k_{WACC}）贴现，加权平均资本成本计算公式如下：

$$k_{WACC} = k_{EK} \cdot \frac{EK}{GK} + k_{FK} \cdot (1-s) \frac{FK}{GK}$$

k_{WACC} 是以企业各种资本在全部资本中所占的比重为权数，对各种长期资金的资本成本加权平均计算出来的资本总成本。由于债务成本税前支付，部分债务成本可扣除应缴纳的税费，在计算债务成本的时候，将其乘上（$1-s$），s 为所得税税率。计算自由现金流时，也可以考虑计算债务税收因素。在用 WACC 计算自由现金流时，债务的税收因素也应该考虑进去，由于债务的税收优势或者叫税盾效应（tax shield）[②]，因而债务的成本也就降低了。因此，在上述式子中还要考虑股权融资自由现金流的产生，股权融资自由现金流是指企业的资本全是自筹资金，和表 6－6 的例子一样。

前文计算资本成本的模型符合加权平均资本成本法的基础模型，美国研究资本成本的文献中也是这样定义的，主要考虑公司层面的所得税，而股东层面的个人所得税则忽略不计（见 6.3.1.1 节）。此外，值得注意的是，上述简化模型假设了一个税收系统，即对企业层面的利润进行征税，债务成本可通过抵税全部扣除。从德国税法的角度考虑，这种假设只有一半是符合的。自从德国税法 2001 年废除了抵扣方法[③]后在公司层面利润全面征税，《个人所得税法》有关利息的规定限制了债务融资成本的抵税额（见 10.6 节）。

确定股本成本率（k_{EK}）可以采用资本资产定价模型（CAPM）[Brealey et al., 2009；Elton et al., 2009]。根据资本市场理论发展起来的模型，股本成本由无风险回报率（R_f）和风险差额决定，后者是风险溢价（$R_M - R_f$）与风险系数 β 的乘积。公式如下[④]：

$$k_{EK} = R_f + (R_M - R_f)\beta$$

$$\beta = \frac{Cov(R_i, R_M)}{Var(R_M)}$$

在实践中，无风险回报率 R_f 是市场上有最良好商业信誉投资人的平均收益率（尤其是政府债券）。风险溢价（$R_M - R_f$）是市场投资组合（市场上的所有风险资产）预期的回报率 R_M 与无风险报酬率 R_f 的差额，通常市场投资组合以股票指数来反映（德国是 CDAX 股，美国是 S&P 500 等）（Ballwieser，1998）。风险系数 β 是一个企业系统化、不可分散的风险，β 系数是公司回报率和预期市场回报率的协方差比上预期市场回报率的方差。内容上来说，β 测量一只债券（接下来的例子指公司价值）对相对总体市场的波动性。总体市场的 β 为 1，相较总体

---

①　实际上也可以使用多阶段计算法，在第二和第三阶段中假定自由现金流有不同的增长率。举例来说，可以详细预测企业 5 年内的现金流，而 6～7 年则假定企业现金流有个平均高一点的增长率，之后的未来所有时期现金流增长率与国民经济增长率相同（Mandl & Rabel，2009）。

②　税盾效应，即债务成本（利息）在税前支付，而股权成本（利润）在税后支付。

③　一直到 2000 年德国主导的折算方法是：国内投资者将其公司已经支付的公司利润所得税在申报个人所得税时全额抵扣。

④　在实际情况中，风险溢价一般是 4.5%～5%。

市场有较强波动性的企业,其 β 大于1。上市企业的价值可以从过去的市场数据中得到,可以通过通用的数据系统库估算这些企业的 β 系数[例如路透(Reuters)、彭博(Bloomberg)];非上市企业的 β 则无法直接得到,在实践中只能用同行业类似的上市企业价值做参考(见6.3.1.3.6节)。

债务成本(k_{FK})是企业支付的利息。由于企业的债务状态在不同条件下是不一样的,我们既可以计算加权平均的债务成本率,也可以单独计算每一类债务的成本(Mandl & Rabel,1997)。在管理实践中,可以参考上市私人企业发行的债券利率。

k_{WACC} 是指企业预计的资本成本。资本成本和它的参数并不是一成不变的,理论上预计的无风险回报率 R_f,预计市场风险溢价($R_M - R_f$),预计的 β 系数以及预计的债务成本率在未来时间段都是不一样的。实践中为了简便起见,人们通常将模型简化而假定资本成本是固定的,借助过去的数据计算预计资本成本,这个资本成本在较长周期内是不变的,上述表述是建立在这样一个假定基础上的,即较长周期内的现实回报率本质上与投资人估计值没有系统偏离。

最后值得注意的是 EK/GK 和 FK/GK,股本资本和债务资本占总资本的权重,EK 和 FK 应该指相应的市场价值,而不是如评估公式中的账面价值。在文献中,有部分人觉得用基于 WACC 法的现金流折现法会进入一个无限循环怪圈,因为实际上想求的企业价值或股权价值是以参数的形式出现在求 k_{WACC} 公式的右面。像下面将详细介绍的一样,这个问题我们是可能碰到的,因此使用 WACC 公式有一定的前提条件,我们假设,企业在整个计划区间内资本结构不变。

接下来我们将举例说明,如何用 WACC 法计算企业的股权价值。过去一年企业的自由现金流为1 130万欧元,比期末业绩要高,有可能因为在估算期间内,企业计提了折旧或者提高了准备金,两者都是在估算期间内以非现金形式支出的费用,因此在计算自由现金流时需要将其加上。预测未来自由现金流也可以像使用收益现值法时一样,将预测期间分成两个部分,第一部分中的五年进行详细预测,之后的区间为简便起见继续使用预测到的固定现金流。预测值如表6—7所示。我们发现债务成本的市场价值占总成本的65%,股本成本占35%,债务成本为8%,股本成本为14%,由此可以算出平均资本成本为10.1%。假设企业税率为30%,可以算出加权资本成本为8.54%。最后得出企业实体价值为14 410万欧元。

表6—7 由 DCF 法确定的企业实体价值

年 份	第一阶段					第二阶段
	2010	2011	2012	2013	2014	2015~∞
自由现金流	11.5	11.8	12.0	12.2	12.3	12.5
k_{WACC}	8.54%	8.54%	8.54%	8.54%	8.54%	8.54%
2009年12月31日的现值	1 060	1 000	940	880	820	9 720
总额	4 700					9 720
2009年12月31日企业的实体价值	14 410					

企业实体价值减去债务的市场价值6 900万欧元(之前在用账面价值法求企业资产净值时,我们就已经假定债务的市场价值就是其账面价值)可以得到用 WACC 法算出的企业股权价值7 500万欧元。在我们的例子中可以看到,收益现值法算出来的企业股权价值最高(8 480

万欧元),而用账面价值法算出来的最低(4 110 万欧元)[1]。

6.3.1.3.2　实体现金流量(2):考虑股东个人所得税的加权平均资本成本法

要确定企业的价值,必须评估企业流向股东以消费为目的的现金流量,并折现到当前时间点。还要考虑一点,企业获得盈利需要向国家财政税务机关纳税。现在我们只考虑了企业要缴纳企业所得税,出于简化原则忽略了股东获得股利时也需要缴纳个人所得税。因为纳税很大程度上能影响投资者的投资决策,所以考虑股东的纳税行为在公司评估中有重要意义。

因为各国税务系统相当复杂,而每个国家之间也不相同,所以考虑股东个人所得税也会遇到问题,尤其是股权结构分散的公共有限责任公司,几乎无法确定纳税对股东的影响。如前所述,在国际并购中,很多教科书也干脆放弃了考虑股东纳税。对德国审计师来说很重要的 IDW S1 标准规定,出于法律和合同动机的企业评估要考虑股东个人所得税。个人投资者的实际财务状况不是纳税的基础,买方和卖方在当前状况下的关系才是主要考虑的对象(典型化)。

以前德国主要的税收系统(折算方法为对折税基法)对资本收益征税取决于每个投资者的个人所得税率。2009 年初开始实行预扣税之后,资本收益征税简单了很多。预扣税是一种来源税(直接从收入来源中扣除交到财政部门的税),可以应用到自然人的资本收益上(利息、股利和转让利润)。企业在派息的时候应预扣股东该缴纳的资本收益所得税,并直接上缴给国家税务部门。利息、转让收益和其他形式的资本收益税则需通过开户银行扣除,投资人得到的是扣除了税的净收益。所得税税率一般是 25%,考虑附加税 5.5% 后得出税率大约是 26.4%(同时还要考虑教会税)。扣除了资本利得税之后,股东纳税的义务就完成了,也就是说,最后的收益基本与个人所得税无关了。[2]

根据 IDW S1,确定股本成本可以使用所谓的税收资本资产定价模型(TAX CAPM)(IDW S,2008),该模型得到的风险回报率是税后无风险回报率和税后风险溢价的和。上文分析了预扣税(利息、股利和转让收益)系统,所有形式的资产收益都有个统一的税率 s_{AS},基于此我们可以得到下述模型:

$$R_j^{nSt} = [R_f + (R_M - R_f)\beta] \times (1 - s_{AS})$$

R_j^{nSt} 是个人所得税后的收益率,s_{AS} 就是预扣税的税率。该公式的前面部分就是计算股本成本的标准资本资产定价模型,再考虑税收因素(包含了附加税之后为 26.4%)。值得注意的是,这里列出来的简化模型,只有当企业的股价收益每年清算一次之后再对利息和股利征税时才能成立。投资者可以自由选择转让股票的时间,投资者持有股票的时间越长,相应地将纳税时间延迟,因此转让收益的有效税率就越低。为了考虑该自有资本估计效应,必须假定投资者的预计持有期以及在持有期内股价回报率是确定的(Baetge et al.,2009)。

6.3.1.3.3　实体现金流量(3):调整现值法(APV 法)

所谓的调整现值法是用多个步骤来计算股本的市场价值。第一步假设企业是纯股本融资,也就是说,先计算一个假设没有负债企业的价值。收入盈余即等于用 WACC 法计算出来的自由现金流。计算企业价值时使用无负债企业要求的报酬率(修正后的股本成本),而不是

---

①　收益现值法和现金流折现法得到不同的结果。和之前提到的一样,两种方法是可以得到同样的结果的,只要它们都能满足一样的假设条件。但这些假设在实践中一般不成立,因为重要核算参数(利润、费用、收入、支出)都不是完全一样的,从来没有一个完整的计算,而且影响贴现率的因素也不相同(Mokler,2005)。在我们的例子中,由于预测期间内没有详细的预算,而且确定的贴现影响因素也不一样,因此导致了不同的计算结果。

②　缴税义务人也可以申请按照他所在的税级申报个人所得税,这时预扣税将退还缴税义务人。

加权资本成本率作为贴现值。计算无负债企业的资本成本必须使用修正后的 CAPM 模型,并且需要确定无负债企业的贝塔系数(β_u)[1]:

$$k_{EK_u} = R_f + (R_M - R_f)\beta_u$$

$$\beta_u = \frac{\beta_v}{1 + (1-s)\dfrac{FK}{EK}}$$

第二步加上非生产必需的资产,从而得到无负债企业的价值。第三步分开计算债务融资中的税收影响。首先是债务抵税(税盾效应),其次是分析如外币融资和国家补助等特殊融资形式的优缺点。使用对应每一部分负债现金流的风险回报率作为贴现率进行贴现,计算得到的价值加上无负债企业的价值就能得到无负债企业的实体价值。要想计算无负债企业的股本价值,只需用实体价值减去负债的市场价值。公式如下(Mandl & Rabel,2009):

$$EK_u = \sum_{t=1}^{\infty} \frac{E[FCF_t]}{(1+k_{EK})^t} + N_0 + \sum_{t=1}^{\infty} \frac{s \cdot k_{FK} \cdot FK_{t-1}}{(1+k_{FK})^t} - FK$$

6.3.1.3.4　股权现金流法(净现金流)

与实体现金流法相反,股权现金流法直接计算企业的股本成本,也就是说,只对支付给权益股东的相应现金流贴现[所谓的股权现金流模型(FTE)](Baetge et al.,2009):

$$EK = \sum_{t=1}^{1} \frac{E[FTE_t^{EK}]}{(1+k_{EK})^t} + N_0$$

股权现金流是指支付债务以后可供支配的现金流。贴现率(k_{EK})是权益股东要求的风险回报率,与 WACC 法类似都是从资本资产定价模型推导出来的。接下来以表 6-8 为例介绍 FTE 的简单形式:

表 6-8　　　　　　　　　　　　　　股权现金流的确定方法

	自由现金流
—	债务利息
+	债务利息抵税
—/+	偿清/接受计息的债务
=	股权现金流(FTE)

资料来源:Mandl & Rabel(1997)。

6.3.1.3.5　选择合适的 DCF 法

上几节中我们详细介绍了现金流折现法的几种形式。每种形式各有什么优缺点,实际中应该用哪种形式呢? 接下来我们将回答这个问题。学术界建议使用 APV 法(Luehrman,1997;Richter,1997),因为评估过程由几个步骤组成,相对比较透明。相较 WACC 法,使用 APV 法能很清楚地看到企业是否增值以及增值了多少。此外,使用 APV 法能清楚看到每一种债务方式给企业带来的价值,这点在国际并购中尤其重要,因为 APV 法详细考虑了国外外币融资和国家补助(外国东道国政府)的影响。然后,APV 法的缺点在于,确定无负债企业权益股东要求的风险回报率在 APV 法中至关重要,但这在实际中往往很难确定。

此外,还有一点值得注意,只有当企业能够自主确定融资政策的时候,APV 法才有意义,

---

[1]　简化 β_u 公式有很严格的假设(Ballwieser,1998)。

这时,借贷的多少就与企业增值多少无关了(Richter,1998)。这样,在未来周期债务的组成成分更清楚鲜明了,也能更准确地计算税盾效应。但是,由于企业的资本结构是有波动性的,因此在一段时间中,在债务资本不变的情况下,企业股权价值会发生波动变化。

但是这种方法也是有问题的,假如企业领导层想通过融资决策实现特定的资本结构(企业价值导向的融资政策),债务融资就必须随着企业价值的波动一起波动了(Drukarczyk,2003)。在一个时期内,由于债务资本发生变化,其产生的税盾效应也就不能精确计算。因此,固定资本结构的假设与 APV 法不相容,相反与 WACC 法是相容的(Kruschwitz & Löffler,2003)。

在现实生活中,WACC 法是用得最多的方法(Jansen,2008)。出于简化原则,在管理实践中,都是假设资本结构固定,也就是说,企业领导层遵循企业价值导向的融资政策。只要已知企业股权资本和债务资本的评估要素,WACC 等式就不会进入无限循环怪圈了。相对于APV 法,WACC 法的另一个优点是不用确定无负债企业权益股东要求的风险回报率。相较股权现金流法,WACC 法尽管走了一些弯路,先计算企业实体价值才能计算企业股本价值,但这同时也是一个优点,由于债务融资不用计算得太清楚,因此也降低了评估的难度。

粗一看股权现金流法比实体现金流法要简单,因为它直接计算股本资金的市场价值。然而在某些方面,股权现金流法却得不到学者的认可,因为不管假设怎样的融资政策,它总会陷入无限循环怪圈(Krag & Kasperzak,2000)。以企业价值为导向的融资政策计算股权现金流时有难度,相应的偿债、纳税数量都必须知道,但由于债务结构的波动性,其数量不能确定。尽管使用自主融资政策时确定企业该派息的数量没有问题(已知债务组成部分),但是债务的波动需在特定时期与股权成本相匹配。上面描述的问题尽管能通过迭代法(不断用变量的旧值递推新值)排除,但无疑增加了计算的难度。因此部分人仍赞同使用实体现金流评估法。

6.3.1.3.6　对现金流折现法的评价

如前所述,未来业绩价值模型(股息折现法和收益现值法)以及现金流折现法都符合与未来相关、评估主体是整体以及主观性的基本原则。此外,DCF 法使用现金流参数克服了收益现值法的缺点:现金流比资产负债表计算得来的收入盈余更具有稳健性。

但是作为未来导向的方法,DCF 法也有预测未来现金流的问题,预测的精确度取决于企业未来成长的假设:企业所在市场未来增长假设(市场需求在增长,竞争、技术在增长,法律和其他条件,价格、成本、利润差的变化);企业未来增长假设(市场份额、相应市场地位的变化)。在这些假设的基础上,预测企业未来的销售额、成本、利润、投资和融资方法等,当然需要不同的计划(资产负债表计划、损益表计划、纳税计划、投融资计划)。通过这些参数最终确定现金流量,整个评估过程的复杂性也一目了然了。此外也能发现,无论是使用收益现值法还是DCF 法,企业的年度决算计划以及投融资计划都是必需的。

除了预测问题外,确定资本成本也不是没有问题的。用来推导股权成本的资本资产定价模型(CAPM)本身就有很多批评的声音,CAPM 是基于完全资本市场(信息有效的资本市场、借贷和金融投资使用无风险利率、预算时间为一个周期)的假设建立的(Mandl & Rabel,1997),这在现实中很难实现。还有一点是 CAPM 仅仅局限于系统风险,缺少实践有效性,随着时间推移,模型参数不稳定(尤其是市场风险溢价和贝塔系数)(Brealey et al.,2009)。

CAPM 模型转移到非上市企业上使用也会产生问题。CAPM 模型的参数只能估计,例如一家非上市企业的系统风险只能通过同行业上市企业的数据估计。值得注意的是,贝塔系数的值需要与评估企业的资本结构相匹配。APV 法的调整方程已经给予了我们无负债企业贝塔系数(β_u)的计算公式,知道负债企业的贝塔系数(β_v),可以计算出无负债企业的贝塔系数(β_u):

$$\beta_u = \frac{\beta_v}{1+(1-s)\dfrac{FK}{EK}}$$

无负债企业的贝塔系数必须与评估企业的资本结构相匹配（恢复杠杆）。将公式改成求 β_v 的公式后有(Baetge et al.,2009)：

$$\beta_v = \beta_u + \beta_u(1-s)\frac{FK}{EK}$$

β_v 能通过 β_u 以及评估企业的资本结构计算得出。

对 DCF 法的批评还有一点在于，DCF 法中企业实体价值中的剩余价值较高(Lucks & Meckl,2002)，尤其是增长型企业，它们在详细预测自己一段时间内的现金流时，由于高投资和初期可能的损失，现金流总是负的或者勉强为正。这样的企业是未来有高增长潜力的企业，因此持续经营价值占企业价值的很大一部分。由于持续经营价值的预测具有高度不确定性，实际和预测增长的微小区别都能导致企业价值的波动。最后还要强调一点，尽管批评的声音不少，DCF 法仍旧是国际上用得最广泛的企业估值方法。

6.3.1.4 基于 EVA 法的企业估值

之前已经提过，经济增加值(EVA)法和之后将介绍的实物期权法是未来业绩价值法的两种情况。EVA 法与股息折现法、收益现值法、DCF 法都相关，只要假设条件相同，EVA 法能得到和其他未来导向估值法一样的结论。EVA 法的商标所有权归纽约思腾思特(Stern Stewart)咨询公司所有。EVA 法主要是将绩效指标引入价值导向的公司管理，但也可用于公司估值。

EVA 法表明，当投资获得的收入高于其机会成本（资本成本）时，就能给公司创造额外的价值。考虑到这些，用考察期内的经营利润减去资本成本，就能得到实际的经济增长额。正的 EVA 指在报告周期，企业的收入比资本成本高（剩余利润）。

EVA 的财务指标每年披露一次。有两种方法来计算 EVA。一种是资本支出公式(EVA_{CC})，EVA 为经营利润（扣除调整税后的净营利利润，NOPAT）与资本成本率(k_{WACC})得出的资本成本和投入成本(IC)乘积的差(Siebrecht et al.,2001)：

$$EVA_{CC} = NOPAT - IC \cdot k_{WACC}$$

另一种方法是价值传递公式(EVA_{vs})，EVA 为企业实际回报率(r_{IC})与资本成本率(k_{WACC})的差额乘上投入成本(IC)：

$$EVA_{vs} = (r_{IC} - k_{WACC}) \cdot IC$$

两个公式彼此相联系，能算出同样的结果。

EVA 法有三个基本价值驱动要素：经营利润(NOPAT)、投入成本(IC)和资本成本率。NOPAT 是息前税后的净营业利润(Hostettler,2000)。NOPAT 描述了哪些阶段利润能满足投资人的要求；税额是在全部为股本融资假设下计算，因此也考虑了资本成本的税盾效应；IC 指标指实现 NOPAT 的生产必需资产的账面价值；资本成本则是从 WACC 法中得到。

EVA 法的初衷是计算企业一个周期内的经济利润。由于会计做账有很多可选项，损益表中得到的周期利润可能与实际经济利润不相符，会计数据与实际资产、财务比例不统一。因此 EVA 法的代表人物建议调整年终决算，通过调整，企业的实际经济收益刻意得到更好的体现。此外，还要通过调整以构建价值导向企业管理中的激励结构。调整投入指标(IC)包括增加资产负债表上和不在资产负债表上企业生产所必需的资产价值（例如营业租金、租赁的现值,表外的研发成本)(Steiner & Wallmeier,1999)。这些调整也要求对 NOPAT 进行相应的调整。

将 EVA 法用于企业估值时,与未来业绩价值法类似,要将未来周期的 EVA 贴现到当前时间点。未来周期的 EVA 被认为是市场价值(MVA),把 MVA 加上企业生产所必需资产的账面价值再加上生产非必需资产的市场价值(N_0),就能得到企业实体价值。再用企业实体价值减去债务的市场价值就能得到企业股本价值。公式如下(Nowak,2000):

$$EK = IC + \sum_{t=1}^{\infty} \frac{EVA_t}{(1 + k_{WACC})^t} + N_0 - FK$$

EVA 法的优点在于其适用性、结果容易理解且便于交流(Hostettler,2000)。由于它与未来业绩价值法具有相似性,EVA 法也满足企业估值的几项基本原则。EVA 法的缺点在于偏向未来期间利润指标、会计上可操纵盈余、采用的是投入资本的账面价值。尽管通过"调整"能解决这些问题,但 EVA 模型也会变得复杂很多。此外,由于 EVA 法的调整过程缺乏透明性,也妨碍了企业的估值与其他企业进行比较(Kerler,2000)。总体来说,在实践中 EVA 法并不常用来估算企业价值,EVA 法主要用于公司管理控制及绩效管理方面。

6.3.1.5　实物期权定价法

实物期权定价法是一种新的评估法,比 DCF 法要简单很多。DCF 法在实际应用中,要求企业未来的发展一成不变,也就是说,未来收益的现值是在特定企业战略的情境下得出的。而真正的企业会对经营活动条件的改变有反应,并且相应调整自己的战略。考虑到条件的改变,企业实际上有很多机会影响投资项目的实施,由此能减少或避免负面的发展,而有效利用环境改变带来的好处。DCF 法不考虑这种行为的灵活性,在 DCF 法中投资项目一旦确定,在预测周期和在之后所有的周期中都不会发生任何改变。因此 DCF 法经常系统性地低估企业价值,因为它忽视了未来管理的灵活性。

实物期权定价法的目标是确认企业管理在未来环境中可能的灵活性行为,并将其运用到企业估值中。实物期权实际也具有决策灵活性,它使得企业管理者能够在执行投资项目的时候对未预见的风险和机遇做出反应。

实物期权可以分为经营性实物期权和战略性实物期权。在经营性实物期权中,在进行的投资项目中有一定的活动空间,未来出现了新的信息,资产价值也会相应有所改变。经营性实物期权是灵活性实物期权的一种,举例来说灵活性实物期权能通过调整生产设备的产能利用率优化生产流程。转换期权(switch option)也具有行为灵活性,会对采购条件和销售条件的改变产生相应反应。

相反,战略性实物期权与企业长期决策相关,企业管理层能改变投资项目而对企业长期发展和盈利产生重要影响。战略性实物期权包括延长投资期权(也称等待期权)或学习期权、收缩期权和扩张期权。延迟投资期权或学习期权指企业有等待投资、延迟投资的权利,该期权也允许将项目分成不同部分,一个接一个地完成,这样在项目进行中能得到附加信息,更清楚地看到投资项目条件的改变。收缩期权则指在市场实际环境比预期相差较远的状况下,投资者拥有缩减或撤出原有投资的权利,这样可以减少损失。在其业务发展良好的情况下,扩张期权允许投资者增加投资(如进入新的市场),从而产生额外的现金流。

实物期权的结构与金融期权相似。金融期权给了其拥有者按照合同规定的行权价格(strike price)在规定时间内买入(看涨期权)或者卖出(看跌期权)一定数量的金融资产(即标的资产——股票、债券、有关利率、货币、指数、商品等)以及金融衍生资产的权利。

金融期权有灵活性、不确定性、不可逆性三个特征（Hommel & Pritsch,1999）。期权拥有者有权利选择是否行使权利（灵活性），而义务方必须履行。如果一开始未来收益情况不明确（不确定性）的投资变得有利可图，期权拥有者就能行使他的权利。行使期权也会导致沉没成本（不可逆性），因为一旦行使了权利，拥有者就失去了期权的灵活性。实体经济中的灵活性有自己的特征，由于投资的收益是不可预见的，企业管理者可以选择继续对项目进行投资或者继续等待，投资的实施会导致资产投入以及沉没成本。

实物期权与金融期权类似，显示了现金流的不对称结构，因为企业管理者能根据经济环境的改变灵活决策，从经济环境有利的改变中获利，针对糟糕的环境采取应对措施。在良好发展的情况下，收入盈余能无限增加，而在不好的情况下连最小值都无法超越。相较静态计算，实物期权法下的收入盈余在公式中有向右偏的趋势，计算出来的企业资本价值比静态法计算出来的要高。实物期权法定价实际上是静态 DCF 法算出来的价值加上估值企业绑定的期权价值（Roth,1999）。

实物期权和金融期权具有相似性，估计实物期权和金融期权价值的方法也类似。可以使用期权定价模型，现在最重要的两个期权定价模型分别是二叉树定价法和布莱克—斯科尔斯（Black Scholes）模型法，两种方法都是基于资本市场上无套利机会的假设，一样的现金流具有相同的收益率，不然就可以进行无风险套利。在基础价值的基础上通过借入贷款和存款可以构建和实物期权产生一样现金流的"复制资产组合"，期权的价值是其相应投资组合的价值。计算期权价值也可以不构建相应的资产组合，当市场参与者是风险中立者或风险回避者时，他们期待从期权中得到与风险性现金流量带来同等效用的现金流，再用无风险利率，计算现金流量的净现值，就能得到期权的价值。

两种方法本质上是类似的，只是时间维度不一样：二叉树模型采用的是离散时间，标的资产的价值（或股价）在一定离散时间点上向两个方向（向上/向下）发生波动。布莱克—斯科尔斯模型中，标的资产价格的改变总是往上涨的，该公式同时能计算二叉树法中难以界定的情况。

在明确考虑派息问题的布莱克—斯科尔斯模型中，看涨期权的价格由六个因素决定（Leslie & Michaels,1997）：基础资产（标的资产）、行权价、股价波动、期权行使时限、期限中的派息以及无风险收益率，评估实物期权时需将这六个参数考虑进去。标的资产是未来投资项目收入盈余的现值，是实物期权的基础。行权价是所有固定成本的现值，产生于投资。股价波动对应于实物期权在投资机会现值的不确定性。期权行使期限是实物期权的期限或投资的周期。派发的股利是期权持有者不能得到的现金流，因为他们还没有行权或者说还没有投资。对于金融期权和实物期权来说，无风险利率是一样的。表 6—9 描述了金融期权和实物期权的相同点，同时展现了上述六要素对看涨期权价值的（部分）影响。

表 6—9　　　　　　　　　　　股票期权及实物期权的影响因素

股票看涨期权 的影响因素		实物期权的影响因素	看涨期权价值
股票现值	=	投资项目未来现金流的总现值	+
行权价格	=	投资总额	—
行权期限	=	期限	+
股价波动	=	投资项目现值的不确定性	+

续表

股票看涨期权 的影响因素		实物期权的影响因素	看涨期权价值
无风险利率	=	无风险利率	+
派分的股利	=	在期权期限内行使投资权必须放弃的现金流	—

资料来源：Nowak(2000)。

实物期权定价法相较 DCF 法，在理论上更精准地估算了企业的现实价值。实物期权法清楚考虑了企业未来的不确定性和可能性，能对环境改变以及由于环境改变带来的风险和机遇有所反应。该方法的优势在于点明了战略价值对企业估值的意义。

然而，实物期权的实际运用也出现了难题，主要是因为金融期权和实物期权的相同点是有条件的（期权价格理论在期权权利中的应用限制，Hommel & Pritsch,1999）。首先，实物期权中不存在相同的基础金融工具[①]，或者说这种基础金融工具要通过投资才能实现（例如研发方案中的非物质基础工具）。也有可能尽管有基础金融工具，却不能通过公开买卖的金融工具进行复制。因此在上述情况下，基础金融工具并不具备市场价值，也不存在波动的情况。基础金融工具的价值需要借助 DCF 法评估，用仿真分析来确定波动量。一般来说，实物期权的行权期限也不能准确估计，因为与金融期权相反，它们并不会在合约中统一规定。此外，当投资额不能确定而是可以由管理者改变时，实物期权的基价会变成内生变量。还有一个问题，即实物期权缺少排他性。金融期权只能保证确定的期权拥有者行权，而实物期权还能让其他市场参与者行权。

其他问题在于，实物期权往往不仅仅包括看跌期权和看涨期权（Hommel & Lehmann,2001）。一般情况下，公司有多种彼此相关的实物期权，就是我们说的复合期权（compound options）。这种期权不是单单将所有期权的价值加到一起，更多的是要考虑各个期权的相互影响，而这也增加了评估过程的难度。投资项目也能与多个基础金融工具有关，我们称这种为一揽子回望期权，即为多种标的资产的一个投资组合型期权。有时候，期权需要考虑很多不确定性来源（例如成本风险、销售风险），这时候就能使用完备的彩虹期权来评估。

由于期权评估的相似性有限制，很难确定实物期权法行为灵活性的价值。模型计算的结果只是比较接近最后的结果。估算其他未考虑的参数，例如"奇异期权"模型更增加了用实物期权法评估的难度。高度的复杂性会导致计算过程很难理解，导致用期权价格模型计算的项目价值很难交流。综合上述提到的难题，实物期权法在管理实践中很少用到。比较实际的替代方案是使用决策树分析法，决策树能层次分明地描述连续的问题和其结果。当然，当企业行为可能性过多时，决策树法也不那么清楚明了了（Hommel & Lehmann,2001）。

6.3.2 市场比较法：乘数比较

除了之前阐述的未来业绩价值法以外，第二类总体评价估值法是指市场比较法。评估企业的价值由可比公司的市场价值决定，基本思想是相同的资产价值或者说资本市场上相同的企业其价格应该是一样的。应该用客观计算法替代主观估算方法。如果用来比较的企业确实

---

① 基础金融工具是金融工具的一类，包括企业持有的现金、存放于金融机构的款项、普通股，以及代表在未来期间收取或支付金融资产的合同权利或义务等，如应收账款、应付账款、其他应收款、其他应付款、存出保证金、存入保证金、客户贷款、客户存款、债券投资、应付债券等。

具有可比性,可比目标的价值在资本市场上可以得到正确评估,乘数比较法能作为修正估值的方法。乘数比较法隐含了有效资本市场的假设。

用乘数比较法评估企业的价值(UW_{BO})分为两步:首先用可比公司的价值(UW_{VU})除以可比公司的经济规模或者说基础值(BG_{VU}),算出其比率(乘数),然后用该比率乘上评估目标的基础值(BG_{BO}),就能得到所求的 UW_{BO}(Peemöller et al.,2002):

$$UW_{BO} = \frac{UW_{VU}}{BG_{VU}} \cdot BG_{BO}$$

$$\frac{UW_{VU}}{BG_{VU}} = 乘数$$

与 DCF 法一样,乘数法也分为实体价值乘数和股权价值乘数。如何将乘数分到上述两类中,取决于所比较企业中使用的基础值分母。一般我们考虑流量值(销售额、利润、现金流)或者存量值(如股本的账面价值)。流量值比存量值的波动更大,流量值可计算多个周期内的平均值,以便减少某个周期内偶然波动的影响。如果使用的基础值与股本相关,就能满足股东的要求,因此在此公式分母中使用的是股本市场价值,这里指的是股本乘数。实践中用得最多的股本乘数有价格/收入乘数以及价格/资产账面价值乘数。实体价格乘数既能用来作股本资本,也能作债务资本的基础值,相应地在计算公式中也要求用实体法。重要的实体价值乘数有实体价值/销售乘数、实体价值/税息折旧及摊销前利润乘数和实体价值/息税前利润乘数。

确定乘数的分子,即企业实体价值或者说可比企业股本的市场价值,有两种方法(Bausch,2000)。一种方法是乘数的分子为可比上市企业的市场价值,这种方法称为上市乘数法(可比较公司法);还有一种方法,将乘数中分子换作并购者支付给可比企业的购买价格,该价格通过比较过去并购交易中企业的价值得出,这种方法称为可比交易法。表 6—10 描述了上市息税前利润乘数和销售乘数的例子,这种比较乘数会受到市场波动的影响。表 6—10 描述的企业价值受到金融危机的严重影响,严重低于企业长期的平均价值。

表 6—10 息税前利润和销售额乘数

行 业	息税前利润乘数	销售额乘数
软件	12.3	2.76
电信	13.3	1.25
媒体	8.5	0.89
贸易和电子商务	9.6	1.11
交通运输、物流业和旅游业	5.8	0.87
电气工程和电子	9.5	0.80
汽车及配件制造	2.5	0.42
机械及设备	5.6	0.68
化学品和化妆品	8.8	1.00
医药	8.5	0.84
纺织和服装	7.8	0.83
食品和饮料	10.2	0.32

续表

行　业	息税前利润乘数	销售额乘数
燃气、电力、水	7.6	0.76
施工和手工制造	7.3	0.57

资料来源：财经杂志，2009 年 5 月。

　　如上所述，乘数比较法的质量与可比较目标及参考企业有关，因此仔细筛选用来估值的可比企业是很重要的。目标企业和可比企业需要在风险、机遇领域具有高度相似性。筛选目标企业要考虑以下几个参数（Cheridoti & Hadewicz 2001）：行业相似度、企业规模、市场地位、经营活动的地理分布、增长和盈利能力、成本结构、负债、处于企业生命周期的哪个阶段、产品分类、销售渠道以及股票的市场流动性。在管理实践中，经常是多个企业同时作为可比企业（同比企业），用来估值的乘数是同比企业乘数的平均值，这样让估值结果更准确。

　　另外，估值企业与可比企业的区别也应该考虑进去，实际上可以总体考虑价格是高估了还是低估了（Peemöller et al.，2002，第 205 页）。并购交易中可以用打包或受控加层来反映企业管理层的价值，可比上市公司的股价不包含这个因素。由于缺少市场可交易性，非上市公司的价值很可能被低估。因此，使用乘数法估值时，针对不同的资本结构要有修正措施。

　　在资本市场上进行股票分析时，乘数比较法很受欢迎，主要由于这种估值方法简单而且相较 DCF 法假设前提较少（Barthel，1996），例如，乘数分析法对资本化率的程度以及未来现金流结构没有做明确规定。这种估值法很容易理解，而且计算出来的结果也便于交流（Damodaran，2011）。在实际估值中，假如被估值企业缺少足够的信息而无法进行准确估值，则可以使用这种方法。

　　然而，学术界很不赞同这种方法（Ballwieser，1997），尤其是该方法与过去相关，它是静止的以及缺少有效资本市场都是备受争议的地方。乘数法使用每年的价值（如利润、销售额）作为乘数的参考值，这点也饱受争议，因为在其他时间周期内这个值会发生变动，在极端情况下，企业估算的值可能是极偶然才出现的。同时，人们还怀疑乘数比较法的简单性，尽管乘数比较法的假设较少，但乘数比较法隐含了对企业盈利能力、现金流结构以及贴现率的假设，选择合适的乘数就是为了满足上述假设。

　　与使用其他估值方法一样，正确使用乘数比较法需要特别谨慎，而且要有丰富的估值经验，尤其是在选择可比企业和相应的乘数，以及调整乘数以适应目标企业和可比企业差别的时候。调整乘数实际上明显增加了乘数比较法的难度，也与乘数比较法的简单优点相违背。

　　同时，人们还怀疑乘数比较法在并购交易估值中的应用。乘数比较法基于过去的市场信息进行计算，有一定的客观性。市场上的价格不能反映潜在买家或卖家期待的价值（扣除企业风险和机遇），一般来说，乘数比较法没有考虑潜在买家协同效应、结构重组的潜力，因此这种方法没有设置主观的限制价格，乘数比较法因此违背了估值主观性的基本原则（Böcking & Nowak，1999）。但是乘数比较法至少能找到一个基本价格，并且能检测 DCF 法和收益现值法估值的真实性。在并购交易估值中，可比交易法有一定的相关性，因为它展现了企业管理控制的价值（Coenenberg & Schultze，2002）。由于德国数据库质量显著提高，可比交易法也是能作为估值方法使用的。

6.4 估值方法在实践中的重要性

最后,我们将通过佩穆勒、贝克曼和克罗穆勒(Peemöller, Beckmann & Kronmüller, 2002)的研究成果简单介绍一下各估值方法在管理实践中的重要性。对 104 家企业进行纸质调查,询问其企业中账面价值法、收益现值法、DCF 法、乘数比较法和实物期权法的使用频率。调查企业包括 DAX 30、NEMAX 50 成分股企业以及一些咨询机构(投资银行、会计师事务所和咨询公司)。回收率为 35%。

如图 6-2 所示,各种估值法在三类企业中按照重要性排序,DCF 法是使用最广、最重要的估值法。评估其重要性我们使用 0(从不使用)到 6(经常使用)的度量,在 DAX 30 中,DCF 法的使用频率达到 5.46,而在 NEMAX 50 中则是 4.58,在咨询机构中为 4.54。乘数比较法排在第二位(DAX 30:4.77;NEMAX 50:4.25;咨询机构:4.36)。收益现值法排在第三位,咨询机构中用得最多(咨询机构:4.00;DAX 30:2.90;NEMAX 50:3.09)。显然,尽管 DCF 法由 IDW 认证为最可靠的方法,但是收益现值法在咨询机构中占据最重要的地位,会计师事务所也很喜欢用这种方法。账面价值法在实际中运用得很少(分别为 2.40;2.50;1.60),实物期权法几乎不用(分别为 1.50;1.14;1.54)。

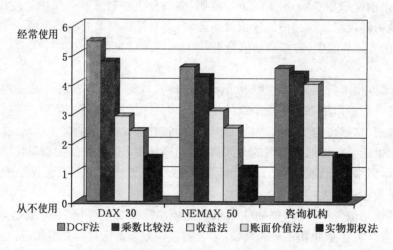

图 6-2 管理实践中各评估方法使用的频率

6.5 参考文献

Baetge, J., Niemeyer, K., Kummel, J. & Schulz, R. (2009): Darstellung der Discounted-Cash-flow-Verfahren (DCF-Verfahren) mit Beispiel, in: Peemöller, V. H. (Hrsg.): Praxishandbuch der Unternehmensbewertung, 4. Auflage, Herne/Berlin, pp. 339—477.

Ballwieser, W. (1997): Eine neue Lehre der Unternehmensbewertung? in: *Der Betrieb*, H. 4, pp. 185—191.

Ballwieser, W. (1998): Unternehmensbewertung mit Discounted Cash Flow-Verfahren, in: Die Wirtschaftsprüfung, Jg. 51, H. 3, pp. 81—92.

Barthel, C. W. (1996): Unternehmenswert: Die vergleichsorientierten Bewertungsverfahren, in: Der Betrieb, Jg. 49, H. 4, pp. 149—163.

Bausch, A. (2000): Die Multiplikator-Methode-Ein betriebswirtschaftlich sinnvolles Instrument zur Unternehmenswert- und Kaufpreisfindung in Akquisitionsprozessen? in: *Finanzbetrieb*, H. 7, pp. 448—459.

Böcking, H. & Nowak, K. (1999): Marktorientierte Unternehmensbewertung-Darstellung und Würdigung der marktorientierten Vergleichsverfahren vor dem Hintergrund der deutschen Kapitalmarktverhaltnisse, in: Finanzbetrieb, H. 8, pp. 169—176.

Brealey, R. A., Myers, S. C. & Marcus, AJ. (2009): Fundamentals of Corporate Finance, 6. Auflage, Boston.

Cheridito, Y. & Hadewicz, T. (2001): Marktorientierte Unternehmensbewertung, in: *Der Schweizer Treuhander*, H. 4, pp. 321—330.

Coenenberg, A. G. & Schultze, W. (2002): Das Multiplikator-Verfahren in der Unternehmensbewertung: Konzeption und Kritik, in: *Finanzbetrieb*, H. 12, pp. 697—703.

Copeland, T. E., Koller, T. & Murrin, J. (2002): Unternehmenswert: Methoden und Strategien für eine wertorientierte Unternehmensführung, 3. Auflage, Frankfurt/Main.

Damodaran, A. (2002): Investment valuation: tools and techniques for determining the value of any asset, 2. Auflage, New York.

Drukarczyk, J. (2003): Unternehmensbewertung, 4. Auflage, München.

Elton, EJ., Gruber, M. J. & Brown, S. J. (2009): Modern portfolio theory and investment analysis, 8. Auflage, Hoboken.

Gordon, M. J. (1959): Dividends, Earnings and Stock Prices, in: *Review of Economics and Statistics*, Vol. 41, No. 2, pp. 99—105.

Helbling, C. (1998): Unternehmensbewertung und Steuern, Düsseldorf.

Hinz, H. & Behringer S. (2000): Unternehmensbewertung. Anlässe, Funktionen, Instrumente, in: Wirtschaftswissenschaftliches Studium, H. 1, pp. 21—27.

Hommel, U. & Lehmann, H. (2001): Die Bewertungvon Investitionsprojekten mit dem Realoptionsansatz - Ein Methodenüberblick, in: Hommel, U./Scholich, M./Vollrath, R. (Hrsg.): Realoptionen in der Unternehmenspraxis, Berlin, pp. 113—129.

Hommel, U. & Pritsch, G. (1999): Investitionsbewertung und Unternehmensführung mit dem Realoptionsansatz, in: Achleitner, A.-K./Thoma, G. F. (Hrsg.): Handbuch Corporate Finance, Köln, pp. 1—67.

Hostettler, S. (2000): Economic Value Added (EVA)-Darstellung und Anwendung auf Schweizer Aktiengesellschaften, 4. Auflage, Bern.

IDW (2008): IDW S1 i. d. F. 2008-Grundsätze zur Durchführung von Unternehmensbewertungen, in: WPg Supplement 3/2008, P. 68 ff, FN-IDW 2008, pp. 271 ff.

Jansen, S. A. (2008): Mergers & Acquisitions-Unternehmensakquisitionen und-kooperationen, 5. Auflage, Wiesbaden.

Kerler,P.(2000):Mergers & Acquisitions und Shareholder Value,Bern.

Krag,J.& Kasperzak,R.(2000):Grundzüge der Unternehmensbewertung,München.

Kruschwitz,L.& Löffler,A.(2003):Fünf typische Missverständnisse im Zusammenhang mit DCF-Verfahren,in:*Finanzbetrieb*,5.Jg.,H.11,pp.731—733.

Leslie,K.& Michaels,M.(1997):The Real Power of Real Options,in:*The McKinsey Quarterly*,No.3,pp.4—22.

Lucks,K.& Meckl,R.(2002):Internationale Mergers & Acquisitions-Der prozessorientierte Ansatz,Berlin.

Luehrmann,T.A.(1997):Using APV:A Better Tool for Valuing Operations,in:*Harvard Business Review*,Vol.75,No.3,pp.145—154.

Mandl, G. & Rabel, K. (1997): Unternehmensbewertung - Eine praxisorientierte Einführung,Wien.

Mandl,G.& Rabel,K.(2009):Methoden der Unternehmensbewertung (Überblick),in: Peemöller,V.H.(Hrsg.):Praxishandbuch der Unternehmensbewertung,4.Auflage,Herne/ Berlin,pp.49—90.

Mokler,M.(2005):Ertragswert-und Discounted Cash—flow Verfahren im Vergleich,in: Schacht,U.& Fackler,M.(Hrsg.):Praxishandbuch Unternehmensbewertung,Wiesbaden,pp. 215—235.

Nowak,K.(2000):Marktorientierte Unternehmensbewertung:Discounted Cash-Flow, Realoption,Economic Value Added und der Direct Comparison Approach,

Peemöller,V.H.,Beckmann,C.& Kronmuller,A.(2002):Empirische Erhebung zum aktuellen Stand der praktischen Anwendung des Realoptionsansatzes,in:*Finanzbetrieb*,H.10, pp.561—565.

Peemöller,V.H.& Kunowski,S.(2009):Ertragswertverfahren nach IDW,in:Peemöller, V.H.(Hrsg.):Praxishandbuch der Unternehmensbewertung,4.Auflage,Herne/Berlin,pp. 265—338.

Peemöller, V.H., Meister, J.M. & Beckmann, C. (2002): Der Multiplikatoransatz als eigenstandiges Verfahren in der Unternehmensbewertung,in:*Finanzbetrieb*,H.4,pp.197— 209.

Rams,A.(1999):Realoptionsbasierte Unternehmensbewertung,in:*Finanzbetrieb*,H.11, pp.349—364.

Richter,F.(1997):DCF-Methoden und Unternehmensbewertung:Analyse der systematischen Abweichungen der Bewertungsergebnisse,in:*Zeitschrift für Bankrecht und Bankwirtschaft*,H.3,pp.226—236.

Richter, F. (1998): Unternehmensbewertung bei variablem Verschuldungsgrad, in: *Zeitschrift für Bankrecht und Bankwirtschaft*,H.10,pp.379—389.

Roth,A.(1999):Der strategische Wert von Auslandsinvestitionen in der Telekommunikationsbranche,in:Giesel, F./Glaum, M. (Hrsg.):Globalisierung-Herausforderung an die Unternehmensführung zu Beginn des 21.Jahrhunderts,München,pp.295—322.

Schultze, W.(2003):Methoden der Unternehmensbewertung-Gemeinsamkeiten,Unterschiede,Perspektiven,2.erweiterte und überarbeitete Auflage,Düsseldorf.

Sieben,G.(1993):Unternehmensbewertung,in:Wittmann,W.et al.(Hrsg.):Handwörterbuch der Betriebswirtschaft,Teilband 3,5.Auflage,Stuttgart.

Sieben,G.& Maltry,H.(2009):Der Substanzwert der Unternehmung,in:Peemoller,V.H.(Hrsg):Praxishandbuch der Unternehmensbewertung,4.Auflage,Herne/Berlin,pp.541—565.

Siebrecht,F.,Heidorn,T.& Klein,H.(2001):Economic Value Added zur Erklärung der Bewertung europaischer Aktien,in:Finanzbetrieb,H.10,pp.560—564.

Steiner,M.& Wallmeier,M.(1999):Discounted Cash Flow-Methode und Economic Value Added,in:*Finanzbetrieb*,H.1,pp.1—10.

Stewart,E.G.(1991):The Quest for Value-The EVA Management Guide,London.

Uzik,M.& Weiser,M.F.(2003):Kapitalkostenbestimmung mittels CAPM oder MCPM? Eine empirische Untersuchung für den deutschen Kapitalmarkt,in:*Finanzbetrieb*,H.11,pp.705—718.

第7章

并购谈判与成交

并购谈判是买方和卖方做决策的过程,我们将并购谈判分为协商交易结构和实施并购两个阶段。接下来将讲解并购谈判的内容、流程以及谈判过程中有哪些参与者。

谈判的法律和财务内容包括签订义务责任协议、确定买方和卖方股东交易后企业价值的变化。此外,谈判也会讨论到企业组织方面的内容,如企业的组织结构、领导班子更换的问题(见 7.1 节),7.2 节将讨论并购谈判的一般流程,包括初次接触、谈判和成交三个阶段。7.3 节会讲到哪些人影响并参与到并购谈判流程中。

本章主要为了解决以下几个问题:

- 并购谈判有哪些内容?
- 并购谈判的流程是怎样的?
- 实施并购谈判中有哪些参与者?

7.1 并购谈判的内容

7.1.1 法律方面

并购谈判的法律内容包括限定合同主体(这里指交易主体)、以法律来保障并购价格按规定的价格模型进行计算、确定双方的要求以及使用权限、确定义务责任协议、确定禁止竞争条款以及交易截止日期及并购完成后有关程序相应规章制度。

合同主体既可以是企业全部资产,也可以是待并购企业的股份,前者称为资产交易(asset deal),后者称为股份交易(share deal)(见第 1 章)。在资产交易中,买方能获得并购企业的全部资产或者至少能以实物或合同规定的形式得到其最重要的部分,如房屋及建筑物和机器。

在股份交易中买方在企业转交过程中逐步获得目标企业的公司股份。

为了有效率地转交企业,双方就各种要求达成一致并规定使用权限也是很重要的。使用权限限制包括社会法律、民事法律、家庭法律、公共法律等方面的限制。社会法律方面的限制体现为遵守法律和公司章程。公司股东没有其他股东和公司的同意、公司领导层没有股东大会或者其他机构的同意不允许私自转让大量公司股份。[①] 家族企业中,在企业主夫妻财产共有期间,必须要另一方同意才能转让资产。公共法律的限制条件指现在的企业的拥有者拥有许可证,该证不是自动转给购入者的,需要企业自己重新去申请,例如航空公司的着陆权。

收购一家企业对买方来说有很大的风险,因此义务责任协议很重要(Picot,2004,第 118 页)。收购企业的风险在于目标企业的能力,尤其是未来盈利能力与买方所期待的不符。而收购成功后,假如目标企业不满足合同上规定的能力,买方企业希望让卖方企业对缺失的能力负责。法律上的义务责任协议对于收购某样物品或者说某个企业来说只能起到部分作用,因此买方企业不仅要求法律上的义务责任协议,同时还会要求卖方企业给出担保。假如企业没有满足担保义务,就需要进行赔偿。尽可能详细描述企业保障目录,是对买方利益的维护。保障目录应该详细描述尽职调查(见第 5 章)中没解决的问题,从而将相应的风险转移到卖方身上。相反,卖方企业应尽量少开担保,企业愿不愿意做出担保也取决于担保声明的方式。一般来说可以分为"软担保"和"硬担保"。硬担保考虑信息的客观正确性,而软担保则要看卖方企业的信息获知情况。当企业的信息不够客观时,硬担保就要求给予买方企业赔偿,与卖方企业知道多少信息无关。而软担保则需在卖方企业隐瞒重要信息或者给出错误信息时才给予赔偿,所以软担保的赔偿要求一般很难得到满足。

当企业的发展取决于员工的技巧(know-how)时,买方企业一般要求与卖方签订禁止竞争条款。禁止竞争条款不允许卖方在一定时间内利用其已有的市场知识和客户圈重新成立一家新的企业,从而威胁到被转让企业的经济盈利能力(Picot,2004,第 118 页;Holzapfel & Pöllath,2005,第 483 页)。一般禁止竞争条款也会对原企业拥有者之后工作的地理位置进行限制。在很多公司并购合同中,禁止竞争条款在许多交易合同中是转交的特征。如果禁止竞争条款对时间和地理位置规定合理,法律上来看禁止竞争条款是长久有效的。合同中过多的规定是没有法律效应的。

确定物权转让的生效日期,规定买方什么时候能得到目标企业的领导权,什么时候支付账款(Beisel et al.,2006,第 53 页;Hölters,2005,第 684 页)。经济上的生效日期可以与物权不一致,合同双方都同意可以提早实现经济上的生效日期。物权和经济上的生效日期对确定之后的协商内容很重要,因为企业作为合同主体是随着时间在发生改变的。此外,与到期日一起确定的还有股东和税务规定。

7.1.2　财务方面

财务方面内容包括确定交易价格的规则、交易价格的支付方式以及所谓的"获利能力"协议,这些部分能确定并购交易给买方和卖方企业带来了哪些价值增加或价值减少。

对买方和卖方企业来说,并购是增值还是减值取决于交易价格的水平。目标企业所有

---

① 这里涉及著名的"Holzmüller 判例",该法案规定,因为涉及股东的权益和财产,所以没有股东大会的同意,管理层不能大量出售企业股票。参见联邦民事法院判决 BGHZ 83 第 122 页。联邦民事法院通过以后的判决把该判例具体化并进一步发展了该判例。特别要参见"Gelantine 判例",BGHZ 159 第 42 页("企业章程"规定例外情况的限制)。

者有价格下限,就是目标企业现在的价值。而对于买方企业来说则存在价格上限,是其主观对目标企业价值的评价。主观价值(买方企业眼中的价值),是目标企业交易现在的价值加上通过交易和整合实现的升值价值。价格上限和下限构成了买方和卖方协商价格的活动区间,最后确定的交易价格处在买方和卖方升值价值的中间(见图7-1)。上市公司通常的价格下限是公开出价收购前的股票价格,因此,股票价格可以单独决定企业价值,由于贸易壁垒、交易成本还有其他影响因素导致的价格失真问题这里不考虑。收购价格与实际股票价格的差额为权益价,权益价为负的时候,股东宁愿在市场上转让股票,也不愿意将其卖给买方。因为大股东卖出股票会对股票价格产生重大影响,所以他们以市场价格转让其股份是受到限制的。

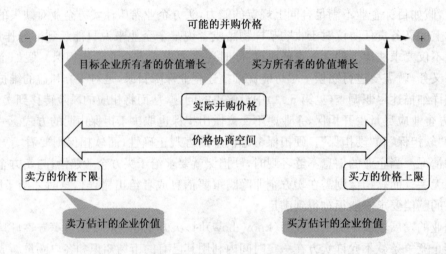

图7-1 并购价格的协商空间

一般来说,价格支付方式可分为现金支付和目标企业股权支付两种情况,有时候是两种方式的结合,也就是混合方式。1999年,高科技泡沫达到顶峰,只有35%的交易用现金支付(45%为股权支付,20%为混合方式支付),而在2006年70%的并购交易都是以现金支付,只有17%是股权支付(*Thompson Financial*),其中一个原因可能是,股票在有较高股市估值时是购买力很强的"货币",相反,现金的利息较低,高利率才能吸引投资人投资这家公司。关于并购中的融资和支付我们在第9章中详细讲解。

并购交易给买卖双方企业股东带来的价值变化取决于并购价格和通过并购实现的增值(见第5章)。如果能事先确定企业是否有增值的潜力,就能确定购买价格,也能确定并购对双方股东来说是否成功。即使并购后的新企业总价值比交易前的买方和目标企业要高,假如并购价格定得过高,这种并购对买方企业所有者来说也可能是失败的,这种情况下,并购仅仅对于卖方企业所有者来说是成功的。

借助上述支付方法,下面我们来介绍确定买方和卖方企业所有者价值变化的计算方法。最简单的就是现金支付的计算方法(见图7-2)。目标企业所有者价值的改变是现金支付额与目标企业并购前价值的差。而买方企业所有者价值的改变则是新成立企业现金支付前的价值(包括增值的潜力价值)减去成交价格和买方企业并购前的价值。

而股权支付最重要的是新成立企业中股份的分配(见图7-3)。买方企业(目标企业)占新成立企业的股份百分比乘上新企业的价值,就是买方企业(目标企业)股东的价值。再将该

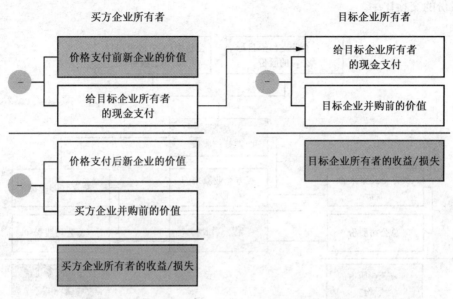

图 7—2　现金支付下的价值变化计算

价值分别与企业并购前的价值相比较,能得到双方所有者的收益或损失。①

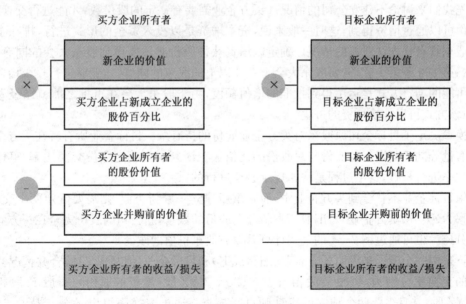

图 7—3　股权支付下的价值变化计算

所有者的股份是通过股份交换比率决定的(见图 7—4)。一般有两种情况:(1)目标企业整合到买方企业中,不建立新公司。(2)建立一家新公司。第一种情况目标企业所有者获得买方企业的股份。第二种情况买方和卖方企业的所有者都换成新公司的股份,因此现在需要确

---

①　支付股权对每股收益也是有影响的。支付股权会使得每股盈利比的分母会变大,商则会变小,即支付股权会冲淡每股盈利。究竟并购会不会冲淡每股盈利,取决于两个因素。第 10 章我们将详细讲述并购的影响和可能出现的盈利摊薄(earning dilution)(以及相反的影响,收益递增)。

定两种股份的交换比率。

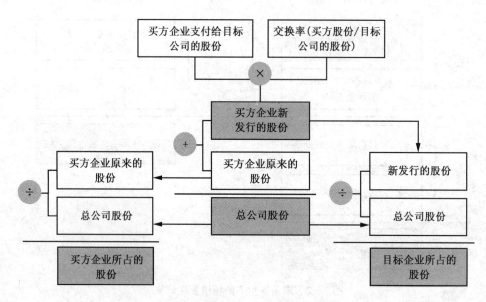

图7-4　双方股东在买方企业中占的股份计算

首先我们来讨论不建立公司的情况。买方企业需要有一定的股份数,才能进行交换融资,这些股份可以通过增资得到,这时一般来说,资本增资是以投入资金的形式进行,排除了买方企业老股东具有优先认股权的情况。确定以增资获得股份必须要得到股东大会的同意,遵循《公司法》第182条第1款,需要股东大会上3/4以上的股东的同意,才能够进行投入增资。另外一种可能的增资方式是运用得到批准的增值额度,由于股东大会在审批之前就已经做出决定,所以该方式可以加快增资的进程。

交换率决定了目标公司原股东对买方企业股份的持有量。目标企业所有者在买方企业股份的持有量等同于新发行的股份与总股份的比值。在谈判中会确定股份交换比率,审计师会对这个比率进行核查,这个过程是法律规定必须进行的。

如果目标企业不整合到买方企业中,而是重新建立一家新企业,则需要确定两个交换率。其交换率为(买方、卖方企业)每旧股所占新公司股份的数量,新公司的股份完全在买方和目标企业中分摊。也可通过图7-4的公式计算其双方股东价值的改变。

接下来用一个例子来说明买方企业(缩写成K)和目标企业(缩写成Z)的合并情况。二者谈判后的交换率分别为,每股Z股相当于0.623 5 XYZ股(增资的股份),每股K股相当于1.005XYZ股,并且需要两个独立的审计师进行核查。通过交换率得出Z公司持有6.48亿股,K公司持有5.17亿股,新成立的XYZ股份公司持有股份9.236亿股。也就是说,Z公司股东持有新成立公司43.74%的股份,而K公司股东持有56.26%的股份(见图7-5)。

将每家企业占XYZ新企业的股份作为交易后的价值,比较两家企业股东交易前后资产的变化,可以看出其价值的改变。借助下面例子,我们会发现实际上只有Z公司的股东从交易中获利了。K公司通过交易获得的价值增长为负值,因为Z公司在交易前占新公司的股份过高。图7-6展示了双方公司可能的价值增长。Z公司所占股份越高,K公司的价值增长就越低;反之亦然。在图7-7中,交易价格上限由K公司决定,下限由Z公司决定,其值分别是Z、K公司价值增长曲线在x轴上的交点。两企业价值增长曲线的交点在x轴上方(该值会在两

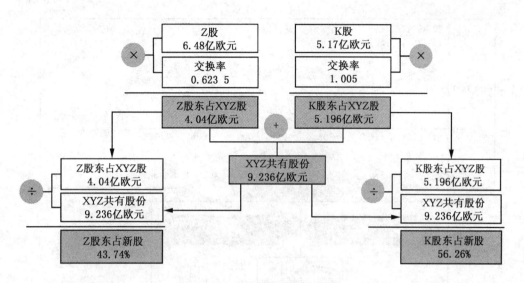

图 7—5 股东在 XYZ 企业中所占股份的计算

家企业中进行分配),因此价值增长值为正(共有 22.412 4 亿美元)。有意思的是,K 企业从 Z 企业中获得的股份比价格上限还要高。

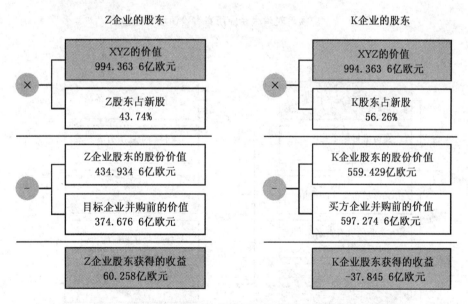

图 7—6 两家企业组合成新企业 XYZ 后价值的变化计算

除了纯用股份和现金支付两种方式,还有一种混合方式,即使用股份和现金支付。目标公司的股东既获得现金也获得股份(见图 7—8)。

为了减少对目标企业估值的风险,20 世纪 80 年代提出了"获利能力"的概念,也就是说,双方企业间的协议会做相应修改,支付谈判好的并购价格需在成功并购或者说签订了合同之后,看目标企业的未来发展能力而定(Picot,2005a,第 29 页)。支付的条件取决于并购后是否满足了先前规定的最低业绩。"获利能力"协议首先要确定评估最低业绩的指标,一般这个指标就是盈利额。假如实际利润比预计业绩要高,卖方企业可以要求加价。如果事后发现把利

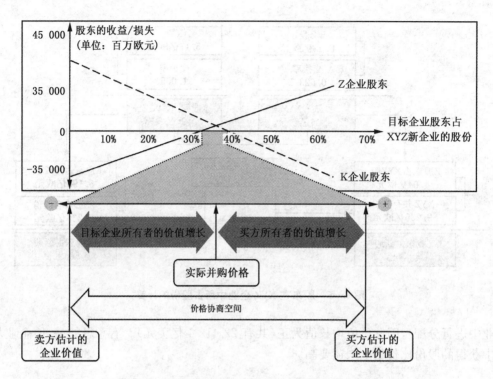

图 7－7　交换率对两家企业所有者价值增长的影响

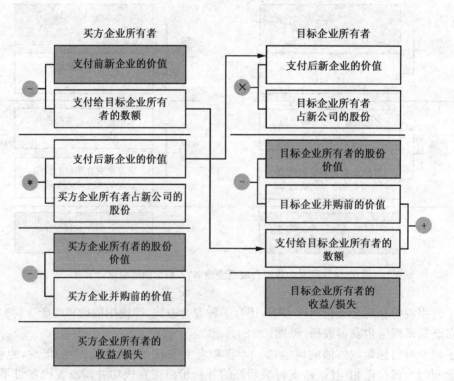

图 7－8　用现金和股份支付的混合方法下的价值变化计算

润预估得太乐观,买方企业可以少支付一点。

当目标企业的发展主要取决于原所有者的能力(例如广告代理公司),而且当买方或者其他独立主体在购买以后还要留在这个市场中继续发展时,签订"获利能力"合同就很有必要了。另外一个签订"获利能力"合同的原因是:企业要研发新的产品和技术,新产品和技术还在市场引入阶段,并且对企业未来收益有重大影响。

7.1.3　管理组织方面

管理组织方面的谈判内容包括新公司选址、新公司的组织结构和企业治理条件下的管理层职位分配。新公司选址决定了企业的法律和社会基本条件。新的公司地址既可以与前公司总部一致,也可以重新挑选新的地址。在就公司选址进行谈判的时候,需要考虑到公司的地址往往是个信号,未来的企业总部经常就在占主导地位企业的附近。同时,不能忽视双方企业管理层对选址的影响,企业管理层总是想避免搬迁,当然其中也不乏私人因素,例如说不想离开熟悉的环境。究竟选址有哪些影响呢,我们以赫司特(Hoechst)和朗龙—普朗克(Rhone-Poulanc)公司合并重组成一个新的公司阿文蒂斯(Aventis)为例来说明。法国公司朗龙—普朗克和德国公司赫司特的国际合并而考虑新公司选址时,感情在很大程度上起了重要作用。出于这种背景,新公司阿文蒂斯的总部既不能在巴黎也不能在法兰克福,只能选在斯特拉斯堡。地址选在法国阿尔萨斯区的大都市可以说明并购双方的地位是平等的。与企业选址有关的保证是和选址有关交易特征的一部分,尤其是在并购家族企业时,更需要考虑这些协议。在这种情况下,卖方要求买方企业同意在一定时间内保留公司的选址,这个要求是为了对目标企业员工负责,同时也是为了保障原企业所有者的事业。

除了公司选址,在并购谈判过程中还要考虑新公司的组织结构。公司组织结构是由并购的深度以及领导层决定的,第 8 章会详细阐述组织整合的模型。

确定领导层人员和结构受已确定的新公司组织结构影响。控股结构中可以保持目标企业现在的组织形式,尤其是在小型企业被大型控股公司收购的时候,最极端的例子是管理层人员原样保留。但是当两家规模差不多、实力差不多的公司水平合并时,为了实现"选取双方优势"的高强度整合,一般要替换多数的管理层。第 8 章将详细讨论并购后整合有哪些思路。

由于企业所有权和经营权分离,所以与资合公司谈判构建企业领导层通常比与股东管理的公司谈判要简单一些。对于一个本身就是管理着该公司的所有者来说,出于心理原因他不愿意割舍自己的公司,更不愿意其地位排在其他管理者的后面,因此在并购谈判中要确定,原公司管理者兼所有者在新成立公司任职多长时间、做什么样的职务。把原股东放到新的管理层中不一定会成功,例如,布鲁斯·沃瑟斯坦(Bruce Wasserstein)将他投资的公司沃瑟斯坦佩雷拉(Wasserstein Perella)的股份于 2005 年在不太顺利的情况下以 15 亿欧元的价格卖给德累斯顿银行之后,他首先在新公司德雷斯顿克莱沃特(Dresdner Kleinwort)任领导职位。由于内部纠纷,他离开了这家公司,而到这家公司的竞争对手企业拉扎德(Lazard)任高管。这些发展很少在并购谈判中涉及。

7.2　谈判流程

这一节我们讨论并购谈判的内容和一般步骤。一般来说并购谈判有三个步骤:初次接触、谈判和成交(见图 7-9)。谈判第一阶段初次接触主要是与目标企业建立联系,通常来说是以各种方式建立信任关系,如签订保密协议、确定谈判过程中的排他性以及签署意向书。此外,目标企业会给出关于自身概观的信息,该信息以信息备忘录的形式提供给买方。

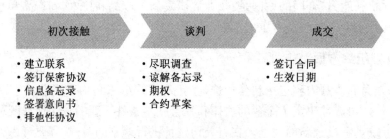

初次接触	谈判	成交
• 建立联系	• 尽职调查	• 签订合同
• 签订保密协议	• 谅解备忘录	• 生效日期
• 信息备忘录	• 期权	
• 签署意向书	• 合约草案	
• 排他性协议		

图7—9　并购谈判的流程

谈判阶段包括一部分尽职调查、谅解备忘录[①]、期权和合约草案。在此阶段主要是交换信息,然后在此基础上对企业进行详细评估。期权和草案将买方和卖方更紧密地联系到了一起,也证明了交易的严肃性。

并购过渡阶段从买方和卖方企业签订合同开始,直到目标企业所有权过渡到买方企业为止。

7.2.1　初次接触

与目标企业联系有很多种方式,这里分为直接联系和间接联系(Storck,1993,第79页)。在直接联系中,买方企业的代表直接与卖方企业的代表建立联系,而间接联系中先是中介机构(咨询师、投资银行)介入。直接联系又分为直接对话和间接对话。直接对话中准买方直接与持股人联系,间接对话中则是与目标企业管理者联系。因为企业将经营权和所有权分离,所以有这样的区别。直接联系的优点在于能建立相互间的信任关系。一种信任的商业关系可以让之后的谈判更容易就内容达成一致,例如,为新公司取名、选址等。

而在间接接触中,企业则利用咨询公司的资源,与筛选出来的目标企业建立联系。咨询公司可以是投资银行、商务经纪、律师或者审计师。通过委托咨询公司建立联系时,咨询公司不会马上向目标企业透露其委托人的目标,而会以匿名的方式先探查目标公司是否有足够的兴趣进行谈判。

双方对话进行得顺利的话,准买方一般会被要求签订保密协议(CA/NDA),准买方签署了这份协议后,不能随意使用所获得的信息,只能将信息用于并购活动(Picot,2005b,第136页)。如果并购行为失败,准买方需要归还或者销毁所有信息。保密协议对所有组织、员工、股东、相关企业和咨询公司有效。保密协议的有效期很长,而且违背协议的话需要支付违约罚款。尤其是在横向并购中,两个竞争企业互换敏感信息,保密协议的签订显得尤其重要。但实际上,保密协议对目标企业的保护是有限的,因为信息泄露造成的后果很严重而且影响期很长。

签订了保密协议之后,目标企业还能再披露一些信息,以补充外部公共信息。目标企业自己决定可公布信息的范围和详细度,披露的信息将记录在信息备忘录中(Vogel,2002,第216页)。信息备忘录能提供给准买方第一手的、直观的信息。所获得的详细信息将用来进行详细

[①]　意指"双方经过协商、谈判达成共识后,用文本的方式记录下来","谅解"旨在表明"协议双方要互相体谅,妥善处理彼此的分歧和争议"。

分析,并确定以及调整准买方基于外部公共信息进行的现有评估。信息披露是谈判中一个渐进的过程,目标企业在一开始并没有将详细信息全部给准买方,而是有一个建立信任的过程。双方越是彼此信任并相信并购会成功、文件保密性越好,目标企业越愿意披露信息。合同文件披露信息从《责任法》的角度来看也是很有必要的,公司管理层也很有可能把已知信息转给第三方,因此根据《公司法》规定,管理层需对他们所知道的信息和公司机密保密(《公司法》第 93 条第 1 款)。

意向书是英国法律中提出来的一个概念,是一个无法律约束的意向声明。意向书将双方的态度以文件形式记录下来,在已有的谈判结果基础上,双方都想成功签订并购合同,完成并购。意向书不是完成并购所必需的步骤,意向书更多的是基于谈判心理学上增加信任关系的手段,因此意向书会记录目前双方已经达成的协议,还要将悬而未决、尚待商榷的点以及之后的交易流程记录下来(Funk,1995,第 500 页)。

并购谈判的早期阶段通常不会做一个文件记录想要达成的协议,因此存在很多待解决的问题。就已经达成的协议,双方已经是同一条战壕里的战友了,如果意向书中没有规定有关例外,那么没有特殊理由,签署协议方的行为与意向书稍有偏离则会产生缔约过程中的信誉责任(Picot,2004,第 37 页)。此外,如果某些特定的点已经谈妥,就不用继续讨论,这样可以避免冗余信息。提前协商好之后的交易步骤有很重要的意义,包括信息披露程度、禁止招揽员工条款、禁止竞争条款。

意向书一般以信件形式寄给对方,对方如果同意,则在另外一方的签名栏上签名,并一式两份。为了强调潜在收购的意向声明是无法律约束力的,通常意向书里还包括无约束力条款,说明签署意向书的双方不会受到法律的约束。

在合同签订前阶段,买方可以要求卖方签订排他性条约(Berens et al.,2002,第 35 页)。通常来说,排他性条约也是意向书的一部分。在排他性条约中约定,一定时期内,卖方企业不能与其他出价者进行协商谈判或者签订有法律效应的合同。这样潜在买方免于遭受竞争压力。从经济上考虑,签订排他性条约的原因在于潜在买方的咨询成本和机会成本都很大。然而,排他性条约不但是为了补偿买方支付的成本,也保证了买方的利益在一定时期内不会受到威胁,也可以使卖方让步。由于买方经常同时与好几个目标企业进行协商谈判,卖方企业为了避免与其他目标候选人形成竞争局面,因此双方都会签订排他性协议。卖方企业在谈判中的地位越重要,双方越会签订一份互惠的排他性协议。在这种条件下,买方企业还需向卖方支付一笔资金作为排他性协议的保障,并购成功后这笔资金将抵消部分并购价格。此外,双方还会签订违约协议,即任意一方违背了协议则需支付一笔违约费。违约协议对于双方来说也是一项开支,但同时也是保障排他性的回报。除了违约金,双方还会就谈判中产生的成本,如请外部咨询师的费用达成一致。

7.2.2 谈判

谈判阶段的第一步通常是尽职调查,也称收购前审计(见第 5 章)。尽职调查结束之后,买方得到了大部分想要的信息。将在合同签订前的对话中详细讨论有关新信息以及从信息中产生的有关战略评估和财务评估的推论,谈话的结果通常记录在谅解备忘录中。

谅解备忘录(MoU)记录了所有对话中重要的财务、理念、法律和税收方面信息的中间结果(Jung,1999),基本的交易内容和交易结构协议是进一步谈判的基础。由于很多细节问题还待商榷,先记录下已经谈好的协议是最终并购成功的基础。一般来说,谅解备忘录中的内容会直接成为并购合同的组成部分,写备忘录能增进合同双方之间的关系。借助备忘录谈判双方不会出现不清楚已达成一致的部分从而需要再次谈判的情况。如果合同一方觉得谅解备忘录里的内容与谈妥的协议有出入,也可以提出疑问。不是所有的谅解备忘录都有法律效应,只有个别才有法律效应。谅解备忘录的法律效应要强于意向书,如果合同一方明确提出谅解备忘录的内容受到法律保护,谅解备忘录就具有法律效应,在其他情况下则没有法律效应。合同双方可以建立法律上的联系(或者部分内容法律上的联系),即使谅解备忘录不受到法律保护,只要违反了协议,违反协议的一方需赔偿另一方的损失,当然前提是能证明另一方确实产生了损失。

期权给予了合同一方在一定期限内的特定时间完成购买协议的权利(Picot,2004,第 257页)。与意向书和谅解备忘录不同,期权具有法律约束力,规定了要签订购买合同的内容。期权又分为买入期权和卖出期权,买入期权是指期权的购买者拥有在期权合约有效期内按执行价格购买目标企业的权利;相反,卖出期权则是指期权的购买者拥有在期权合约有效期内按执行价格卖出的权利,期权发行人,也就是买方,必须以执行价格买入企业。两种期权都是一种有限制性的合同条款,通过发布期权声明最终履行合同。期权拥有者不需要非得履行期权义务,这种情况下,就相当于没有签订合同。通常来说,期权发行人会保证在期权合约有效期内要么买下企业,要么卖出企业,如果没有履行承诺则支付对方赔偿金,这也叫作未行使期权补偿费用。期权的目的在于合同双方能建立固定法律联系,尽管这只在一段时间内有效。借助期权,能无差错地记录双方的意愿,期权费和发行人义务体现了双方的意愿。

因为合约草案是正式合同的前身,所以合约草案将买方和卖方通过法律手段强制联系到了一起。只要草案有正式合同的形式(例如通过公证),合约草案在法律上是可以实施的。如果由于细节问题没确定还未签订正式合同,双方可以先签订合约草案(Breisel & Klummpp,2006,第 24 页)。只有当合约草案中所有重要组件都确定,合约草案才能生效。合约草案首先要确定并购的对象和价格以及其他合约双方觉得重要的内容,合约草案是否确定,必要时由法庭判决。签订合约草案会给双方带来额外的风险(Picot,2004,第 60 页)。合约草案的内容基本是先前谈判好的结果,但没有涉及所有法律和税务问题,因此,合约草案一般是有漏洞的。如果并购目标和并购价格没有明确确定,那么合约草案也就没有合同上的绑定效应。然而合约草案的内容需要有一定的明确度,这样可以在有争议的情况下从法律上确认正式合同的内容,因此如果未履行合约草案,则需要因为未履行之后该签订正式合同的义务而支付赔偿(BGH ZIP,1989,1402,1404)。因为合约草案包含了公司购买合同的所有内容,所以在管理实践中很少运用合约草案,而是直接签订正式合同。

7.2.3 成交

目标企业被买方企业并购要考虑两个时间点:签订购买合同和并购生效日期。

签订购买合同,双方声明自己在购买和卖出企业上的意愿,是具有法律约束的责任和义务。合同的签订与所有权实物转交是分开的,很多情况下,实物权转交发生在下一阶段,即生效日期。

在签完购买合同和生效日期之间,企业一般还是继续由卖方经营(Picot,2004,第 112页),在此期间,双方可以解释合同,合同规定签订后的任务还要继续完成,例如获得反垄断局的批件,股东、董事会或股东大会的批准。

生效日期是指企业正式转交给买方的时间点(Beisel et al.,2006,第 53 页;Hölters,2005,

第 684 页)。在生效日,企业资产物权将转交给买方,生效日期既可以与签订合同的日期相同也可以在签订合同的日期之后。一直到移交之前卖方企业拥有管理经营权,还要承担相应的经济风险。一般来说,双方会对移交在时效追述上达成一致(例如财政年度的开始)。

资产交易中资产转让包括实物、权利和无形资产转让。要尽可能确定统一的转让时间,这一般不太可能,因为具有法律效应的资产转让条件由于转让对象的类型不同而不同,例如房屋建筑物的转让需要先在房地产登记簿中登记。而其他可移动的资产只要简单转交对方即可。

股权交易中,股权转让的时间点对于盈利来说是很重要的。到股权转让日之前,目标企业所产生的利润都归卖方所有。根据合同规定,到转让日若产生了损失,卖方企业能获得补偿。根据《股份有限公司法》第 29 条 46 款第 1 句规定,资合公司中,利润属于在利润分配决算时该公司的股东。如果股东还未对过去营业年度中产生的利润做出分配决算,这些利润还没有进入盈余公积,那么根据《民法》第 101 条第 2 段,相关利润按照时间比例分配给卖方和买方(Picot,2004,第 117 页)。在经营年度中期进行资产转让也与以上一样。与此相偏离的利润分配协议也可能且经常发生,尤其是将未来收益从买方身上转让给卖方,或者将过去的收益转让给买方。

生效日期总是与很多法律行为相关,因为涉及卖方向买方"供货",而在"供货"时会涉及管理层变更、获得资产以及付款的行为(Holzapfel & Pöllath,2005,第 34 页)。购买合同上规定的内容能在生效日得到实现。此外,由于并购的特殊性质,在签订合同和生效日期之间以及生效时会产生一定的法律义务。例如,当交易达到一定规模,生效日期以前需要德国联邦卡特尔局发布许可声明(见第 11 章)。所谓达到一定规模是指,交易双方全球总收入超过 5 亿欧元,其中一家公司在国内的收入至少达到 2 500 万欧元而另一家至少达到 500 万欧元(《限制竞争法》第 35 条第 1 款)。而欧盟对并购管理的规定是这样的:若两家公司全球总销售额超过 50 亿欧元,其中至少有一家在欧盟境内的总销售额超过 2.5 亿欧元,则该并购需要欧盟并购管理委员会的同意(《欧盟并购管理条例》第 1 条第 2 款)。假设参与并购的两家公司其 2/3 的销售额都是在欧盟的一个成员国或者自己国家中产生,或者其中一家公司未达到销售额最低,欧盟并购管理委员会则要看情况判断是否干预并购,如果满足上述条件的同时,两家公司的总销售额达到 25 亿欧元且满足了其他销售额的条件,那么该并购就需要欧盟并购管理委员的同意才能实行(《欧盟并购管理条例》第 1 条第 2、3 款)。

对于有限公司,生效日期转让股票给另一家公司时必须对股东进行公告,而且必须向工商登记处登记新股东名单,即使是转让记名股票也需要通知有关股东。

7.3 参与人

成功实现并购谈判的各个阶段需要具有专业知识的不同参与者。一般来说又可以分为内部参与人和外部参与人(见图 7-10)。内部参与人会全程参与谈判的各个过程,而外部参与人一般只在相应谈判阶段发挥自己的作用。企业领导层、专业部门、运营部门和并购部门是内部参与人,而外部参与人则是投资银行、商务经纪、律师、审计师以及税务咨询师。

7.3.1 内部参与人

根据并购的频率和重要性以及买方规模的不同,并购行为由不同部门负责(Haspeslagh

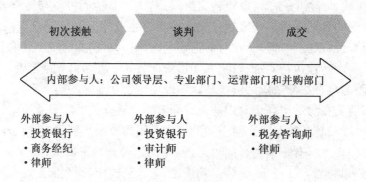

图 7—10 并购谈判中的参与人

& Jmison,1992 第 99 页；Sauermann,2000,第 31 页）。实施并购、控制谈判过程、确定谈判内容,这些工作由公司领导层、专业部门、运营部门或者特殊的并购部门负责。并购除了可以单独由上文列出的部门负责外,也可以好几个部门同时负责,相关人员一般会形成一个项目小组。

如果该并购行为是公司生存和发展的成功关键,那么公司领导层应当负责实施并购和控制并购谈判过程,需要将精力集中在与并购同时进行的流程中。管理人员一般会安排一些员工来辅助并购,因为管理人员自己不具有所有方面的专业知识,而且管理层本身很忙。如果并购谈判由企业领导层负责,那么可以在谈判时直接做出是否并购的决策,从而加快并购的速度。

如果并购涉及的范围小到中等,负责公司发展、内部控制、审计、人事、法律或者税法方面的部门一般会得到授权进行谈判。

由于某些谈判内容具有复杂性和特殊性,因此谈判中不同的内容有多个专业部门参与,我们可以将共同组成一个涉及参与谈判的专业部门的跨部门领导委员会,不同专业部门根据自己的能力负责谈判过程中的不同部分,当然前提是专业部门拥有对于直线责任经理人、外部服务供应商以及其他谈判伙伴的决定授权。

如果对方是小型企业,而且并购该小型企业的目标是为了增强企业某一领域、子公司或者战略业务单位的实力,那么并购的实施过程则由企业运营部门来负责。在这种情况下,企业某一产品运营部门的管理者与相关专业部门以及公司总部共同负责该并购。使用这种方法的优点在于,负责交易的部门同时能实时监测该并购方法所产生的影响;缺点在于,公司领导层和运营部门之间可能出现利益纠纷,从而阻碍并购的顺利进行。

发展迅速或者正在进行公司重组的大型公司经常进行并购活动,像这样的公司适宜建立自己的并购部门专门负责并购事宜。并购部门参与到并购谈判中的所有阶段,且并购部门中必须有具备并购所需专业知识的核心成员。并购部门既可以作为一个跨业务的集团专业部门,也可以作为一个独立的业务部门存在。

在实际的并购活动中,总是有多个参与人同时负责实施和控制并购谈判的过程,通过这样一种混合的方式,企业能克服单一参与人负责并购谈判的缺点。

为了更好地确定各个并购参与人的责任,有必要确认一名并购经理,由他来协调并购过程的各个阶段。实际中,多个不同的并购负责人通常会成立一个短期项目小组,也就是说,项目小组从并购开始时建立,到并购交易阶段则解散或者转化为并购后整合团队（Lucks &

Meckl,2002,第 285 页）。项目经理的决策权力能保证在并购流程中快速做出决定。由于并购项目的流程对工作人员有不同的需求,因此一个并购项目小组中的成员总是经常发生变化,当然并购专家总是一直留在项目小组中。

7.3.2 外部参与人

并购过程中存在各种与并购相关的难题,同时有很多细节问题亟待解决。正是由于并购的这些特征,一个并购团队中成员拥有综合和广泛的能力是很重要的,因此外部参与人的参与也很重要。外部参与人是并购流程中某一特定问题的专家,包括投资银行、商务经纪、律师、审计师以及税务咨询师。与内部参与人相反,外部参与人一般只参加并购流程中与其能力相关的阶段。

在谈判流程中的初次接触中,投资银行主要帮助其客户与目标企业建立联系。投资银行还会帮助买方企业进行反垄断审查、与投资人和其他利益集团进行沟通。此外,投资银行也给卖方企业提供相应的服务,如从卖方的视角为企业估值、与准买方进行谈判。

商务经纪的任务是分析企业在市场上的供给和需求,为购买和出售报价。商务经纪主要也仅仅在初次接触中起作用,以此帮助企业撮合交易对手。以前商业活动受经纪人的一面之词影响很大,而现在情况则相反,因为有海量的信息技术资源如数据库、论坛资料可以使用。经纪人只是买方和卖方之间的中介,委托人根据其绩效（成功并购与否）支付给经纪人劳务费。

律师是并购谈判过程中的核心人物。在法律方面,律师需要组织合同内容、评估法律分析的结果。一般来说,律师与经济问题无关,主要咨询法律方面的问题（如保密声明、签订意向书、谅解备忘录）以及实施法律尽职调查。在并购谈判过程中,律师最重要的职责就是撰写购买合同。律师往往作为一方的代表与交易对手进行谈判（Achleitner,2002,第 157 页）。此外,律师还要记录谈判的进展,并将内容反映在合同中。进行交易时,律师也需要见证生效日期当天的并购交易。

审计师是财务尽职调查和企业估值中的核心人物。接受了准买方的委托之后,审计师对目标企业的内部和外部审计材料进行一一审核,也就是所谓的财务尽职调查。尽职调查的数据是之后企业估值的基础。审计师审计的结果是谈判流程中的核心部分。

与审计咨询总是同时进行的还有税务咨询。税务咨询能让企业从资产、金融和收益方面实现税收利益最大化。因为企业合并时存在税收方面的规章制度,所以合理利用交易中的活动空间就很有必要了。税务咨询能在某时间点上检测出纳税上的活动空间,因此税务咨询是成交阶段的顶梁柱。

7.4 参考文献

Achleitner, A.－K.(2002): Handbuch Investment Banking, 3. Auflage, Wiesbaden.

Beisel, W., Klumpp, H.－H.& Beisel, D. (2006): Der Unternehmenskauf. Gesamtdarstellung der zivil-und steuerrechtlichen Vorgänge, 5. Auflage, München.

Berens, W., Mertes, M.& Strauch, J. (2002): Unternehmensakquisitionen, in: Berens, W., Brauner, H.U.& Strauch, J. (Hrsg.): Due Dilligence bei Unternehmensakquisitionen, 3. Auflage, Stuttgart, pp.25－75.

Berens,W.& Strauch,J.(2002):Herkunft und Inhalt des Begriffs Due Diligence,in:Berens,W., Brauner,H.U.& Strauch,J.(Hrsg.):Due Diligence bei Unternehmensakquisitionen,3.Auflage,Stuttgart,pp.3—24.

Bruner,R.,Christmann,P.,Spekman,R.& Kannry,B/Davies,M.(1998):Daimler-Benz AG:Negotiations between Daimler and Chrysler,Darden,UVA-F-1241.

Coenenberg,A.G.& Sautter,I.P.(1992):Strategische und finanzielle Bewertung von Unternehmensakquisitionen,in:Busse von Colbe,W./Coenenberg,A.G.(Hrsg.):Unternehmensakquisitionen und Unternehmensbewertung,Stuttgart,pp.189—217.

Funk,J.(1995):Aspekte der Unternehmensbewertung in der Praxis,in:$zfbf$,Jg.47,H. 5,pp.491—514.

Gerpott,TJ.(1993):Integrationsgestaltung und Erfolg von Unternehmensakquisitionen, Stuttgart.

Haspeslagh,P.C.,Jemison,D.B.(1992):Akquisitionsmanagement.Wertschöpfung durch Strategische Neuausrichtung des Unternehmens,Frankfurt am Main/New York.

Holzapfel,H.—J.,Pollath,R.(2005):Unternehmenskauf in Recht und Praxis.Rechtliche und steuerliche Aspekte,12.Auflage,Köln:Rws Kommunikationsforum.

Hölters,W.(2005):Handbuch des Unternehmens-und Beteiligungskaufs,6.Auflage, Köln.

Jung,W.(1999):Praxis des Unternehmenskaufs,3.Auflage,Stuttgart.

Larson,K.D.,Gonedes,N.J.(1969):Business combinations:An exchange ratio determination model,in:$Accounting\ Review$,Vol.44,No.pp.720—728.

Lucks,K./Meckl,R.(2002):Internationale Mergers & Acquisitions:Der prozessorientierte Ansatz,Berlin.Picot,G.(Hrsg.)(2004):Unternehmenskauf und Restrukturierung. Handbuch zum Wirtschaftsrecht,3.Auflage,München.

Picot,G.(2005a):Wirtschaftliche und wirtschaftsrechtliche Aspekte bei der Planung der Mergers & Acquisitions,in:Picot,G.(Hrsg.):Handbuch Mergers & Acquisitions.Planung-Durchführung-Integration,Stuttgart,pp.3—38.

Picot,G.(2005b):Wirtschaftsrechtliche Aspekte der Durchführung von Mergers & Acquisitions, insbesondere der Gestaltung des Transaktionsvertrages, in:Picot,G.(Hrsg.): Handbuch Mergers & Acquisitions.Planung-Durchführung-Integration,Stuttgart,pp.115— 266.

Sauermann,S.(2000):Unternehmensinternes M&A Management.Organisatorische Gestaltungsalternativen,Wiesbaden.

Schulte-Zurhausen,M.(2005):Organisation,4.Auflage,München.

Steiner,M.& Bruns,C.(2007):Wertpapiermanagement,9.Auflage,Stuttgart.

Storck,J.(1993):Mergers & Acquisitions.Marktentwicklung und bankpolitische Konsequenzen,Wiesbaden.

Vogel,D.H.(2002):M&A-Ideal und Wirklichkeit,Wiesbaden.

第8章

并购后整合

并购的最后一步是对合并企业进行整合,该阶段在德国的管理实践和文献中都适用英文词"post merger intergration"。并购后整合对并购整体成功有重要意义,其对成功的关键影响在于,这一阶段能实现预期的并购目标,尤其是实现协同效应,因此整合步骤非常关键。但是在管理实践中,很多公司却不太注意整合过程,研究表明,整合管理发生偏差是并购失败最主要的原因(Bark & Kötzle,2003,第20页)。

整合已兼并的企业对管理层有很高的要求,因为组织并购过程并获得成功受到大量经济社会因素的影响,同时与参与并购企业本身的条件有关。每一个并购后整合都有自己的特征,需要有针对性地采取单独合适的行动。因此很难从理论视角提出通用的并购后整合方案和建设性意见,这就是为什么并购后整合阶段的发展和受重视度远不如并购的其他阶段。

这一章我们将解决如下问题:

- 并购后整合的定义是什么,与并购流程有怎样的联系?
- 并购后整合有哪些步骤?
- 哪些公司管理层会参与到并购后整合中?整合管理有哪些方法?
- 如何实现并购整合?
- 不同方面的并购整合对并购的成功有何影响?

8.1 定义及并购整合的顺序

整合可以理解为将分散的单位形成一个整体。文献中存在大量关于并购整合的定义,但大多数只考虑整合管理的单一方面,例如,索特(Sautter,1989)将整合定义为"总公司战略信息结构上的合并"。而沙伊特(Scheiter,1989)则把整合定义为两家公司为了实现共同的目标而进行的系统、结构、资源和文化的融合与合并,他将参与合并的两家公司称为待整合目标。

并购后整合是并购流程的最后一个阶段(见第 7 章)。并购后整合的过程紧接在生效日期之后,即买方正式接手目标企业之后。此时买方企业才正式获得了目标企业所有的信息,并且拥有对目标企业发号施令、开始并购整合的权力。尽管并购后整合要从生效日期开始后才能执行,但是要提前进行整合规划,最好在尽职调查后就进行整合规划。

值得注意的是,德国股份有限公司的管理层没有接受指令的义务,一般企业都是进行自主经营(《股份有限公司法》第 76 条第 1 款),他们不能只考虑所有者的利益,更多的要考虑公司的利益。股份公司的管理层在并购一个企业后也无权做出损害该企业的事情,因为并购企业和被并购企业会签订控制条约。① 在管理实践中,并购结束后都会签订一份这样的条约,控制条约规定买方企业能对已兼并企业的管理层发布指令。只要协议没有限制,如果主导企业只考虑自己及总公司的利益,它有可能做出对已兼并企业有损害的事。控制协议必须得到股东大会同意才能签订,且需要 75% 以上的股东同意才算得到股东大会的同意(《股份有限公司法》第 293 条第 1 款)。而在签订控制协议时,少数股东也有权要求得到相应的补偿。如果没有同时签订利润支付条款,则少数股东有权要求得到部分利润分配的补偿。如果签订控制协议时,同时签订了利润分配条款,则少数股东有权获得基于原始资本的每年现金回报(《股份公司法》304 条第 1 款),即获得固定派息。

接下来我们用拜耳(Bayer)股份公司收购先灵(Schering)股份公司的例子来说明上文阐述的内容。默克股份有限公司(Merck KGaA)收购先灵股份公司失败后,到 2006 年 6 月,拜耳股份公司已经拥有先灵 75% 的股份了,9 月初更是升到了 95%。尽管拜耳股份公司有绝对优势将少数原股东"挤出"(见第 11 章),但却不是整合先灵公司的合法途径。2006 年 9 月,先灵公司的股东大会通过了控制协议和利润支付条款,同时公司更名为拜耳先灵医药有限公司。控制协议和利润支付条款于 2006 年 10 月 27 日在工商局注册生效,这也是拜耳和先灵两家医药公司合并的法律基础。

整合阶段通常是并购流程中最长的阶段。整合已兼并的企业甚至长达一年,整合时间的长短取决于企业的规模、复杂程度、整合深度和整合的方法。下一节将详细介绍影响整合的因素。

8.2 整合方法:确定整合深度

公司领导层在并购中所做的最重要决定之一就是确定整合深度,即目标企业与买方企业的融合程度。有三种典型的整合方法:独立经营法(der stand-alone Ansatz)、吸收整合法(absorption)以及互利法(best of both Ansatz)。前面两种方法都是比较极端的方法,要么完全不受买方企业影响,要么完全放弃原公司的影响。而第三种方法则是在不同的经营领域使用不同的整合方法。

(1)使用独立经营法时,被兼并企业继续作为独立个体经营自己的业务。当然,买方企业不可能一点也影响不到被兼并企业,被兼并企业至少在财务和报告上要与买方企业统一,这样

① 按照《股份有限公司法》第 311 条第 1 款的规定,就算没有控制条约,占主导地位的企业也不能颁布对于独立企业不利的命令,除非有关负面影响得到相应的补偿。

才能定期向买方企业报告企业目标的实现情况。

独立经营法容易实现而且成本低,买方企业不需要改变目标企业的组织结构,同时可以避免文化冲击。另外,如果并购后发现目标企业不能满足并购前的期望,这种整合战略还能使买方公司较容易对其撤资。而独立经营法最大的缺点则在于,只能在小范围内实现协同效应。

独立经营法最适合混合型并购,因为这种并购在行政上的协同效应潜能是有限的,而且财务和报告以外的整合也不会带来什么益处。独立经营法不适合横向并购和纵向并购,因为在这些并购中创造企业价值的采购、生产和销售领域能产生大量协同效应。横向并购和纵向并购要求双方企业有较高的整合深度。

(2)吸收整合是将目标企业完整纳入买方企业中。吸收整合一般应用于横向并购和纵向并购中,在这些并购中买方企业占主导地位。在吸收整合中,目标企业被完整吸收进买方企业中,目标企业需要适应买方企业的文化和组织结构。一般来说,买方企业的主导程度依其规模大小来决定。而目标企业是否愿意接受吸收融合,取决于买方企业组织结构在过去的强大程度。

以通用电气为例,通用电气是一家通过并购快速成长的企业,其组织结构有很强的影响力,在并购企业时,通用电气要求对方适应自己公司增长的组织结构和公司业务流程。图8—1是通用电气金融服务子公司通用电气金融服务公司的整合模型。该模型分为四个阶段:第一阶段在早期的尽职调查就已经开始;在生效日期,通用电气会检查目标企业的文化是什么样子、确定可能的整合壁垒、评估目标企业重要的领导层、确定交流战略以及确定负责整合的团队人员;生效日期之后就要尽快进行两家公司间的整合。早在接触和熟悉阶段,目标企业管理层就已经掌握通用电气的业务流程节奏并熟悉它的业务流程。

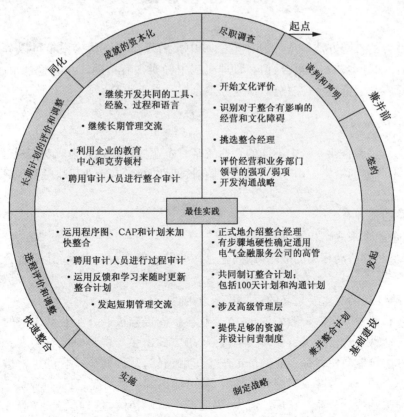

图8—1 通用电气金融子公司的并购后整合"路径发现者"模型

通用电气金融子公司的经营领导、整合经理以及其他高级管理层描述了作为通用子公司一部分的价值、责任、挑战和回报,这包括展示和讨论作为通用电气金融子公司的标准要求,涉及被收购企业完整融入买方企业所需要的 25 个政策和实际行动,讨论范围从季度运营报告、风险政策到质量和整合程序(Ashkenas,1998)。

整合经理的职责在于让被并购企业的管理人员熟悉该企业的组织结构特征。可以通过长、短期的交流项目或者通用电气设在克劳顿村的 GE 经理开发项目来同化对方企业的管理层。

(3)在横向并购和纵向并购中,占据主导地位的是互利整合法,合并成一个新建立的新公司能增加双方企业的实力。互利整合法或多或少是对合并后的双方企业都公平的整合方法(平等合并)。当一家企业有多个产品部门,而它想通过并购来增强某一部门的实力时,这种互利整合法也是适用的。

以巴斯夫股份公司 2006 年并购德固赛建筑化学品部门为例,被并购企业即德固赛建筑化学品部门在 2005 年仅有 7 400 名员工,销售额大约 20 亿欧元,相较巴斯夫股份公司的 95 000 名员工、580 亿欧元的营业额(2007 年)来说是个很小的公司。但巴斯夫却通过这次并购增强了自己在建筑化学部门的实力,德固赛建筑化学部门在建筑化学领域比巴斯夫更有实力,因此在并购中,巴斯夫特别注意获得对方重要的价值创造流程,即使并入巴斯夫后也注重保护对方企业原本中型企业的文化。

8.3　整合领域

并购后整合的不同方法能应用到不同领域中。詹森(2008)认为整合可以分六个领域进行,这六个领域的分类并非不重合,但在管理实践中确实很有帮助。六个整合领域分别为:战略整合、结构整合、人员整合、文化整合、业务整合以及外部整合。

8.3.1　战略整合

战略整合是协调企业并购中不同的企业战略。企业战略是企业为成功实现经营目标而制定的长期的、不可逆的措施。由于企业战略具有长期性的特征,企业战略是其他领域整合活动的基础。

企业战略的任务有:

(1)确定企业未来战略指导纲领和目标。

(2)确定与经营活动相关的战略,例如企业在并购后能继续经营、转让或者合并经营领域及产品品牌。

(3)对战略性转换有重要意义的资源及能力,如技巧。

战略整合有两种方法。一般来说,买方企业会事先告知被兼并企业其未来的目标和重要的转换战略。这种方式仅在买方规模实力较强、单方面占主导优势时能够实现。这种单方面规定战略的方法可能会使目标企业的员工产生抵触情绪,从而妨碍整合的正常进行。尤其是当两家实力相当的企业合并或者混合并购时,最可能出现这种情况,目标企业员工认为买方并购企业的管理层并不具备兼并它们的能力,因此产生抵触情绪,这种状况下,双方企业共同制定战略才能保证整合成功。

制定企业战略之前需先对企业面临的环境进行分析,可用到投资组合分析法、价值链资源分析法(见第 5 章)。战略整合并非并购目标企业后的独立过程,因为决定是否并购该目标企业一般要求对企业的战略环境以及买方企业可能的行为做详细分析,所以很多与战略整合相关的决定早在正式并购前,以及做出并购决策前就已经确定了。

接下来将用英国石油(BP)公司 2002 年兼并亚拉(Aral)公司的例子,对战略整合进行进一步阐述。英国石油公司站在战略角度考虑,是该让英国石油和亚拉两大品牌在德国市场上并驾齐驱还是放弃其中一个品牌。由于亚拉的品牌知名度很高,英国石油公司决定放弃在德国市场上的自有品牌,而将其放置在亚拉单一品牌的旗下,以实现增长协同效应。英国石油管理层早在 2001 年 7 月宣布并购和正式并购前就已经做好决定放弃自我品牌,亚拉公司并未参与到这项决定中(Weiand,2007,第 28 页)。英国石油公司为了实现使用单一品牌达到增长协同效应,必须将 650 个英国石油加油站转到亚拉品牌下,为此英国石油必须花费大约 5 000 万欧元。

8.3.2　结构整合

结构整合是将目标企业纳入总公司的结构和业务流程中,其目标在于保证组建有经济效率的组织结构。从组织建设的角度来看,并购通常导致职能部门重合、买方和目标企业工作流程重合。结构整合的任务在于,尽可能最优地调整两家公司的组织结构,以便减少行政费用,同时减少摩擦。

结构整合与战略整合有紧密的联系。一般来说,结构整合也有两种方法。买方企业管理者可让目标企业作为独立个体自主经营(独立经营法),放弃对目标企业进行更深层次的结构整合。组织结构理论中有个概念叫"耦合",耦合主要可能出现在控股结构中,母公司有独立的经营领域,但由于产品不同,或子公司分散在不同地区,下属子公司保留独立自治权(见图 8-2)。耦合的优点在于能不使用组织相关的整合方法。当然,不可能完全不使用整合方法,因为在耦合的情况下很有必要新建计划和控制系统。耦合的缺点在于,这样一种组织结构无法产生协同效应,因此耦合最适合混合型并购或者以金融投资的形式存在的并购。

如果买方企业管理者不将目标企业作为独立个体自主经营,就很有必要进行不同整合深度下的组织结构改变。将目标企业作为经营领域并入买方企业的组织结构中,从而在新成立的公司中形成一个完整的组织结构(见图 8-2)。这里可以使用一些基本的组织构建模型:职能型结构、事业部制以及矩阵制(Krüger,2005)。建立组织的目的在于能合理分配任务、管理企业决策制定和发号指令的过程。将已兼并企业整合到企业整体结构中时,会产生新的任务分配制度,并规定决定权和指令权。

8.3.3　人员整合

人员整合就是调整参与并购企业的所有人事结构,包括人事计划、招募、培训和调配以及确立相关的激励制度、薪酬制度,规范工作时间等。在人员整合的框架下,需要确定何时平衡双方企业现行的人事制度以及把握平衡的度。运营领域内的整合意味着调整薪酬制度、规范工作时间和管理人员数据。

人员整合对实现成本协同效应有重要意义。在并购过程中,尤其是销售和生产部门可能出现职员过多的情况,为了实现成本协同,则需要对职员进行调配。人员调配不是解雇职工,而是通过缩短工作时间、提高工作灵活性或者通过员工内部职位转换的方式合理调配工作。

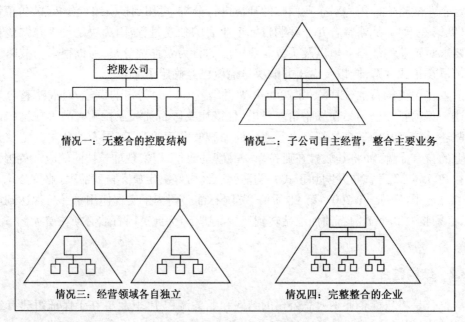

情况一：无整合的控股结构　　　　　情况二：子公司自主经营，整合主要业务

情况三：经营领域各自独立　　　　　情况四：完整整合的企业

资料来源：Gomez & Weber(1989)。

图8-2　组织结构备选方案

因为员工无法估计并购对他们有什么影响，所以并购对于企业的劳动力来说没有安全感。并购最艰难的地方在于员工害怕失去自己的职位，从而对并购产生抵触情绪。由于对工作不满导致工作积极性降低，管理层和专业部门人员波动得厉害，从而影响并购的成功。在此基础上，马克斯和米尔维斯(Marks & Mirvis,1986)提出了合并综合征的概念，即员工对并购有种情绪化的抵触。合并综合征的程度取决于双方企业整合的深度以及文化的差异程度，因此人员整合和文化整合是不可分离的。

人员整合的任务在于，让员工支持并购并对并购后将发生的改变做好准备。因此，买方企业管理层应尽早通知目标企业员工，他们会采取怎样的方式进行整合。此外，买方企业还该解释并购的原因，让目标企业员工了解并购的好处。买方企业可以通过开企业大会、做报告的形式，或利用内部网将并购信息告知目标企业的员工。

领导方式对成功进行人员整合有巨大的影响。一般来说，并购之后买方企业的领导方式在目标企业中也占据主导地位，如果买方企业的领导方式与目标企业有着天壤之别，那么很有可能导致目标企业领导层和专业人员离职。经验研究将管理层人员离职作为并购成功与否的指标之一，发现在并购后管理层人员离职频率明显升高。格波特(Gerpott,1993)指出，人员离职是并购成功的指标之一，要分析该指标首先得分析离职产生的原因。合并之后人员离职较大可能是买方企业所希望的，通过这种方式能缩减不必要的人力资源，减少成本。而如果人员离职不是买方企业所希望的，那么企业则需要对其员工进行货币或非货币性补偿，好让他们继续留在企业中，并保持或提高他们的工作积极性和对企业的忠诚度。一般来说，投资银行为了让员工在合并后能留下来，需要支付一笔较高的补偿费。

8.3.4　文化整合(文化适应)

在并购过程中，两种不同的企业文化通常会发生碰撞，参与并购双方企业的文化差异经常会导致并购的失败。

为了能够理解文化差异对于合并后整合的重要意义,首先必须要讲清楚企业文化是什么。然而,对于文化的概念很难有一个统一的表述,对此学术界也是各执一词。霍夫斯泰德(Hofstede)在 2001 年把文化定义为:使一个人类群体成员区别于其他人类群体的思维总体方式。谢恩(Schein)在 1992 年则把文化诠释为共有基本假设的模式。因此,文化可以理解为一个社会系统下成员的共同点,这里指的是一个企业员工的共同点,包括有共同价值取向、行为准则和思维方式,通过这几点能区分开不同的社会系统。价值取向、行为准则和思维方式是无法观察到的,但是却能影响员工的行为举止和选择取向。此外,这三点也能以一种符号的形式表达出来,这体现在公司标识的构建和企业特有的着装规范上。

一家企业一旦常驻于一个地方,那么这个国家的文化会对这一企业的文化产生本质的影响。因此跨境并购除了要考虑到企业文化不同外,还要兼顾到各自国家的文化差异。企业文化的差异可能在各行业间也不尽相同,因此在集团企业收购时要特别注意兼并目标的特定行业文化。

企业文化应该赋予员工在企业的社会系统下一个价值取向。让员工对企业产生认同感,能够在员工中形成一种集体归属感并且让这种集体归属感稳定地对企业产生作用。诺华制药公司(Novartis)的指导原则就是一个很好的例子,这家企业致力于开发创新型产品,目的是为了能治疗疾病、提高生活质量。这一指导方针为很多员工所接受并且成为企业共有文化的一部分,这样就能给员工平时的工作赋予很崇高的意义。

从这一企业文化的重要作用中我们可以看出,文化方面对于并购过程成功与否起着重要的作用。特别是被兼并企业的员工可能会在并购过程中处于如下的窘境时:他们必须去接受一种陌生的,对于他们来说暂时不熟悉的文化。这样就可能存在着危险,在正常情况下,文化原本是慢慢改变的,因此其作用力也是稳定的,然而现在对于员工,文化不仅失去了这些功能,而且还产生了反作用。

文化整合,又称文化适应,指的是要让参与并购企业的企业文化能相互适应。纳哈凡迪和马利科扎德(Nahavandi & Malekzadeh,1988)给出了并购交易双方可能的文化整合进程。从目标企业的角度来看,首先有两条准则确定了文化适应的过程:感受到的收购方企业的吸引力和对于自身文化保护意愿的强度。有了这两条准则,我们可以得出四种可能的文化适应形式(参见图 8-3)。

如果被收购方想要保有自身的文化和身份,同时也觉得收购企业的文化很有吸引力,那么被收购方的员工就会追求文化整合,这是文化适应的第一种形式。它的特点是高程度的文化保护;各自的文化特点只会逐渐相融合,而不会去对对方施加强制的影响。在文化同化这一框架下,被收购方自愿去适应收购方的文化,原因在于他们不认为自身文化具有保护价值。文化同化的结果是有了一个统一的文化,与此相对的是,如果收购方的文化不那么具有吸引力,并且被收购方还存在对自身文化保护的意愿,那么文化整合中就会存在阻力(文化分离)。被并购的企业将会试图去保护自身的身份和文化,甚至在通常情况下会自顾自经营。最后,如果被并购方的员工既对自己的文化,也对并购方企业的文化没有认同感,就会发生文化萎缩。

从买方角度来看,根据纳哈凡迪和马利科扎德(1988)所提出的理论,其所希望的文化适应形式与其想要的整合程度和对于被并购方企业的容忍度有关。这里也可以运用之前从被并购方角度提出的四种文化适应方式。如果双方企业喜好的文化适应方式没有达成一致,就有可能导致"异文化压力"以及"组织阻力",也就是说,可能会激起反作用,这种反作用会通过员工

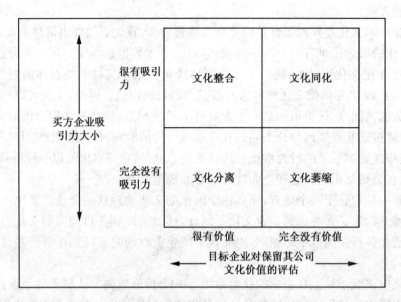

资料来源：Nahavandi & Malekzadeh(1998)。

图8—3　目标企业的文化适应过程

不当行为阻碍兼并的成功(Nahavandi & Malekzadeh,1988,第84页)。

　　近几年,一些面向实际操作的文献建议应该采用文化尽职调查这一工具来及早发现由于交易双方文化差异引起的潜在冲突,并以此为依据采取措施来有针对性地影响企业文化。文化尽职调查的任务是,尽可能在交易前系统地给出交易双方的企业文化情况,基于此可以交易目的为出发点给出一个所谓的"目标文化"。最后在第三阶段,我们就要采取一定的措施(整合专题研讨会等)来达到所要追求的目标文化。

　　在规划文化适应,尤其是在试图构建企业文化时,要尤为谨慎。文化现象是多层次的,文化的演变过程极大部分是在无意识状态下发生的。企业文化是否能真实、可靠地量度？假定可以,那是否能有意识和有目的地改变企业文化,这在学术文献里迄今为止也没有统一的说法。

8.3.5　业务整合

　　业务整合的任务是协调好并购双方的生产和销售环节,业务整合通常是横向企业合并的重点。在横向企业合并中,尤其会涉及企业各个业务部门,诸如采购、生产、销售以及物流,也可能会包括研发,许多并购案例都是希望协同效应能够大大减少这些部门的成本。例如两家能源集团,费巴(Veba)股份公司和维尔格(Viag)股份公司,它们在2000年合并成了意昂(E.ON)股份公司,它们都期望通过合并能产生每年高达8亿欧元的协同效应,这几乎只需要对采购和销售进行捆绑以及对于共同发电厂的优化就能做到(Veba & Viag,1999)。

　　采购环节的整合大多会导致双方企业采购范围的集中化。这就要求重新调整和理清供应商关系,选择未来的核心供应商以及优化总体流程。并购的本质作用是,企业规模在并购后比交易双方之前显著增大,由此就可以使得市场影响力提高,就能在供应商处拥有更为有利的地位并且节约成本。

　　生产环节整合的重点是双方企业生产线的合并,这包括淘汰多余的产品和不(再)适合在战略整合框架下形成的新总体战略的产品。此外,生产车间的生产流程需要重新分配,与第 3 章详细阐述的一样,只有把两家企业之前不同地点的生产线集中到一起,才能获得规模经济。这就需要生产转移,可能也需要关闭多余的生产车间。通过这些措施能减少集团的间接费用、更充分利用剩余生产能力,从而实现成本协同效应。通常与所在地结构的改变相伴而来的工作岗位的减少,最明显的就是关闭有关工厂。

对生产环节进行整合时,可能也会转让产品技术或者生产技术,许多企业并购甚至优先考虑的是获得目标企业创新技术的支配权。思科在 20 世纪 90 年代以高昂的资本投入收购了大量有创新性的企业,以便能在互联网新兴市场取得核心技术。大型的国际医药企业也通常会收购一些研究能力很强的小型企业,以便能充实自己的研究线和产品线。

要实现以专有技术为导向的企业兼并,只有在合并后整合期间有效地进行知识转让。斯伯林和布洛克(Sporing & Blöcher,2008)指出,这需要有一个相适应的氛围作为前提条件,而这一氛围可以通过如下特点得以提升:员工的合作意愿、互相的信任、因果关系的明确,以及必要的生产能力和资源。反过来看,知识转让也有可能在收购后碰到各种各样的障碍(Sporing & Blöcher,2008,第 471 页)。这些障碍既可能存在于(潜在的)发送方,即被并购方,也可能存在于接收方,即收购方。第一种情形下会发生不愿进行知识传递,这也被叫作缺少分享意愿或者知识储藏。对此种行为发生可能的原因有,与涉及的员工自身所处的知识优势地位相关,也与转让的所耗(时间)有联系。如果员工在收购后担心失去自己的工作岗位,或者预见到要与其他企业的员工竞争,那么收购与被收购公司的知识转让意愿就不会很强。从潜在接收方角度来看,可能会因为吸收意愿或者吸收能力的缺乏妨碍到知识转让。

销售环节的整合其实就是协调两家企业的市场策略、重塑销售网以及划分(新)顾客群。在两家企业销售结构的整合能取得节省成本潜力的同时,销售策略应该随着市场策略的调整而调整。最后想要提到的还有物流环节的整合,涉及整合后公司的运输功能和库存管理。

除了采购、生产、销售这些基本环节的整合,通过管理整合也能实现潜在的协同效应。通过各方面流程的统一,例如在财务方面、内部和外部审计以及人事、法律、税收方面,就能节省成本。如果要进一步挖掘协同潜力,可以从协调计算机系统和通信系统入手。此外,如前文所述,计算机系统的整合以及在此基础上的报告系统是合并后整合的监控以及对于新企业持续内控的根本基础。

8.3.6　外部整合

外部整合包括有效地构建与并购涉及的不同利益相关者的沟通渠道,主要有客户、供应商、出资方、分析人士以及公众。收购的公告会导致利益相关者处于观众状态,对其无法产生影响(Körner,2001,第 205 页)。外部整合的任务就是要及时告知收购的情况以及保障企业现有关系网的延续。

特别是被收购企业的客户可能会对收购产生不安,原因在于他们通常不能预见合并会对其产生怎样的结果。杭伯格(Homburg,2000,第 174 页)把收购时客户的不安分为三类:

(1)利润不确定性:这一概念讲的是,客户对于收购会对涉事企业是否造成影响,以及会造成多大影响表示担心(继续或停止生产产品或者服务,改变产品基本特点等)。

(2)价格不确定性:从客户角度来看,收购后产品价格和其他状况会有多大的改变是不清楚的,这一情况也被称作价格不确定性。

(3)关系不确定性:收购是否影响客户与相关企业员工的关系以及影响有多大。服务行业依靠的是企业与客户紧密的联系(例如,企业咨询、审计和税务事务所、银行、保险公司),主要也就是这一行业在关系不确定性上扮演着重要角色。客户对于今后与企业关系的不安可能也会由权力关系和从属关系引起,而这些都是从收购中产生的。

令人惊讶的是,由于企业太忙于自身经营,往往会忘记与客户的交流。与客户信息交流的方式有私人谈话、邀请参加演讲以及寄发信函。在收购过程中缺少对客户的考虑,可能会导致客户感到不安而转向竞争者。竞争者一方会利用这样一种不安,并且通过有目的的活动来加剧这种不安,从而为其自己争取更多客户。例如,仁科软件公司在 2004 年被更大的竞争者甲骨文收购,长达数月的收购战役以及甲骨文首席执行官劳伦斯·埃里森(Lawrence Ellison)公开说在收购后想要终止仁科的产品,使得仁科的客户感到了不安。这一情况下的得益者是 SAP 股份有限公司,其利用了客户的不安心理拉走客户。

与客户一样,供应商也会对收购反映出不安。他们一定首先会问,供应商关系在既有条件下是否继续成立,这种不安也会存在于,新企业是否会利用其更大的议价能力来向供应商要求更有利的谈判地位。此外,收购还会促使新企业向供应商提出对产品和内部流程的新要求。就这点而言,也能从供应商角度说明利润不确定性、价格不确定性和关系不确定性。为了能更好应对供应商的担忧,也可采用一些在客户那里用的沟通工具,例如,与主要供应商的面谈或者是寄发信函。

参与收购的企业与现有和潜在出资方以及证券市场分析人士的沟通也具有特别的意义,这样能够预防资本市场的负面反应。出资方和证券市场分析人士想要的信息是并购的原因、目的、协同潜力和风险,这里可以采用例如记者招待会、分析人士会面、公告和给股东寄送信函等方式。与资本市场的沟通,不仅对当前企业融资具有重要意义,也对并购交易融资具有重要影响。

最后还要提的是与公众的沟通。公众利益问题的重点在于,并购是否会对当地的、区域的、国家的经济活动有一定的影响。担心关闭所在地工厂或者害怕被解雇会对被并购企业的公众形象有损,可以通过公告和宣传活动来避免使涉事企业形象受损。

8.4　整合过程

并购后整合的流程可以分为规划、实施和控制三个部分。如前所述,整合规划应尽早进行,尽可能能在尽职调查后就开始准备。然而,尽管有尽职调查,买方企业所掌握的信息还不足以做详细的整合计划。只有在生效日期过后,买方企业得到对方的控制权和做计划所必需的信息,买方企业才能进行详细规划。

在规划阶段有三个重要问题:确定整合方法、确定整合实施人、制定单独的整合计划。如 8.2 节所述,确定整合方法就是确定整合深度,取决于并购形式(混合型并购还是横向/纵向并购)以及双方企业的规模。

整合实施人指负责整合规划、实施及控制整合措施的人。由于整合一般来说有时间限制、较复杂且有偶然性,需要对公司经营领域非常了解,因此最好有一个具有整合能力和权力的项目团队。从专业角度考虑,项目团队成员最好分别来自公司不同经营领域(企业规划、财务、控制、市场和技术)。此外,整合团队最好直接在并购团队上对人员进行必要调整。要想成功整合,需要了解双方企业的组织结构和文化,因此整合团队最好也有来自目标企业的员工,目标企业员工参与到整合团队中能减少其对并购整合的抵触心理。一般来说会建立领导控制委员会来监控、管理整合团队,该委员会一般由最高层级和次高级管理层组成。委员会的职责不仅是监控整合团队,同时也负责决定整合战略、选择项目团队的领导人,并且是项目的对外代言人。沃茨(Wirtz,2003)从学术角度上指出,建立项目团队是实际可行的,经常并购的大型企业可以建立自己常设的并购部门。

整合项目团队的任务是规划整合措施,而确定整合措施首先要明确企业并购的目标。要确定详细的整合措施,整合团队必须将并购的上级目标分解成多个下级目标,并从时间、内容上将企业目标具体化,例如,定义目标大小、定义阶梯目标。下一步,整合团队就能确定为实现目标而需采取的整合措施。表 8—1 描述了可能的整合目标和相应的实施措施。做好整合措施规划后,就该进行员工分工,明确双方责任,然后就要实施整合计划,包含执行措施、制定时间期限、任务分工、明确职责(Wirtz,2003,第 292 页)。

表 8—1　　　　　　　　　　　并购后整合的目标和措施

整合目标	整合措施
充分利用已确定的增长协同潜力	·检查价值链上所有部门的效率 ·确定重要重组措施,例如组合采购、整合销售部门
共同确定新战略	·共同确定新的企业模式 ·实施与经营领域相关的整合战略,重新确定产品组合 ·战略资源、管理能力互换
保证持续控制力	·迅速更换管理层 ·明确职责分工 ·建立控制系统 ·双方企业 IT 系统的整合
保留关键人物、保证知识转移	·尽早将目标企业员工及管理层纳入整合阶段 ·保证有效信息流 ·建立激励机制
建立和谐的企业文化	·制订明晰的管理层更改计划,建立有效交流的措施 ·高管交流
增强市场渗透力	·发展多元化品牌战略 ·通过专业广告加快并购进程 ·建立客户关系网
遵循预先制订的并购后整合计划	·成立整合团队,保证团队拥有必需的能力和资源 ·有效的项目管理 ·确定的实施计划(措施、时间期限、任务职责分工)

资料来源:Wirtz(2003,第 277 页)。

真正的整合在生效日期后才开始。整合团队的任务是监控已计划好整合方法的实施过程(整合控制),整合团队需监控人力、财务资源是否及时到位,实施整合措施是否实现了目标,阶梯目标是否已确定到每个节点。接下来,在监控过程中不断完善整合措施,如果与计划有偏差,需及时修正。

只要确定的目标可以量化,整合控制就不会有问题。但如果整合成功与否无法量化,就无法评估该措施是否实现了目标,就出现了与文化整合中一样的问题。

8.5 整合与并购成果

在第 4 章中就已详细讨论过，并购不一定能带来预期的成果。巴克和科茨（Bark & Kötzle，2003）对有并购经验的领导人员作调查后发现，整合阶段是并购能否成功的关键，安永（Ernst & Young，2006）的调查也得到了相同的结果：4/5 的被访企业的管理人员或股东认为，大部分并购失败都发生在整合阶段。这个结果并不让人惊奇，并购后整合就是要实现计划好的并购目标，整合与并购是否成功有着直接关系。

文化整合也具有很重要的意义。布洛克和格劳姆（Blöcher & Glaum，2005）调查发现，81%的企业代表认为文化对并购成功有很大影响，对并购后整合的影响也同样大（Blöcher & Glaum，2005，第 307 页）。参与企业并购的股东也看到了文化整合这个弱项。安永（Ernst & Young，2006）的调查发现，超过 1/4 的股东认为，文化整合在并购中没有得到足够的重视。

文化对并购到底有多大的影响，目前的资料还无法确定。查特杰等（Chatterjee et al.，1992）发现，企业文化不同对买方企业的市场绩效有消极影响。达塔和普亚（Datta & Puia，1995）研究国际文化差异，与查特杰等人得出了一样的结论，即企业文化的不同对买方企业的市场绩效有消极影响。其他跨境并购的研究，如莫罗斯尼等（Morosini et al.，1998）以及拉森和瑞斯伯格（Larsson & Risberg，1998）的实证研究则得出了相反的结论，他们认为目标企业与买方企业文化差距越大，并购越能成功。原因在于，相较并购无文化差异的企业（如境内并购），并购有巨大文化差异的企业时，双方企业的并购领导人员更能意识到文化差异可能带来的问题。

在实证研究中，整合深度对并购成功的影响大小也不明确。穆勒（Möller，1983）认为整合的深度与并购成果呈正比。而达塔和格兰特（Datta & Grant，1990）则在调查了 129 家美国企业后得出了相反的结果，他们认为在非横向并购中，整合深度越低，并购越成功。巴姆伯格（Bamberger，1994）在其研究中发现，并购成果与整合深度没有明确联系。但是，在考虑这些研究成果时必须明确一点，整合深度与实现的协同效应程度有关。整合深度越低，可实现的协同效应潜能越小，而协同效应潜能越小，则并购成功的可能性越小。从这一角度来看，整合深度越高，则并购成功的可能性越大。同时，整合的成本会随着整合深度的增加而增加。

并购后整合的另一成功因素是整合速度。整合速度就是以整合期限①为基准来考察必要的整合措施，尤其是对专门从事并购行业的人来说，较快的整合速度很重要。巴克和科茨（2003）在调查了很多领导人员后认为，较快的整合对实现协同效应、最终实现成功并购有积极影响（Bark & Kötzle，2003）。并购后的 100 天是非常关键的，对并购成功有显著影响。

较快的整合速度总是和能较快实现协同效应相联系。由于员工在并购中不可避免会面临改变，较快的整合能使得改变过程的实施更加容易。此外，较快的整合还避免了员工假装没能适应新公司的可能性，从一开始就确定了清晰的领导关系。但是，慢速整合也有其优势：参与并购的员工工作负担不会过重，能更了解其他公司的能力、价值观念和领导风格，同时能避免仓促决定导致的不良后果。

---

① 整合期限一般都会超过一年，意义不是很大。而如果整合期限也是整合措施中的一项，则需要对整合期限做相应的规定。

　　杭柏格和布塞里斯(Homburg & Bucerius,2004,2006)研究选择并购速度的标准,如图 8-4 所示,并购速度是由参与并购双方企业的内部和外部异质性决定的。内部异质性是指双方企业战略定位、管理风格以及客户定位的不同,而外部异质性则是指企业的目标市场以及市场定位的不同。杭伯格和布塞里斯(2006)在其实证研究中发现,当企业外部异质性高而内部异质性低时,快速整合更容易使并购成功。在相反的情况下,即外部异质性低而内部异质性高时,快速整合反而会对并购产生消极影响,这时候则需要放缓整合的步伐。

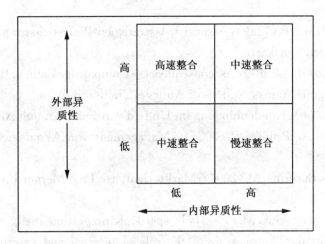

资料来源:Homburg & Bucerius(2004,第 157 页)。

图 8-4　整合速度与内部、外部异质性的关系

8.6　参考文献

Ashkenas,R.N.,DeMonaco,L.J.& Francis,S.C.(1998),Making the Deal Real:How GE Capital Integrates Acquisitions,in:*Harvard Business Review*,Vol.76,No.1,pp.165—178.

Bamberger,B.(1994):Der Erfolg von Unternehmensakquisitionen in Deutschland-Eine theoretische und empirische Untersuchung,Bergisch Gladbach.

Bark,C.& Kotzle,A.(2003):Erfolgsfaktoren der Post-Merger-Integrations-Phase-Ergebnisse einer empirischen Untersuchung,in:*Finanz-Betrieb*,3,pp.133—146.

Bayer (2006):Science for a better Life-Geschäftsbericht 2006.

Blocher,A.& Glaum,M.(2005):Die Rolle der Unternehmenskultur bei Akquisitionen und die Möglichkeiten und Grenzen einer Cultural Due Diligence,in:Die *Betriebswirtschaft*,Jg.65,Heft 3,pp.295—317.

Chatterjee,S.,Lubatkin,M.H.,Schweiger,D.M.& Weber,Y.(1992):Cultural Differences and Shareholder Value in Related Mergers:Linking Equity and Human Capital,in:*Strategic Management Journal*,Vol.13,No 5,pp.319—334.

Datta,D.K.& Grant,J.(1990):Relationships Between Type of Acquisition,The Autonomy Given to the Acquired Firm,and Acquisition Success:An Empirical Analysis,in:*Journal of Management (JofM)*,Vol.16,No.1,pp.29—44.

Datta,D.K.& Puia,G.(1995):Cross-border Acquisitions:An Examination of the Influence of Relatedness and Cultural Fit on Shareholder Value Creation in U.S.Acquiring firms, in:*Management International Review*,Vol.35,No.4,pp.337—359.

Ernst & Young (2006):Handeln wider besseres Wissen-Warum viele Transaktionen scheitern,ohne es zu müssen,Stuttgart.

Gerpott, T. J.(1993):Integrationsgestaltung und Erfolg von Unternehmensakquisitionen,Stuttgart.

Gomez,P.& Weber,B.(1989):Akquisitionsstrategien-Wertsteigerung durch Übernahme von Unternehmungen,Stuttgart.

Hofstede, G.(2001):Culture's consequences-Comparing Values,Behaviours,Institutions,and Organizations Across Nations,2.Auflage,Thousand Oaks.

Homburg,C.(2000):Kundenbindung im Umfeld von Fusionen und Akquisitionen,in:Picot,A./ Nordmeyer,A./Pribilla,P.(2000):Management von Akquisitionen,Stuttgart,pp.169—180.

Homburg,C.& Bucerius,M.(2004):Marktorientierte Post Merger Integration,in:*M&A -Review*,No.4,pp.153—161.

Homburg,C.& Bucerius,M.(2006):Is speed of integration really a success factor of mergers and acquisitions? An analysis of the role of internal and external relatedness,in:*Strategic Management Journal*,Vol.27,No.4,pp.347—367.

Kaplan,R.P.& Norton,D.P.(1992):The Balanced Scorecard-Measures that drive Performance,in:*Harvard Business Review*,No.1,pp.71—79.

Korner,K.(2001):Der Kunde im Post-Merger-Integration-Prozess-Stellenwert und Konsequenzen,in:*Mergers & Acquisitions*,H.5,pp.205—209.

Kreimeyer, A.(2007):BASF Construction Chemicals-Chemiekompetenz am Bau,Pressekonferenz,Trostberg,13.Juni 2007,Presseinformation der BASF AG,im Internet verfügbar:http:// www.corporate.basf.com/basfcorp/img/presse/konferenzen/070613/ P_294_Rede_Dr_Kreimeyer.pdf (April 2008).

Krüger,W.(2005):Organisation,in:Bea,F.X./Friedl,B./Schweitzer,M.(Hrsg.):Allgemeine Betriebswirtschaftslehre,Band 2:Führung,9.Auflage,Stuttgart,pp.140—234.

Larsson, R.& Risberg, A.(1998):Cultural Awareness and National versus Corporate Barriers to Acculturation,in:Gertsen,M.C./ Soderberg,A.M./ Torp,J.E.(Hrsg.):Cultural Dimensions of International Mergers and Acquisitions,Berlin/New York 1998,pp.41—56.

Marks,M.L.& Mirvis,P.H.(1986):The Merger Syndrom,in:Psychology Today,Vol.19,No.10,pp.36—42.

Meckl,R.& Hawranek,F.(2006):Eine M&A-Balanced-Scorecard als Managementinstrument für M&A-Prozesse,in:Borowicz,F.& Mittermair,K.(Hrsg.):Strategisches Management von Merger & Acquisitions-State of the Art in Deutschland und Osterreich,Wiesbaden,pp.90—117.

Möller,W.-P.(1983):Der Erfolg von Unternehmenszusammenschlussen,München.

Morosini,P.,Shane,S.& Singh,H.(1998):National Cultural Distance and Cross-Border

Acquisition Performance,in:*Journal of International Studies*,Vol.29,No.1,pp.137—158.

Nahavandi,A.& Malekzadeh,A.R.(1988):Acculturation in Mergers and Acquisitions, in:*Academy of Management Review*,Vol.13,No.1,pp.79—90.

Porter,M.(1985):Competitive Advantage:Creating and Sustaining Superior Performance,New York.

Sautter,M.T.(1989):Strategische Analyse von Unternehmensakquisitionen:Entwurf und Bewertung von Akquisitionsstrategien,Frankfurt/Main.

Schein,E.H.(1992):Organizational Culture and Leadership,San Francisco.

Scheiter,D.(1989):Die Integration akquirierter Unternehmungen,Diss.St.Gallen.

Sporing,J.& Blocher,A.(2008):Wissenstransfer in M&A-Prozessen,in:*M&A Review*, Nr.10,pp.469—474.

Steinöcker,Akquisitionscontrolling-Strategische Planung von Firmenubernahmen:Konzeption-Transaktion-Integration,Berlin.

Unger,M.(2007):Post-Merger-Integration,in:Polster-Grüll,B./Zöchling,H./Kranebitter,G (Hrsg.):Handbuch Mergers & Acquisitons,Wien,pp.871—897.

Veba & Viag (1999):Verschmelzungsbericht,Im Internet verfügbar:http://www.eon.com/de/down-loads/VerschmelzungsberichtVEBAVIAG.pdf (November 2009).

Vogel,D.H.(2002):M&A-Ideal und Wirklichkeit,Wiesbaden.

Weiand,A.(2007):Die BP Übernimmt Veba Oel und Aral-Post Merger Integration und Unternehmenskultur,Gütersloh.

Wirtz,B.W.(2003):Mergers & Acquisitions Management-Strategic und Organisation von Unternehmens zusammenschlussen,Wiesbaden.

第三部分　金融和法律的视角

- 收购融资
- 企业联合的会计处理和税收视角
- 并购的竞争法和程序法视角

第9章

收购融资

一般来讲,融资是指一家公司去筹集它投资所需的资金。从收购方的角度来看,公司收购是一项投资,并且它原则上可以通过公司财务的所有常见融资形式来实现。有关这方面的内容,读者可以参阅公司财务的有关教材(Drukarczyk,2008;Perridon & Steiner,2007;Brealey, Myers & Allen,2008;Copeland,Weston & Shastri,2005)。

但是,在融资方面,收购展现出不同于"普通投资"的特点,我们接下来将讨论这个话题。

第一,收购有别于许多其他投资形式,它一般需要更高的投资额,即使对于像林登股份有限公司这样的大企业来说,在 2006 年收购英国 BOC 集团的过程中,筹措交易总价值达 140 亿欧元的资金(Linde AG,2007,第 13 页,见第 12.3 节案例)也不是一件容易的事。短期融入所需的资金对资本结构以及由此对公司财务风险有重大影响,因此,必须精心策划和展开涉及大规模交易的融资,以避免不必要的成本和风险。同时,收购融资也是有关项目的融资,在巨额交易的情况下,通常是在巨大的时间压力和保密状态下进行的。[①] 这就对相关企业的融资管理以及投资银行代表和专业顾问提出了很高的要求。

第二,收购融资有其特殊的形式,这里特别要提到所谓的杠杆收购(LBO)——20 世纪 80年代由美国并购专家首创,欧洲也采用了这种收购形式。

第三,我们必须联系并购的支付形式("收购货币")来考察融资。通常在其他的采购或购置(存货、设备和房地产等)中,购买价格是通过支付一定数量的现金来结清的,而对于收购还有其他的选择。例如,被收购的目标公司所有者可以通过得到收购企业的股份来得以补偿,在并购中交换股份对于上市公司是一种常见的融资形式。有各种不同的理由来支持现金支付的

[①] 根据《证券收购和接管法》第 11 条,一家公司若要公开发售股份收购另一家上市公司,必须在"要约文件"中准确表明,此次收购是通过何种方式融资的(见第 11 章)。也就是说,在投标之前,我们就得确定融资方式。类似的规则也适用于其他国家。

观点或者股权交换的观点。

上述特征说明了有必要对收购融资做进一步的观察,因此,我们在本章特别论述了以下问题:

● 有哪些可用于企业收购的基本融资形式?

● 不同的收购融资形式有哪些优缺点?融资会对资本结构造成怎样的影响以及如何去评价这些影响?

● 融资的形式和收购的支付形式之间有什么关联?有哪些论点支持现金支付,有哪些论点支持股份互换?

在本章的结尾,我们将借助一个案例——已经提及的林登股份有限公司收购英国 BOC 集团的例子——来阐明在第 9.3 节中描述的理论模型。

9.1　资金来源

在以下阐述中,我们假设一家公司现有的流动资金,也就是公司保留的"危机资金",不足以为一项计划中的收购提供融资。因此,公司依赖于别的融资手段为投资获得额外的资金。

通常,融资方式是根据资金来源区分的,当公司放弃引入外部的额外资金,仅仅使用公司经营活动所获得的资金时,人们称为内部融资。相反,如果公司接受了外部投资人的资金,则称为外部融资,这里,我们还要区分自有权益融资和负债融资。

根据这种常见的划分方式,表 9—1 给出了不同融资方式的一个概览,而这些融资方式将在后面得到进一步的阐述。

表 9—1　　　　　　　　　　　　　　融资方式的分类

内部融资			外部融资			
利用盈余进行融资		通过资产重组进行融资	利用自有权益进行融资(参股融资)	利用外部资金进行融资(负债融资)		通过夹层资本进行融资
通过留存收益进行融资	通过折旧和拨备进行融资			长期信用融资	中短期信用融资	

资料来源:Schierenbeck(2003,第 422 页)。

9.1.1　内部融资

内部融资是指利用公司自己经营产生的资金来进行投资,利用留存收益进行融资是内部融资的一种。留存收益是指公司不将取得的利润向股东发放红利,而是计入资产负债表权益类的盈余公积或者未分配利润中。对比外部融资,利用留存收益进行融资有一些优点,例如,公司不用再去关注(债权人)额外的一些要求,例如他们的控制权或者发言权,同时,也不用被迫支付利息而影响企业将来的现金流动性。此外,稳固的自有资金可以使公司具有更高的商业信誉,使得企业在以后的外部融资中能获得更优惠的条件。但是,通过留存收益来支持收购融资是受约束的,例如,上市公司通常有连续的股息政策,所以不能随意用留存产生的利润来适应自己的投资项目。

公开的内部融资和通过隐性资产进行的隐蔽自我融资是不同的。隐性资产是通过低估资产负债表中的资产项目价值或高估负债项目价值而产生的,在产生隐性资产的这一会计年度,公司利润会减少,同时资金的流动性也变弱,这就使得向股东派发的股利更少,企业缴纳的所得税也会变少。但是,隐性资产对收购融资的作用也是有限的,它一般不能在短时间内产生,并转化为流动资金。

内部融资的另一种方法是通过折旧来进行融资,折旧在资产负债表中反映了资产价值的长期分摊作用,例如,一台生产设备的购置费用和生产成本是在它的使用期间分摊的。折旧费用是计入公司产品的销售价格中的,如果产品的销售价格能覆盖成本,那么折旧费用就以这种方式流回企业并可为投资项目所利用。在管理实践中,折旧已经成为企业融资最重要的来源。根据德国联邦银行在 2006 年的统计,折旧占了德国公司内部融资的 62% 和德国公司全部融资的 47%(德国联邦银行,2007a,第 42 页)。然而,公司不能随意构造折旧费用,因此,对于收购融资,折旧这种方式的适用性也是有限的。利用拨备进行内部融资的情况与其相似,作用也是有限的。拨备的存续时间和金额是不确定的,并且拨备的使用是要及时入账并冲减利润的,而流动资金的流出却相对迟一些。在这期间,公司便可以利用这些资金,但是拨备同样也是不能随意构造的,会计法及其他相关法律对其处理都有相应的规定,所以,综上所述,利用拨备进行短期的并购融资是不合适的。

更合适的收购融资资金来源是资产重组,它是指公司变卖生产设备或其他企业资产来获得资金。我们首先要考虑闲置的机器、土地和房屋,以及非必需的专利或太多的存货作为我们的变卖对象。在特殊情况下,如果这有利于我们签订租赁协议的话("出售和回租")①,我们也可以变卖一些企业所必需的资产。有时,公司也通过出售某个公司业务来实现较大的收购交易,例如,在 2006 年,林登股份公司收购英国 BOC 公司的收购价总额 140 亿欧元的近一半资金就是通过出售公司业务来获得的。

通过内部融资进行收购不同于"普通投资"的一个特点是:收购方可以对被收购方的盈利能力和现金头寸进行控制。因此,那些有较低市场估值和较多现金资产的公司往往成为潜在的被收购对象,此外,收购方还可以试图出售被收购公司的资产或外包它的业务。如果一家公司通过现金或变卖一些其他资产项目来进行收购融资,就需要中短期的融资,只有这样,才能填补在获得被收购公司的资源支配权和支付收购价之间的时间空缺("过桥融资")。

9.1.2 外部融资

对于大型的收购项目,短期的内部融资往往不足以支付收购价,此时,公司就要依赖公司外部的资金。根据资金提供方的不同,外部融资可以分为自有权益融资(又称参股融资)和负债融资。除这两种基本的外部融资形式之外,自 1980 年初以来,随着杠杆收购的发展,也产生了混合的外部融资形式,即所谓的夹层资本融资,它融合了前两种融资方式的特点。下面我们进一步探讨这些不同的融资形式以及它们各自的适用性,此外,在第 9.1.3 节还将论述它们的优缺点。

9.1.2.1 自有权益融资(参股融资)

公司吸纳"新鲜"的自有权益,例如,增发新股或者接受新的合伙人,这种融资形式被称为参股融资。参股融资的具体实现方式还与公司的法定形式有关。对于人合公司,合伙人主要以个人的私有财产为担保,他们有运营公司的权利,所以,为了不损害公司的正常运营,合伙人的数量不能随意增加。而对于上市的股份公司,情况却不是这样的,它们可以增发新股相对灵

---

① 根据租赁协议的尽责特性,租赁本身就包含了信用融资的要素,所以经常被看作信用贷款的替代物。

活地扩充自有权益。下面,我们首先讨论上市股份制公司的自有权益融资,再接着探讨其他形式公司的自有权益融资。

9.1.2.1.1　上市股份公司的自有权益融资

在德国,只有股份有限公司和股份两合公司可以在规范的资本市场("股市")融入资金,特别是股份有限公司非常适合融入大量的资金,因为(Perridon & Steiner,2007,第358页):

● 公司的法定形式允许大量私有财产入股(例如巴斯夫股份有限公司有近46万大股东);

● 小股东不直接参与公司治理,而是委托管理层代理;

● 上市公司的股份易于在市场上进行买卖流通(可交换性);

● 凭较小的资金量就可以参与入股;

● 投资者可以在多个公司入股,以此利用多元化的好处;

● 投资者的信息获取权、监控权和决定权通过法律文件的形式得到保障。

股票可以根据其发行方式和流通性、资本的分配方式以及股票所附权利的范围来分成不同种类。根据发行方式和流通性,可以区分为不记名股票、记名股票和限制转让的记名股票。不记名股票是最简单的一种,它可以通过协议进行转让,而记名股票上记有股东的名字,需在公司的股票注册簿上进行登记。在进行转让时,限制转让的记名股票必须得到公司的允许。限制转让的好处是,它可以排除一些特殊的自然人或机构投资者入股,例如出于政治原因等。限制转让的记名股票在许多航空公司(例如,汉莎航空股份有限公司)应用广泛,因为许多国家对外国人持有此类公司股份比例都有相关的法律限制。[①]

根据公司股份资本的分配方式可以将股票分为面值股票和无面值股票。面值股票会记录一定数量的面值,而无面值股票只标明了它占公司权益的份额,因此也被称为份额股票。

根据股票所附权利的不同,股票还可分为普通股和优先股。普通股给予股东以下权利:在股东大会上的表决权、分配股利权、在公司清算时的求偿权和增发新股时的优先购买权。优先股,就像它的字面意思一样,在一些权利上给予它的持有者一定优惠,例如,优先取得股利的权利,然而,在其他的一些权利上却比不上普通股,例如没有表决权。在德国,许多公司[例如德国莱茵集团(RWE),大众汽车]既发行普通股又发行优先股,但也有上市公司只发行无表决权的股票,只有公司的创立家族成员才能有带表决权的股票,例如保时捷。

对于还未上市的公司而言,可以选择通过首次公开发行股票(IPO)来获得可以用于收购的流动资金。而对于已经上市的公司,可以通过增加权益资本(继续公开发行股票)的形式来为其收购进行融资。德国《股票法》主要阐明三种可以扩充自有权益增加资本的形式,即投资增资、条件增资和授权增资。[②] 所有这三种类型的增资都要求在股东大会上有3/4的出席股东表决通过。

投资增资也被称为"正规"增资,是指发行新的股票来增加权益资本,这些新股可以通过现金支付或实物支付来获得。在增发新股时,为避免现有股东的权利(如股票价值、表决权限)缩水,《股票法》第186条规定,现有股东可以根据持有的股票份额来优先购买该公司发行的新

---

① 在德国,《航空业保障法》要求德国的航空公司必须发行限制转让的记名股票。这项法律源于欧盟的2407/92决议,它认为欧洲的航空公司必须大多数为欧盟成员国或各成员国的居民所有。为遵守这项规定,必须通过发行限制转让记名股票的方式来进行增资。

② 此外又称公司资本增资(根据《股票法》第207～220条),在这种情况下,不融入新的资金,而新股只是依据比例发放给现有的股东,每股的价格会按比例减少。

股。这个优先购买权也可以通过股东大会 3/4 股东的否决来免除,例如当这些发行的新股是直接抵用为"收购资金",也就是说,它们给予被收购公司股东股份来完成收购。关于通过交换股票的形式进行收购以及这种形式的优缺点,我们将在第 12.2.1.2 节详细论述。

条件增资是一种有特定目的的资本增加方式。《股票法》第 192 条规定,只有为保证拥有可转换公司债券的人的换股或购股权,为准备和其他公司的合并或者为给予公司员工的购股权时,公司才可以进行此种增资方式。授权增资对于收购融资具有特别的意义,它是指通过股东大会决议的形式,授予一家股份公司的管理层最长 5 年时间内自行决定是否增加权益资本的权力。这种资本增加方式的优点是可以灵活地为一项收购进行融资,它可以迅速地对好的收购时机和条件做出反应,免去了有关法律的规定,例如,必须在 30 天前通知召开股东大会,然后在会上表决通过权益资本增资的方式来进行融资。此外,在很多情况下,授权增资还可以保证公司收购方案的保密性,可问题是,被剥夺了购股权的股东对此是否会没有异议。在这种情况下,公司管理层的权力范围扩大了,例如,他们可以决定是否通过换股来进行收购交易。所以,很重要的一点是,股东们必须相信,管理层做出权益资本增加或者换股计划决策所考虑的前提条件是有利于他们的。

公司必须根据事先约好的期限和条件来偿还来自外部的资金,而自有资金却可以长期利用。从公司治理的角度看,利用自有资金还有一个好处,就是避免了偿付债务协议上规定的利息(特别是在公司亏损的年份)。此外,通过发行股票来扩充公司的权益资本,可以在一定程度上提升公司的信用额度,以便更容易地获得外部的资金。比起外部融资,参股融资的缺点是:发放股利在税收上是不可抵扣的,与股票发行相关的各类附加费用以及公司需要履行更多的信息披露义务。原有股东被剥夺了对于新股的购股权后,还会导致公司股权结构的改变,此时,原有股东就要与新股东分享他们的各项权利。然而,公司可以通过发行无表决权的股票来阻止公司表决权结构的改变。在第 9.1.3 节中,我们将进一步探讨其他类型融资形式的优缺点。

9.1.2.1.2　非上市公司的自有权益融资

非上市公司,这里主要是指独资公司、人合公司和有限责任公司[①],不能在匿名的规范资本市场进行灵活的融资。非上市公司,例如有限责任公司以及其他相关的公司形式,自有权益融资的重要方式却是,通过增加合伙人来扩充它们的股本资本,然而,吸纳新合伙人也意味着需要向第三方转移公司经营一定的话语权和控制权。就像前文所提及的那样,特别是对于被赋予了无限责任的人合公司,这种融资方式是有局限性的。不仅原有的合伙人不希望由此可能带来的风险,而且对于新的合伙人来说,非上市公司股份不易流通的特点也是不受欢迎的,由此,非上市公司通过额外自有资本进行并购和实施内部成长战略的能力也受到了限制。

即使存在上述的种种局限,资本市场上的一些金融工具和有关机构却可以使人合公司和其他的非上市公司有机会扩充它们的自有股本资金。例如,一些银行有专门从事为企业提供融资业务的分支机构,它们通过获得公司的股份或部分经营权来参与融资,并同时参与公司的利润分配。这种分支机构一般仅限于提供资金,而不试图对公司的管理层施加影响。

另一种参与融资的方式是风险投资,它们专注于为年轻的、创新型公司提供资金。因为这类投资通常是高风险的,风险投资公司试图通过分散投资的方式来降低风险。例如,英国最早的风险投资公司之一—— 3i 集团,就参与了全球超过 375 家公司的投资。风险投资公司自身通过

---

① 有限责任公司类似于股份有限公司,但是它们不能上市,因为它们的信息和控制权不能与第三方共享。

基金的形式进行融资,而这类基金的投资者一般是各类银行、保险公司、大型工业企业或者是富有的个人。上一节提及的一些银行的专门分支机构往往专注于为已成型的非上市公司提供资金,并通过分配企业的利润来获取收益,而风险投资公司关注目标公司企业价值的提升。因此,风险投资公司并不局限于提供所需资金,它们还为年轻的创新企业提供各种咨询服务。

9.1.2.2 外部资金融资(负债融资)

负债融资不同于自有权益融资,外部资金的提供者对所提供的资金具有法律上的求偿权。通常而言,合同条款会明确规定分期付款的时间安排以及应当支付的利率水平,这些利率要么是固定的,要么随着一个特定时期内的利率大小进行浮动,由此,不仅在盈利的年度,即使在亏损的年度,公司也得履行偿付利息的义务。从另一个角度看,信用融资却有一个好处,那就是它不要求对于公司经营的话语权,此外,获取外部资金所支付的利息费用作为公司的一项支出是可以抵扣税费的。[1] 信用融资根据所融入资金的期限长短分为短期、中期和长期信用贷款。根据德国联邦银行的分类,短期信用贷款不长于 1 年,中期的为 1～5 年,长期信用贷款的借款期限超过 5 年。中短期信贷对于收购融资的意义主要体现在收购交易的过渡阶段,即"过桥融资",这些资金主要通过目标公司的现金储备或出售公司资产和业务得到偿付。对于一项需要进行长期持股的收购项目通常也需要长期融资,这有利于减少融资风险。公司债券、银行承兑票据及银行长期贷款都属于长期融资。

一些大公司还可以在资本市场上发行公司债,这里我们主要是指 10～25 年期限的公司债,它们被分割成很多小的认证份额,可以在证券交易所进行挂牌和交易。这种融资方式可以使总的资金额及其所附带的风险分散在众多机构和个人投资者中。公司往往可以通过发行债券融入大规模的资金,其实,由于其较高的发行费用,融入小规模的资金通常是不合算的。公司债的发行额度一般都在 1 亿欧元以上,超过 10 亿欧元的也不少见。综上所述,通常只有大公司才可以考虑这种融资方式。在德国和国际资本市场上,由于债券收益率(固定或者与各种指数挂钩)、债券周期(固定或者可提前终止)和结算货币(一致或者是不一致的发行、利息和本金支付货币,发行方或购买者的期权)的不同,形成了各种不同的债券。公司债的内容可以根据发行公司的特定需求来进行设计,为了减轻税负,公司往往通过其子公司发行债券,因为子公司所在的国家或地区可能有更优惠的税收政策或其他优惠的相关条件。

银行承兑票据是通过单独签订借贷协议产生的,不同于发行债券,它不发行可自由流通的有价证券,而仅仅是提供一类凭证,承兑票据只能在一定范围内进行流通。为了弥补投资者的流动风险,银行承兑票据的利率通常都会稍微高于公司债的利率。承兑票据的期限通常不会超过 15 年,发行方往往是具有良好信誉的大公司,并且债权人一般为保险公司,较少情况下也可以是银行。

鉴于这两种融资方式只适用于大公司,对于中小企业,传统的银行贷款往往是他们进行长期融资的途径。为了借出款项的安全性,银行需要定期对借款的公司进行信用审查,这在一定程度上限制了中小企业的潜在融资能力。因此,无论是自有权益融资还是外部资金融资,对于中小企业而言,都是有局限性的。由于这个原因,下面我们将着重讨论参与收购具有较强发行能力的大资合公司。

9.1.2.3 夹层资本融资

夹层资本是自有股本和外部资金的一种混合形式,表 9-2 阐释了各种在德国经常使用的

---

[1] 再融资利率的可抵税性取决于交易类型(资产交易还是股权交易)以及买方公司的法定类型。此外,对于此类利率费用的可抵税性,2008 年的公司税收改革对利率设有上限,详见第 10 章。

夹层资本工具。

表 9—2　　　　　　　　　　　　　　　　　　　夹层资本特征

	非典型匿名参股	典型匿名股	参与凭证	可转换债券	次级债券
投资者报酬	固定和变动	固定(及变动)	固定(及变动)	固定和转换权利	固定(及变动)
投资者信息获取权/赞同权	联合经营企业协议,合同规定的赞同权和监督权	合同规定的赞同权和控制权	债权人;合同规定的赞同权	债权人;转换后为股东	债权人
承担亏损	是	可能	可能	转化后	否
清算时责任	有	无,但清偿顺序靠后	无,但清偿顺序靠后	无,但清偿顺序靠后(可能的情况下)	无,但清偿顺序靠后
资产负债表自有股权	与参与方式有关	否	与参与方式有关	转换后	否
经济自有股权	是	是	与参与方式有关	转换后	否

资料来源:Raupach & Weiss(2005,第 385 页)。

　　首先,夹层资本工具有普通外部资金的特点,如有固定期限、确定的与盈利无关的最低利率,同时,夹层资本投资者相比于一般外部投资者的要求条件少一些,例如不要求抵押。债权人的权利会通过债务合同来得以保护,这些债务合同的双方是债权人和公司,例如规定公司必须维持特定的资本结构,或进行一些特定业务需要债权人的同意。但在公司出现无法清偿的情况时,只有当其他债权人的资金得到偿付后,夹层资本投资者才可以实行求偿权,因此,他们承担着巨大的风险,这种风险通过明显高于其他外部资金融资的利率得以补偿。除了获得固定的利率,投资者还经常被允许所谓的准权益条件(Equity Kicker),就是参与公司盈利分配的可能性。准权益条件可以在一定期限和条件下,将可能取得的信用贷款偿还资金转化为公司股权,或者获得一次性的与盈利状况有关的支付,又或者定期获得与盈利状况有关的利息。一些夹层资本还规定承担亏损。

　　夹层资本可分为私人夹层资本和资本市场夹层资本,其中私人夹层资本也对自身无法通过发行有价证券进行融资的公司开放。私人夹层资本主要包括次级债券、参与性贷款[①]、卖方贷款和(典型或非典型的)匿名参股。资本市场夹层资本主要有可转换债券、期权债券和参股凭证。因为夹层资本具有丰富的构造可能性,可以适应不同投资对收益和风险的特定要求,夹层资本工具由此很适用于收购融资(Betsch et al.,2000,第 303 页)。

9.1.3　融资策略和资本结构

　　在前面的段落中,我们论述了各种可用于收购融资的工具,但是至今还不清楚,公司管理层应该依据怎样的标准去选择融资工具。总体而言,企业管理层应该通过构建合适的融资架构使得融资成本降到最低,其中,自有股本和外部资金使用比例的选择以及由此构建的资本结构显得尤为重要。对于外部资金融资,企业管理层还要考虑很多因素,例如融资期限、利息支

---

① 通过参与性贷款,债权人从债务人那里获得与盈利以及销售额状况有关的利息支付。

付以及结算货币等。无论是在进行自有权益融资还是外部资金融资,企业管理层都应该尽量选择有利的时机,例如,对于前者应该在公司股价高的时候进行,而对于后者应该在相关利率低的时候进行。

假设在一个没有交易费用和税收的完备市场上,所有融资工具都是公允标价并且公司或者投资者可以随时对其投资组合进行调整,那么各种不同融资方式的选择和融资时机的安排就没有必要了。莫迪利安尼(Modigliani)和米勒(Miller)首先指出了这个关于自有权益和外部资金选择关系的结论(见第 9.1.3.2 节)。但是,在现实中,公司或者投资者必须支付利息,获取费用和交易费用,同时还得面对税收及其他市场的不完备性,因此,公司的融资成本肯定是受选择的融资方式影响的。

在下文中,我们将对自有权益和外部资金的选择给出普遍意义上的解释,这在相关文献中得到广泛讨论。借助各种相关的理论,我们还将探讨公司资本结构是否会影响融资成本,以及是否存在一个最优的资本结构。此外,我们还将阐述一些经典理论的观点,特别是资本结构和收益无关的莫迪利安尼—米勒定理。最后,我们还将探讨较新的"啄食顺序理论"(pecking-order-theorie)。

9.1.3.1　传统的最优资本结构论断

如前所述,从公司企业价值最大化的角度看,使融资成本最低的融资策略是最优的,这里企业价值可以通过公司未来总融资成本的折现来得以体现,即在其他条件不变的情况下,融资成本越低,企业价值越大。我们在第 6 章也论述过,融资成本是指公司因为获取自有股权或外部资金而产生的相关费用,但从债权人的角度看,融资成本是他们出让资金的使用权而获取的利息等收入。衡量外部融资成本是相对容易的,因为支付的利息以及分期偿还的本金都是通过协议确定的。外部融资成本常作为公司最低的内部回报率,而对于自有权益融资这是不可行的,因为它不需要还本付息,同样如在第 6 章中提及的,自有权益融资成本通常通过资本资产定价模型(Capita Asset Pricing Modell,CAPM)来衡量。所以,总的融资成本是用自有权益融资成本和外部融资成本的加权平均值[加权平均资本成本(Weighted Average Cost of Capital,WACC)]来衡量的。表达式为:

$$WACC = k_{FK} \times \frac{FK}{GK} + k_{EK} \times \frac{EK}{GK}$$

综上所述,收购融资计划应该根据公司合并后的资本结构来进行调节。

因为股东相对于外部资金的债权人承担着更高的风险,公司应通过给予自有权益融资产生的新股东比应支付给债权人利息更高的回报。自有权益融资成本和外部融资成本的不同比例会产生不同的债务"杠杆效应":其实,只要公司总资本的营利性大于外部融资成本,随着负债水平的提高,自有股权的收益也是增加的。如果公司只采用外部资金融资,并且假设自有权益融资成本和外部融资成本恒定且不受资本结构变动的影响,也没有无力偿债的成本,此时,总的资本成本最低时企业价值最大,也就是公司的最佳负债水平是 100%,总的资本成本就是相对低的外部融资成本。然而,有关融资成本恒定的假设是不现实的,因为随着负债水平的提高,公司的风险也在增加,并且有可能因为亏损而破产。

以上论述的就是传统最优资本结构论断,这可以在较早的企业管理文献中找到。同时,这个理论还证明:对于负债水平较低的公司,因为股东和外部债权人都承担着十分有限的资本结构风险,自有权益融资成本和外部融资成本可近似看作与负债水平无关。如果这个条件成立,通过外部融资来替代"更贵"的自有股权就是有利的。但随着负债水平的提高,首先是股东,然后是债权人会担心无力清偿债务以及与此相关的各种费用,进而会要求考虑更高的风险溢价收益(见图 9—1)。而更高的收益率会抵消因采取更低成本的融资而带来的正面效应,在超过一定的负债水平后,公司总的资本成本将不再下降,而开始上升。最优的、使企业价值最大化的负债水平是通过使加权平均资本成本最小来获得的。

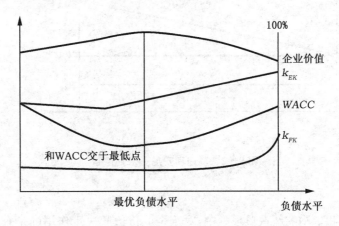

图 9—1 传统的最优资本结构论断

传统的最优资本结构论断主要是基于对股东和外部债权人行为的观察,因而是源于实践的,但并未在理论上进行深入的论证。即使这个论断看似是合理的,但是,股东和外部债权人在现实中的行为是难以预判的,我们很难知道,从多高的负债水平或多大的负债额度开始,投资人会对此做出反应。

9.1.3.2 资本结构无关的莫迪利安尼—米勒论断

早在 20 世纪 50 年代末,莫迪利安尼和米勒就在一个新古典模型框架下进行了论证:在完备市场中,资本结构是不重要的,也不存在所谓的最优负债水平。他们的假设是:在一个既没有交易费用也没有税收的资本市场,由于没有任何信息获取费用,所以市场是完全透明的;此外,所有资源的替代使用都没有转换费用,也没有转换的时间差,所以也就没有无力清偿债务的费用。因为外部融资的债权人没有无法取得利息的风险,外部融资成本和负债水平无关,由此,公司的股东单独承担所有的融资风险。股东的收益受公司总资本营利性和资本结构的影响,当总资本营利性大于外部融资成本时,自有股权收益随着负债水平的提高而增加。然而,当公司获得的总资产收益率小于外部融资利率时,随着负债水平的提高,自有股权的收益会减少。综上所述,这种杠杆效应可以朝两个方向进行:当公司业务产生较高的内部收益时,较高的负债水平可以使股东获得更多的回报;相反,当公司亏损时,较高的负债水平会使股东遭受更大的损失。只有存在风险溢价的补偿,股东才愿意承担这样的风险,而这种溢价随着负债水平的提高而不断上升。莫迪利安尼和米勒同时证明,随着负债水平的提高,自有股权成本的增加额必须弥补自有股权成本和外部资金成本之间的差额(见图 9—2)。由此也可得出,模型中总资本成本必须与负债水平无关。

如果不是这种情况,拥有相同风险级别的公司股权在不同的资本结构中就会有不同的价格。由此,投资者可以通过买卖股票、私人借贷或者投资外部融资的方式来保持和两家公司的负债水平一致的头寸,以此进行套利。因为这种套利的调整过程,在其他条件不变的情况下,拥有类似风险级别的两家公司就必须一直保持相同的总体价值(Brigham & Ehrhardt,

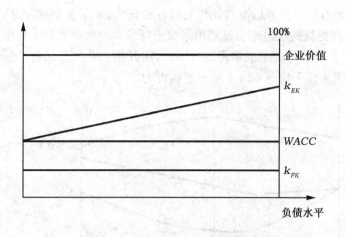

图 9—2 莫迪利安尼—米勒论断

2002,第 665 页)。

在莫迪利安尼和米勒的新古典模型中,对于企业价值起决定作用的是企业投资项目的营利性。经营公司项目而回流的现金只是通过资本结构进行分配,在一个没有税收也没有无力清偿债务风险、完全透明的市场里,公司仅有可能通过现金流给予自有股权股东和外部债权人不同的分配方式,无法创造企业价值。霍沃维尼和维亚赖特(Hawawini & Viallet,2007)把这个原理直观地叫作"比萨理论":"没有人可以通过分割比萨饼来增加它的大小"(Hawawini & Viallet,2007,第 385 页)。

9.1.3.3 莫迪利安尼—米勒理论的扩展

莫迪利安尼—米勒模型的结论是不符合实际的。在现实世界中,交易费用、税收和无力清偿债务风险都不可能消失,因此,该模型的推论在实践中是不适用的。但是,这个模型的理论意义是重大的,借助莫迪利安尼—米勒理论,人们可以系统性地论证,哪些因素是与资本结构相关的,在什么条件下可以使资本结构达到最优。

在 1963 年发表的论文中,莫迪利安尼和米勒又对这个模型进行了有关税收的补充。他们指出,由于外部资金的税收优惠性,随着负债水平的上升,资本成本会下降,从而企业价值随之提升,当公司的负债水平是 100% 时,它的企业价值达到最大。其他的学者还对这个模型做了有关无力清偿债务成本的扩充(Baxter,1967;Kraus & Litzenberger,1973;Kim,1978),外部债权人因为增加的无力清偿债务风险而要求的风险溢价也属于无力清偿债务相关的成本。此外,由于无力清偿债务风险的增加,客户、供应商和员工的信心都会下降,进而导致销售额的减少和各类费用的增加。无力清偿债务成本会随着负债水平的上升而增加,所以会抵偿税收的正面效应,这就导致公司最优的负债水平不会再是 100%。总而言之,扩展了的莫迪利安尼—米勒理论模型得到了与前面论述的传统论断相同的结论,但是它却拥有更加充分的理论基础。

9.1.3.4 啄食顺序理论

一些更新的有关资本结构的理论,例如迈尔斯和马杰鲁夫(Myers & Majluf,1984)的啄食顺序理论,放弃了对目标负债水平的推导。啄食顺序理论基于委托—代理理论,它的出发点是,在公司的经理层和(潜在的)投资者之间存在着信息不对称,公司的管理层与外部的投资者相比一般对公司的发展机遇和潜在风险有更好的认识(Brealey & Myers 2000,第 524 页)。

有关委托—代理理论和信息不对称的内容可以参考本书第 3 章。

根据迈尔斯和马杰鲁夫(1984),信息不对称对于公司的融资有重要影响,特别是经理层有关融资方式的一些决策会被外部投资者看成是某种信号,虽然这对于公司不总是有利的。例如,投资者会将公司增发股票看作是管理层认为现有股票价值被高估的信号,因此,如果一家公司通过发行股票来提高自有股权资本,该公司股票价格的下跌可能是资本市场给出的反应(见第 12.2.2 节)。因为外部债权人需要和公司签订书面协议,其中包括债务偿还的相关规定等,所以,与自有权益融资相比,这种信息不对称的作用对于外部融资的影响会小一些。此外,如果一项投资是仅由现金流支付的,就可以避免资本市场上信号的不良作用。

通过上面的论述,我们可以推导出有关融资方式选择问题的"啄食顺序理论":公司的管理层往往倾向于内部融资,因为通过这种方式就不会在资本市场上释放额外的信号。由此,管理层可以确保相对于投资者的信息优势。但是,股利发放政策也会被投资者看作是一种信号,这就是公司不能为了投资目的而随意调整股利发放政策的原因。然而,正如前文所论述的,通过内部融资筹集的资金额对于一项收购往往是不够的,为此,管理层往往还是要依赖外部资金。根据啄食顺序理论,人们会首先倾向于使用外部资金,然后是夹层资本,参股融资(自有权益融资)是他们最后会采取的方式(Myers,1984,第 581 页)。

9.1.4 杠杆收购

在有关收购融资的框架中,我们要特别谈到所谓的"杠杆收购"(leveraged buyout,LBO),这种收购方式于 20 世纪 80 年代初首先在美国和英国得到应用,90 年代后,它在欧洲其他国家也逐渐被采用。在德国,杠杆收购主要是通过 2001 年 1 月 1 日生效的《税收减免法》得到了重视,因为根据这项法律,转让公司股票的收益得到了进一步的税收减免。[①]

杠杆收购是收购方主要通过外部融资进行的一种公司收购方式,根据收购方构成的不同,我们可以将杠杆收购分为(Sudarsanam,2003,第 270 页):

- 投资者杠杆收购:由一些投资者组成的团体去收购一家公司。
- 管理层收购:在这种形式下,由公司的内部管理层对该公司进行收购,由于管理层常常不具备充足的资金,他们通常会得到其他投资者的帮助,如私募基金的支持。
- 所有人收购:由外部的、新的管理者对公司进行收购。
- 兼有收购:由内部和外部的管理者共同进行收购。

如果一家上市公司成为杠杆收购的目标,收购方团体通过获取该公司所有股份的方式而终止该目标公司的上市,我们将这种收购方式称为"私有化杠杆收购"。

一些私募投资者通常会进行杠杆收购,他们的目标是:收购目标公司,然后进行资本重组打包卖出以获得额外的收益,改组后的目标公司可以卖给战略性购买方(例如同行业的某公司)或者是另一个投资者。此外,公司也可以再次上市,以便把股票卖给更广大的受众(参见第 3.2.5 节)。

在杠杆收购之前,投资者们通常会先用自有资金成立一家有限责任公司。然后,他们会再大规模地通过第三方进行融资,一般收购目标公司所使用的 70% 资金来源于银行贷款,还有一些情况下,资金会通过夹层资本和高利率的债务来得到补充(Hommel & Schneider,2006,

---

① 根据《税收减免法》,一家股份公司让渡另一家股份公司股票的收益可以 95% 免税。截至 2008 年的企业所得税改革,此类收益对于自然人可以 50% 免税,同时对于公司降到了 40%。参见第 10 章。

第521页）。这就使得只有少数部分资金是投资者自有的，即利用了前文论述过的"杠杆效应"。因此，外部负债利息的可抵税可以形成税收优势，此外，由于目标公司的生存很大程度上取决于能否偿还定期的利息和本金，这也对公司管理层形成了一种约束。

就如我们在前面论述的那样，投资者们承担着相当大的风险，负债即使在亏损的情况下也会发挥杠杆作用，因此，特别高的负债水平，对于一项企业收购是不可持续的。一般而言，在收购目标公司后，会通过出售流动资产或者变卖一些公司非必需的资产来偿还一部分债务。

为了使得高风险的杠杆收购能进行，被收购的潜在目标公司必须满足一定的条件，例如，目标公司要有稳定的现金流，以便可以为接下来的债务偿付服务。因此，一般杠杆收购的对象是在缓慢增长的或者低技术水平市场中相对成熟的公司，此类公司通常处于相对有限的竞争中，并且该市场需求波动受经济形势的影响也较小，这就保证了可预见的和稳健的现金流。换一种说法，市场中较低的营运风险可以弥补杠杆收购较高的财务风险。①

下面是一则在德国轰动一时的杠杆收购的例子：1999年，英国BC合伙（BC Partners）私募基金收购德国的弗里德里希高仪股份公司（Kussmaul，2005，第2534页），收购价为9亿德国马克。在当时，高仪股份公司是在保健和厨卫设备领域占有全世界10％市场份额的老牌公司，这家公司在被收购前具有稳定的现金流、很高的自有股权百分比，并且是盈利的。由此，弗里德里希高仪股份公司也提供了很大可容纳债务的空间，成了一个杠杆收购绝佳的潜在目标公司。BC合伙将其收购后，转制为两合公司并且进行上市。在2004年，BC合伙以15亿欧元的价格将该公司卖给了美国的得州太平洋集团公司。相比当初的9亿德国马克，BC合伙获得了巨额的收益。但是，由于弗里德里希高仪股份公司的高负债水平，以及新东家得州太平洋集团公司在收购完成后宣布关闭一些工厂和解雇1 000名职员，杠杆收购在德国形成了一种负面印象。

9.2　收购货币

9.2.1　收购价结算的形式

至此，我们已经论述了收购方如何为一项并购进行所需的融资，在收购方与被收购方的谈判过程中，还应在收购价结算方式上达成一致，表9—3给出了公司收购中一些常见的支付形式。在实际应用中最常见的是，收购价款通过现金支付、股票支付或者是这两种形式的组合，其他的支付形式相对不重要，所以在接下来的论述中我们不再对其进一步展开。

表9—3　　　　　　　　　　收购价结算的常见形式

收购方提供	被收购公司的股东可以获得
现金	商定好的确定支付款
股票	商定好的固定数量的股票： ·收购公司的股票

① 值得一提的是，收购者在这里只承担有限的责任。因为此类收购通常由有限责任公司进行，它们的责任只以自有出资额为限，参见迪姆（Diem，2004，第5页）。

收购方提供	被收购公司的股东可以获得
	· 集团公司的股票
	· 一家第三方公司的股票
混合形式	既支付现金也提供股票
可转债；优先股	固定数量的可转债或优先股
可变现的股票	固定数量的收购公司股票，可以在银行换取确定的现金
延期支付	当公司达到一定绩效时，可获得一定的现金加额外收益

资料来源：鲁道夫（Rudolph，2000，第 134 页）。

值得注意的是，特定的支付形式（例如现金支付与股票交换）并不一定与融资形式（例如内部融资与外部融资）相挂钩。正如下文会进一步阐述的，股票交换的收购价支付形式也可以通过外部融资进行。

9.2.1.1 现金支付

最简单的收购结算方式是支付确定数量的现金，在这种情况下，收购方给予被收购公司的所有者一定的现金额以换取他们的股份。为使所有者愿意出售他们的股份，收购方所报出的收购价必须超出他们所期望的净现值。例如，对于一家上市公司，报价必须高于公司股票的市场价。支付的溢价还必须反映股东所期望的目标公司被收购后可能获得的协同效应，否则股东可能会继续持有股票，希望可以从公司被收购后的股价上涨行情中获益。如果很多股东都这样想，这项收购的谈判就容易失败（"搭便车"问题）。

此外，收购方和被收购方共同协商，使得部分收购价与公司未来的收益挂钩也是可行的，这样的条款可以减少收购方和被收购方之间的信息不对称以及收购方对目标公司的不确定性。在收购年轻的成长型企业时，这种与未来收益挂钩的支付方式对公司所有者也是一种激励，他们可以在收购完成后，继续努力为公司投入。

收购价的现金支付方式不是与收购融资的特定方式相对应的，原则上，在第 9.1 节中论述的所有可以产生足够现金流的融资形式都是可行的，也包括增资。

9.2.1.2 股票交换

除上述支付方式外，还有一种重要的收购支付方式就是股票交换，在这种情况下，收购方提供自己公司的股票（或者是并购后新组建公司的股票）来换取目标公司的股份。这使得目标公司的股东也成了收购方（或者是新组建公司）的共同股东，因此，他们可以影响公司未来的营运计划和参与未来盈利的分配，收购完成后协同效应能否在目标公司中发挥作用，对于他们也就显得尤为重要。也就是说，通过股票交换的支付方式，使得收购方与被收购方的股东共同承担公司未来的盈利和风险（见表 9−4）。股票交换主要有两种形式：确定数量股票交换和确定价值股票交换，我们将进一步加以论述（Rappaport & Sirower，1999，第 151 页）。

（1）对于确定数量股票交换，收购方提供目标公司的股东一定数量比的股票，而这个交换比率决定了未来现有股东与新进股东的股权结构和权力关系。因为比例关系是固定的，所以这种权力关系不会受到未来股票市场价格波动的影响，但是收购价却会受到收购方股价的影响。此外，当收购的消息以及股票互换比率发布时，股民对此的反应也会影响收购价。所以，目标公司原有的股东在信息发布到收购完成之间承担着一定的市场风险。

| 表9—4 | 与收购支付方式有关的风险分担 | | | |

	协议签订前的市场风险		协议签订后的协同风险	
	接受者	提供者	接受者	提供者
现金支付	所有风险	无风险	所有风险	无风险
确定数量股票交换	与期望拥有的股票数量有关	与期望拥有的股票数量有关	与实际拥有的股票数量有关	与实际拥有的股票数量有关
确定价值股票交换	所有风险	无风险	与实际拥有的股票数量有关	与实际拥有的股票数量有关

资料来源:拉帕波特和西里沃(Rappaport & Sirower,1999,第156页)。

(2)对于确定价值股票交换,目标公司的股东可以得到特定价值的股票,由此,在收购消息发布直至并购完成的过程中,股价的波动对于收购价格不会产生影响,这样,收购方的股东承担了其间的市场风险。同时,这种互换方式会因为股价的变动而影响公司未来的股权结构和权力关系。当收购交易发生时,收购公司的股价越高,对于收购所要交换的股票数量也就越少,对于这种情况,人们无法准确地筹划公司未来的权力结构关系。

为了降低在固定价值股票互换中可能产生的风险,收购公司可以对交换比率设定限制,也就是说,对于目标公司的每只股票最多可以换取的股票设定上限。相反,在确定数量股票交换中,目标公司的股民对于其间的市场风险可以通过设定下限来进行缓和,也就是说,如果并购发生时股价低于某一个特定的下限,收购方有提高交换比率的义务。

如果收购支付方式选择股票交换,那么收购方就要事先确认是否有足够数量的股票可以提供给目标公司的股东,这可以通过排除现有股东的优先购买权来提高股权资本,或者以回购股票的方式来进行。提高股权资本的方式显然属于参股融资,而股票回购则可以通过多种融资方式进行,最常见的是使用公司经营产生的现金流,此外,银行贷款也是可行的,因此,股票交换不是与特定的融资形式相对应的。值得一提的是,在进行股票回购时,需要重视法律法规方面的限制,在美国,股票回购早已为人们所接受,而在德国,直到1998年,股票回购的操作都还是被禁止的。1998年德国通过了《企业控制和透明度法》,才使得股份有限公司可以在股东大会同意的情况下最多回购股权资本10%的股票。

9.2.2 收购支付方式的选择问题

在有关公司财务的文献中,学者们通过理论或者实证研究阐明了现金支付或者股票交换可能带来的一系列结果。拉帕波特和西里沃(1999)认为,对于上市公司的管理层,在计划对另一家公司进行收购时,主要考虑的问题是,自己的股票市值是被低估、高估还是公允的。如果收购方管理层认为他们的股票是被低估的,那么通过现金支付收购价是有利的,在这种情况下,公司应避免通过提高股权资本的方式发行新的股票或者释放公司的库藏股。相反,如果认为股票是被高估的,特别是在整个股市繁荣的时期,管理层应当放弃现金支付,而选择股票交换的形式。施莱尔和维舍尼(Schleifer & Vishny,2003)提出了同样的想法,并且在一个理论的模型中进一步完善了拉帕波特和西里沃(1999)的论述。

首先,对于拉帕波特和西里沃(1999)的论述,我们应当注意的是,收购公司的股票价格评估只是在选择现金支付或者股票交换时的一个决定因素,其他的决定因素,如两种支付方式的税收效果以及收购公司的现有股东是否愿意与别人共同拥有股份以及出让部分决策权,是被相对弱化了的。

其次,资本市场上的一个理性投资者往往会去推断管理层的行为。换一种说法,如果收购公司的管理层选择用股票交换的方式进行收购,会被认为是公司股票价格被高估的一种信号,在这种情况下,公司在准备收购交易的过程中,股价很可能会下跌。此外,当收购公司的股票作为股票交换的标的物时,部分风险是转嫁到了目标公司股东身上。所以,当在资本市场上出现股票交换收购时,人们不仅认为这是收购公司股价被高估的信号,还会对收购能否成功产生一定的不信任。

　　实证研究也验证了理论分析指出的收购支付方式的信号作用。例如,特拉维斯(Travlos,1987)在调查美国资本市场 167 家公司在 1972～1981 年的相关情况后指出,当公司宣布用现金支付的方式收购目标公司时,在股市上不会产生异常的收益,而当管理层宣布通过股票交换支付时,股价会出现明显的负面异常收益。弗兰克斯等(Franks et al.,1991)在对 1975～1984 年的 399 起并购进行研究后,也得出了类似的结论(Langner,1999,第 545 页;Sudarsanam,2003,第 406 页)。这些也包括美国资本市场的一些其他发现,都得出了与理论研究一致的结论,那就是,投资者将收购方通过股票交换的方式进行收购看作是一个负面的信号。然而,戈尔根和伦内伯格(Goergen & Renneboog,2004)在研究欧洲的并购后发现,宣布通过交换股票进行并购的公司比直接用现金支付的公司,股价上升得反而更快,并且异常收益率在两种情况下都很低(分别是+1%和+0.4%)。此外,戈尔根和伦内伯格(2004)还获得了与美国资本市场相类似的发现,那就是,利用现金支付进行的收购比起使用股票交换形式的收购,明显有更高的收购溢价(对于现金支付是+20%,对于纯粹的股票交换是+14%,对于混合形式为+12.5%)。

9.3　案例分析:林登股份有限公司收购英国 BOC 集团

　　林登股份有限公司(以下称林登公司)是在工业煤气和工业设计领域世界领先的企业,公司在 2008 年取得了 120 亿欧元的总销售额,并且在世界 70 个国家和地区有近 55 000 名员工。在公司至今近 100 年的历史中,2006 年,公司成功收购行业竞争对手——英国工业煤气生产商 BOC 公司,这是林登公司发展历史上的一个里程碑。

　　BOC 集团在 2005 年取得了 55 亿欧元的销售收入,拥有员工近 30 500 人,在 2005 年以 75 亿欧元的评估市值高于林登公司。两家公司的市场是互补的,BOC 公司在亚太地区有很高的市场占有率,而林登公司在欧洲以及南美洲表现抢眼。所以林登公司出于战略考虑,要成为世界范围内在工业煤气制造领域真正领先的企业,才打算收购 BOC 集团的(Reitzle,2006;The BOC Group,2006)。

　　2006 年,林登公司接触 BOC 集团的高层,想商讨收购事宜,在 BOC 方面回绝了这个提议后,林登公司于 1 月 24 日发布了它的收购意向。林登公司提供的是以每股 15 英镑现金支付的收购价,由此形成的近 110 亿欧元的收购总价超出了 BOC 集团现有市价 30%。BOC 集团的董事会提出反对的理由是,提供的收购价低估了 BOC 集团的成长潜力。在进一步的谈判后,在提高每股收购价至 16 英镑的前提下,BOC 集团董事会在 3 月初同意了林登公司的正式要约。在 2006 年 6 月,欧盟卡特尔监管局同意了这项收购,随后美国联邦贸易委员会也允许了该收购,BOC 集团的股东在 8 月 16 日召开的特别股东大会上也赞成了此次收购,在 9 月 5 日完成了法律程序。

根据英国的收购法,收购融资必须在要约提出时得到确认(The City Code on Takeovers and Mergers,Rule 2.5),这就意味着,在2006年初,林登公司必须在巨大的时间压力以及不确定下,完成对BOC集团收购的草案,而在协议签订之前,谁也不知道收购是否能完成以及最终的收购价是多少。在起草方案时,林登公司的财务经理估计收购总值约为150亿欧元(Linde A.G.,2007,第13页),而最终的收购价为124亿欧元,也就是每股16英镑现金支付,另外13亿欧元需要处理BOC集团的净负债以及养老金,还有近13亿欧元作为储备金(o.V.,2006a,第15页;o.V.,2006b)。

收购融资是通过国际银团贷款超过150亿欧元的"过桥融资"进行的,对于再融资,林登公司动用了一切可能的资金,就如在第9.1.1节提到的,变卖公司资产获取融资属于内部融资形式。林登公司在收购BOC集团后还出售了一些业务,例如,因为出售属于非核心业务的叉车部件公司凯安(Kion),获得了近40亿欧元。还例如,出售一些因为卡特尔法律规定必须分拆的公司业务而获取了近30亿欧元,其中就包括,变卖波兰的工业煤气业务,卖出部分美国的液体煤气业务,以及与澳大利亚林登煤气的分离。从中期来看,得益于BOC集团稳定的现金流,林登公司可以筹划它的债务偿还事宜。

为了偿还世界银团的"过桥融资",林登公司又进一步筹措资金,在2006年中期,它采用增加股权资本的方式,获得了180亿欧元,此外,林登公司还成功地在资本市场发行7亿和2.5亿欧元的混合债(Linde A.G.,2007,第52页)。

由于收购融资的关系,林登公司的债务水平显著上升,如图9-3所示,负债比从2005年度公司资产负债表的19%上升到2006年第三季度季报的48%。同时,虽然进行了增资,自有股权还是从25%降到21%;然而,由于变卖资产以及其他的一些再融资措施,在2006年的年报中负债比已降至38%,而这仅仅花了一个季度的时间。到2007年第三季度,公司的负债比降到了30%,自有股权上升到23%。而在收购初期,由于负债水平的急剧上升,林登公司在公司评级中被降了两个信用级别(Linde A.G.,2007,第54页)。

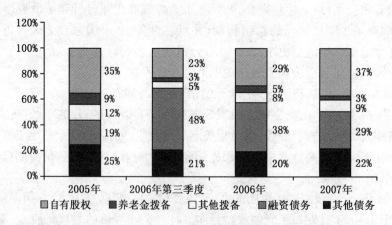

资料来源:林登公司。

图9-3　林登公司资产负债结构(负债部分)百分比形式

9.4 参考文献

3i (2009): Keyfacts; im Internet verfügbar: http://www.3i.com/about3i/key-factP.html (September 2009).

Baxter, N. (1967): Leverage, Risk of Ruin and the Cost of Capital, in: *Journal of finance*, Vol.22, No.9, pp.395—403.

Betsch, O., Groh, A.& Lohmann, L.(2000): *Corporate Finance*, 2.Auflage, München.

Brealey, R.A.& Myers, S.C.(2000): *Principles of Corporate Finance*, 6.Auflage, Boston.

Brealey, R.A., Myers, S.C.& Allen, F.(2008): *Principles of Corporate Finance*, 6.Auflage, New York.

Brigham, E.F.& Ehrhardt, M.C.(2002): *Financial Management—Theory and Practice*, 10.Auflage, Fort Worth.

Broda, B.M/Krings, U.(2002): Finanzierungsmodalitäeten bei M&A-Transaktionen, in: *Der Schweizer Treuhänder*, 10/02, pp.877—882.

Bruner, R.E.(2004): *Applied Mergers & Acquisitions*, New Jersey.

Copeland, T.E., Weston, J.F.& Shastri, K.(2005): *Financial Theory and Corporate Policy*, 3.Auflage, Amsterdam.

Diem, A.(2004): Finanzierung von Leveraged Buy-outs (6.4.4), in: Arhleitner, A-K./ Thoma G.F.(2004): Handbuch Corporate Finance, Loseblattausgabe, 2.Auflage, Köln 2001: Deutscher Wirtschaftdienst, Stand: 12.Ergänzungslieferung Februrar 2004.

Deutsche Bundesbank (2007a): Monatsbericht Dezember 2007, Frankfurt/Main.

Deutsche Bundesbank (2007b): Bankenstatistik September 2007—Statistisches Beihaft zum Monatsbericht 1, Frankfurt/Main.

Drukarczyk, J.(2008): Finanzierung, 10.Auflage, Stuttgart.

Franks, J., Harris, R.& Titman P.(1991): The postmerger share-price performance of acquiring firms, in: *Journal of Financial Economics*, Vol.29, No.1, pp.81—96.

Goergen, M.& Renneboog, R.(2004): Shareholder Wealth Effects of European Domestic and Cross-border Takeover Bids, in: *European Financial Management*, Vol.10, No.1, pp.9—45.

Hawawini, G.A.& Viallet, C.(2007): *Finance for executives: managing for value creation*, 3.Auflage, Mason.

Hommel, U.& Schneider, H.(2006): Die Kreditentscheidung im Rahmen von Leveraged-Buy-Out-Transaktionen, in: *Finanz-Betrieb*, H.9, pp.521—526.

Kim, E.H.(1978): A Mean-Variance Theory of Optimal Capital Structure and Corporate Debt Capacity, in: *Journal of Finance*, Vol.33, No.1, pp.45—64.

Kraus, A.& Litzenberger, R.H.(1973): A State-Preference Model of Optimal Financial Leverage, in: *Journal of Finance*, Vol.28, No.9, pp.911—922.

Kussmaul, H. et al. (2005): Leveraged Buyout am Beispiel der Friederich Grohe AG, in: *Der Betrieb*, H.47, pp.2533—2540.

Langner, P. (1999): Mergers & Acquisitions-Kauf in Bar oder gegen Aktien, in: WiSt, H. 10, pp.543—546.

Linde AG (2007): Finanzbericht 2006, Wiesbaden.

Modigliani, F. & Miller, M. H. (1958): The Cost of Capital, Corporation Finance and the Theory of Investment, in: *American Economic Review*, Vol.48, No.3, pp.261—297.

Modigliani, F. & Miller, M. H. (1963): Corporate Income Taxes and the Cost of Capital: a Correction, in: *American Economic Review*, Vol.53, No.6, pp.433—443.

Myers, S. C. (1984): The Capital Structure Puzzle, in: *The Journal of Finance*, Vol.39, No.3, pp.575—592.

Myers, S. C. & Majluf, N. (1984): Corporate financing and investment decisions when firms have information that investors do not have, in: *Journal of Financial Economics*, No. 13, pp.187—224.

o. V. (2005): Investoren steigen bei "Sanierungsfall" Grohe ein, in: Handelsblatt, 6.5. 2005, Im Internet verfügbar: www. handelsblatt.com (März 2008).

o. V. (2006a): Linde erlöst aus den Verkäufen deutlich mehr als geplant, in: Frankfurter Allgemeine Zeitung, 27.12.2006, Nr.300, Seite 15.

o. V. (2006b): Linde Übernimmt Konkurrenten BOC, in: FAZ. NET, 6. März 2006, (Oktober 2009) Im Internet verfügbar: http://www.faz.net/s/RubD16E1F55D21144C4AE3F9DD F52B6E1D9/Doc~E679B2932E2884776A76EBE614C168A1E~ATpl~Ecommon~Scontent.html (Oktober 2009).

Perridon, L. & Steiner, M. (2007): Finanzwirtschaft der Unternehmung, 14. Auflage, München.

Rappaport, A. & Sirower, M. L. (1999): Stock or Cash? The Trade-Offs for Buyers and Sellers in Mergers and Acquisitons, in: Harvard Business Review, No.6, pp.147—158.

Raupach, G. & Weiss, M. (2005): Finanzierungsfragen, in: Hoelters, W. (Hrsg.): Handbuch des Unternehmens-und Beteiligungskaufs, 6. Auflage, Köln, pp.301—390.

Reizle, W. (2006): Ansprache vor den Aktinären der Linde AG auf der Hauptversammlung am 4. Mai 2008 in München.

Rudolph, B. (2000): Ökonomische Gesichtspunkte für die Wahl der Akquisitionswährung und Akquisitionsfinanzierung, in: Picot, A./Nordmeyer, A./Pribilla, P. (Hrsg.): *Management von Akquisitionen*, Stuttgart.

Schierenbeck, H. (2003): Grundzüge der Betriebswirtschaftslehre, 16. Auflage, München.

Schleifer, A. & Vishny, R. (2003): Stock market driven acquisitions, in: *Journal of Financial Economics*, Vol.70, No.3, pp.295—311.

Sudarsanam, S. (2003): Creating Value from Mergers and Acquisitions, Harlow.

The BOC Group (2006): Reports and Accounts 2005.

Travlos, N. (1987): Corporate takeover bids, methods of payment, and bidding firms' stock returns, in: *Journal of Finance*, Vol.42, No.4, pp.943—963.

企业联合的会计处理和税收视角

企业年报,特别是企业集团年报是股东们了解企业情况的信息渠道,由此,读者可以获取有关企业的经济现状以及其未来成功前景等有利于他们决策的信息。如果涉及企业的联合,会计系统应该如实充分地反映该项交易的经济含义,以利于企业外部的人员评价该联合对企业资产负债、财务状况和盈利情况可能产生的影响。

本章的目的,并非试图让读者成为"财务专家",更多地,我们想使读者了解,哪些企业业务和交易会对年报中企业的经济状况产生怎样的影响。这里,我们将描述反映企业资产负债的最基本方法并且提出最可能出现的问题。在本章中,笔者主要处理与德国企业有关的会计准则和规定,即德国商法(HGB)的有关条文以及由位于伦敦的国际会计标准委员会制定的"国际财务报告准则"(IFRS)[1]。另外,因为美国的一般公认会计准则(US-GAAP)在国际资本市场上有重要的应用,并且它和国际财务报告准则密切相关,我们也将对美国一般公认会计准则进行讨论。

在过去几年里,对于企业并购的会计处理要求发生了巨大的变化。国际财务报告准则和美国一般公认会计准则在 21 世纪初发布了与企业联合相关的《国际财务报告准则》第 3 号(2004)和《财务会计准则》(Statement of Financial Accounting Standards,SFAS)第 141 号(2001)的新规定,在 2009 年,德国的《资产负债现代化法》(BilMoG)也对企业并购做出了更加靠近国际规定的新规则。由此产生的结果是,对于企业联合的会计处理,无论是按照德国的商法还是按照国际财务报告准则或者是美国一般公认会计准则,其实会计处理原理都是类似的购置法,然而在不同的会计体系中,特别是前面提及的德国商法规定和国际上通行的国际财务

---

① 由国际会计标准理事会 2003 年提出的会计准则叫做"国际财务报告准则"。它之前的组织国际会计准则委员会(IASC)开发了国际会计准则(IAS),在接下来我们讨论的国际财务报告准则同时包括国际财务报告准则和国际会计准则的规定。

报告准则以及美国一般公认会计准则之间,还是存在着诸多具体应用上的不同。但是鉴于许多细节不同点过于琐细,对于我们概览没有太多帮助,在接下来的篇幅中,笔者将由此进一步讨论主要的区别,例如,在企业联合中产生的企业市场价值变化,即商誉的会计处理。简单而言,当一个企业业务或者一个企业的收购价值超过了其资产负债表中的自有权益账面价值时,就产生了商誉,并且随着理论和实践的不断发展,对商誉的处理产生了多种可能性,由此,不同的处理方式对企业的资产负债状况和盈利情况也可能产生十分不同的影响。在德国,按照2009年通过的《资产负债现代化法》规定,必须对资产负债表中由企业联合产生的商誉进行摊销,而根据国际财务报告准则或者美国一般公认会计准则的相关规定,只需对此进行每年至少一次的减值测试,发生减值时,才进行相应的会计处理。

在讨论会计处理视角下企业联合的各种不同形式之前,我们首先来了解相关会计准则在单个企业或者企业集团应用中的主要目标。接着,我们会论述在德国商法、国际财务报告准则和美国一般公认会计准则规定下购置法的不同使用,并进一步介绍有关商誉的不同会计处理方式,以及由此可能对一些资产负债指标产生的影响。此外,我们还会探讨对于不同企业联合的会计处理方式,资本市场可能给出的不同反应。在本章的最后,我们会对在企业联合交易过程中的主要税收处理问题做一个概览。

综上所述,本章会回答以下问题:
● 会计报告有哪些报告形式和功能?
● 企业收购有哪些主要形式? 以及从会计处理角度出发,存在哪些基本问题?
● 根据德国商法、国际财务报告准则和美国一般公认会计准则,对于企业收购应如何进行会计处理? 它们对于商誉的处理各有什么规定?
● 资本市场上的投资者如何对不同的会计处理方式做出反应?
● 在企业联合过程中,我们应该注意哪些主要的税收问题?

10.1 （企业集团）会计报告的目标

根据财务报告反映的是单个企业的资产负债、财务和盈利状况,还是几个法律上相互独立企业的总体情况,我们可将财务报告分为单个企业财务报告和企业集团财务报告。对于所有法律意义上独立的企业,单个企业的财务报告都是要分别制作的(按照德国《商法》的术语,这里也可以称为年度报告),相对地,企业集团财务报告是反映多个相对独立企业间的经济联系,这种财务报表是以单个企业报表的形式制作,但是各个下属企业在里面却是分块编制。此外,企业集团财务报告还要消除各个下属企业资金和收益关系相互重合部分的影响。

根据德国《商法》第242条的规定,所有在德国的股份制企业必须在年末出具年报,年报有很多目标,其中有些目标之间的关系是竞争性的。此外,根据德国《商法》第238条,企业年报不仅是一种对外的财务报告,也是资料汇编和记录存档的一种方式。有关企业经营业务的完备记录是实现企业年报两个法定经营任务(即信息披露和支付计量)的前提。根据信息披露的要求,年报要向各利益相关方提供有关资产负债、财务和盈利状况的可靠和有说服力的信息(德国《商法》第264条)。第二个也是被大家广泛认可的年报任务是支付计量功能(Coenenberg,2005),特别是对于股份有限公司,年报中的年度盈余是支付股利和分配利润的基础。在德国,会计报告的中心任务是,在考虑债权人的利益以及企业未来发展的同时,对企业利润进行审慎的计量和分配(Moxter,1984)。

除了上面提及年报最基本的功能外,它还可以作为税收计量的基础。所谓财务报表相对于税务报表的"权威性"最初是为了减轻企业财务报表编制的压力,专门再编制一份额外的税务报表可能是多余的。这种"权威性"还有一个优点是,在分配企业盈利时,国家税收机关和企业股东是得到平等对待的,国家课税的对象也就是股东将要分配的利润。

财务报表的各项功能有时不是完全兼容的,例如,出于信息披露的考虑,将企业资产的价值以市场公允价值来表示,及时、准确地反映它现在的价值,这是有利的。然而,对于支付计量功能,它却限定于历史的采购价格,例如要计提折旧等,因为这些存货还未被出售。

不同于单个企业的财务报表,企业集团财务报表主要的功能仅是信息披露,它既不作为税收的依据,也没有计量企业支付的作用。在一个企业集团中,主要是涉及依据多数控股原则或者相关控制协议对各个相对独立的企业进行经济上的联合。依据这种关系,母企业有可能对其子企业的决策产生重要影响,由此,这些企业不再是完全独立的。

企业集团报表是各个企业独立报表的合并形式,单独地看待各个企业的报表无法获得对企业集团整体经济状况的了解。第一,各个企业在集团内部的资本参股会影响总资产的状况。第二,集团内部的债务债权关系也会影响企业的财务状况。第三,如果没有与企业集团无关的第三方进行交易来获得盈利,仅仅集团内部的采购和销售也会影响企业的盈利状况。所以,各个子企业加起来总的关于资产负债、财务和盈利的数额也不一定是企业集团的真实反映。单独财务报表的不完备性会随着各个企业间依赖性的增强而显得愈发显著。

鉴于企业集团财务报表要反映与企业集团经济现状相符的信息,不能对各个企业报表进行简单的加总。我们要在报表合并的框架下,消除由于集团内部联系和双重支付关系而产生的影响。企业资本的合并可以消除企业集团内部资本参股的影响,而企业集团内部债务的影响可以通过债务合并,内部采购和销售的相关联系也可以通过费用和收入的报表合并来得以消除(Baetge et al.,2009)。

企业集团会计的法律依据是德国《商法》第 290～315a 条,此外,德国会计标准委员会(DRSC)也受德国联邦司法部的委托制定了相关的细则。德国会计准则(DRS)的主要任务之一是向国际财务报告准则和美国一般公认会计准则靠拢,以此来消除可能存在的会计漏洞,并且为一些存在多种会计选项的情况提供处理建议。根据德国《商法》第 342 条,遵循德国会计准则可以提高企业集团报表的条理性,但是企业并不是被强制要求遵循德国会计准则的,即使企业没有遵循其相关的规定,只要不影响财务报表的条理性,审计人员就能对报表进行确认,总而言之,企业财务报表的编制只要求符合德国商法的有关规定(Förschle,2006)。

根据德国《商法》第 290 条,德国的股份有限企业有编制合并报表的义务,或者说,任何一个拥有对其他企业控制权的股份有限公司都有编制合并报表的义务。对于非资合企业,要根据德国公共信息披露法的有关规定进行财务报表的编制工作,根据《公共信息披露法》第 11 条,报表编制同样要基于"控制关系"。此外,德国商法和公共信息披露法都对自身报表合并于另一份合并报表或者满足特定标准的企业可以免去报表编制工作的情况做出了规定。企业集团财务报告必须在资产负债表日的 12 个月内在德国联邦司法部公报上进行发布(根据德国《商法》第 325 条以及《公共信息披露法》第 15 条)。

在 1998～2004 年期间,在德国上市的母企业可以选择遵循德国商法的规定编制企业集团年报,或者按照在国际上得到认可的国际财务报告准则和美国一般公认会计准则进行年报编制,并且该套会计体系准则的重要性不断得到提升。在 2005 年,欧盟通过了关于企业集团年报会计准则选择问题的一项决议,此后,所有在欧盟境内上市的集团母企业都必须按照国际财务报告准则来编制集团年报,而非上市企业,根据德国的法律,还是可以在德国商法有关规定和国际财务报告准则之间进行选择。对于单个企业财务报表,出于信息披露的要求,也可以发布符合国际财务报告准则的财务报表(德国《商法》第325条),但是,出于如盈利分配、支付计量功能的考虑,企业往往还是需要编制遵循德国商法规定的企业年报。

总体而言,在披露对决策有重大影响信息的方面,国际财务报告准则和美国的一般公认会计准则比德国商法有更严的要求,也就是说,这两个会计准则体系非常注重股东对信息的要求。可以认为,这是因为在发生企业破产等情况时,股东们有较弱的求偿权,只有在其他债权人得到补偿后,他们才能获得相关的剩余份额。但是,其实这种信息披露同时也满足了其他利益相关者获取信息的要求。

比起德国商法,国际财务报告准则和美国一般公认会计准则在报表附注中要求说明的内容也更加全面,由此,编制财务报表企业的选择权也变得更小,这使得不同企业间的财务报表更加具有可比性,也更加有利于利益相关者进行相关的投资决策。还有一点,国际财务报告准则和美国一般公认会计准则对企业资产的时间价值提出了更高的要求,例如很多金融资产要求用公允价值计量,这些标准的制定者认为,在很多情况下,企业资产的时间价值对于人们的投资决策比历史的采购或者生产价格更为重要。但批评者也指出,利用公允价值进行计量会对利润表以及各种资产负债表指标产生波动性的影响。所以,国际财务报告准则和美国一般公认会计准则追求的企业财务报表更加有利于投资决策的特性是否得到了满足,在相关文献中是存在争议的。

10.2 企业联合及其在企业集团年报中的反映:概览

从资产负债的角度出发,企业联合可以根据法律和经济的相关标准进行分类,根据企业交易法律结构的不同,特别是在购置企业的单个资产时,可以将其分为"资产交易"和"股份交易"。

在资产交易中,一个企业获得了对一项资产部分或者全部的权利,在一些情况下,也同时承担偿还相应负债的义务,例如,收购一家独立的商业企业或者一项相对独立的企业业务部门。这些交易要列入企业的财务报表,可能的情况下,也会通过单个企业的年报进入企业集团的年报。德国商法规定,在单个企业财务报表中,总的购置费用要在所获得的资产中进行摊销,而获得的资产或者可能情况下附带的债务要以取得时的公允价值计量。根据德国《商法》第246条,购买价与资产价值的差价(实际上类似"商誉")应作为有特定使用期限的一类资产。

对于股份交易,为了取得对目标企业的控制权,收购方通常要至少取得目标企业所有股份的50%,由此,目标企业会丧失其决策的独立性,同时也形成了企业集团内的母子企业关系。母企业单个企业报表仅仅反映它对目标企业的控股部分,而企业集团报表需要根据购置法对其进行相应的财务报表合并。利用购置法进行会计计量的一个基本假设是,股份交易和资产交易是可比的,所以,目标企业的所有资产都被看作是资产减去相应负债单独获取的(单独获取假设),而其会计处理过程类似于前面提到的资产交易的有关处理。购买的总价需要分摊到所取得的各项资产和负债中(购买价分配),并且采用公允价值计量。相比目标企业的单独财务报表,由此隐性资产和隐性负债会得到披露,而这些被披露的隐性储备如果是可折旧或者可摊销的,需要在接下来的几年中进行折旧和摊销,这可能会对一些资产负债指标产生很大的影响。通常而言,根据不同会计准则体系,如德国商法、国际财务报告准则和美国一般公认会计准则的购置法会计处理,企业联合过程中产生的"商誉"会对资产负债表和利润表产生不同程度的影响。

以上在应用购置法进行会计计量的过程中,都是假设收购方和目标企业的可识别性,而在大多数的企业联合中,收购方和被收购方也的确是清楚的。但在极少数情况下,难以辨别的情况也有可能发生,例如,两个规模相似、其他条件都差不多的企业进行联合,对于这种"相同体合并"[①],人们想出了"权益法"这种会计计量方法。这种方法无论是在德国商法还是在国际财务报告准则和美国的一般公认会计准则中,都可以在一定前提条件下成为购置法的替代形式。

权益法不是基于获取假设,而是基于企业联合的假设,在这种情况下,两家相对独立企业的股东为了使企业延续而将企业的资产进行合并,这通常通过股票互换进行,也就是说,一家企业的股东为了获取对方企业的股份而放弃部分自己的股票。理想情况下,在企业联合完成后,所有股东仍旧参与企业机会和风险的分担,也就是说,整个过程基本没有经济资源流出企业,即没有"获取"的发生。

根据权益法,两家企业合并后总的账面价值不会发生改变,不需要对资产进行新的价值评估,由此也不会产生"商誉"。[②]所以,企业集团的利润也不会因为接下来几年隐性资产的折旧或者是商誉的摊销而被削减,企业联合采用权益法进行会计计量具有"盈利中性"的特点,而这对于企业集团的业绩计量是有重要意义的。例如,在 1998 年戴姆勒收购克莱斯勒就是采用权益法进行计量的,而如果采用购置法计量,则会形成高达 550 亿美元的商誉,根据当时美国一般公认会计准则的规定,戴姆勒—克莱斯勒集团必须对该商誉进行长达 40 年的摊销,而每年的摊销值达到 14 亿德国马克(Daimler Benz,1998)。

这个例子表明,在过去企业联合的过程中,企业管理层也存在不采用购置法而应用权益法的动机,简言之,企业管理层由此可以免去一些因合并交易而形成的责任。在使用权益法的情况下,就不用向投资者汇报可能产生的负面效应,因此,在即使不是真正相同体并购的企业联合中,也经常应用权益法,2001 年美国取缔权益法,国际财务报告准则在 2004 年禁止其使用,在 2009 年,德国通过《资产负债现代化法》(BilMoG)也对其进行了取缔。

所谓的"新启动法"是权益法的一种替代形式,它不是基于合并假设,而是基于新建假设,它认为,参与联合的企业会在一个新企业中"重新出发",从新建一个企业的角度出发,所有的资产都是新购置的以及所有的债务都是新发行的,所以它们必须用公允价值计量。通过这种方法,企业集团的所有隐性资产和隐性负债以及形成的"商誉"都得到了披露。新启动法为相同体并购提供了一个全新反映企业联合可能的会计计量方式,但是这种方法目前还没有在任何一个会计准则体系中得到实际应用,它的实现涉及费用问题和价值评估问题,特别是在进行商誉价值的确认时。

就如前文所提到的,目前德国商法、国际财务报告准则和美国的一般公认会计准则都规定,所有的企业联合必须采取购置法进行计量,因此,下文将重点论述购置法。这种会计方法有一些变体,例如,过去的德国商法允许使用"账面价值法"和"重新评估法"这两种变体。根据

---

①　我们已经在第 1.1.2 节中对"相同体合并"进行了论述,我们也指出过,在实际中,出于心理和政治因素的考虑,等级收购往往被描述成相同体收购,是为了掩盖真实的权益结构关系。

②　若子企业在母企业中获得的股份和企业原来的资产净值不同,这个差额就纳入权益项目资本公积中。

账面价值法,若在一项收购中企业的控股比例不到100%,就以相应的参与比例来计量隐性资产和隐性负债。而根据重新评估法,所有隐性资产和隐性负债都必须完全披露。当企业的参股比例低于100%时,少数股东相应的隐性资产和隐性负债需要通过"少数股东抵减项目"在负债栏目中进行列示。然而,账面价值法已经在2009年通过的《资产负债现代化法》中被取缔了,所以,目前只有重新评估法是适用的,但是过去使用账面价值法进行会计计量的企业联合,未来还可以延续使用这种方法。

在重新评估法的使用过程中(国际财务报告准则和美国的一般公认会计准则也有相应的规定),它又可以细分为"购买商誉法"和"全商誉法",它们的区别是在企业联合中关于少数股东商誉确认的不同,有关这方面的内容,我们将在第10.3节中进一步阐述。根据德国商法,企业联合的会计计量只能采用购买商誉法,而从2008年起,国际财务报告准则规定可在两种方法之间进行选择,而美国的一般公认会计准则规定,从2007年起,只能采用全商誉法。图10-1提供了反映企业联合情况的不同会计计量方法的概览。

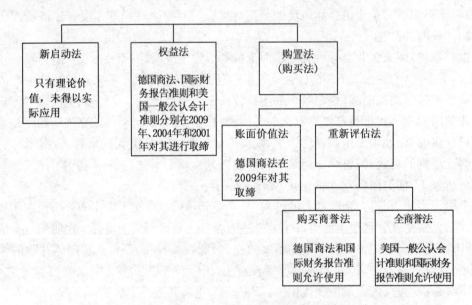

图10-1　反映企业联合情况的会计处理方法概览

10.3　采用购置法反映企业联合情况

10.3.1　购置法的基本原理和特点

下面,我们进一步了解企业联合的主要会计处理方法,即购置法。如前所述,购置法基于单个获取假设,也就是说,在一个企业集团报表中,一项并购交易不是作为一种资本参股,而是通过母企业对子企业的各个资产和负债进行单独获取的方式来进行记录的。由此,收购一家企业原则上就如同购买该企业的资产(如机械设备)一样。

购置法的应用可以分解为以下步骤(根据《国际财务报告准则》第3号):(1)确认收购方;(2)确认收购目标企业的收购价以及购置成本;(3)确定价值评估的明确时点;(4)将收购总价

分摊到所获取的各个资产和负债上(收购价分配);(5)确认商誉(在特殊情况下,可能是负的商誉)。

10.3.1.1　确认收购方

根据购置法,首先要明确参与收购交易的企业中哪个为收购方,尽管德国商法对此没有做出明确的规定,但是最终就是要确定企业收购中的母子企业关系(德国《商法》第 290 条和第 300 条)。

根据国际财务报告准则,在参与企业并购的主体中,对另一主体获得控制权的一方即为收购方,通常情况下,确定收购方是不难的,但是要考虑以下两个特例:首先,就如已经提及的相同体收购,国际财务报告准则在附录 B(B13~B18)中给出了对这种情况处理的建议,在现金支付中现金的支付方,或者在股票交易中股份的提供者就是收购方,否则,合并后的领导和控制委员会应该在收购事宜完成后声明,哪一方获得了控制权。另一个特例是所谓的"反收购",当法律上被收购的目标企业在实际经济权力中却取得了控制权时,就会出现这种情况,例如,一家大型非上市企业为了上市而收购一家小上市企业,这家小上市企业可以排除原股东的优先购买权来发行股票给这家大企业,这家大企业的股东为此可以转让一部分大企业的股份作为交换。从法律意义上看,这家小上市企业成为这家非上市企业的母企业,但是因为发行的股权已经超过了原有的自有股权,所以非上市的大企业拥有对这个小上市企业的实际控制权。在反收购中,法律上的控制权和经济上的控制权往往是相违背的,根据德国商法,应该根据法律形式来进行确认,在之前的例子中,小上市企业由此应该被确认为收购方。而根据国际财务报告准则和美国一般公认会计准则的规定(实质重于形式),大非上市企业才是收购方(《国际财务报告准则》第 3 号)。

10.3.1.2　确认购置成本

根据德国《商法》第 255 条第 1 款,购置成本包括目标企业股份的收购价和直接相关的各种附加费用(例如,咨询费用、估值费用和公证费用等)。对于现金支付收购,收购成本是容易确定的,而对于股票交换必须确定股票的公允价值。[①] 对于非上市的企业,收购价就更有可操作的空间和存在不确定性。

不同于德国商法的规定,根据国际财务报告准则附加费用不能作为购置成本的一部分,它只能另立为一项费用支出。

10.3.1.3　确定价值评估的时点

通常主要在波动性很大的市场或者是危机时期,资产和负债的价值,例如金融性资产和负债的价值,或者商标和技术等无形资产的价值,才可能在数星期或者数月内发生剧烈变化。因此,必须事先确认所获得资产和负债进行价值评估的时间点,无论是德国商法还是国际财务报告准则都规定,集团母企业取得对子企业控制权的时候应作为价值评估的明确时点(德国《商法》第 301 条第 2 款,《国际财务报告准则》第 3 号),这里涉及交易成功的时点(见第 8 章)。

10.3.1.4　收购价的分配

我们假设是单独获得子企业的各项资产和负债,所以应当以购买价在特定的时点进行记录,然而企业收购交易是以收购总价进行的,所以收购总价必须在所获得的各个资产和负债间进行分配。

在收购价分配框架下,主要是要计量被收购的目标企业中的隐性资产和隐性负债。首先,

---

① 传统上,作为商法准则,由交换获得的资产也可采用账面价值进行记录。

与它们的原始购置价格不同,应该以新的公允价值进行记录;其次,目标企业中还未入账的一些资产也需要计入资产负债表,而这主要是针对被收购企业的无形资产(例如,商标、专利和客户关系)而言的,虽然按照美国一般公认会计准则是不允许的,但是,德国商法和国际财务报告准则在严格的条件限定下是允许进行这项操作的。为此要对以上提到的两种情况进行会计计量,而对于这个方面,企业管理层往往有很大的操作空间,特别是对于以前未入账的无形资产,自由处置的空间就更大了。例如,汉泽等(Hanser et al.,2004)在一项案例研究中披露,各位专家对于 Tank 股份有限企业的商标价值评估可以获得不同的结果,从 1.73 亿欧元到 9.58 亿欧元不等。

当被披露的隐性资产是可折旧或者可摊销的资产,如机器设备、厂房和无形资产等时,在企业联合后的相应使用年限内要进行折旧或摊销。如果隐性资产是流动资产,它们就可以通过使用或者销售的形式来实现;若隐性资产为无建筑的地块或者是金融资产,它们需要通过出售或者特殊的折旧来进行处理。

在收购价分配框架下,隐性资产和隐性负债的披露处理还要特别考虑所谓的递延所得税,这种税收金额可以很大并且对资产负债表和利润表产生重要的影响,下面将简单介绍这种税收的概念以及其在收购价分配框架下的应用。递延所得税主要是由于财务报表和税务报表的差额形成的,实际的期间税收在税务报表中得以体现,而关于税务报表的编制原则和评估方法,德国商法和国际财务报告准则有不同的规定,所以,企业取得的期间利润往往与根据德国商法或者国际财务报告准则编制的企业集团年报中列明的不同。所以,实际交往国库的税款和报表中的数据没有直接的联系。简言之,通过设立所谓的"递延所得税"来使税务报表中的实际税收和根据德国商法或者国际财务报告准则编制的利润表中的税收趋于一致。利润表中递延所得税的记录应与资产负债表中的资产和负债递延所得税项目保持一致。所以,递延所得税可以看成是由于税务和财务报表规则的不同而形成的提前或者延后的税收。

在收购价分配框架下,如果被披露的隐性资产的价值上升了,或者新的(无形)资产项目入账了,为此要设立递延所得税负债。相应地,在处理隐性负债时要设立递延所得税资产。在披露隐性资产时形成的递延所得税负债,可以看成是由于企业集团年报中资产项目价值的提高产生了未来需要缴纳的财务和税务报表之间的"临时性差异"。例如,在根据德国商法或者国际财务报告准则编制的财务报表中,未来的折旧费用要比税务报表中高,由此税务报表中的应税利润要比财务报表中高。由于递延所得税的设立,可以使未来更高的税收支付在它实际产生时就在资产负债表中得以体现。

10.3.1.5　确认商誉

通常情况下,一项企业收购的收购价和以公允价值计量的被收购企业的净值(资产减去负债)是不等的,总的收购价不能被完全分配,会产生残值。并且一般而言,收购价(考虑递延所得税)要大于被收购的目标企业的净值,就如已经提及的,正的残值被称为"商誉",图 10—2 对商誉进行了纲要式的解读。[①]

在极少数情况下,被收购的目标企业资产减去负债的净值高于收购价,根据德国商法,此时需要在负债部分列出一个"资本合并差价"的项目,而这又可以根据不同的情况,看作是预期未来合并亏损的准备或者看作是一个折价收购,根据国际财务报告准则,这可以直接作为收入

---

①　商誉也被称为衍生商誉,因为它是在收购价分配中衍化产生的。有必要对它和由于企业内部增长而产生的"原始商誉"进行区别。这种"原始商誉",无论是根据德国商法、国际财务报告准则还是美国一般公认会计准则,都不可以入账。

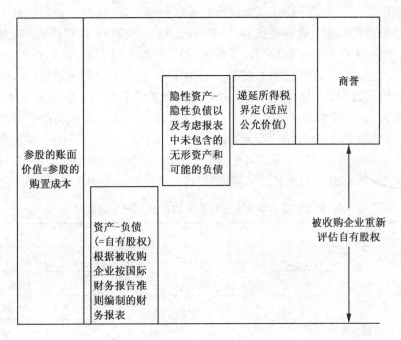

资料来源:Glaum & Vogel(2004,第 48 页)。

图 10-2 在收购价分配中产生的商誉

进行计量。[1]

到现在为止,我们都假设收购方会获得目标企业 100％的股份,在一些情况下,如果收购方获得的股份少于 100％,也就是企业仍然保留少数股东,那么就如在第 10.2 节阐述的那样,我们可以区别两种方式来处理商誉的会计计量。根据收购商誉法,商誉的价值是收购成本和评估的已收购企业股份净值的差价,这里只是考虑到企业已获取股份的企业价值,没有考虑少数股东拥有的那部分股份。

如果我们设想收购方完全拥有对子企业的控制权,那么由此子企业所有的资产负债项目就需要在企业集团合并报表中进行列示,所以,收购商誉法仅仅是体现商誉价值的一个不完备办法。这个缺陷可以通过采用全商誉法来得到弥补,根据全商誉法,商誉是被收购企业的总公允净值和收购价的差额,而所获得的商誉价值需要在企业集团的控股部分和少数股东拥有的股份之间进行分配。目标企业的公允价值需要通过合适的评估程序来得到,而评估总是带有一定的不确定性。虽然目标企业的收购价是存在的,但是简单地将收购价在所有股份间进行比例分配有时是不可靠的,例如,企业集团所获得的股份和少数股东所拥有的股份根据控制权溢价的差异有可能是不同的(IFRS 3,B45)。

如第 10.2 节中所述,根据德国商法,只有重新评估法中的购买商誉在德国是适用的,而根据国际财务报告准则,在企业联合中,企业可以在重新评估法的购买商誉和全商誉法两种变体中进行选择,而这对于每一项新的联合都是适用的。而美国一般公认会计准则规定,只能使用全商誉法(SFAS 141,34)。

---

① 国际会计准则理事会(IASB)怀疑,折价收购在现实中很少出现,因此,根据国际财务报告准则的规定,在将这个负的差额进行计量之前,需要对收购价分配再进行一次检测。

为了使利用购买商誉法来确认商誉价值的过程更加清楚,我们还要回到第 9 章案例分析中谈到的林登股份有限企业收购英国 BOC 集团的例子。收购 BOC 集团的收购成本是 124 亿欧元,收购成本与 BOC 集团账面自有权益价值的差额是 93.61 亿欧元(如表 10－1 所示)。在收购价分配的过程中,更多的、之前不在 BOC 集团资产负债表中的无形资产入账,例如,有价值的长期采购协议以 18.58 亿欧元入账。BOC 集团的商标价值以 4.09 亿欧元入账,以及其他的一些无形价值(例如技术和其他的合约)以 3.82 亿欧元入账。其他的隐性资产有技术设备(3.93 亿欧元)、地块和建筑(3.27 亿欧元)和其他固定资产(4.24 亿欧元)。在收购价的分配过程中,对 15 万项固定资产进行了重新评估,增加了 450 项新的无形资产,由于这些操作使得林登公司产生了 16.46 亿欧元的递延所得税,最终确认的商誉价值为 48.53 亿欧元。

表 10－1   **林登股份有限企业收购英国 BOC 集团产生的商誉**   单位:亿欧元

流动资产的收购成本	120.85
股票期权的收购成本	1.88
收购附加成本	0.99
收购 BOC 集团的总成本	123.72
被收购企业自有权益的账面价值	－29.91
在 2007 年 9 月 5 日,未进行收购价分配时暂时性的差额值	93.81
客户关系	－28.58
商标	－4.09
技术	－2.17
各类合约	－1.35
其他无形资产	－0.30
技术设备	－3.93
地块和建筑	－3.27
其他固定资产	－4.24
关联企业的股份	－7.24
持有至到期资产和其他可变现资产组合	－9.93
其他资产和负债	3.53
其他的起始资产负债项目变动	－0.17
递延所得税	16.46
商誉	48.53

资料来源:林登公司 2007 年财务报表,第 99 页。

10.3.2 商誉:重要性、原因和后续计量

10.3.2.1 商誉的重要性和产生的原因

根据格劳姆等(Glaum et al.,2007)对 2005 年欧洲大企业 299 起并购案例的分析研究,基本上两起收购案里面就有一起收购的商誉超出收购价近 50%,如图 10－3 所示,部分收购的

商誉超过了收购价 75％,而在 21 起收购案中,商誉甚至超过了收购价(当被收购企业的净值为负时,可能会产生这种情况)。

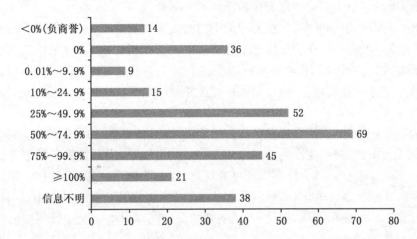

资料来源:Glaum,Street & Vogel(2007),第 37 页。

图 10—3　商誉与企业收购成本的关系(收购总数:299 起)

　　这些数字表明了商誉对企业的资产状况和收入情况可能造成的重大影响,不同收购交易中商誉价值的差异其实是有一定原因的,例如,在新兴行业中的年轻企业往往比成熟企业的商誉要高。

　　但是,在评估商誉时,因为商誉价值的大小取决于在收购价分配过程中企业有多少隐性储备和多少未入账的无形资产得到了披露,企业管理层还是拥有一定的操作空间,在其他条件不变的情况下,越多的资产入账以及隐性资产的评估价值越高,商誉的价值就会相应地越小。特别是在评估无形资产(例如商标、顾客关系、许可证和技术等)的价值时,更是有很多人为假设的因素,所以商誉价值的大小部分取决于企业管理层的预测和假设。

　　商誉可以表达为企业总体价值超过部分价值之和的差额(Sellhorn,2000,第 885 页),这个定义和上面所提及的内容,都表明了商誉不是一种明确的资产价值,而是与不能明确定义的残值紧密相关。商誉是由不同的要素构成的,首先,它包含了一些无形资产的价值,这些无形资产的价值由于难以确认而在过去未入账,例如企业的信誉、市场地位、成长潜力和管理层的质量。其次,收购方和目标企业的合并会产生一定的协同效应(见第 3 章),如果对于这种协同效应的期待反映在收购价里的话,同样也会提高商誉的价值。最后,收购方与被收购方的谈判技巧也会对收购价以及最后的商誉产生影响,特别是对于企业联合后未来协同效应以及增长潜力的过度期望很容易使商誉的价值增加。

　　在管理实践中,企业外部的人员很难具体评估和分解商誉。由此,从企业集团年报中,发现企业的错误假设和收购方的过高估价就显得很重要,这会使得资产负债表呈现虚假的资产负债关系并且可能导致企业合并后较多的资产折旧(摊销)费用或者是亏损。亨宁(Henning,2000)通过一项实证研究确认了将商誉分解为各个要素的重要性,他发现,资本市场上的投资者如何去评估商誉的各要素会影响收购企业股价的走势,他还进一步推断,不同投资者是用各种不同的方法去评估商誉的各构成要素的。

　　10.3.2.2　商誉的后期处理

　　在企业集团财务年报中,对于商誉的处理主要有三种方式:盈利中性的核算、在使用期限内有计划的摊销和减值测试成立后再处理。此外,这三种方法的混合使用也是可行的。

在盈利中性的核算中,商誉直接作为公积金入账①,这就使企业联合形成的商誉和盈利无关,管理层在后续计量中不应将商誉作为盈利的一部分。

根据德国《商法》第 309 条,应在使用期限内对商誉进行有计划的摊销。这就会对年报的盈利造成一定的负担,并且在这种情况下通常会采用直线折旧法,所以预估的期限越短,每年的摊销额就越大。通过以上的这种方法,实际上是同等对待商誉和其他通过收购获得的可折旧各类资产。对于企业管理层而言,如果在企业并购框架下以这种方式来处理,操控商誉价值的动机就变小了。

可能存在的问题是,如何合理确认商誉的期限,通过各要素,如成长预期、协同效应和其他还未明确的无形资产,并不能准确地判定商誉的可使用期限,因此在确定期限方面,管理层有很大的操作空间。根据德国会计准则的有关规定,商誉的期限一般不超过 20 年,此外,《德国会计准则》第 27~37 条还要求,商誉应合理分配到企业的各资产负债项目中,并且根据不同项目的特点设定不同的使用期限,但是,不同期限的设定同样取决于企业管理层的估计和假设,所以也存在较大的操作空间。

就像对待很多的设备资产那样,在资产负债表日,企业管理层也应对商誉进行测试,看其账面价值和实际价值是否相符。根据德国《商法》第 253 条,由于可预见的可持续减值因素造成的摊销额是不能重新转回的。这种处理方式是和其他资产减值处理不平等的,这可以防止已摊销的商誉和将来新产生的商誉进行相互抵消。

与德国商法规定不同的是,国际财务报告准则和美国一般公认会计准则是在商誉的减值测试成立后再进行有关的会计处理,所以,企业必须对商誉进行定期的减值测试,接下来,我们首先看看国际财务报告准则是如何规定商誉的减值测试过程的,再了解它与美国一般公认会计准则的规定有什么不同。

根据《国际会计准则》第 36 号的规定,至少要一年一次对商誉进行减值测试,即将商誉的账面价值和实际价值进行对比测试。而实际价值,更准确地说,其实是可回收价值,这是指企业净值(公允价值－销售成本)和通过对未来估计现金流折现的内部价值(使用价值)中的较高者。如果账面价值超过了实际价值,就要进行以差额的大小为减值大小的摊销,相比有计划的摊销,这种处理方式不会对利润表产生持续的影响,但是一旦商誉发生减值,对利润表造成的一次性影响又可能是巨大的。

如前所述,商誉是企业的购置成本和新评估净资产之间的差额(在全商誉法中,是指子企业公允价值和新评估净资产价值的差额)。对于商誉的处理,涉及不是明确划分的资产价值,而是不能明确界定、互相有联系的无形资产,这也使得无法将商誉和企业的其他资产相分离,并给其以独立的公允价值。出于相同的原因,商誉也不能产生独立的现金流,所以也不能用内部的使用价值来衡量。商誉的减值测试在所谓产生现金流的单位层面进行,也就是说,那些对于企业来说独立产生现金流的部门。所以在企业联合的时候,就应该确定如何将商誉分配到各个产生现金流的单位中(IAS 36,80)。

可产生现金流部门的可回收价值与它的公允价值减去变现成本以及内部使用价值应该是相符的。这反映了这些部门的两种处理方式:要么在市场上出售来变现,要么企业自己使用来

① 商誉作为公积金入账和会计的基本原则冲突,按照该原则造成了非通过资本交易而形成的自有权益变动必须在盈亏表中得到体现。

产生现金流。对于这些部门现值的估计通常是假设的未来收益,这种估计一般基于相类似的市场交易或者是通过一定的估值程序(如折现现金流)来实现,使用价值是指部门可能产生的未来现金流的现值。前面提到两类价值的较大者,需要和资产组的账面价值进行对比,也就是说,与这个部门所有构成的资产以及所分配到的商誉进行对比。如果资产组合的账面价值超过了确定的可回收价值,就需要进行相应的减值处理,减值处理后的商誉要再一次按比例分配到剩余资产的账面价值上(IAS 36,104)。

通过以上的描述我们可以发现,对商誉进行相应减值测试的成本是较高的,对于评估内部价值,必须估计企业资产的未来现金流,获取的现金流还必须用合适的折现率进行折现。估计的现金流以及合适的资本成本率应当与企业相应部门的业务计划相兼容。此外,商誉的减值测试还要求企业的会计部门和管理控制部门进行非常紧密的合作。最后,还要再提一下该处理中可操作的空间,在确定企业资产未来现金流和合适的资本成本率,以及确认在什么时点和多大范围内进行商誉的摊销等方面都在很大程度上取决于企业管理层的判断。

美国一般公认会计准则关于商誉减值测试的规定比国际财务报告准则的规定还要烦琐一些,它将其分为两个层次。第一个层次的操作和《国际会计准则》第 36 号规定的程序是类似的,即需要将部门的账面价值和它的实际价值进行对比。与此不同的是,如果实际价值较低,不用马上进行相应的减值处理,这些存在的差额更多的是被企业看作商誉可能发生减值的标志,为此要进行第二层操作,即需要再进行一次更加精确的减值对比测试,以此最终确定相应的减值措施。此时,商誉的实际价值就是报告部门估计的现值和它的资产净值的差额(SFAS 142,21)。

10.4　企业联合对企业年报和企业指标的影响

企业联合能对企业年报的各项指标产生重要影响,显然,从目标企业取得资产和债务肯定会影响资产负债表结构,如上所述,这种影响程度的大小是受企业管理层对无形资产的确认以及其他各种资产评估结果的影响。此外,对企业商誉价值评估使用不同的会计计量方法,即购买商誉法或者全商誉法,也会对企业的资产负债结构产生影响。

在企业联合后的后续几年中,隐性资产和新入账无形资产的折旧或摊销会对企业业绩产生一定的冲抵作用。此外,还需要确定,是采用有计划的资产减值(根据德国商法)还是使用减值测试后再进行会计处理(国际财务报告准则)的方式。如果在这几年里,没有发生明显的减值现象,在其他条件不变的情况下,采用减值测试方法企业的财务报表会得到更好的盈利表现(每股盈利、总资产利润率、销售利润率等)。[①] 但是,同时也存在一次性盈利波动巨大的风险,并且投资者有可能将其看作是企业联合失败的表现。

为了说明购置法对企业联合后期的影响,我们还将引用林登股份有限企业收购英国 BOC 集团的例子。就如第 10.3.1 节中所论述的一样,林登公司将 BOC 集团价值十亿欧元级别的无形资产和隐性资产重新评估入账,这也就导致了数亿欧元的资产折旧或摊销,仅在收购完成的头一年,也就是 2007 年,林登公司在收购价分配中就有 4.46 亿欧元的折旧费用产生,而税

---

① 根据英国一项研究,放弃有计划的商誉摊销,由此产生对各报表的影响可以促使投资者和股东对企业产生更正面的看法。

后的盈利才 9.96 亿欧元,由此可见这对企业造成的负担之大。在 2008 年,企业产生了另外 3.71 亿欧元的折旧费用,图 10—4 就展现了在并购后几年企业所需计提的折旧费用,由于新资产的入账或者一些资产的升值,可以看到折旧费用呈下降趋势。在并购完成后的最初几年,大约 15 万项收购的隐性固定资产折旧尤其引人注意,因为这些资产比企业 450 余项的无形资产明显拥有更短的使用期限。例如,对于一些在收购 BOC 集团时存在的客户关系,以及一些长期的协议,有的使用期限甚至是 60 年。

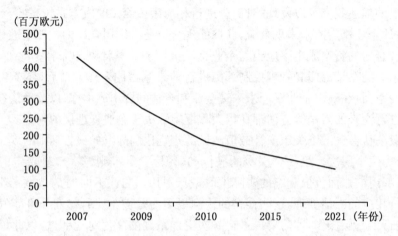

资料来源:http://www.linde.de。

图 10—4 林登股份有限公司收购 BOC 集团后资产折旧和摊销情况

投资者和其他利益相关者评价一个企业业绩具有核心意义的指标是每股收益(EPS),因此,对于收购方企业的管理层而言,分析企业联合可能对每股收益产生的影响也显得很重要,如果每股收益减少了,那么我们称之为利润稀释;如果增加了,我们就说是利润增值(Bausch,2003)。

计算每股收益公式的分子代表企业期间收益,它的值受很多企业联合因素的影响,除了前面已经提到的隐性资产评估、新无形资产入账以及商誉确定外,一些没有入账的交易成本如重组成本、企业融合成本以及融资成本都可能冲减利润。另一个重要的方面是,目标企业的盈利状况要并入收购企业的利润表,根据目标企业盈利状况的不同,可能会对企业集团的每股收益产生正面或者负面的影响。但是,每股收益还是可以通过企业联合产生的协同效应得到提升的。计算每股收益公式的分母是发行在外的股票总数量,也会受企业联合的影响,例如,如果收购融资是通过发行新股来进行的,那么在其他条件不变的情况下,就会稀释每股收益。

根据对每股收益价值大小决定因素的分析,企业也可以对这个指标施加影响,主要有三种方式:通过绩效方式、通过财务方式和通过做账方式。通过绩效方式,意味着收购企业在选择目标企业时,可以选择每股收益价值较高的被收购企业,那么企业联合后企业集团总的每股收益可以在短期内得到提升。但是,从长期来看,每股收益不一定会上升,因为这里忽略了一些经济原理,例如协同效应。同时,哈丁和耶鲁(Harding & Yale,2002)发现,往往是每股收益被稀释的企业联合在后期会取得更高的利润,这也说明了,为了实现长期的协同作用,在起初还是需要必要的企业重组和企业融合成本(见第 3 章)。

通过财务方式,是指人们在决定收购融资方式时要进行相应的选择。在企业收购交易中,对于现金支付,我们可以选择外部融资或者内部融资,对于这两种方式,发行在外的股票数量都是不会发生改变的,但对企业利润却会产生影响。外部融资会产生额外的利息费用,使用企业自身的现金等资源也会产生机会成本。而对于股票互换的支付形式,就不会对企业利润产生直接的影响,但往往会对发行在外的股票数量产生影响。而通过做账方式,主要是指前面已经提及的,在使用购置法时,在一定程度上有自主决策的空间。

以林登公司为例,我们可以看到并购交易在多大程度会影响企业的利润(林登公司财报,2005~2008 年)。在 2005 年,也就是收购的前一年,林登公司的每股收益为 4.30 欧元,在2006 年,即收购发生当年,每股收益为 13.30 欧元,这个强劲的增长是由于在 2005 年企业利润从 5.14 亿欧元增加到 18.38 亿欧元,其实,由于发行在外的股票总数从 1.199 亿增加到 1.608亿,每股收益还是受到了一定冲减。但是根据林登公司管理层的观点,2005 年取得较高的盈利明显是受企业联合的影响,所以与之前的年份不再具有可比性,林登公司随后还发布了调整后的利润值。同时,对收购价分配、重组费用特别是出售叉车子企业凯安产生的积极经济效益都做了相应的调整,最后得到的每股收益是 4.66 欧元,但这也大于 2005 年每股收益值。在2007 年,企业的每股收益为 5.87 欧元,调整后为 5.02 欧元;2008 年的每股收益是 4.27 欧元,调整后为 5.46 欧元。

10.5 资本市场对于企业联合不同会计处理方法选择的反应

我们前面已经阐述了企业联合能对企业资产负债结构、财务情况和盈利状况产生巨大的影响,我们也提到了不同会计方法的选择会产生不同的结果,特别是当企业还能在对企业利润有影响的购置法和对企业盈利保持中性的权益法之间进行选择的时候。一系列实证研究都对资本市场的投资者选择不同会计处理方法可能产生的市场反应做了探讨。尽管在 2001 年、2004 年和 2009 年,美国一般公认会计准则、国际财务报告准则和德国商法都分别取缔了企业联合时权益法的使用,不允许再二者选其一,但研究结果还是提供了一些有趣的发现,它们讨论了投资者会对采用不同会计方式处理企业联合的企业年报做出怎样的反应。

对于一个信息完备的资本市场,企业并购会计处理方法的选择应该是没有影响的,理性投资者会根据企业未来期望的现金流来评价一个企业,无论是会计方法的选择还是购置法中不同要素的变化,都不会对未来现金流产生直接的影响。但是不同会计方法的选择可能是反映管理层对企业未来发展判断的一个信号,例如,如果管理层采用权益法,那么他们可能希望并购交易获得更好的结果,不用对使用购置法而产生的盈利变化实施严格的控制。此外,由于企业联合的不同会计处理方法会对各项资产负债指标有影响,反之,这些指标也会影响企业的信贷协议条件、企业评级以及管理层薪酬等。[1]

根据莫勒等(Moehrle et al.,2001)的一项研究,71%的美国管理者采取权益法是为了减少将来的盈利负担,使用权益法的概率与可能的盈利负担大小是正相关关系。阿布迪等(Aboody et al.,2000)在美国的一项研究表明,企业管理层取决于财务报表表现的可变动薪酬与选择权益法紧密相关。当然,也有采取购置法的情况,例如,根据艾尔斯等(Ayers et al.,2002)的研究,高负债的企业往往会倾向于采用购置法,因为它们不想再稀释自己的自有股权。

---

[1] 在德国,人们不是依据企业集团报表直接纳税的,但是,在另一些国家,财务报表的不同呈现可能会有不同的税收结果。

研究不同会计方法的选择是否会对企业市值产生影响的实证研究,却得出了很多不同的、有时甚至自相矛盾的结果。霍布金斯等(Hopkins et al.,2000)根据美国分析员的研究发现,采用权益法的企业并购比采用购置法的企业拥有更高的市值,虽然这并不会带来未来直接的现金流。此外,企业并购发生得越久,人们对其的评价越是不一。他们认为,分析员不能对发生较久的并购交易做出不同会计方法对其年报可能产生影响的充分评价。

还有一些研究表明,购置法的使用能得到更积极的市场反应(Hong et al.,1978;Davis,1990;Lindenberg & Ross,1999),他们认为,这并不是市场无效性的一种暗示,因为投资者往往认为使用购置法是真正高质量企业联合的一个信号,相反,当管理层选择权益法时,人们会认为他们更关注于美化财务报表,而不是去努力实现一些战略和经济活动的目标(Lindenberg & Ross,1999)。其他的一些研究也指出,权益法会使收购价更低,这是对以上所述市场反应和权益法的使用限制的另一种解释,这就导致了更高的机会成本。例如,2001年前的美国一般公认会计准则规定:对于采取权益法的企业,禁止在并购交易发生前后的一段时间内进行企业股票回购。此时,采用权益法可能激起的市场负面反应是源于管理者无法进行可以创造利益的股票回购操作(Weber,2004)。

不同于到现在为止已经提及的研究,霍恩(Hong)等人的研究表明,资本市场本身是不会受企业并购会计方法选择影响的。他们推断,资本市场的参与者可以合理地推测采用不同会计方法可能产生的影响,然后进行价值判断。

10.6 企业联合的税收视角

基本的税收规划目标是,相对地、最大限度地减少税收现值,这意味着,不仅要使应纳税总额最小化,还应在其他条件不变的情况下,使税收支付尽可能地延迟。税收计划只能是相对地去实现,它还应当与企业的战略相匹配,例如,不能为了使税收的现值最小,而使未来的现金流和盈利都减少。

即使在企业联合时,税收现值最小化的限制也是明显的,企业联合往往是出于战略和经济利益的考量,而不是出于税收的考虑。税收现值最小化,也就是企业交易的税收构架,只能是作为复杂并且相互联系的目标系统中众多二级目标中的一个,所以需要考虑总的战略目标。

较为抽象的税收现值最小化概念可以具体表述为:通过尽量减少税收来获取尽可能多的销售利润。接下来,我们主要讨论的是收购方税收现值的最小化,对于同企业收益相关的税收(企业所得税、营业税),收购方一般有下面五个子目标(Roedder et al.,2003),而我们也会马上对其进行进一步的讨论:(1)购置成本对税收核算可能产生的影响;(2)融资成本的可抵税能力;(3)被并购企业的"亏损结转下期"的使用;(4)未来可能减值的税收效应;(5)出售方的税收担保。

10.6.1 购置成本对税收核算可能产生的影响

将与企业联合相关的各种支出从减少税收角度加以衡量,税收现值最小化总的来说是对收购者有利的。作为收购目标企业的一次性巨额支出,购置成本在这里有特别的意义,收购方可以尽可能地对这些成本进行折旧或摊销,以此来达到削减赋税的目的。如果有效的话,在其他不变的情况下可以减少税务支出,从而有助于企业联合的融资。

对税收可能产生影响的购置成本核算,如进行计提折旧,企业联合的法定形式很重要。在资产交易中,购置成本将会分配在直接取得的各类资产价值上,剩余的价值很可能就是商誉,对于购置成本的摊销或折旧其实很大程度上取决于被收购资产的种类,只要该类资产是可以折旧的,就能在资产的使用期限内进行相关的会计处理。根据德国的《所得税法》(EstG),入账的商誉,不管它的实际使用期限是多少年,需要按 15 年的期限来进行摊销。大多数可折旧资产,特别是无形资产,其使用期限都要比商誉短。收购方往往会尽可能地将购置成本分摊在可折旧或可摊销的资产上,而对于被分配在不可折旧的资产如土地等的购置成本,只有当这些资产被出售或者进行计提特殊折旧时,才会对税收产生影响。鉴于税收现值相对的最小化要求,将购置成本分配在这类资产中是不利的。

从税收的角度看,因为人合企业的税收是相对"透明"的,收购这类企业往往是一项资产交易。因此,收购方获取的是目标企业的单个资产(在可能的情况下,也可能入股),然后要将购置成本在这些取得的资产中进行分配,并且尽量分配到可折旧或可摊销的资产,这对税收有利。

对于采用股票交易的企业联合,购置成本也就是"参股费用",由于没有涉及可折旧的资产,在税收上,购置成本也就不会被分配到参股目标企业的各种资产和负债中(就如单个企业年报的情况一样)。可以减少税收的方式之一是出售自己的股份,但根据被收购目标企业法定形式的不同会有相应不同的限制,例如,被出售的是一家资合企业,那么所获得的收益是不征税的(《企业所得税法》第 8b 条第 2 款),同样亏损也是不抵扣税的(《企业所得税法》第 8b 条第 3 款),而被出售的企业如果是一家人合企业,那么以出售所获销售额的 60% 为基础征税(《自然人所得税法》第 3 条第 40 款),同理,在计算这项出售交易的利润时,也至多将购置成本的 60% 作为征税时的成本(《自然人所得税法》第 3c 条第 2 款)。综上所述,从税收的角度看,通过资产交易来联合资合企业或者收购人合企业要比通过股票交易并购资合企业更加有利。由此,我们可以认为,为什么有些目标企业在企业联合前会从资合企业转换成人合企业,这是出于税收优惠的考虑,但是,根据德国《税收基本法》第 42 条,如果仅仅是出于税收考虑,最后可能会造成税收优惠无效。

10.6.2　融资成本的可抵税能力

在一项企业联合中,对于采用外部融资的收购方而言,利息费用是除了购置成本之外的第二大费用支出。这种再融资成本的减税考虑首先取决于企业联合交易的法定形式,其次取决于不同规模融资金额的利率门槛规定。

资产交易原则上可以达到减税的目的。一个特例是营业税,当再融资利息费用总额超过 10 万欧元时,它的 1/4 将作为营业税的计税基础(德国《营业税法》(GewStG)第 8 条)。

对于股票交易,收购方企业的法定形式很重要。如果收购方是一家资合企业,那么从目标企业取得的股利支付是全额免税的,由此,再融资费用的抵税功能原则上是不可能了。但是,根据德国《企业所得税法》(KStG)第 8b 条,所获得股利的 5% 应假设作为不具有抵税性的企业支出,只有 95% 的股利可以真正免于纳税,通过这项规定,使得实际形成的费用包括再融资费用的免税成为可能(《企业所得税法》(KStG)第 8b 条第 5 款)。对于入股人合企业的资合企业也同样适用。

如果收购方是自然人,还要进一步区分他所获得的资合企业股份是属于私人资产还是企业资产,若是个体户,那么适用"部分收入程序";如果收购方是人合企业,那么参与交易的自然人也需要遵守上面提及的规定,在这种情况下,所获得的目标企业股利的 40% 是免税的,与此相对应,40％与此相关的费用和40％的再融资费用不再具有可抵税性(《自然人所得税法》第3条和第3c条)。通过2008年的"企业税收改革",德国用"部分收入程序"代替了原来的"半数收入程序"(它规定只有50％的所获股利需要征税)。在2009年后,如果参与资合企业的股份属于私人资产,那么需要按"资本利得税"进行征收,也就是所有获得的股利和变卖股票的收益都按25％征税,不再与个人所得税税率挂钩。鉴于这较低的税率,法律制定者明确了原先需要扣除的一些费用现在也包括在纳税起征额里(目前为801欧元,《自然人所得税法》第20条第9款)。但是,对于企业参股而言,可以在一定条件下放弃使用资本利得税①,由此,股利和转让股票的收益就可以根据个人所得税和"部分收入程序"来征税,而再融资费用可以40％减税。此外,如果收购方是采用反向(Back-to-Back)融资来进行收购,那么资本利得税就不再适用,采用这种融资形式时企业管理者或者与他亲近的人需要将自己的存款作为融资借贷的担保,此时,"部分收入程序"还是可行的。

根据《自然人所得税法》第4h条和《企业所得税法》第8a条,关于利息费用作为运营费用支出的相关规定是外部融资成本可抵税能力的又一个障碍。这个规定对收购方和目标企业都有约束作用,当目标企业在收购交易完成后不久融入新的外部资金,并且通过股利发放、管理者协议或者相关的合同来向收购方企业转移资金,那么目标企业就特别要受到这个规定的约束,而在实践中,通常私募基金会采取这种方式。

"利息门槛"是有关利息费用作为运营费用支出相关规定的一个发展(《企业所得税法》第8a条),它最初是为了限制资合企业通过国外的企业进行融资,以避免德国子企业的利润没有被征税就"逃"到国外。在2008年的"企业税收改革"后,这项规定对于德国国内的企业也同样适用,此时,企业的法定形式就显得不重要了。但是,对于不属于任何集团的独立企业,并且它的融资费用低于300万欧元的话,这项规定就不再适用了,如果它的融资费用超过了300万欧元,利息费用的可抵税能力就仅限于30％的税息折旧及摊销前利润大小,超过限额的利息费用就要入账了,但是这其实也可以通过被收购企业的再出售进行抵减(《自然人所得税法》第4h条和《企业所得税法》第8c条)。根据2009年12月的《增长促进法》,应税的税息折旧及摊销前利润如果没有作为债务利息的扣除额用完,那么可以保留至多五年的时间(《自然人所得税法》第4h条第3款)。如果能证明一个企业的自有股本比例不低于它所属企业集团的自有股本比例,那么"利息门槛"就不再适用了,而两个企业自有股本比例的比较要求单个企业年报和企业集团年报采用一致的会计准则,原则上是采用国际财务报告准则,必要的情况下,还需要通过"过渡核算"来构建两者的同一性。

10.6.3 被并购企业的"亏损结转下期"的使用

对于一项企业联合,目标企业的亏损结转下期是相对税收现值最小化的另一个子目标。因为亏损结转下期可能会被不当利用,例如,用另一家企业的亏损来抵减,德国税法对于现有亏损冲抵未来盈利进行了限制,禁止纯粹为了税收优惠而进行企业收购来获取"表象亏损"的行为。以上的规定对于年轻的创新型企业是不利的,它们很可能因为这些限定而难以在资本市场上获得合适的投资者。

有关这方面的规定在过去几年发生了很多改变,读者要特别注意新老规则之间往往有一

---

① 这项权利的前提是拥有这个目标资合企业25％或者1％(同时在其任职)的股份(《自然人所得税法》第32d条第2款)。

定的过渡期。根据最新的《企业所得税法》(2010 年 3 月)第 8c 条,如果在五年之内,目标企业 50% 的法人股份(不管是否拥有表决权)直接或间接地转移到了收购方企业,那么目标企业的亏损结转将不可用,如果转移的股份在 25%～50% 之间,就要按比例减少亏损结转。由于经济危机,在 2009 年还引入了一些特例:第一,当转移的股份为 25%～50% 时,相应比例的亏损结转可以通过同等价值的隐性资产储备来保留(《企业所得税法》第 8c 条第 1 款);第二,《企业所得税法》第 8c 条第 1a 款引入企业重组条款,只要是为了企业的重组而进行的股份收购,如果在收购完成后企业主体结构仍然保留的话,其亏损结转就不再失效。如果要利用这个条款,企业需要通过自己不足的偿付能力或者过度负债来证明确实有重组整顿的需要。此外,企业还要提交重组整顿后能产生积极影响的预测报告和收购方有关重组的恰当措施。

10.6.4 未来可能减值的税收效应

相对税收现值最小化的第四个子目标是被收购企业未来可能的减值对税收的影响,这也使得现在的税务法律基础和产生购置成本的可能核算具有可比性。在一项资产交易中,只有当这项资产的减值可持续时,才会对税收结果产生影响。对于股票交易,又出现了前面提及的问题:那就是所获股份的减值必须还和免税的收入相关。自然人(或者自然人作为合伙人的人合企业)可以利用"部分收入程序"来核算 60% 资产减值(《自然人所得税法》第 3c 条)。根据《企业所得税法》第 8b 条第 3 款,对于资合企业而言,不能对目标企业的股份进行减值处理。

10.6.5 税收担保

收购一家企业虽然要进行纳税尽职调查(见第 7 章),但还是存在很大的税收风险,例如,根据德国《税收基本法》(AO)第 75 条,收购方对于被收购方的一些税务承担责任。此外,根据企业的税收检测,可能需要在收购前补偿支付大量的税款。所以,收购方应通过一些协议条款和担保来尽量将此类税收风险向目标企业转移。

总而言之,税收也会对一项企业联合的成功与否产生重要影响,因此,优化税收结构应该作为企业联合要考虑的分目标之一。由于一些税收相关法律很烦琐,通常在企业联合过程中都会聘请税务顾问加入,特别是当来自两个不同国家的企业进行企业联合时,因为要考虑两个截然不同的税收体系,还有如双重纳税协议等的影响,就更需要税务顾问的帮助。

10.7 参考文献

Aboody, D., Kasznik, R & Williams, M (2000): Purchase versus pooling in stock-for-stock acquisitions: Why do firms care? in: *Journal of Accounting and Economics*, Vol. 29, No. 3, 2000, pp. 261—286.

Ayers, B. C., Lefanowicz, C. E. & Robinsons, J. R. (2002): Do Firms Purchase the Pooling Method? in: *Review of Accounting Studies*, Vol. 7, No. 1, pp. 5—32.

Baetge, J., Kirsch, H. J. & Thiele, S. (2009): Konzernbilanzen, 8. Aufl., Düsseldorf.

Bausch, A. (2002): Earnings Dilution bei Unternehmungsakquisition - Bedeutung und Gestaltungsmöglichkeiten, in: M&A, Nr. 6, pp. 260—265 (Teil 1), sowie M&A, Nr. 7, pp. 304—309 (Teil2).

Coenenberg, A. G. (2005): Jahresabschluss und Jahresabschlussanalyse, 20. Aufl. , Stuttgart.

Daimler-Benz AG (1998): Bericht zu den Tagesordnungspunkten 1 und 2 der ausserordentlichen Hauptversammlung der Daimler-Benz Aktiengesellschaft am 18. September 1998.

Davis, M. L. (1990): Differential Market Reaction to Pooling and Purchase Methods, in: *The Accounting Review*, No. 3, pp. 698—709.

Förschle, G. (2006): 432 Privates Rechnungslegungsgrmium, in: Berger, A. Et al. (Hrsg.): Beck'scher Bilanz-Kommentar-Handels-und Steuerrecht-238 bis 339 HGB, 6. Aufl. , München.

Glaum, M. , Street, D. & Vogel, S. (2007): Making Acquisitions Transparent: An Evaluation on M & A-Related IFRS Disclosures by European Companies in 2005, Frankfurt/Main.

Glaum, M. & Vogel, S. (2004): Bilanzierung von Unternehmenszusammenschluessen nach IFRS 3, in: *ZfCM*, Sonderheft 2, pp. 43—53.

Gore, J. P. O. , Taylor, P. A. & Taib, F. (2000): Accounting for goodwill: an examination of factors influencing management preferences, in: *Accounting and Business Research*, Vol. 30, No. 3, pp. 213—225.

Grotherr, S. (2003): Grundlagen der internatinalen Steuerplanung, in: Grotherr, S. (Hrsg.): Handbuch der internationalen Steuerplanung, 2. Aufl. , Berlin, pp. 1—28.

Hanser, P. , Högl, S. & Maul, K. H. (2004): Markenbewertung. Die Tank AG-Wie neun Bewertungsexperten eine fiktive Marke bewerten. Herausgegeben von Absatzwirschaft, Verlagsgruppe Handelsblatt, Düsseldorf.

Harding, D. & Yale, P. (2002): Dischipline and the Dilutive Deal, in: *Harvard Business Review*, Vol. 80, No. 7, pp. 18—19.

Henning, P. L. , Lewis, B. L. & Shaw, WH. (2000): Valuation of the Components of Purchased Goodwill, in: *Journal of Accounting Research*, Vol. 38, No. 2, pp. 375—386.

Hong, H. , Kaplan, R. P. & Mandelker, G. (1978): Pooling vs. Purchase: The Effects of Accounting for Mergers on Stock Prices, in: *The Accounting Review*, Vol. 53, No. 1, pp. 31—47.

Hopkins, P. E. , Houston, R. W. & Peters, M. F. (2000): Purchase, Pooling and Equity Analysts' Valuation Judgement, in: *The Accounting Review*, No. 3, pp. 257—281.

Lindenberg, E. & Ross, M. P. (1999): To purchase or to pool: Does it matter?, in: *Journal of Applied Corporate Finance*, No. 2, pp. 32—47.

Lys, T. & Vincent, L. (1995): An analysis of the value destruction in AT&T's acquisition of NCR, in: *Journal of Financial Economics*, Vol. 39, No. 2—3, pp. 353—378.

Moxter, A. (1984): Bilanzlehre Bd. I: Einführung in die Bilanztheorie (Wiesbaden).

Moehrle, S. R. , Reynolds-Moehrle, J. A. & Wallace, J. S. (2001): Pooling and Rescinded or Forgone Stock Repurchases, in: *Accounting and the Public Interest*, Vol. 1, pp. 115—133.

Rödder, T. , Hötzl, O. & Mueller-Thuns, T. (2003): Unternehmenskauf/Unternehmensverkauf-Zivilrechtlinie und steuerliche Gestaltungspraxis, München.

Sellhorn, T. (2000): Ansätz zur bilanziellen Behandlung des Goodwill im Rahmen einer kapitalmerktorientierten Rechnungslegung, in: DB, H. 18, pp. 885—892.

Vincent,L.(1997):Equity valuation implications of purchase versus pooling accounting, in:*Journal of Financial Statement Analysis*,No.4,Summer 1997,pp.5—19.

Weber,J.P.(2004):Shareholder wealth effects of pooling-of-interests accounting: evidence from the SEC's restriction on share repurchases following pooling transactions,in: *Journal of Accounting and Economics*,Vol.37,No.1,pp.39—57.

第 11 章

并购的竞争法和程序法视角

竞争法和程序法的视角对于公司并购具有特别的意义,它们决定了这项交易在法律层面上是否可以进行,所以,在公司并购的规划阶段就得确定竞争法和程序法有关的内容(参见第5章)。在竞争法的框架中,公司交易实现的可能性是与公司的具体特征有关,并且这需要在不同的国家法律规定中,例如德国、欧洲、美国的有关法律中进行一定的测试。为了更好地了解公司并购控制,我们首先介绍一些有关竞争的理论,然后再阐述合并控制的基本要点。

除了竞争法的视角外,我们还应当考虑程序法的有关规定(参见第11.2节)。德国的《有价证券购买和转让法》(WpüG)对上市公司的收购要约做了相关规定,所以,我们在介绍程序法的应用领域之前,首先了解《有价证券购买和转让法》的目标设置。在本章中,我们还会进一步介绍以这部法律为依据的各种收购要约,以及详细阐述公开收购要约的特点及对管理层和董事会成员的具体责任要求(当收购涉及股份公司时)。由于所谓的"挤出"在实践中有广泛应用,最后我们还要讨论一下它的前提条件和基本要点。

通过这章的阐述,我们要回答的基本问题是:

- 哪些竞争理论与公司联合控制有关?
- 根据德国《反竞争限制法》(GWB),企业联合控制过程是如何进行的?
- 《有价证券购买和转让法》有哪些目标?
- 在《有价证券购买和转让法》框架下,一项公开收购要约是怎样进行的?
- 在"挤出"中,应该注意什么?

11.1　并购的竞争法视角

11.1.1　竞争法的基本要点

德国竞争法为各个市场参与者设定了行为约束,它试图阻止垄断地位以及各种不利于国民经济发展行为的产生。一项收购交易由于其不同特点,有可能会涉及一个国家或者多个国家的各类基于竞争法的规定,例如,一家德国企业要收购来自欧盟另一个国家的企业,而这个目标企业在它自己的国家、在德国和美国都有业务,在这种情况下,可能不仅是德国、欧盟和美国的法律,目标企业所在国家的法律也会对这项收购形成约束。如果一个企业联合发生在欧盟境内以及参与企业的销售额达到了一定的最低标准,并且交易的进行会对多个国家产生影响,那么只需要遵循欧盟有关竞争法的法律规定。如果企业联合交易的参与企业没有达到欧盟规定的最低销售额标准,但是符合德国的申报条件,它就要遵循德国的竞争法。

如果参与收购交易的企业在美国有业务,并且交易的收购总价或者该企业的年净销售额超过了一定的临界值,收购就需要遵守美国的相关法律。如果一项企业收购交易同时处于美国和欧盟竞争法律的约束范围内,那么欧盟委员会以及美国司法部和美国联邦贸易委员会需要分别独立地对收购计划进行审查。只有当所有相关机构通过调查都同意交易进行时,这项收购交易才能进行。

2001 年 6 月,欧盟委员会拒绝通用电气公司收购科技公司霍尼韦尔的交易,虽然这项交易的收购方和被收购方的总部都在美国。这项收购交易总额达到 420 亿美元的方案先前已经在美国得到允许,但是由于不同机构得出了相异的调查结果,交易最终还是未能进行。欧盟委员会给出拒绝这项收购进行的理由是:如果这项公司联合得以进行,会在欧盟多个市场形成控制地位(Schmidt,2006,第 131 页)。

对于收购至关重要的竞争法约束主要是制度保护,它主要是指将竞争的形成和维持作为市场经济的动力、调节和控制工具。在德国,市场竞争主要通过《反竞争限制法》(GWB)得到保护,在欧盟,《合并控制规定》(FKVO)对于维护市场经济起到了重要作用。在美国,主要通过《反托拉斯法》,即三部主要的法律:1890 年的《谢尔曼法案》(Sherman Act)、1914 年的《联邦贸易委员会法案》(Federal Trade Commission Act)和 1914 年的《克莱顿法案》(Clayton Act),来保护市场经济。此外,还制定了很多细则和规定对其进行补充和扩展。

因为企业为了追逐自己的目标很可能会阻碍竞争或者损害竞争,所以有必要对竞争进行保护,当通过并购在市场上形成了供给或需求的过度集中,以至于企业作为需求方或者是供给方得到了控制地位时,就形成了损害竞争的结果。为了避免市场控制地位的形成,对于满足规定的一些最低标准的收购,需要进行公司联合控制(例如在德国可以依据《反竞争限制法》第 35～43 条),我们将在下文中对其做进一步的阐述。

11.1.2　企业联合控制的过程

根据反竞争限制法,企业联合控制的过程如图 11-1 所示。当一项企业联合交易满足了该法律第 35 条(临界值)和第 37 条(公司联合事实)的相关标准时,参与企业有申报这项交易的义务。如果该项交易根据有关要求是属于欧盟委员会管辖的,那么可以不考虑反竞争限制法的约束。

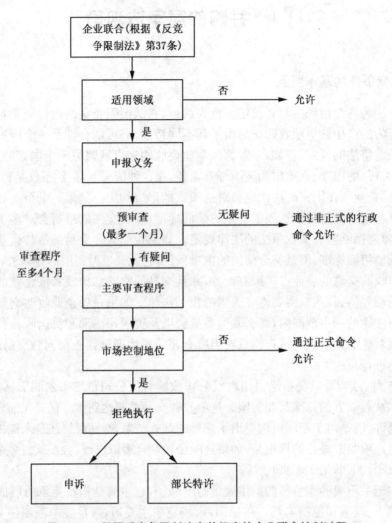

图 11—1 根据反竞争限制法有关规定的企业联合控制过程

根据《反竞争限制法》第 37 条,企业联合是指:(1)对于另一家企业全部资产或者是绝大部分资产的收购(资产交易);(2)通过法律、合同或者其他方式,取得了另一家公司的控制权,能够对该公司的运营造成一定的影响(获取控制权);(3)取得了公司 25%～50% 的股份或者表决权,包括通过第三方公司所持有的(股份交易);(4)其他的各种约束,通过一家或几家企业操作可以对另一家企业产生重大影响(Holzapfel & Pöllath,2006,第 50 页)。

即使一些企业有可能是在国外成立的,德国的合并控制对于在德国的企业联合都是适用的(根据《反竞争限制法》第 130 条)。在合并控制中,我们可以将企业联合区分为有控制义务的企业联合和无控制义务的企业联合。有控制义务的企业联合需要在实施前到联邦卡特尔局进行申报。当参与交易的公司上一年度的全球总销售额超过 5 亿欧元(根据《反竞争限制法》第 35 条第 1 款),并且至少有一家公司在德国有超过 2 500 万欧元的销售额时,这就是一项有控制义务的企业联合。而当参与交易公司的销售额没有达到要求,或者有一家销售额少于 1 000 万欧元的企业参与,又或者这整个市场已存在超过 5 年但是市场总量还达不到 1 500 万欧元("小市场条款")时,那么这项交易就是一个无控制义务的企业联合,它没有在德国联邦卡特尔局申报的义务。

有控制义务的企业联合需要向联邦卡特尔局申报的材料包括并购交易的描述、各参与企业销售额的列表以及通过企业联合可能影响市场的信息。申报成功后,卡特尔局有一个月的时间决定,是否直接同意并购的进行或者是还要进行进一步调查,当对交易存在疑问时,他们至多有四个月的时间通过主要审查程序对其进行分析。在这个审查阶段,卡特尔局可以要求补充有关参与企业以及所涉及市场的信息,调查的中心问题是:这项企业联合交易是否形成了市场控制地位或者是加强了控制地位。除了根据卡特尔局的调查外,市场控制地位的判断还要依据企业联合完成后可能的市场份额,这里的市场划分有两个维度:实物市场是指从需求者的角度通过价格、质量或者使用目的来看待产品的竞争,这里注重的是产品的流动性(Montag & Horstkotte 2004,第 789 页)。而空间市场则观察在哪个区域消费者通过购买产品来满足他们的需求,在空间市场中,相关企业处于有效的竞争关系中,竞争条件是类似的并且这个市场能清楚地区别于别的市场。空间市场可以是当地、国家、欧盟或者国际范围,特别是随着市场的开放,现在的空间市场往往是跨国界的,因此,对于德国市场,不仅仅是德国的合并控制,欧盟的甚至是美国的合并控制也显得尤为重要。相关市场的界定能对市场控制地位的判断产生重要影响,被界定的实物市场或者空间市场越大,公司的市场份额就显得越小。例如,在德国境内,一家企业可以被认为拥有市场控制地位,但是在欧盟范围内,它可能就被评定为不具有市场控制地位。

当一家企业在它的市场中没有有效的竞争或者相比其他的竞争者拥有明显的市场优势时,那么这家企业就可以被界定为是拥有控制地位的(根据德国《反竞争限制法》第 19 条第 2 款),也就是说,当一家企业的市场活动空间受其竞争者的影响非常小时,可看作这家企业拥有市场控制地位。市场控制主要是指企业所占的市场份额、企业的财务实力以及它沟通供应商和销售市场的渠道。根据德国法律,拥有控制地位的企业应至少占有 30% 的市场份额,欧盟的《合并控制规定》(FKVO)并未对企业联合后企业市场份额的大小做明确规定,但是根据它的考量准则 15 条,一般一家企业的市场份额超过 25% 时才有可能对它的竞争者产生限制作用。根据欧盟委员会的指导方针,当市场份额达到 50% 以上时,横向收购可看作形成了市场垄断地位,而当所占的市场份额为 25%～50% 时,需要进行单项审查。

当确定一项企业联合交易会产生或者加强该市场的控制地位时,德国联邦卡特尔局会根据反竞争限制法否决该交易。但当参与交易的企业能够证明该项并购有利于市场竞争条件的改善,并且这种改善作用大于控制地位形成的负面作用时,有可能会撤回这项禁令(根据《反竞争限制法》第 36 条第 1 款)。例如,在 2008 年,德国有线电视收购 Orion 集团的部分宽带通信网络,虽然估计该收购会在三个细分市场产生控制地位,但是参与交易的两家公司能充分地证明,该收购能显著改善宽带市场的竞争条件,由此上面提到的条款在这里得到了应用(德国联邦卡特尔局活动报告 2007 & 2008,第 95 页)。

还有一项特例是所谓的"重组合并",从竞争关系来看,当不存在更加有效的不对市场竞争关系产生影响的企业联合,或者当目标企业不被收购的话就会破产时,一家财务陷入困境的企业通过被另一家企业收购来得到重组是有积极作用的(德国联邦卡特尔局,2002 年 12 月 10 日决议,B6-221221-U-98/02,WuW & EDE-V,第 695 页)。

当调查显示企业联合交易不会产生市场控制地位,或者参与交易的企业能够证明并购有利于市场竞争条件的改善,并且这种改善作用大于市场控制地位形成的负面作用时,德国卡特尔局会通过一项正式的命令同意该项收购。此外,卡特尔局还可以对特定的企业联合交易施加限制条件。例如,在 2007 年 11 月,德国艾德卡(Edeka)欲收购特格曼(Tengelmann)子公司,德国联邦卡特尔局以该收购会使艾德卡在市场上形成优势地位为理由拒绝该收购的进行。根据卡特尔局的数据,在 2006 年,德国食品零售业 90% 的市场份额分布在艾德卡、施瓦茨(Schwarz)集团[包括利迪尔(Lidl)和卡夫连(Kaufland)]、阿尔迪(Aldi)、热维(Rewe)、麦德隆(Metro)和特格曼这些企业中,而其中艾德卡以 25% 的市场份额处于市场领先地位(德国联邦卡特尔局决议,B2-333/07,第 70 页)。然而,在 2008 年 4 月 22 日,德国联邦卡特尔局对该交易提出了进行的可能性,在对交易重新审核后,在 2008 年 6 月,卡特尔局同意了在限制条件下该收购的进行。限制条件包括:特格曼在收购前要和 357 家分店进行剥离,并且只能向在艾德卡市场占有率较高地区的最多三家竞争公司出售,只有在证明确实无法找到购买者的情况下,特格曼才可以关闭该分店;此外,艾德卡要放弃原先计划和特格曼的采购合作。最终,特格曼出售了 313 家分店给热维,6 家分店给巴登符腾堡州的零售公司欧克尔(Okle),1 家分店给利迪尔,并且关闭了 37 家分店。在 2008 年 12 月,两家参与并购交易的公司都成功履行了限制条件,由此收购得以进行。

在德国联邦卡特尔局拒绝一项收购的一个月内,相关企业可以通过该局提出"部长特许"的申请,德国经济和科技部长需要在四个月内做出决定,而在此之前,反垄断委员会要对该收购提出他们的建议,虽然这不是部长做出决定时所要考虑的必要步骤。但是,只有当该项企业联合对国家总体经济的积极作用大于负面作用,或者交易有利于大多数人的利益时,部长才有可能颁布特许(《反竞争限制法》第 42 条第 1 款)。德国联邦卡特尔局对一项企业联合交易的审查偏向于对市场控制地位情况的调查,而部长特许则更多地考虑竞争以外的因素(例如环境保护、媒体多样性等),这样,在做最终决定时,就可以顾及更多国家总体经济和对外贸易经济的因素(Aberle,1992,第 114 页)。

一个著名的通过部长特许得以进行的收购案例是 2003 年意昂(E.ON)公司收购鲁尔燃气股份公司。2001 年 11 月,意昂公司向德国联邦卡特尔局申报要收购位于埃森的鲁尔燃气股份公司的大部分股份(FAZ.NET,2002 年 9 月 4 日),在 2002 年 1 月 20 日遭到拒绝后,意昂公司在 2 月 19 日申请部长特许,在接下来的 5 月 21 日,德国反垄断委员会也对该收购提出了否决意见,但是,当时的联邦经济部长米勒并没有采纳委员会的建议,于 2002 年 6 月 5 日为该收购颁布了部长特许,但同时提出了一些限制条件。米勒部长当时做出这个决定的主要原因是考虑了意昂公司在国际上的竞争力、能源安全以及劳动岗位的增加等因素。但是,当很多竞争者在杜塞尔多夫高级法院对这个决定提出申诉和抗议后,法院于 2002 年 8 月 2 日宣布该部长特许违法并中断了收购的进行。此后,联邦经济部对该收购提出了若干新的限制条件,在意昂公司和原告达成庭外和解并对其进行了 9 000 万欧元的补偿后,最终,部长特许在 2003 年 2 月又重新得以执行(FAZ,2003 年 2 月 10 日,Nr.34,第 9 页)。

按照欧盟的合并控制框架,当两家独立的企业进行合并或者一家企业对别的企业获得控制权时,就要被看作是企业合并(Aberle,1992,第 125 页),不像德国的法律,它没有可比的关于收购企业股份参与的限制,根据 2004 年 1 月 20 日通过的欧盟《合并控制规定》(FKVO),其在欧盟共同体内具有重要意义,该规定发挥作用的条件是:

(1)参与交易的所有企业在全球范围内总销售额超过 50 亿欧元;

(2)并且其中至少有两家企业在欧盟范围内分别有超过 2.5 亿欧元的销售额;

(3)或者根据《合并控制规定》第 1 条第 1 款,当所有参与交易企业在全球范围内的总销售额超过 25 亿欧元;在欧盟至少三个成员国的总销售额超过 1 亿欧元;在每个涉及的成员国中至少两个参与企业的总销售额超过 2 500 万欧元,并且在欧盟境内至少两个参与企业的销售额分别大于 1 亿欧元。

当在欧盟成员国内总销售额的至少 2/3 发生在一个国家时,此时,《合并控制规定》(FKVO)是不适用的,这时只需要采用该国的法律即可。

在欧盟层面上,对一项企业联合交易否决起决定作用的是:该交易是否阻碍有效竞争。一项并购在市场上是否会产生市场控制地位或者加强了市场控制地位,取决于以下的评判标准:(1)参与企业的市场地位,也就是市场份额;(2)参与企业的经济实力或者财务实力;(3)供应商和购买商的选择可能性;(4)通往采购市场和销售市场的渠道;(5)法律上的或者实际存在的市场进入壁垒;(6)产品和服务的供需发展;(7)中间消费者和最终消费者的利益;(8)经济发展和技术进步,只要是为消费者服务并且不阻碍竞争。

以上提及的评判标准大部分与德国的法律规定相一致,虽然《合并控制规定》(FKVO)没有做出明确的规定,但是企业联合交易调查的出发点都是各参与公司的市场份额。[①] 当一项企业联合交易在市场上形成或者强化了市场控制地位,并且由此显著影响了有效竞争时,这样的交易是与整个市场不相容的,应当被拒绝。此外,就像在德国合并控制中所提及的,这类交易有可能还是可以在一定条件限制下进行。但是,不同于德国的法律规定,在欧盟的《合并控制规定》(FKVO)中并未涉及限制市场竞争和改善其他市场相关竞争条件之间的权衡。对于考虑拒绝一项并购的条件,经济效益被作为越来越重要的出发点,在欧盟范围内,不存在独立的、考虑到市场竞争外因素的所谓"部长特许"。

在美国,存在美国司法部反托拉斯局和联邦贸易委员会两个卡特尔法律机构。与公司并购有关的重要法律主要是指《克莱顿法案》(1914),在欧洲和德国,一项阻碍市场有效竞争和产生或者加强了市场控制地位的企业联合交易会被拒绝,而在美国,根据《克莱顿法案》第 7 条,当一项并购显著减少了市场竞争,那么将会被拒绝执行。根据美国的法律,通过一项并购在市场上形成了控制地位,是指市场竞争条件的显著恶化(Berg & Schmitt,2003,第 372 条)。美国是第一次在《克莱顿法案》中将显著减少市场竞争作为合并控制中拒绝一项企业联合交易标准的,《克莱顿法案》还有许多扩充法律,如《罗宾森—帕特曼法案》(Robinson-Patman Act,1936)、《塞勒—凯弗维尔反兼并法案》(Celler-Kefauver Antimerger Act,1950)、《哈德—斯科特—罗迪诺反托拉斯法案》(Hard-Scott-Rodino Antitrust Improvement Act,1976)。美国反托拉斯局会在所谓的"合并指南"中就反对一项并购交易的具体细则进行阐述,借助这个 1984 年和 1997 年版的没有法律效力的行政规定,人们可以知道,有关机构是根据什么标准来判断一项并购交易是否造成了市场竞争条件的显著恶化。此外,我们还要区分供给者和需求者的市场权力,供给者一方的市场权力是指,销售方对所提供的商品在竞争价格以上有能力在很大空间进行价格调整,而当需求者一方能在竞争价格以下的很大范围内对价格进行打压时,认为其市场权力很大(联邦卡特尔局,2001,第 8 页)。

就像前文所述,美国关于市场权力的评价标准不是市场份额的大小,而是相关市场的集中度和一项并购对这个集中度的影响,这个集中度用赫芬达尔—赫希曼指数(Hirschman-Herfindahl-Index,HHI)来表示,这个指标衡量一个特征(在我们这里主要是指销售额)是否是相同地或者不相同地分摊到每一个特征承载体(这里指一个市场的企业)。这个指标的值是用一

---

① 根据《合并控制规定》(FKVO),当参与企业的市场份额小于或等于 25% 时,一般难以阻碍市场的竞争。

个企业的销售额占市场总销售额的平方来计算的,以下是关于集中度临界值①的一些量化标准:(1)HHI<1 000:不集中;(2)1 000≤HHI≤1 800:中度集中;(3)HHI>1 800:高度集中。

如果一项企业联合交易进行后,市场集中度是较低的或者集中度的增加是相对较低的,那么这项交易可以被认为是没有问题的。当一项企业联合交易在一个中度集中的市场使得HHI值增加了超过100点,有关机构就有理由认为这会造成市场过度集中并且产生很多影响市场竞争的顾虑。在一个高度集中的市场中,当一项交易使HHI值超过50点时,有关机构就可能要考虑这是否会显著影响市场的竞争关系。当一项企业联合交易超过了集中度的临界值,我们可能还要额外地考虑以下标准:(1)潜在竞争者在两年内进入该市场的难易程度;(2)商品种类(非同质性)和该市场的经营模式;(3)市场透明度(价格、条件);(4)局外人的能力和行为;(5)较早的有关限制市场竞争的行为;(6)关于效益的观点。

垂直或者平行的企业联合提高了市场准入门槛,使得共谋更加容易或者在价格管制的行业造成了规制失效,这就需要引起竞争法方面的考虑。

表11-1总结了德国、欧盟和美国在合并控制方面的共同点和一些重要的差异。由于两个国家法律体系的差异,可能出现这样的现象:一个国家认为一项并购交易没有顾虑可以执行,而另一个国家的卡特尔局认为这个并购违背了准则中的某项规定,从而拒绝其执行。在2001年,通用电气收购霍尼韦尔的例子就是这样的,它被美国的相关机构允许了,而在欧盟委员会那里却遭到了拒绝,我们在前面也提到了这个例子。

表 11—1　　　　　　　　　　德国、欧盟和美国有关并购控制的主要不同点

	德国	欧盟	美国
拒绝标准	一项并购形成或者强化了市场垄断地位	一项并购在共同市场中显著阻碍了市场的有效竞争,特别是通过在市场上形成或者强化垄断地位的形式	该并购会显著减少市场竞争或者造成垄断
量化的评价标准	市场垄断地位大约指市场份额占33%	当一项并购形成的企业市场份额小于或者等于25%时,基本认为参与企业没有可能阻碍市场有效竞争	当1 000≤HHI≤1 800(>+100点)或者HHI>1 800(>+50)时,可以认为是造成了市场竞争的显著减少

资料来源:联邦卡特尔局(2001,第17页)。

11.2　并购的程序法视角

在德国《有价证券购买和转让法》(WpüG,2002年1月)生效之前,对于上市公司的收购没有法律规制(Steinmeyer,2007,第83页),而1995年1月由德国证券交易委员会专家团制定的收购实施细则是该法律的前奏。

《有价证券购买和转让法》(WpüG)在德国全境范围内生效前不久,在欧盟议会,人们试图在欧盟范围内建立一个收购准则,但是该尝试由于德国的反对而流产。直到欧盟各成员国经

---

① 例如,一个市场上有5家企业各占市场份额的20%,那么HHI值为$5×20^2=2 000$。见阿伯勒(Aberle,1992,第136页)。

过近 15 年的谈判,欧盟收购准则 2004 年才得以通过,这项准则的首要目标是为欧盟境内各个国家间的企业联合交易建立一个一致的法律框架(Meckl & Hoffmann,2006,第 519 页)。对于欧盟中不同成员国的企业而言,不管是在它们自己国家还是在其他欧盟成员国,它们的收购都应该遵守相同的规定。为了达到这个目标,该收购细则为欧盟各成员国在少数股东权利、信息披露义务、排除小股东以及管理层行为方式等方面设定了最低的标准。在 2004 年欧盟收购准则生效后,德国的《有价证券购买和转让法》也根据它的相关决议做了调整,由于这些调整,德国的法律制定者设置了对于中立义务①和突破惯例②执行的一定选择空间,而所在地位于德国的企业有权决定是否使用它们。因此,在具备一定前提条件的情况下,公司管理层在面对恶意并购时,即使他们没有事前在股东大会上取得多数股东的同意也可以采取防御性的措施(见第 10.2.6.2 节),管理层甚至可以采取面对恶意收购的一些预防性措施。欧盟收购准则和德国《有价证券购买和转让法》在大多数方面是一致的,但在下文中,我们还将就《有价证券购买和转让法》中的特有条款进行阐述。

在美国,并购法律法规建立在 1933 年的《证券法》、1934 年的《证券交易法》和 1968 年的《威廉姆斯法案》(Williams Act)基础上。美国《证券法》和《证券交易法》的立法目标是,通过对于有组织资本市场上的透明度规定和欺骗的规制来保护投资者的利益。《证券法》主要规定了和新股票发行有关的条款,因此,对于并购交易,该法主要在增资和首次公开募股时具有重要意义。《证券交易法》则规定了与已发行股票和有价证券交易的有关条款,所以,当一项并购交易是通过股票交换的形式进行时,该法就发挥作用。此外,如果一项并购交易是通过现金结算的,那么《威廉姆斯法案》对此做出了相关规定,而《威廉姆斯法案》本身不是一个独立的法律,它只是《证券交易法》的一个扩展法,《威廉姆斯法案》的立法目标主要是通过全面的信息披露义务来保护目标企业股东的权益。

11.2.1 《有价证券购买和转让法》的立法目标、应用范围和要约种类

德国立法者通过《有价证券购买和转让法》制定了一个对于上市公司的并购和其他有价证券公开交易具有法律约束效力的框架,由此,人们就可以获得关于一个公平有序并购程序的指导路线,不会由于其他额外因素而阻碍或者促进了并购交易的进行。此外,对于有关的股东和雇员,这个法律还可以在并购交易中改善信息的交流和提高执行的透明度,该法还加强了少数股东的法律地位,并且通过制定在全德国范围内可接受的标准来促进机会的均等性。

《有价证券购买和转让法》的立法目标可以细化为五个基本原则(《有价证券购买和转让法》第 3 条):平等对待原则是指目标企业的股东应该获得平等对待;透明度原则要求目标企业股东拥有足够的时间和信息来判断并购交易的各方面条件;利益保全义务是指目标企业的管理层和董事会在并购的执行过程中也应当保全目标企业的有关利益;并购过程的时间划分是指应该尽快执行并购交易,根据《有价证券购买和转让法》第 3 条第 4 款,目标企业不能因为并购交易未在适当时间内完成而影响其正常的经营活动;第五个方面是指在目标企业或者其他有关参与企业的有价证券交易中不能造成市场失衡。

德国《有价证券购买和转让法》规定了有关股票以及其他有价证券交易和股份公司或者股

---

①　根据中立义务,如果要阻止一项收购的进行,必须取得股东的同意(参照《欧盟收购准则》第 9 条)。
②　突破惯例使得拥有目标公司超过 75％附带表决权股份的股东,可以否决阻止收购进行的一些预防性措施(参照《欧盟收购准则》第 11 条)。

份两合公司并购的法律条款（《有价证券购买和转让法》第1条第1款），其中的目标企业所在地必须在德国，并且它的股票在德国一个有组织的市场上交易（《有价证券购买和转让法》第1条第3款）。要约是指自愿的或者根据《有价证券购买和转让法》有关规定公开收购或者交换目标企业股份的协议（《有价证券购买和转让法》第2条第1款）。

有价证券是指包括股票在内众多和股票类似的有价值的证券，根据《有价证券购买和转让法》，与股票等有价证券获取有关的书面凭证，例如可转换债券或者期权也属于有价证券的范畴（《有价证券购买和转让法》第2条第2款）。出价人是指独立或者和别的机构共同给出要约并且对其负有义务的自然人或者法人（《有价证券购买和转让法》第2条第4款）。根据欧盟有价证券服务准则，满足证券交易相关前提条件的市场称为有组织的市场，其中包括2007年11月修订的《证券交易法》规定的通过合并官方交易和有组织市场形成的市场（《有价证券购买和转让法》第2条第7款），根据《有价证券购买和转让法》的规定，没有规制的有价证券自由交易不属于有组织的市场。

根据《有价证券购买和转让法》，收购要约应该是有法律效力和不可撤销的合约，这不仅仅是出价人在提供收购股份要约时对于股东的一种要求，而更多的是，股东应该认为在收到要约时，其实已经获得了一份收购协议。

德国《有价证券购买和转让法》将要约分为简单的公开要约、并购要约和义务要约三种形式，其中并购要约和义务要约是公开收购要约的特殊形式。简单的公开要约不是为了获得对目标公司的控制权，其中就包括取得对目标公司不超过现有股权结构30%表决权的参股式收购。此外，当目标公司已经被一方所控制时，参股收购的累积作用也会得到规制。

并购要约的目标则是获得对目标公司的控制权，所以它至少要取得目标公司30%表决权的股份（《有价证券购买和转让法》第29条）。如果收购方直接或者间接地要取得对目标公司的控制权，他必须递交义务要约，该要约收购的必须是出价人未持有的所有股份（《有价证券购买和转让法》第32条、第39条），如果目标公司的控制权基于并购要约就可以取得，就没有必要进行义务要约，由此，其实可以使得出价人省去对相同的股份再出一个要约的麻烦（《有价证券购买和转让法》第35条）。

11.2.2　公开收购要约的流程

德国《有价证券购买和转让法》所规定的公开要约收购流程可分解为几个不同的步骤，在并购交易的准备阶段，人们计划和起草收购要约，当收购方找到了一个潜在的目标企业时，就可以向对方递交要约，同时发出收购要约的消息必须马上公开发布（《有价证券购买和转让法》第10条第1、3款），而在消息发布更早之前，还得通知相关证券交易所以及德国金融服务监管局（BaFin）的管理层。此外，递交要约的决定还需通过书面形式传达给目标企业的管理层。在义务要约情况下，在发布要向目标企业递交收购要约消息的同时，还要公布要约将取得目标企业带有至少30%表决权股份控制权的信息。

在发布递交收购要约的四个星期内，要约的相关资料要上交德国金融服务监管局审查，根据《有价证券购买和转让法》第14条的规定，在这个阶段可以有一定程度的期限延长。在审查结束后，最迟10个工作日内，需要公布要约的相关资料，但是德国金融服务监管局也有可能拒绝公布该资料，原因可能是资料不齐全或者是与现有法律条文相违背。如果是收购要约的有关资料不齐全的话，德国金融服务监管局可以再最多增加5个工作日做出是否公布其要约资料的决定（《有价证券购买和转让法》第14条第2款）。

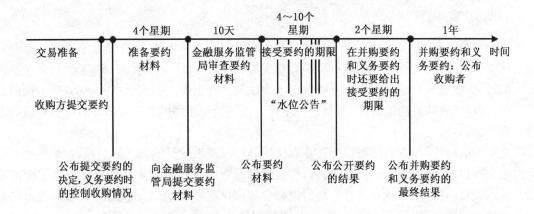

资料来源：Broecker & Weisner(2003，第 6 页)。

图 11－2　公开要约的流程

在取得相关机构的同意后，要约资料要及时公开发表并且传达给目标企业的管理层，而目标企业的管理层需要及时将该资料传递给企业职代会和它的职工(《有价证券购买和转让法》第 14 条)。在要约资料公开发布之后，目标企业的股东可以在要约资料中确定的期限内对该资料进行评估，但是这个评估期限一般不少 4 周，也不多于 10 个星期(《有价证券购买和转让法》第 16 条)。如果要约资料发生了一定程度的改变，或者有竞争性的收购要约递交给了该企业，那么这份要约资料的评估期限可以延长。

在一项并购要约的进行中，如果目标企业的一部分股东不接受要约，在公布接受要约股东的比例后，不接受的那部分股东还可以有两个星期的时间做出自己接受与否的决定。根据《有价证券购买和转让法》(WpüG)第 23 条的规定，在接受阶段的最后一个星期或者接受阶段结束后，出价人应该立即公布其对目标企业持有的股份和其带有的表决权以及相关的有价证券并向德国金融服务监管局申报。在并购要约或者是义务要约的情况下，在最终结果公布的一年内还可以做出是否追加收购的决定，同时，出价人还必须在公布的同时向德国金融服务监管局报告其已经持有目标公司的股票和表决权以及从该公司获得报酬的方式和金额。

与德国情况类似，美国也制定了公开收购要约的有关流程。如果收购要约在一份日报发表或者直接传达给目标企业的股东，就意味着公开收购要约正式启动。在并购的消息发布后，出价人要立即向美国证券监管机构——美国证券交易委员会—递交 14D－1 表格，将这个表格的备份亲自转交给目标企业，并且电话通知目标企业所在的证券交易所其收购意向并寄送 14D－1 表格(Hutter & Lawrence,1999，第 127 页)。在收购要约过程中，14D－1 表格是需要向美国证券交易委员会递交的最重要披露文件，这些文件包括出价人身份、他的经济状况以及目标企业有价证券等信息。在出价人成功递交 14D－1 表格后，美国证券交易委员会会公布这个文件，同时出价人需要向它支付递交费用。美国证券交易委员会在接下来几天对 14D－1 表格中的信息做出表态，并且在必要情况下要求出价人递交一些补充文件。以收购要约的公开日作为第一天，收购要约需要保留至少 20 个工作日，而在前 10 个工作日内，目标企业需要在 14D－9 表格中对这个收购要约做出表态。如果收购要约满足所有的时间期限并且得到了相关机构的同意，出价人就可以进行收购操作了。

11.2.3　要约资料

要约资料必须用德语撰写并且包含一切必要的信息,这样相关的投资者才能在了解背景的情况下做出他们的决定。根据《有价证券购买和转让法》(WpüG)第 11 条,要约资料包括出价人的姓名(或名称)、通信地址和企业法定形式以及目标企业的所在地、法定形式等方面的信息。此外,对于收购要约的对象,需要进一步描述目标企业相关的有价证券并且提供相应的有价证券代码(WKN)。

在要约资料中,还应当披露目标企业有价证券可以提供的报酬方式和金额,这个报酬只能通过现金支付或者股份互换的形式进行,而这里的股票必须在欧盟经济体内一个有组织的市场上流通交易,并购要约或者义务要约的报酬金额应该是相对合适的。对于在德国上市的目标企业股票,其收购价值至少是收购要约公布前 3 个月该股票的平均市场价值。2007 年 4 月,在保时捷持有大众汽车公司超过 30%的股份时,它必须向大众公司的其余股东提出义务要约,保时捷提出的要约中的收购价为每普通股 100.92 欧元,而没有表决权的优先股为每股 65.45 欧元。保时捷在向德国金融服务监管局递交了有关的要约资料后,该局要求保时捷对该义务要约做出修改,保时捷于是将每个无表决权的优先股提高 9 欧分,调整到 65.54 欧元。尽管如此,由于这样的收购价还是明显低于大众公司当时的普通股每股 103 欧元和每个无表决权的优先股 75.50 欧元的市场价,所以大众汽车公司的其余股东没有接受这个要约。在这个例子中,履行了前面提到规则的要求。

此外,收购要约中还应当包括与要约效果相关的一些条件,这些条件要界定范围,只能涉及那些不能由出价人自行取舍的事实情况〔《有价证券购买和转让法》(WpüG)第 18 条第 1款〕。例如,对于收购或者是并购要约,股东以最少的接受比例或者是禁止防御措施的使用等作为条件,保留对合并的控制也是需要的。例如,在收购先灵(Schering)公司时,拜耳集团就在要约中加了这样的条件,就是股东的接受比例要达到 75%,为了使得之后缔结控制合同等达到法定人数,除了上面提及的内容,要约资料还包含要约接受期限的起止时间。

在要约材料额外的补充内容中,还应当包括收购融资以及成功收购可能给出价人的资产、财务和销售额带来的影响〔《有价证券购买和转让法》(WpüG)第 11 条第 2 款〕。相应地,在要约中要说明有足够的资金来支持完成收购,为此,第三方的证券公司需要确保,在并购过程中需要资金时所需的资金确实能到位,在收购方违约的情况下,这个证券公司能向目标企业保证合同的履行〔《有价证券购买和转让法》(WpüG)第 13 条第 2 款〕。此外,目标企业还应该了解,收购成功完成后会带来怎样的财务影响,例如,应该详细阐述收购方(出价人)在收购前后的资产、财务和销售额情况。

要约资料的补充信息中还需包括出价人收购目标企业的意图,这里有对目标企业未来业务和组织形式的描述,以及对于可能的资产变卖和企业重组的态度。

如果管理层或者董事会成员在收购后可以或者可能得到金钱利益或者与金钱等价利益的满足,也需要在要约材料中进行披露。立法者将这种利益区分为正当的和非正当的。《有价证券购买和转让法》的“贿赂规制”是禁止满足不正当利益的行为,正当的利益应该有可追溯的客观背景,例如,继续在管理层中任职就可以被视为是正当的,这就得编入要约资料中。

美国的 14D-1 和德国要约材料的作用是等同的,出价人要将这个文件递交美国证券交易委员会供审查,同时还需将备份寄送给目标企业的管理层和所有与目标企业有关的证券交易所。这个文件中除了包含出价人的身份和财务状况外,还有收购总额、收购融资和收购方意图等信息。出价人通过这种方式来披露其有关目标企业收购计划的信息,例如,其中可以包括对于现有管理层的免职或者转卖收购的目标企业等信息。美国证券交易委员会对外公布这个表格,由此,目标企业的股东也可以获悉收购要约的具体内容,这样,就像前面在要约资料中所提及的,相关投资者可以在了解收购条件的情况下做出决定。

11.2.4　目标企业有关机构的行为义务

在出价人决定收购该企业的消息发布后,目标企业的管理层和董事会就能立即获悉,由此就产生了企业管理层的权利和义务,而这又可以分为信息权利和义务以及中立权利和义务。

根据《有价证券购买和转让法》(WpüG),目标企业的管理层和董事会必须代表企业的利益来行动。目标企业的股东应当获得关于收购的充分信息,这些信息不仅包括出价人提供的信息,这些信息可能会被出价人(收购方)出自本能地、正面地去介绍,目标企业的管理层和董事会也应该提供必要的信息,帮助股东做出合理的决定。

11.2.4.1　表态义务

目标企业的管理层和董事会有义务对收购要约以及之后可能出现的每一个修改做出有根据的表态[《有价证券购买和转让法》(WpüG)第 27 条第 1 款]。他们可以选择分别或者共同发表声明,在实践中,更常见的是共同表态,这个表态可以是赞同的,当然也可以是反对的。目标企业的管理层和董事会应当在获悉收购要约的信息后尽快做出表态,根据法兰克福州高级法院的判决,这里的"尽快"是指不超过两个星期(法兰克福州高级法院 2005 年 12 月 8 日的决议)。

表态必须有事实依据,目标企业的管理层和董事会需要对收购资金的方式和金额、收购完成后可能对目标企业造成的影响、收购方意图做出表态。如果他们是企业股票持有者,还需要对自己的意图做出表态[《有价证券购买和转让法》(WpüG)第 27 条第 1 款]。有关收购资金的方式和金额,企业的管理层可以对公司交换股票价值的未来变化做出评论,还可以通过提出自己对于收购价的另外估值来对出价人的收购价发表意见(Steinmeyer,2007a,第 466 页)。关于收购完成后对目标企业造成可能影响的表态不仅包括企业的内部影响,例如生产地变更和公司裁员,也包括企业外部的影响,例如与供货商和顾客的关系变化。目标企业的管理层和董事会应该依据出价人在要约资料中提出的战略规划来评论收购方的收购意图,有关的表态还要特别注意这个目标的可实现性。如果目标企业的管理层和董事会成员是企业股票持有者的话,通过他们对赞成或者反对收购的自身意图的表态更能强化他们表态的可信度。通过以上有关各方面的表态,大家可以了解到企业管理层认为这项收购是否合适。

对于一项恶意并购,企业管理层的表态可以被视为一个重要的防御措施(见第 13 章),管理层可以在表态这个框架内提出反对恶意收购者及其方案的论点,以此来向股东证明自己方案的正确性。

除了目标企业的管理层和董事会外,企业的雇员代表和职员也能主动表达自己对收购的态度,管理层必须通过企业职代会,或者如果没有职代会的话直接通过职员,了解他们有关收购要约的见解。企业职代会应当参与表态,以此来为股东提供信息,但是职员或者是职工代表并没有义务做出表态。如果职员代表递交了表态的话,应该作为企业管理层表态的一个补充,这在文件中也必须明确注明是企业职工代表的态度。

在美国,因为没有管理层和董事会的区分,所以表态需要由管理层来做出,针对收购要约,管理层可以对股东表达赞同或者反对、保持中立或者不发表意见,又或者表示在当前还不能做出表态(Hutter & Lawrence,1999,第138页)。管理层的表态在表格14D-9中有相应的规定,表态的内容可以是对做出收购决定有重要影响的因素,例如,收购资金的方式和金额、收购方的意图或者收购对目标公司的影响等的讨论。

11.2.4.2　中立义务

立法者规定目标企业的管理层有中立义务,也就是说,目标企业的管理层从收购要约的公布开始到企业做出决定前,都不能采取任何可能阻碍收购成功进行的行动[《有价证券购买和转让法》(WpüG)第33条第1款]。这个规定主要在恶意收购时有重要意义,因为这时企业所有者和公司管理层之间可能产生利益冲突(Steinmeyer,2007b,第592页)。

然而,法律中特别规定的四个例外限制了中立义务(见第13章),管理层可以采取任何一个正直和有责任心的管理者,可能采取的行动就像他们不是企业收购的目标那样[《有价证券购买和转让法》(WpüG)第33条第1款]。这样的行为即使可能会阻碍收购的进行,也是被允许的。如果在公布收购要约时,目标企业的管理层正在进行一项收购,不能因为由此可能使得收购方无法融得足够资金来支持巨大的交易额而放弃原有的收购。在这种情况下,原先的收购是作为企业发展战略的一部分来看待的,而这是管理层在没有收购要约的条件下也同样会进行的,收购要约的发布不能影响企业正常的经营业务。

此外,目标企业的管理层还可以为抗衡恶意收购寻找一个第三方的"白衣骑士"来递交一个竞争性的收购要约[《有价证券购买和转让法》(WpüG)第33条第2款]。这是有利于股东权益的,因为"白衣骑士"的收购要约价格通常高于原有收购的出价,由此形成的拍卖形式使得购买价可以基于公司股东利益得到最大化。可是,"白衣骑士"的出现可能阻止了原有收购要约的进行,但却给第三方带来了好处。

最后,企业的管理层得到董事会事先同意的情况下,可以采取根据股票法有关规定,不需要在股东大会上进行表决的防御性措施(Steinmeyer,2007b,第603页)。所以,这个中立需求的特例都落在企业管理层的行为上,这可以是基于之前在股东大会上得到了授权,甚至在特殊情况下,可以出售公司的业务或者子公司,只要不违背公司的章程(Bouchon & Mueller-Michaels,2005,第1027页)。

如果是在收购要约公布前从股东大会上已经得到了授权,企业管理层就可以采取相应的行动。而这可能是有问题的,因为股东是在不知道收购要约具体条件的情况下,授权采取防御性措施的。他们授予管理层的一部分决定权可能包括例如出售公司一部分业务的权力,那些可能阻碍收购进行的行动需要根据情况由股东来进行表决。股东授予管理层的权力最长可达18个月并且至少得获得代表自有股权75%股东的同意。此外,这样的授权还得取得董事会的同意。

对于企业收购,目标企业的董事会同样有排除内部利益冲突的需要。特别是当一家企业的董事会成员是银行的代表时,就很可能陷入利益的冲突,例如,当一个来自信贷机构的管理层成员拥有客户保密义务的同时,作为另一家公司的董事会成员,它又有对于任职公司忠于职守的义务,这样就会产生利益冲突。特别是当这家银行在目标企业董事会派有代表,同时又为收购提供融资时,利益冲突产生的可能性就会大大增强。1997年3月,克虏伯公司试图收购蒂森公司,当时德意志银行既是蒂森公司的董事会成员,同时又是克虏伯公司并购融资的提供者。由于泄密事件,收购遭到了蒂森公司全体员工的抗议,两家公司通过艰难的谈判最终只在钢铁领域合并成立了蒂森克虏伯钢铁股份有限公司。

董事会成员在履行其职责时,只能代表委托其企业的利益,如果这个成员同时又是一家信贷机构的管理层成员,就不能参与和目标企业有关的任何业务,这也包括不能和同事非正式地讨论此事。如果这个董事会成员没有履行忠于职守的义务,其他的董事会成员有义务向法院申请解除他的职务[德国《股票法》(AKtG)第 103 条第 3 款]。

在美国,中立义务不是在全美范围内适用的,而是只有一些州制定了相关的法律("商业判断准则")。总体而言,管理层有义务注意和保全企业的利益,根据"商业判断准则",管理层应当在最佳的事实根据下采取行动,就像任何一个正直的管理者在类似的状况下会用类似的方法和方式行动一样,以此尽最大的努力来保全企业的利益。

11.2.5 "挤出"

当出价人取得了目标企业 95% 或者以上的股权时,就有可能借助所谓的"股票法挤出",通过支付给少数股东适当补偿金的形式来获得他们的剩余股份。这个程序自从 2002 年 1 月 1 日在《股票法》中生效以来,可以在上市和非上市的股份有限公司或者股份两合公司中应用。这个股份转移的决议必须在股东大会上通过,而交出股份的少数股东要通过现金支付来得到补偿,现金补偿金额的大小由主要股东来决定,但这并不意味着可以任意拟定,需要考虑在股东大会决议时公司的实际情况[《股票法》(AKtG)第 327b 条第 1 款]。公司现在的股票市价或者过去 3 个月的加权平均股票市价可以作为参考价值,补偿金的适合性一般要由法院指定的专家进行鉴定。

"挤出决议"在工商登记册上记录在案后,所有股份转到主要股东的名下,少数股东失去了对其拥有股票的所有权,这时他们只有在《债权债务法》意义上对于补偿金的求索权(Scheel,2003,第 237 页)。通过这种方式取得少数股东的股份可以保证降低管理费用(股东大会、股市交易)以及减少由于少数持有异议股东的控告引起的"摩擦损失"。为了保护少数股东的利益,立法者规定:在召集股东大会之前,必须有信贷机构书面声明,在少数股东同意转移股票的决议后,可以代替大股东尽快支付他们事先商定的补偿金[《股票法》(AKtG)第 327b 条第 3 款]。少数股东在签订具有法律效力的"挤出协议"后[《股票法》(AKtG)第 327 条],可以借助所谓的判决程序来检测以现金形式赔偿的金额,同时,"挤出"的法律效力是保持不变的。

例如,宝洁公司 2005 年 9 月在获得威娜公司(Wella AG)自有股权 95% 以上的股份后,该公司就进行了《股票法》的"挤出操作",在当年的 12 月 13 日,威娜公司的股东大会同意了挤出决议,宝洁公司允诺给予这些少数股东每普通股和优先股高达 80.37 欧元的现金形式补偿金。之后,少数股东却对股东大会的挤出决议提出了控告,所以造成了这项决议不能在工商登记处进行登记,威娜公司向法兰克福地方法院申请了放行程序,认为由于控告明显的不合理性应该取消登记的禁令,然而,这个申请在法兰克福地方法院和高级法院都被驳回了。在 2007 年 2 月,威娜公司的股东大会通过了确认决议,股东大会认为虽然由于控告等的不足,原先的决议还是应该被执行,然而,少数股东再次对这个决议提出了控诉,威娜公司向法兰克福地方法院第二次提出了放行程序的申请,虽然地方法院认为这个程序是不能接受的,但是,法兰克福高级法院却认为这个程序的申请是允许的,并且判定公司可以依据 2007 年 11 月 5 日的决议对"挤出操作"进行工商登记册的登记工作。在 2007 年 11 月 12 日,少数股东的所有股份以每股 80.37 欧元的价格转移到了宝洁公司的名下。

自 2006 年 7 月以来,除了《股票法》上的这个操作外,《有价证券购买和转让法》也提供了这样的机会,可以在公开并购后,利用并购法意义上的"挤出操作"来排除少数股东的股份。如果出价人通过并购要约或者是义务要约获得了目标企业带有表决权的至少 95% 的股份,就可以直接通过法院判决来排除剩余少数股东的股份,当然需要支付给股东合适的补偿金(《有价证券购买和转让法》第39a条第1款)。

对比《股票法》意义上的"挤出操作",《并购法》规定的"挤出"拥有的一个特点是,对于少数股东股份的排除是通过法院判决的形式进行,不需要在股东大会上进行表决。出价人可以在收购要约或者义务要约接受期限之后的3个月内向法兰克福地方法院提出转移股份的申请,在这种情况下,少数股东不能通过判决程序提出检测补偿金的金额,但是,在地方法院做出决议后,可以马上向法兰克福高级法院提出申诉。从申请《并购法》意义上的"挤出"到"挤出操作"的合法结束,都不能再应用《股票法》上的有关"挤出"的规定条款(《有价证券购买和转让法》第39a条第6款)。

相应地,根据《有价证券购买和转让法》第39c条,同样是在要约接受期限后的3个月内,少数股东有权向大股东提出收购其股份。

2007年11月11日,北德意志州银行以每股36.09欧元的价格发布收购抵押银行(Hypothekenbank)的要约,抵押银行在过去3个月的平均股价为30.26欧元,由于支付了溢价,大部分抵押银行的股东都接受了这项收购要约,由此,北德意志州银行取得了抵押银行97%以上的股份和表决权,随后,北德意志州银行向法兰克福地方法院提出了"挤出操作"的申请。但是,抵押银行的少数股东却对这个申请提出了控告,认为36.09欧元/股的补偿金太少,并且提议由专家对这个补偿金金额的合适性进行鉴定。出乎北德意志州银行的意料,地方法院拒绝了"挤出操作"的申请,法院给出的理由是,通过法院自己的初步鉴定,北德意志州银行提供给少数股东的补偿金大小是不合适的,因此也没有必要对此再进行专家鉴定。

北德意志州银行随即向法兰克福州高级法院提出了申诉,不同于地方法院的决定,在州高级法院2008年12月9日的决议中同意了"挤出操作"的申请。法兰克福州高级法院认为,在北德意志州银行完成并购要约或者义务要约后,就已经拥有抵押银行至少95%带有表决权的股份,此外,它还判定该银行提供的补偿金是合适的,由此,州高级法院就留下了一个没有解答的题目:按照《有价证券购买和转让法》第39a条第3款,补偿金合适性鉴定到底是否是可驳回的或者只是一个虚拟假设(法兰克福州高级法院,2008年12月9日判决)。

11.3 参考文献

Aberle, G. (1992), Wettbewerbstherorie und Wettbewerbspolitik, 2. Überarbeitete Auflage, Stuttgart, Berlin, Köln: W. Kohlhammer.

Berg, H.; Schmitt, S. (2003), Wettbewerbspolitik im Prozess der Globalisierung: Das Beispiel der Zusammenschlusskontrolle, in: Holtbrügge, D. (Hrsg.), Management multinationaler Unternehmungen. Festschrift zum 60. Geburtstag von Martin K. Welge, Heidelberg: Physica-Verlag, pp.363—376.

Bouchon, M.; Müller-Michaels, O. (2005): Erwerb börsennotierter Unternehmen, in: Hölters, W. (Hrsg.), Handbuch des Unternehmens-und Beteiligungskaufs, 6. Auflage, Köln: Schmidt (Otto).

Bröcker, N.; Weisner, A. (2003), Übernahmeangebote. Unternehmens-und Beteiligungserwerb nach dem WpUeG, Köln: Dr. Otto Schmidt KG.

Bundeskartelamt (2001), Das Untersagungskriterium in der Fusionskontrolle-Marktbeherrschende Stellung versus Substantial Lessening of Competition? Diskussionspapier.

Holzapfel, H. J.; Pöllath, R. (2006), Unternehmenskauf in Recht und Praxis: rechtliche und steuerliche Aspekte, 12. neu bearbeitete Auflage, Köln: RWS Verlag Kommunikationsforum.

Hutter, S.; Lawrence, W. J. (1999), Übernahmerecht in den USA, in: von Rosen, R.; Seifeirt, W. G. (Hrsg.), Die Übernahme börsennotierter Unternehmen, Schriften zum Kapitalmarkt, Band 2, pp. 95—163.

Meckl, R.; Hoffmann, T. (2006): Ökonomische Implikationen der neuen europäischen Übernahmerichtlinie, in: Betriebswirtschaftliche Forschung und Praxis, 58. Jg., Nr. 5, pp. 519—538.

Montag, F., Horstkotte, C. (2004), Kartellrecht, in: Picot, G. (Hrsg.), Unternehmenskauf und Restrukrierung. Handbuch zum Wirtschaftsrecht, 3. Auflage, München: C. H. Beck, pp. 771—865.

Scheel, H. (2003), Verschmelzung, Eingliederung, Squeeze - Out, Beherrschungs - und Gewinnabführungsvertrag. Alternativen und Folgemassnahmen bei öffentlichen Übernahemen, Stuttgart: Schaeffer-Poeschel, pp. 205—247.

Schmidt, I.; Schmidt, A. (2006), Europäische Wettbewerbspolitik und Behilfenkontrolle, 2. Überarbeitete und erweitwete Auflage, München: Vahlen.

Steinmeyer, R. (2007), Einleitung, in: Steinmeyer, R.; Häger, M. (Hrsg.), Wertpapiererwerbs- und Übernahmegesetz. Kommentar, 2. Auflage, Berlin: Erich Schmidt Verlag GmbH & Co., pp. 83—97.

Steinmeyer, R. (2007 a), Stellungnahme des Vorstands und Aufsichtsrats der Zielgesellschaft, in: Steinmeyer, R.; Häger, M. (Hrsg.), Wertpapiererwerbs - und Übernahmegesetz. Kommentar, 2. Auflage, Berlin: Erich Schmidt Verlag GmbH & Co., pp. 452—482.

Steinmeyer, R. (2007 b), Handlungen des Vorstands der Zielgesellschaft, in: Steinmeyer, R.; Häger, M. (Hrsg.), Wertpapiererwerbs-und Übernahmegesetz. Kommentar, 2. Auflage, Berlin: Erich Schmidt Verlag GmbH & Co., pp. 582—634.

第四部分　企业联合的特殊视角

- 跨境收购的特点
- 恶意收购以及防御措施
- 协作代替并购
- 卖方视角的并购：撤资

第12章

跨境收购的特点

近年来,随着产品和要素市场的全球一体化进程,企业竞争已明显加剧。在许多市场中,为了在全球竞争中长期站稳脚步,企业必须实行国际化。数据资料显示,许多企业都面临着这些挑战,国际化企业的数量从1990年的将近35 000家上升到2006年的大约78 000家,翻了一番多。这些企业总共控制着大约78万家国外子公司,这种国外资产和经营活动的增加在很大程度上是由跨境收购形成的。

在跨境或者国际收购中,收购双方来自不同国度。下文主要是从收购方企业的角度来考察,即一家国内企业通过跨境收购控制一家国外目标企业。相对于国内交易,跨境收购有很多特别之处,因此,收购双方的主管人员不能简单地把他们在纯国内企业收购中的经验借鉴过来使用。换言之,更加复杂的需求要求对跨界收购的特点进行深入研究。

为了给出有关这些特点的系统概况,本章将深入研究以下问题:

● 国际管理这个概念的含义是什么?

● 怎样从理论上解释企业国际化?

● 跨境收购管理过程中要注意些什么?

● 根据经验研究跨境收购是否成功?

12.1　国际管理的基础

12.1.1　国际化战略以及国际化的理论

跨国界合并可以理解为是企业国际化的一种形式。在过去的三四十年里,产生了很多理论,它们致力于解释现实中可以观察到的企业国际化,在此过程中,确定了国际化的决定因素以及企业国际化的形式和规模。库特施克和施密德(Kutschker & Schmid)和格劳姆(Glaum)分别在 2008 年和 1996 年给出了不同国际化理论的总体概况,这些国际化理论也为评价跨境收购提供了理念基础。

企业国际化理论中的一个核心观点是由约翰·邓宁(John Dunning,1977,2000,2001)提出的所谓"折中方法"(见图 12-1),下面会介绍其基本特点。折中方法是很多以前单个理论的一种结合,并通过将垄断优势(ownership advantages)、区位优势(location advantages)和内部化优势(internalization advantages)联系在一起来解释国际企业的形成。折中方法在文献中经常被称为"OLI框架",这里 OLI 来自于三种优势——ownership,location,internalization advantages——的首字母。

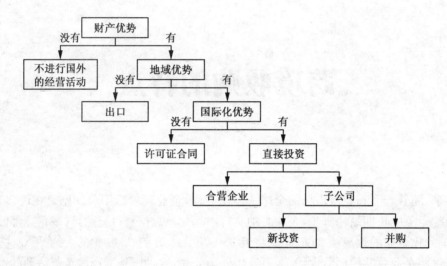

资料来源:齐扎科特等(Czinkota et al.,2005,第 175 页)。

图 12-1 实施直接投资的决策树

企业进军外国市场时,因为管理部门不熟悉每个市场的经济、法律和文化的特点,相对于本地竞争者企业将处于不利地位(陌生成本)。此外,国际企业的组织和领导也会涉及一些额外的风险和成本。因此折中方法也提到,尽管有这些劣势,但为了能在海外成功经营,企业必须拥有特定的垄断优势(与独占优势同义)。所有形式的成本优势(规模经济、范围经济、学习效应和有利的资源渠道等)和差异化优势(出色的质量、设计和品牌名称等)都有可能成就垄断优势。而且有论证表明,国际企业有能力充分利用市场失灵,也有可能通过在国际网络的节点之间转移价值创造点来利用要素成本差异,构建有利的资源渠道,以及充分利用要素价格的差异。此外,在国际上活跃的企业也有能力,通过其国际经营活动创造新的特定无形资产。因为它们必须适应不同的国家环境,所以,相比于国内经营活动的竞争者来说,它们会在更大程度上察觉到变化信号。创新和特殊能力就来源于其中,并且最终会形成有回报的经济产品(Kogut & Zander,1993,第 627 页)。

为了产生绩效和在市场上行得通,局部垄断地位、更高灵活性的优势以及额外的能力和创新必须与国内外的选址因素结合起来。有吸引力的销售状况、低的生产要素成本、发达的基础设施、有利的税收条件或者其他的当地优势都会支持在国外使用垄断优势。如果相反,公司母国的位置条件——考虑到运输成本、关税和其他的贸易限制——相比国外更有利的话,那么绩效生产就集中在国内,而国外市场就通过出口来经营。

如果国外的绩效相比国内生产更有利可图的话,就必须在另一个层面上确定,相关企业是否要在国外利用它的垄断优势,或者是否应该借助市场合作的形式,例如通过许可证委托第三方企业在国外市场上产生绩效(见图 12-1)。垄断优势的核心常常在于出色的知识(例如,产品、生产过程和市场知识),然而,知识市场是非常不完善的,因此委托第三方会引起很高的合作和控制成本。借助国际化理论这个特定的成本转移理论模型,可以更精确地分析母公司与子公司之间的合作通过市场(许可证)还是通过企业内部垄断优势的转移更有利。①

许可证是一个达成一致的合同,国内的许可人委托国外的受许人使用有价值的无形资产,许可证可以分为保护权许可证(专利、实用新型、外观设计和商标)和技巧许可证(技术和商业技巧)。② 按照许可的范围,许可证可以分为独家的和非独家的许可证,为了维护自己的利益,许可人要经常通过约束来限制许可证的运用,所以受许人获得的权利经常仅适用于特定的区域。除此之外,许可证还可能会有时间上的约束,以至于受许人只允许在一段特定时间内使用技巧许可。进一步讲,转移技巧的实际使用也会受到限制(生产、销售和使用许可证)。例如,一项使用许可证规定只能在企业内部使用许可对象。受许人必须为使用无形资产而向许可人支付费用,许可费用可以是固定总计的,也可以是取决于使用的状况。总计的许可费用是固定的、一次或者定期支付的款项。而与之相反,与使用状况相关的许可费用是可变的,它们是同采购、销售、营业额或者利润相关的。此外,向许可方提供另外一个许可证的使用权利也作为支付许可费用的一种方式。

如果企业决定自己在国外利用垄断优势的话,企业将建立国外分公司。在其规划中,企业可以选择,是想要通过和国外合作伙伴的协作来进行经营活动,还是想要追求对业务的完全控制并因此建立全资子公司(见图 12-1)。合资企业形式下的协作有将资本需求和风险分摊给多个合作伙伴并利用长居当地合作伙伴的市场知识优势。对于一家被完全掌握的子公司来说,这种唯一的控制能够快速灵活地作决定,还能够在国际化公司中实现规模和复合优势的最佳使用,而且企业也会以这种方式在海外充分运用它的垄断优势。

除了形成财产结构和控制结构外,企业还必须决定合适的入驻方式(见图 12-1),这里可选的方式有创建新公司(零起点投资)或者是在有关的国外市场获得——这里特别有意义——已经存在的公司(收购)。创建新公司会在如位置和技术选择方面享有更高的自由度,并在国外更容易被接受。劣势就是市场建设过程很缓慢,并加剧了与相关市场生产能力提高紧密相连的市场竞争。相反,收购的优势就在于快速的市场进入以及使用已经存在的技术和业务往来,毕竟收购一家公司首先不会改变市场中的供应结构。收购的劣势就在于不是逐步渐进的、直接导致高购买价和购买对象之后整合的必要性,而这种整合又由于不同的企业战略和文化而可能导致高的成本。可以看出,市场进入和运行方式并不是"或者—或者的决定",所以企业可以同时用不同的方式来运作市场或者在过程中改变市场运作方式。

需注意的是,邓宁提出的折中方式是典型的新古典理论,它认为企业是一个黑匣子,不进一步探讨企业内部运行的、可能是非常复杂的决策过程,也忽略企业内部不同利益团体的任何利益冲突。取而代之的是,它假设所有的决策都是严格按照所有者的意愿采取行动。此外,代理理论和行为经济学也提供了其他可选择的理念。

———————————————

① 一般的转移理论参见威廉姆森(Williamson,1975,1985)和关于用成本转移理论解释收购(参见第 3 章 3.2.3.5 节),把成本转移理论借鉴到企业的国际化是由巴克利和卡森(Buckly & Casson,1976)实现的。

② 参见库特施克和施密德(Kutschker & Schmid,2008)。

委托—代理理论认为,(国际化)大企业的决策实际上往往不是所有者,而是受所有者委托雇用的管理者(管理层等)做出的(见第 3 章第 3.3 节),然而除了所有者的利益外,受雇的管理者可能还要追求自己个人的目标,例如,我们完全有理由假设,因为管理者的报酬和他们在管理实践中的个人声望是与企业规模正相关的,管理者此外还会有意识或者无意识地追求通过跨境收购来扩大其领导企业的规模。进一步还可以假设,通过国际企业构架的建立和与此相连的地理多元化来降低企业风险,也是出于管理者自己利益的考虑,因为以这种方式他们能更加保证自己的职位和未来的收入。

委托—代理理论集中于所有权和决策权分离所产生的利益冲突,每个参与者在每个模型结构内的行动都是完全理性的。行为理论却与此相反,认为由于有限的信息加工处理能力,人们的行动不可能是完全理性的。在这个基础上探讨会牵涉到多个可能有着不同利益集团的决策过程——正如管理实践中一样,大企业的国际化决定过程也一样。可以预见,由于问题的复杂性和参与者的有限理性,基于新古典理论的谈判过程并不会产生最优的结果。进一步来说,由于人们行为(主要是在团体中)的不确定性,有关国际化形式、范围和结果的确切结论是不能借助行为理论来导出的。

折中方法、委托—代理理论和行为理论都以解释企业国际化的基本规范为目标。近些年,研究者更倾向于深度探讨国际化的过程,特别值得关注的是,国际化的关键步骤会产生哪些效果。[①] 这可以追溯到乔娜森与沃尔兰(Johanson & Vahlne,1977)的工作,并以行为导向企业理论为基础的所谓乌普萨拉模型中假设,企业建立起经验知识,并且随着知识的增加会提高它在一国之内的知名度(递增的国际化路径)。此外,这种方法假定,在敢于进入感知上更远的国家之前,企业首先应该进入那些心理距离较小的国家。乌普萨拉模型已经在经验研究中得到了一些证实(如 Bäurle,1996)。与之相反,其他的一些研究也发现了一些与之相悖的样本(如 Maitland et al.,2005)。所以,企业也要反复地国际化,并同时在不同国家进行多项收购。然而以乌普萨拉为基础形成的学习想法在国际化中得到进一步支持,可以指出:(1)企业可以从先前进入的国家积累为后来进入其他相似国家所需的经验,(2)企业学会使用特定的市场进入方式,并且(3)在进入一个特定国家后,企业在这个国家持续地积累经验知识。

12.1.2　收购作为国际化的工具:经验研究概述

东欧国家、中国和印度的市场开放,区域经济空间(例如,欧盟、北美自由贸易区和东盟)的形成,以及通过国际协议(关贸总协定、服务贸易总协定)降低贸易壁垒已经在最近几十年引起了跨境经营活动的显著增加。在 1980～2006 年间,世界范围的出口增长了 5 倍多,特别是 20 世纪 80 年代末和 90 年代初以及从 2006 年起每一年的出口同比的增加量都超过 10%,很明显超过整体宏观经济的增长(见图 12—2)。

与出口相似,在 1980～2006 年间,直接投资(即企业跨境投资)在世界范围内快速增长(见图 12—2),它在 1992～2000 年间的增加特别强劲。如果人们详细调查直接投资流,就会发现,这种发展的一个主要原因在于东欧和亚洲国家市场的开放,而这部分市场已经在近一段时间吸引了大部分的直接投资。2001～2003 年,直接投资总体上明显下降,那几年世界经济,特别是金融市场的发展停滞可能是导致这一下降的原因。从 2003 年起,直接投资再次呈现上升趋势。

①　参见巴克玛和弗穆尔林(Barkema & Vermeulen,1998);弗穆尔林和巴克玛(Vermeulen & Barkema,2001);赫蒂申肯路特和沃尔(Hutyschenreuter & Voll,2008)。

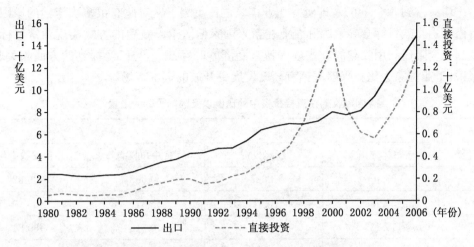

资料来源：UNCTAD，www.unctad.org/statistics。

图 12—2 1980～2006 年世界出口和直接投资

有必要研究以哪一种形式进行直接投资为好，是新建投资还是用国际收购的形式。图 12—3 说明了国际收购作为市场准入，确切地说是作为市场营销策略的重要意义，在图中涉及最近 20 年的进程中，收购在世界范围直接投资的比重在大多数年份都明显超过了 50%，特别是 20 世纪 80 年代末和 90 年代末直接投资更多是以收购的形式进行。然而，2001～2003 年，收购的比重再次让位于新建投资。科技股泡沫的破裂可以解释这个现象，因为受股票价格下降的影响，企业不能再运用其股票来支付收购的买价，最近一段时间跨境收购再次展现了上升的趋势。

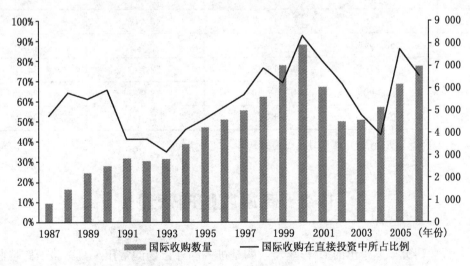

资料来源：UNCATD-FDI 数据库，www.uncatd.org/fdistatistics。

图 12—3 直接国际投资中收购所占的份额以及国际收购的数量

图 12—3 展示的数据是针对世界范围内进行的跨界收购，从图的分析中可以注意到，首先工业国家的直接投资主要是以收购形式实现的，例如，收购在直接投资中的比重在美国经常超过 80%（见表 12—1），相比之下，直接投资中收购的比重在像中国、印度或者巴西这样的新兴

国家中平均只占到 5％～40％，即远在工业国家的比重之下。对此有很多决定性的原因，首先缺少有潜力的收购目标会导致国际企业在新兴国家偏向于以新建的方式实现预定目标；政治上的抵制也会阻碍利用收购的方式进入新兴经济体；最后——与已经提到的方面相关联——一般来说，工业国家会比新兴国家拥有高度发展更开放的资本市场。

表 12－1　　　　　　　国际收购在直接投资中的比例以及国际收购的数量

美国直接投资总额			
年份	整体支出	新建投资	兼并和收购	兼并和收购份额(％)
1985	23.106	3.023	20.083	86.92
1990	65.932	10.617	55.315	83.90
1992	15.333	4.718	10.616	69.24
1993	26.229	4.468	21.761	82.97
1994	45.626	6.873	38.753	84.94
1995	57.195	10.016	47.179	82.49
1996	79.929	11.196	68.733	85.99
1997	69.708	8.974	60.733	87.12
1998	215.256	32.899	182.357	84.72
1999	274.956	9.829	265.127	96.43
2000	335.629	12.926	322.703	96.15
2001	147.108	9.017	138.091	93.87
2002	54.519	11.077	43.442	79.68
2003	63.591	13.379	50.212	78.96
2004	86.219	13.481	72.738	84.36
2005	91.390	17.393	73.997	80.97
2006	161.533	13.706	147.827	91.52

资料来源：经济分析局(2007 年 6 月)：美国的 FDI。

12.2　跨境收购的管理

正如经验研究概述指出的那样，跨境收购是进入国外市场的常用工具。虽然跨境收购的操作方法基本上和国内收购相似，但是跨国的企业收购会在细节上产生很多特定的、复杂的问题和困难(Kissin & Herrera,1995,第 54 页；Very & Schweiger,2001,第 19 页；Shimizu et al.,2004,第 309 页)。在下面章节中我们将更详细地展开阐述收购过程的各个阶段。

12.2.1　制定收购计划

正如第 5 章已经解释的那样，收购的决策要以对企业本身以及它所处的环境的详细战略分析为基础。在跨境收购中,一家国内企业获得了对位于另一个国家的资源和潜力组合的权力,因此,在跨境收购中只涉及潜在收购目标搜索出的档案资料和相应狭隘的分析还不够,还必须考虑在那个国家生存所需的条件,主要是,在选择国外收购目标时,必须考虑政治、经济、法律和文化环境。此外,还建议应该分阶段构造选择过程,企业可以借助现成的国家分析报告来减少可以考虑的目标国家数量。应该有目的地在国家分析报告中考虑到每一个对于相关企业和其所在行业的成功特别重要的因素(上面的阐述也参见 12.1.1 节中的区位优势)。在进一步的寻找和选择过程中,仅仅那些整体社会环境使所追求收购目标成为可能的收购候选企业,才会进入到更进一步的考虑之中。

12.2.1.1　政治和经济稳定性是跨境投资的前提条件

跨境收购目标的实现在很大程度上取决于相关目标国家的政治稳定性。政治风险产生于没有预料到的(目标)国家可能对企业业务有影响的政治系统的改变(Deresky,2006,第 14 页;Daniels et al.,2007,第 99 页)。最简单的情况是,国家政府可能通过法律上的变化或者行政管理上的规定来限制企业的行为自由(处置风险),处置风险可能会涉及收购后所在国家的措施(例如,引入额外的行政要求、安全规定、税收或者劳动法的改变),或者还有工会和其他社会团体的措施(例如,劳动争端、联合抵制)会以各种各样的方式作用于企业的有关方面,并且对国外子公司的盈利能力产生负面影响。特别是当这些措施有差别地对准国外企业时就更成问题。

处置风险可能是针对外国公司的收购企图,典型的例子为 2004 年法国政府对瑞士制药企业诺华(Novartis)的警告,要求其放弃试图收购法国—德国制药企业安万特。2004 年,安万特成为它的法国竞争者赛诺菲恶意收购的目标,受到安万特管理层对话的鼓励,诺华已经考虑作为"白衣骑士"出现并且提交一份有竞争性的收购要约。法国政府代表就此声明,他们不会接受诺华收购安万特,在这个明确的表态之后,诺华放弃了它的收购想法。跨境收购中政治风险的另一个例子是西班牙政府在意昂为了得到西班牙公用事业企业恩德萨(Endesa)的收购战中发挥的影响。国家的监管机构 CNE 通过大量的补充要求阻止已经给出的对恩德萨收购的许可,而大多数观察者认为这些规定是有歧视性的。在经历了很长时间的谈判之后,这些规定也被欧盟监管机构认为没有根据而被撤回。然而,因为西班牙政府公开倾向于由西班牙联合企业安讯能(Acciona)和意大利能源提供商意大利国家电力公司(Enel)共同提交的竞争性收购要约,意昂被迫撤回它对恩德萨的收购要约。然而,意昂能在与竞争企业安讯能和意大利国家电力公司的协议过程中,以总价值 1 000 亿欧元获得恩德萨公司在西班牙、法国、意大利、波兰和土耳其的部分业务。

政治风险的另一种形式是转移风险。转移风险所表达的危险是,商品和资本的跨境交换可能会由于国家的措施而受到限制,例如,货币的获得和转换可能会受到控制和调整,这样,子公司在出口和进口商业活动上的参与可能会受到阻碍或者完全被制止。子公司将不能按计划实现它在国际产品和销售网络中的职能。资本流动管制也会阻止外国子公司畅通无阻地向国内公司总部转移盈余,极端情况下仅仅是在子公司的国内业务才可能使用资金(冻结资金)。资本流通管制直到 20 世纪 70 年代还在许多国家广泛流行。如今,西方工业国家的金融和货币市场在很大程度上都是开放的,与之相反,资本流通管制现在还在发展中国家和新兴经济体存在着,例如中国。

国际企业的危险也来自于征收危险。政府有可能会部分地或者完全地征用企业的财产,通过这种方式,企业就会失去对国外子公司的控制。征收可能会支付赔偿金也可能不支付,

20世纪60年代和70年代在许多发展中国家和新兴经济体中都发生过征收外国企业财产的事件。也是从那时起,大多数政府对待国际企业的态度都改变了,如今国际企业的投资在发展中国家和新兴经济体大多会受到欢迎,一部分国家甚至还会主动吸引投资。尽管如此,在特殊情况下征收还是会出现,就像近段时间在委内瑞拉(能源和通信领域)和玻利维亚(矿业、石油和天然气领域)。作为政治风险的进一步形式是国际企业的职员在国外的生活风险,来自国际企业母国或者来自其他西方国家的派遣人员可能会在政治不稳定的发展中国家和新兴经济体陷入危险,成为政治激发袭击事件或者非法绑架的牺牲者。

除了政治风险外,企业也必须把宏观经济风险因素考虑进去。经济不景气、汇率变化、通货膨胀和公共预算赤字也可能会削弱一个国家的经济稳定性并且可能会引发政治风险。例如,带有独立货币政策的比索美元联动货币政策的引入于1998~2002年在阿根廷引起了一场严峻的经济危机,阿根廷的经济产出自其高点下跌了21%,价格控制和限制现金支付阻碍了经济生活,禁止裁员制止了企业的调整措施。

相比于其他的市场进入形式,收购需要大量的投资,因此在出现经济问题和政治不稳定时,快速的撤退是很难实现的。因此在做出收购决定之前,企业必须透彻地分析经济形势和政治稳定性。在高政治风险国家的投资中,建议与当地的合作伙伴一起进行投资,以这种方式来分担风险并且利用合作伙伴的关系来降低风险。出于同样的原因,如果目标国家资本市场状况允许的话,投资应该尽可能高比重利用当地外部资本来融资。

利用自己开发的评价指标,在国外进行收购的企业也能自己对政治风险进行评估。例如,在它们已经有业务并考虑进一步扩大投资的国家中,在"国家—投资组合—分析"的框架下,企业能借助不同的评价指标评价政治风险。风险评估也可以使用于企业评估的过程中,或者是以预期未来现金流减成的形式,或者对贴现率加成(见12.2.3节)。企业也可以使用由咨询公司和特定机构定期编制的国家评估报告,从市场中流通的政府债券利率可以推导出国家特定的风险溢价(国家风险差额[①])。

12.2.1.2 法律框架

除了政治和经济风险外,计划中也应该考虑法律框架。首先,要注意实施跨境收购时适用的法律规范;其次,法律规范也会影响子公司以后的业务,从而影响实现协同效应的可能性。在收购和以后运营的两个阶段中,都存在着管理人员关于每个适用的法律规范仅掌握不完全的信息和出于对法律或者其他规则的不了解会触犯到法律的风险(Lucks & Meckl,2002,第263页)。因此,获得当地法律体系专家的帮助通常就变得不可或缺了。

首先,要从法律角度出发,检验一项收购究竟是不是被允许。个别国家基本不允许外国企业进行收购,或者对于外国人获得的企业份额存在最高限额。除此之外,例如出于政治安全的考虑,也有许多国家限制外国企业在特定行业的影响,军火和国防工业、航空工业以及媒体行业都属于这些行业。在跨境收购中也必须考虑目标国家公司法律方面的规定;如果是对上市公司的收购,要注意各种收购规定(例如,信息和许可义务、保护少数股东的规定和在工商注册局注册登记);最后还要注意反托拉斯法规。根据交易的规模大小,不仅目标国家的每一项规定很重要,而且第三国的规定也同样很重要,所以,尽管两家企业都在欧洲外注册,但是它们共

[①] 国家评级由评级机构、杂志以及其他公共或者私人机构定期公布,著名的例子为《经济学家》杂志、《欧洲货币》杂志、《国际投资者》杂志以及位于瑞士的BERI研究所的经营环境风险智能指数。关于评级和所使用方法的概述参见霍特和麦卡艾勒(Hoti & McAleer,2004)和厄尔布等(Erb et al.,2006),关于"国家风险差额"参见布鲁(Brühl,2000)。

同在欧盟取得超过 50 亿欧元营业额,这样两家(或多家)企业的合并也必须得到欧盟委员会的许可,例如 2001 年通用电气收购霍尼韦尔,两家美国企业的合并被欧盟委员会否决了①。

除了基本的法律许可外,影响到收购决定的进一步法律限制也可能会存在。例如,当地法规会强有力地影响到协同效用的实现:许多国家要求企业在目标国家建立特定的价值增值阶段或者在特定范围内与当地供应商合作。这些规定都可能使收购目标的实现受到影响,或者甚至使其无法实现。对于收购目标的实现必须进行多次的重组,这些重组都伴随着工作岗位的减少,限制性的劳动法规定,强有力的工会组织或者以其他方式形成的强大职员谈判权利都可能导致不能在计划的范围内实现整合措施或者整合措施的转变会引起高成本。因此在制定收购计划时,决策必须考虑目标国家的劳动法。

企业应该在收购前设法获得有关它们的权利和执行这些权利可能性的概况。如果收购是为了获得无形资产,或者在目标市场中利用企业已经存在的专门技巧,那么有关国家的法律系统应该保证无形资产价值的安全,一些国家对无形资产的保护还是很微弱的。同时也要考虑到,虽然有合适的法律来保护无形资产——或者其他的"产权",但是司法系统可能并没有能力来执行这些法律。

收购目标的盈利和价值也决定性地取决于国家税务系统的安排。不同国家的税务系统当然是很不同的,除了税基确定和税率这些细节上的区别外,在税收的基本原则上也存在着不同:在不少国家中,国内定居者用他们世界范围内全部的收入来估定税额(居住国原则),然而在另一些国家中,无论是本国国民取得还是外国人取得的国内收入都应该纳税(来源准则)。显而易见的是,当两种原则在不同国家同时使用时,有可能被重复征税或者完全不纳税。为了避免这种情况,大多数国家都存在着额外的规定(例如,在国外取得的收入免税或者计算在国外已经支付过的税额)以及不同国家间的避免双重征税协议。国际企业为了降低其总的税务负担可以尝试,例如,通过转让价格或者通过采用由税务推动的康采恩结构(例如,控股公司或者在低税率国家的"开票中心"),企业可以有目的地利用不同国家税务系统中的差别。虽然跨境收购在实践中很少是出于税务政策的动机,但是对于源自于企业其他战略考量的收购,在实施过程中实现税务方面的优化也是有意义的。

12.2.1.3 文化角度

在跨境收购中,买家企业不仅要面对不同的企业文化,还要面对不同的国家文化,因此从文化角度出发,跨境收购也要比国内收购更复杂。

正如 8.3.4 节已经讨论论过的那样,文献中有很多试图定义"文化"这个概念的尝试。借鉴霍夫斯塔德(Hofstede,1993,2001)的观点,我们把文化理解成是社会系统成员(这里是企业员工)共同享有的价值、规则和思维方式方面的共性,通过这些他们和其他社会系统的成员区分开来[House et al.,2004;在国际比较中德国国家文化的专门介绍参见布德贝克等(Brodbeck et al.,2004)]。价值、规则和思维模式甚至是不可观察的,但是它们可以用仪式和符号的形式表达出来,而这些仪式和符号会在企业中通过公司徽标或者企业特有的"着装法规"展现出来。首先(国家)文化对企业管理层和职员以及在进一步意义上来说也会对它的结构、系统和战略产生影响。

---

① 关于欧盟否决通用电气收购霍尼韦尔参见 Kleden(2005),因为美国反垄断局已经同意了该项收购,所以欧盟的否决是有争议的,有关各种经济政策的观点与美国和欧盟反垄断法规的差异参见克隆普(Klumpp,2006)、维斯库斯等(Viscusi et al.,2005)、克里斯蒂娜森(Christinason,2006)以及舒尔特(Schulte,2005)。

通过他在企业管理学领域非常有影响力的研究,霍夫斯塔德(1982)指出,在不同国家的国家文化之间存在着系统的差别。在大量经验研究的基础上,他借助五个维度来区分国家文化(Kutschker & Schmid,2008,第716页):

(1)权力距离:也就是每个文化中成员认为合适的不平等程度以及与此相关的人们之间权力联系强度。

(2)个人主义相对于集体主义:也就是一个社会的成员在自己或者说是集体(家庭、宗族和社会)利益间的取向。

(3)男性气质相对于女性气质:也就是在每个社会中性别角色的差异程度,特别是专门强调"男子气概"特征的程度。

(4)规避不确定性:也就是集体成员参与冒险的准备,或者反过来,他们通过制定计划和规则来规避不确定性的努力程度。

(5)长期导向相对于短期导向:也就是一个社会中的人们在长期、未来导向的动态价值(例如,持久、节约)或者短期、过去导向和静态的价值(例如,快速起效的期望、对传统的尊重)之间的取向。

文化差异对于国际环境中的企业管理实践来说意义非常重大,可以借助它的帮助来研究不同国家文化在管理实践的传播和接受程度。例如,典型的盎格鲁—撒克逊国家(例如,美国、澳大利亚和英国)的管理风格是,个人做出基本决策并且高度赞扬个人绩效(例如,通过股票期权计划),这也是他们强烈个人导向文化的一种表现;法国企业出现的官僚结构和高度形式化可以解释为是因为法国文化内部权力差异的高接受度和规避不确定性的趋势。

不同国家文化间的系统差异也可能影响收购的成功,一项由安格文和萨维尔(Angwin & Savill)进行的欧洲管理层调查表明,文化和语言原因是跨境收购的基本特有风险[相似参见克鲁格和奈伊(Krug & Nigh,2001)]。然而迄今为止经验研究不能明确地解释文化差异对收购成功的影响,达塔和皮亚(Datta & Puia,1995)与康恩等(Conn et al.,2005)得到了这样的结果,即与目标企业的文化差异会对买方企业的资本市场绩效产生消极影响,然而其他的跨境收购研究,像莫罗斯尼等(Morosini et al.,1998)的调查研究与拉森和里斯伯格(Larsson & Risberg,1998)以案例为基础的研究都得到了相反的结论。根据这些研究,目标企业和买方企业之间的文化差异越大,收购的成功可能性就越大。拉森和里斯伯格(1998)对于这些结论有一个简单且完全可信的解释,他们将它归因于,与国内合并相比,跨境收购中管理部门对可能出现的文化问题有着更强烈的意识,并且会更加敏感地处理这些问题。

12.2.2　信息获取和尽职调查

在跨境收购中,买方企业总是致力于获得尽可能广泛有关潜在收购候选人的信息。为了获得收购对象详细可靠的信息和及时地识别潜在风险,在收购前,买方企业的管理部门或者是接受委托的第三方(管理顾问、审计师等)一般会进行一次"尽职调查"。

相比于国内收购,很明显跨境收购中买方企业在交易前一般拥有更少的信息,此外在国外获得进一步信息也是困难的,这与涉及的是上市公司还是个人公司有关,并且还取决于每个市场向公众信息公开义务的要求,可能公众可使用的只有不完整信息。还有在和管理部门或者所有者的第一次接触后,国际协商合作伙伴间的关系最初一般会烙上"谨慎"的字样,有可能甚至是不信任。因此根据当地惯例,外国企业在尽职调查的框架下不能或者只能掌握很少一些有关成本和利润结构或者合同关系的受限制敏感信息。

跨境收购还有一个特别之处,买方企业的管理部门对于他们的决策准备不仅需要有关目标企业狭义上的信息,而且还需要有关整个周围系统的信息。一定要了解外国市场的特点,了解供应商和顾客结构以及可能的特殊商业惯例,了解金融系统,了解职员的培训水平和当地劳动力市场的普遍水平。企业也需要多次审阅当地政府部门的文件,大概弄清楚土地使用和租赁法;这些也会妨碍和推迟获得信息。

除了获得必要的信息外,还要对这些信息的质量进行评估以及对所获信息的解释提出问题。如果收购对象没有使用国际认可的会计准则(例如,国际财务报告准则或者美国公众会计准则),对于买方企业来说,在财务尽职调查的框架下正确评估收购对象的财产、财务和盈利情况以及识别潜在的风险,都可能是困难的。更有问题的是,虽然官方说是使用国际认可的标准,但相应概念和规则却与国际上惯用的解释和运用不一样。评估财务数据时也可能会因为汇率变化和高通货膨胀率而产生特殊的问题,例如,过去的高增长率可能会错误地暗示一个好的企业发展,然而实际上可能是由于普遍高的价格增长率。

企业在税收和合法尽职调查方面也面临着相似的问题。不同的税务系统会使对收购对象税务状况的评估变得困难,对潜在风险的识别因此也并不容易。此外,各国家法律系统之间的差别也可能导致外国对法律的解释可能会与国内不同,并且因此也可能引起其他的法律后果。所以,为了从现存的法律关系中识别基本风险,要在当地规定的背景下,检查国外收购对象的合同关系以及它们的影响,例如美国的产品责任本质上是比欧洲更严格的,由此质保和保障要求或者说是美国的赔偿损失要求也会显著地高于欧洲(Lucks & Meckl,2002,第 258 页)。

企业可以通过引入外部顾问的方式来填补信息缺口,当地顾问了解所在国家的规章并因此能更好地估计风险。企业在国内收购中经常是通过内部职员来进行尽职调查,然而在跨境收购中,他们却更加信任外部顾问的专业知识,特别是在财务信息的分析中会优先使用外部顾问。

正如在第 5 章 5.5 节已经解释过的那样,最近一段时间,实践导向的管理学文献反复要求,企业在尽职调查中应该集中于战略、财务和法律问题领域,特别是在国际收购时还要补充一项所谓的"文化尽职调查"。这可以提早识别文化差别导致的风险,从而建设性地分析参与合并企业的文化。此外,这些分析应该是合并后有意识形成企业目标文化的出发点。在一项对 DAX30 企业的合并与收购负责人的调查中,布鲁彻与格劳姆(Blöcher & Glaum,2005)指出,只有大约 1/4 德国领先企业有与文化尽职调查打交道的经验。其他负责人则说明,在他们企业中尽职调查并不系统地包含企业文化,并且他们迄今为止总体上很少会对企业文化领域产生感觉。在科学文献中,下面两点还是一如既往有争议的:其一,是否能够并且要以哪种方式来衡量一家企业的文化;其二,实际上是否能够有意识地改变企业的文化。

根据安格文(Angwin,2001)的观点,文化上的差异也可能导致尽职调查的范围、内容和时机在不同国家之间也是互相有差别的。例如,在来自盎格鲁—撒克逊国家的企业中,进行一项广泛、详细的尽职调查是很习以为常的,在这一过程中,他们首先使用外部顾问,例如律师和审计师。与之相反,在亚洲的收购中,这样的行为方式可能会导致交易伙伴之间关系的中断,在这些国家,业务关系很大程度上以相互之间的信任为基础,因此对广泛信息的要求会被认为是不信任的表现。与此一致的是,在日本进行尽职调查并不是买方的任务,而是卖方自己有义务可靠准确地分析自己的企业(Chu,1996,第 36 页)。尽职调查各个部分的意义在各个国家之间也是有区别的,由于盎格鲁—撒克逊国家的强烈股东价值导向,所以在这些国家主要是财务和法律尽职调查占重要地位。与之相反,德国企业中经常是有关经营活动的分析占据尽职调查的中心位置(经营尽职调查)。除了内容方面,一项尽职调查的时机也可能是多元化的。在许多国家,在购买合同成交后向买方提供一份广泛的企业认知材料是很普遍的(合并后尽职调查),西方企业要求在合同签订之前进行尽职调查,就像已经提到的,可能会被认为是不信任的表现并且导致冲突(Chu,1996,第 35 页;Angwin,2001,第 32 页)。

12.2.3 评价收购对象

从本质上讲,可以使用与评价国内环境中企业同样的方法来评价外国企业。同时在跨境收购中,由于环境的异质性(不同的货币、通货膨胀率、会计准则等)和额外的风险(政治风险、货币风险)也会产生一系列特殊问题,而这些问题也可能要求调整评价方法。在国际管理实践中,大多数使用现金流量折现法来进行评价,正如第 6 章详细说明的那样,简言之,这种方法有两个组成部分:未来(自由)现金流的估计以及贴现率的确定。国际环境中,在这两个组成部分上可能会有特别之处。

12.2.3.1 现金流的估计

对现金流预测的可靠程度取决于收购过程中先前阶段调查得到信息的质量。在取得和解释外国收购对象的信息时,我们已经在前面章节中详细研究过可能会出现的问题,由于数据质量大多数只是差强人意,所以国际收购评估的不确定性一般会显著高于国内项目。

像所有投资项目一样,跨境收购的现金流预测也可以分为两个层面:项目层面和母公司层面(买方企业)。如果以项目前景为基础的话,那么要预测外国企业直接积累的所有收入和支出。与之相对应在母公司层面要考虑,母公司为这个项目筹措的并且以后要从外国收购对象再次回流到母公司的每一笔现金流。出于多种原因,不同层面积累的支付流可能会有显著不同(Gann,1996,第 238 页):第一,收购一家外国企业可能会引起集团公司其他部分现金流的减少,例如通过将迄今为止的出口分摊给国外,项目层面并不会考虑这些替代效应,但这些效应对于公司层面的评估却是重要的。第二,在收购对象层面,仅仅会在它们是如何影响相关公司现金流的范围来理解协同效应,而不会考虑它们对母公司或者其他集团公司现金流可能的积极或者消极影响。第三,外国目标企业从安排好的集团内部供应关系和运行关系中产生的现金流,可能会受到不是市场条件、也许是税收推动转移价格的影响。对于评估来说,必须要排除这些效应的影响或者通过同时考虑公司内部支付对方的相反效应(例如,税收)来抵消掉这些效应。最终,这些差别会从时间差异中表现出来。就像已经解释过的那样,目标国家政府可能会限制与外国的资本流通,例如,他们限制或者阻止从其当地货币到国外货币的兑换,收购对象以当地货币释放出的现金流,仅在小范围内或者完全不返还给母公司。

前述观点说明,项目层面的收购项目评估可能会被曲解,并且因此会导致错误的收购决定,因此,外国收购对象的评估必须始终从母公司或者整个集团公司的角度来进行,换句话说,评估中必须包括所有由收购引起的支付。只有通过这种方式,才能恰如其分地弄清楚收购给购入企业所有者带来的总价值。

国际收购的一个明显特别之处在于,支付流是以多种货币积累而成,以进行收购企业的本国货币和以目标企业的国家货币,有可能还会以第三方国家的货币来计量。出于决策目的的考虑(优点评估、与其他选择的比较、寻找交易价格),评估必须以买方企业的本国货币为计量方式来进行。这里也存在着两种可能性(Koller et al.,2005,第 607 页),即期利率法中是以每个国家的货币来估计现金流,并且与以国外货币面值发行的资本成本进行贴现。随后,资本价值以当前有效的汇率换算成买方企业的本国货币;远期利率法中同样首先要以外国货币估计现金流,然后以远期汇率换算成买方企业的本国货币,接着与以本国货币面值发行的资金成本进行贴现。因为在外汇市场中,超过一年期限的远期汇率是很少看得到的,所以对于长规划周期来说,企业必须自己弄清楚这些。这里要提到非公开利率平价的概念,它描述了现货价格(K)、远期利率(T)和利率(Z)之间的相互关系。简单化的举例描述一下就是,例如在一个给定的时间范围内美元(\$)对欧元(€)的远期汇率[①]

$$T^{\$/€}=K^{\$/€}\frac{(1+Z_€)}{(1+Z_\$)}$$

如果长时间使用两种方法的话,即期利率法和远期利率法都会得到同样的结果。在管理实践中,国际集团公司偏向于使用远期利率法,因为这种方法使得在不同国家进行一致的计划和报告过程,从而容易在不同国家间比较投资项目(Bruner,2004,第 361 页)。

如前所述,不同国家不同的通货膨胀率使得预测和解析未来现金流变得困难。首先,在高通货膨胀国家估计长期的有效现金流是有难度的。这时,建议以实际现金流为基础来进行评估。为了使通货膨胀的效果清晰可见,可选的方法还有,可以在规划核算时,用实际现金流与一个明确估计的通货膨胀率相乘。在使用名义或者实际现金流中重要的是,以何种利率来进行贴现:名义现金流必须用名义资金成本来贴现,实际现金流必须用实际资本成本来贴现。

使得国际收购中现金流确定变得复杂的另一个因素是税收效应。第 3 章 3.1 节已经解释过,不同国家的税务系统可能在不同层面有着明显的差别(税收原则、税收计量基础和税额),由此,一方面可能会产生税务风险和双重负担,另一方面也可能会产生操作可能性和优势。必须详细了解每一项规则对于跨境收购中的税务效应,因此,一般在制定计划和评估中,也必须要雇用有相应知识的税务顾问。

12.2.3.2　资金成本的确定

为了确定企业价值,买方企业必须将预测到的现金流借助资金成本来贴现为现值。资金成本与投资者对于相关项目融资要求的最小投资回报相符,最小投资回报需求与投资者使用资本的机会成本相匹配,该机会成本对他们来说,是其承担的风险和运行时间上与计划的跨境收购相当的最好投资产生的投资回报。出于这些考虑,对于外国收购对象产生的现金流应该使用项目特定的资金成本,而并不是用收购企业的平均资金成本来贴现。因为与买方企业相比,外国目标对象——主要是发展中国家和新兴经济体的投资——一般还会陷入其他风险中,所以平均企业风险并不合适描述投资风险。

在跨境收购中,企业评估中考虑税务效应可能是非常复杂的,因为,就像已经提到过的那样,必须要考虑到很多税务系统及其相互之间的影响,例如避免双重征税协议。长久以来,文献中一直建议:在国际收购中,要使税务效应和不同融资方式的其他效应通过所谓的调整现值法——现金流量折现法的一个特定变形——变得透明。像在第 6 章 6.3.3.3 节中详细说明的那样,这里要通过多个步骤来计算企业价值。

与国际企业跨境投资相关的另一个特殊问题是,对于股本成本的推导应该使用资本资产定价模型的哪一种变形,在文献中有激烈讨论。根据资本资产定价模型的假设,所有的投资者都已经分散了风险,因此它的一揽子投资只会面临着系统以及与市场相关的风险。通过分散

[①]　如果在涉及的时间段内各种汇率都存在,那么左边的所有变量已知,这样(在给定条件下)远期汇率是确定的,这里公式只是表示一种套利关系,该套利关系涉及流动性市场和交易成本。

投资会排除非系统风险,它们与资本市场的定价不相关,由此也与收购及其他投资的评估不相关。现在要提出的问题是,投资者有投资意图的每个资本市场是如何隔开的,"市场一揽子投资"的跨度要有多宽,并且由此产生的系统风险有多高。如果各国家资本市场互相之间是严格分开的,那么投资者可以仅在一个国家内进行投资,在这种情况下,股本成本应该使用相应"国家的"资本资产定价模型,在这里相关国家资本市场的投资组合就形成了市场一揽子投资。与之相反,如果资本市场在世界范围内都是一体的,投资者也可以毫无限制地进行国际投资,这样与国内多元化相比,他们的投资可以分散得更广并且由此进一步降低了风险。因此系统风险——还有企业的股本成本——更小了。在这种假设下,资本资产定价模型显示出了与国内条件下同样的基本结构,这样世界范围内总的可选择投资组合就形成了市场一揽子投资组合。

假定现实中资本市场是局部分开的,投资者可以主要在高度发展的工业国家全球性多元化投资。然而同时,国际化的投资扩散也无疑会面临一些阻碍,例如高的交易成本。在这种假设下,资本资产定价模型的确切结构是不确定的。不过经验研究指出,可以使用不同的资本资产定价模型的变形来估计股本成本,在大多数情况下,对于高度发达工业化国家的企业来说,相互之间的差别是很小的。然而对于发展中国家和新兴经济体的企业来说,这种差别是很明显的(Mishra & O'Brien,2001;Bruner,2004,第 381 页;Solnik & McLeavey,2008)。

12.2.4 谈判和履行协议

像在前面章节多次说到的那样,与国内交易相比,大多数买方企业在跨境收购中掌握的信息更少,在与外国合作伙伴的谈判中,信息缺口可能使论证变得困难并且削弱自己的谈判地位。

收购者必须识别出所有重要的对话合作伙伴,这在谈判之前就已经可以着手进行准备。在许多国家,除了收购对象的管理层和所有者之外,还有其他一些机构,例如政府机构、工会、银行或者其他非正式的关系,没有这些机构的同意收购几乎是不可能实现的。外国企业必须了解并且在谈判中考虑到这些联系,例如,即使目标企业涉及的是中国私有企业,中国当地政府部门也可以对收购决策施加影响。然而,这种问题不仅会在发展中国家或者新兴经济体中出现,对于外国的管理人员来说,正确评估具有共同决策权的德国大企业中职员代表的重要性,一定是很困难的。

同样,谈判过程在各国之间也是有差别的。受文化限制,合作伙伴可能会对谈判执行以及决策有着不同的见解,例如西方国家偏向于由上到下的方式,有关重要收购的谈判大多是由企业最高级别管理层进行的,这也使得决策相对较快,一般来说,占核心地位的是像价格决策以及组织或者人事这样的基本问题。大多是在取得基本的一致之后,才会处理细节问题。有时候,亚洲国家谈判风格之间差别很大,所以在这些国家一般要以广泛的共识为基础来进行决策。因此很明显会有许多人参与谈判,常常从一个会议到下一个会议谈判团队就会变换一次,看起来已经完成的案子因此还要重新进行谈判。此外,也可能从一开始就详细地谈判细节问题。总的来说,出于这些原因,买方企业必须进行更长期和细致的谈判(Ghauri & Fang,2001,第 312 页;Sebenius,2002,第 7 页)。

谈判过程中,参与人员的行为也会影响到交易的进程和结果,因此,在谈判进行之前,买方企业代表应该深入研究每个国家的交流方式,收购企业本国普遍的行为方式,在国外可能导致误解并且引起愤怒。在这样的相互关系下,谈判的地点也可能是很重要的,热情好客的企业为了给客人创造一种令人愉快的氛围,有可能会根据自己的条件来形成谈判的周围环境,但是同样他们也会通过心理压力来影响谈判进程(Mayfield et al.,1998;Sebenius;2002;Wengrowski,2004)。

如前所述,国与国之间法律的框架条件是有区别的。买方企业必须熟知每个事实,特别是收购中法律上必须要走的流程。在本章 12.2.1 节中已经指出的可能特殊的法律要求(例如,许可义务、工商注册部门的登记注册)以及反垄断法的规则——或许还有第三国的规定。此外,他们必须确认,在与出售者的购买合同框架下签订的协议是否符合国家的法律并且在法律上是否确实可行。

12.2.5　合并后整合

初始收购目标的实现,很大程度上取决于对外国收购对象的成功整合,特别是在计划制定阶段识别出的协同潜力应该在整合过程中得以实现。如在第 8 章 8.5 节解释过的那样,经验研究指出,整合管理中的失误是收购经常失败的最重要原因。

合并后整合的强度可能是很不相同的,可能性的变化范围是从被收购公司很大程度上延续独立自主一直到企业被完全吸收到收购方企业的结构中(Nahavandi & Malekzadeh,1988)。企业追求的国际化战略给必要的整合任务范围提供了一个目标点。如果跨境收购应该要支持以全球为目的、主要追求效率优势战略的话,那么要求目标企业要很好地整合到收购方国际供应和运行集体中去。与之相反,如果收购要支持一项能充分利用当地优势的跨国战略的话,那么运营过程的广泛整合就不是必需的。可以观察到的是,企业在其国际化战略的框架下会经常尝试将效率优势与充分利用当地优势相结合,以至于整合的必要程度可能会沿着价值链有所不同,例如,在生产领域,跨国的进程调整会产生很大的优势,然而在产品销售领域,国家之间不同的分销渠道可能会形成优势(Schweiger et al.,1993,第 57 页)。

考虑国际化战略,可以看出合并后整合的过程分派给被收购外国企业"战略角色"(Bartlett & Ghoshal,1986,第 90 页;Birkinshaw & Morrison,1995,第 732 页;Gupta & Govindarajan,1991,第 771 页)。战略角色决定了在战略过程中,新加入单位拥有何种程度的协助和决定权。所以,一方面可以想到,给予新加入单位很大程度的协助和自治权;另一方面,它在履行母国总部指导路线上的作用时可能会受到限制。如上所述,该理论讨论了在不同国家进行活动产生的经验所形成的优势,在文献中也可以找到例证,在很多情况下,国际子公司实际上仅仅有很少或者完全没有可能性来提升总部的战略野心(Birkinshaw & Morrison,1995)。

在本国范围内,对目标企业的整合对参与其中的管理人员提出了很高的要求,因为它可能涉及两家相关企业——收购对象和进行收购的企业——的所有职能领域,而总部职能部门、采购、生产和销售中必要的进程也可能是五花八门的,并且其结果取决于大量的经济和社会因素。出于前面章节已经讨论过的文化、法律和其他制度的差异,跨境合并中的整合会更加复杂。虽然文化差异在收购过程中的所有阶段都扮演着很重要的角色,但是在整合阶段它尤其重要,因为涉及两个组织的职员之间在企业所有层面的紧密联系。在韦伯等(Weber et al.,1996)和维里等(Very et al.,1996)的研究中,每次都将国内和国际的企业合并进行相互比较,这个研究说明,企业文化还有国家文化的差异都会在合并后整合的框架下导致文化适应压力,而这会对企业的绩效产生负面影响。巴克玛等(Barkema et al.,1996)指出了双层文化适应的相互关系。

受文化准则和价值观影响,管理风格、报酬和激励系统以及企业管理和公司治理的其他方面,在不同国家有不同的安排,在美国企业中,激励系统是针对单个职员的,而亚洲企业的报酬经常是以团队绩效为基础。虽然在跨境收购后,这些因素的调整会使得国际企业所有职员得到同等待遇,但危险也存在于争取达到的改变可能会遭到拒绝,也可能会引起职员间的冲突。然而,文化差异不仅对人事规则整合有影响,最终它们也会影响到整体信息交换并且由此也影响到所有其他的整合领域。例如,文化表现的影响,会使得组织整合得到不同的安排,这里的核心是决策权限的分配和控制系统的选择。如果文化的差别是微小的,那么买方企业会更有能力估计外国企业的行为。因此它可能是将更多的决策权限(决策分权)转让给外国企业,并且放弃大规模和昂贵的形式控制系统。与之不同,文化差异会导致买方企业不能正确地估计外国收购对象的行为(Rosenzweig & Singh,1991,第350页;Gomez-Mejia & Palich,1997,第309页),这可能导致,它们要落实大规模的控制系统并且将决策权集中起来。还有在运营领域文化差异也会产生影响,成功应用技术和生产方法取决于能力,也取决于职员的行为;另一方面,也取决于对文化的态度和价值观,例如,海科(Heiko,1998)将日本即时(Just in Time)生产管理的成功归因于文化方面,因为对这些技术的要求在很大程度上与日本国家文化的特征相符。

克鲁格和奈伊(Krug & Nigh,2001)指出,外国企业整合的重点与本国企业整合的重点有时会有明显的不同。在国内收购中,员工的整合往往推进得很快。相反在国际收购中,整合措施主要集中在运营领域和组织结构调整。文化和法律上的差异导致买方企业在面对与人有关的整合措施时会很谨慎。同时,克鲁格和赫加蒂(Krug & Hegarty,1997)的一项研究也指出,相比于国内合并的情况,当它们是被外国收购者收购时,美国被接管企业的管理人员会更有可能离开企业。因此,这个结果是特别有问题的,根据维里和施韦格(Very & Schweiger,2001)的一项研究,主要是对于进行收购的企业来说,留住目标企业的管理人员更加重要。

除了文化差异外,法律问题也可能会对外国企业的整合产生影响。像已经解释过的(见本章12.2.1节),约束性的劳动法规定会使重组时劳动力的减少变得困难或者阻碍其进行。社会福利基金或者工作合同其他方面的整合也可能并不会实现买方企业的设想。运营过程的整合差不多也是相似的情况,例如,全球采购战略的转变可能会因为当地法规而失败。外国的收购对象只能受限地整合到买方企业已存的采购网中。

12.3 国际收购的成果

国际收购的成果主要是用事件研究法来衡量,这里要分析企业的股票价格在公布收购后很短时间内的变化。如在第4章4.2.4节详细说明的那样,"非正常收益"构成了成功的标准;这产生于实际观察到的收益和预期的"正常收益"之间的差异。

为了评价国际收购的成果,最近这些年进行了大量的事件研究,这些研究相互之间有差别,他们研究的是买方或者卖方企业的股票价格或者整体资产效应。对于卖方企业来说,国际收购的成功是没有争议的,大量的研究证明了积极的股票价格走向是对国际收购的反应(Kang,1993;Conn & Connell,1990;Eun et al.,1996;Biswas et al.,1997;Kiymaz & Murkher Jee,2000;Beitel et al.2004;Campa & Hernando,2004;Danbolt,2004;Goergen & Renneboog,2004)。

在买方企业,成果并不是明确的。一些研究也证明会有积极的反应(Morck & Yeung,

1992；Kang；1993；Markides & Ittner，1994；Coergen & Renneboog，2004；Conn et al.，2005），其他的研究指出并没有显著的资产变化（Fatemi & Furtado 1988；Biswas et al.，1997；Kiymaz & Murkher Jee，2000；Campa & Hernando，2004）或者说是并没有明确的成果（Conn & Connell，1990）。许多研究也得出买方企业显著的负面资产变动（Datta & Puia，1995；Eun et al.，1996；Amihud et al.，2002；Beitel et al.，2004）。考虑国际收购整体资产效应时，价值变化大多数出现在卖方企业，以至于总的来说大多数国际收购都得到了积极的评估（Eun et al.，1996；Biswas et al.，1997；Beitel et al.，2004）。

很多文献主要研究国际收购是否会比国内收购更成功，事件研究中收购方企业和目标企业的股东是否能比国内收购获得更高的非正常收益。这些研究也并没有形成统一的结论，比斯瓦斯等（Biswas et al.，1997）的一项有关银行领域交易的研究并没有表明，在纯粹国内收购中——收购方企业和目标企业都定居在美国——会有显著的价值增加，与之相反，在国际交易中目标企业的所有者和收购企业的所有者都会从中获利，因此总的来说交易是有助于升值的。然而也有研究表明，国内和国际合并与收购之间可能并没有显著的差异（例如，Danbolt，2004），并且同样也有其他研究得出，公布国内收购时的升值要高于公布跨境交易时的升值（Moeller & Schlingemann，2005；Conn et al.，2005）。

部分研究结果指出，跨境收购中存在着特定的成功因素。不同的经验研究指出，当外国收购目标是知识密集型企业时（研发能力、商标名称和营销知识等），收购企业会获得比较高的非正常收益。收购企业中这些资源的存在同样也会提高它在跨境收购中的绩效[国际收购的成功因素也见于苏达萨纳（Sudarsanam，2003，第 290 页）]。

有趣的是一些研究指出，汇率反应的不同取决于收购企业的原籍国。例如尤恩等（Eun et al.，1996）提出，在美国资本市场中，日本企业进行的收购比英国企业进行的收购取得的效果更好。格雷戈里和麦克罗辛（Gregory & McCorriston，2005）研究了 1984～1994 年间英国企业进行跨境收购的成果，在短期观察中，作者调查了交易公布的几天时间里的非正常收益，平均来说买方企业并没有产生显著的非正常收益。按照交易方向（水平与垂直收购）或者目标国家（美国、欧盟和世界的其他地方）进行的抽样调查的拆分，子样本之间没有产生显著的差异。考虑长期的情况，样本总体的平均非正常收益同样没有显著地差别于"0"。然而现在这些详细的结果强烈地取决于企业在哪些国家进行投资：在美国超过五年时间的收购会导致高达—27%显著的负面非正常收益，欧盟内进行的收购与显著的非正常收益并没有什么联系，相比之下，世界其他地方的收购会伴随着显著积极的股价趋势。导致国家特定结果的原因还不是很清楚，总的来说，考虑到跨境合并与收购交易的有效性，还存在着巨大的继续研究需求。

12.4　参考文献

Amihud，Y.，DeLong，G. L. & Saunders，A.（2002）：The Effects of Cross-border Bank Mergers on Bank Risk and Value.in：*Journal of International Money and Finance*，Jg.21，H.6，pp.857—877.

Angwin，D.（2001）：Mergers and Acquisitions across European Borders：National Perspectives on Preacquisition Due Diligence and the Use of Professional Advisers.in：*Journal of*

World Business, Jg.36, H.1, pp.32—57.

Angwin, D. & Savill, B. (1997): Strategic perspectives on European cross-border acquisitions: A view from top European executives. in: *European Management Journal*, Jg.15, H.4, pp.423—435.

Barkema, H.G., Bell, J. HJ. & Pennings, J.M. (1996): Foreign Entry, Cultural Barriers, and Learning. in: *Strategic Management Journal*, Jg.17, H.2, pp.151—166.

Barkema, H.G. & Vermeulen, F. (1998): International Expansion through Start-up or Acquisition: A learning Perspective. in: *Academy of Management Journal*, Jg.41, H.1, pp.7—26.

Bartlett, Christopher A. & Ghoshal, Sumatra (1986). Tap your subsidiaries for global reach, in: *Harvard Business Review*, Vol.64, pp.87—93.

Bäurle, Iris (1996). Internationalisierung als Prozefiphanomen: Konzepte, Besonderheiten, Handhabung. Wiesbaden.

Beitel, P., Schiereck, D. & Wahrenburg, M. (2004): Explaining M&A Success in European Banks. in: *European Financial Management*, Jg.10, H.1, pp.109—139.

Birkinshaw, Julian M. & Morrison, Alien J. (1995). Configurations of strategy and structure in subsidiaries of multinational corporations, in: *Journal of International Business Studies*, Vol.26, pp.729—753.

Biswas, R., Fraser, D.R. & Mahajan, A. (1997): The International Market for Corporate Control: Evidence from Acquisitions of Financial Firms. in: *Global Finance Journal*, Jg.8, H.1, pp.33—54.

Blöcher, A & Glaum, M. (2005): Die Rolle der Unternehmenskultur bei Akquisitionen und die Möglichkeiten und Grenzen einer Cultural Due Diligence. in: *Die Betriebswirtschaft*, Jg.65, H.3., pp.295—317.

Böcker, H. (1991): Steuerliche Prüfung und Behandlung von Lizenzzahlungen an verbundene ausländische Unternehmen. in: *Die steuerliche Betriebsprüfung*, Jg.31, H.4, pp.73—83.

Böhringer, A., Bukowsky, I., Ebers, M. & Maurer, I (2006): Herausforderungen grenzüberschreitender M&A. in: Wirtz, B. W. (Hrsg.): Handbuch Mergers & Acquisitions Management, Gabler, Wiesbaden, pp.131—156.

Borstell, T. (2003): Konzernvertragspolitik und übergreifende Steuerplanungsbereiche im Konzern. in: Grotherr, S. (Hrsg.): Handbuch der internationalen Steuerplanung, nwb-Verlag, Herne/Berlin, pp.323—343.

Brodbeck, F.C., Frese, M. & Javidan, M. (2002): Leadership made in Germany: Low on compassion, high on performance. in: *Academy of Management Executive*, Jg. 14, H. 1, pp.16—29.

Brühl, V. (2000): Länderrisiken bei internationalen Unternehmenskaufen. in: *Finanzbetrieb*, Jg.2, H.2, pp.61—67.

Bruner, R.F. (2004): Applied Mergers and Acquisitions. Wiley, Hoboken (NJ).

Buckley, P.J. & Casson, M.C. (1976): The Future of the Multinational Enterprise. MacMillan, London.

Bureau of Economic Analysis (2007): FDI in the United States, im Internet verfügbar: http://www.bea.gov/international/index.htm (Juni 2007).

Campa, J.M.& Hernando, I.(2004): Shareholder Value Creation in European M&As. in: *European Financial Management*, Jg.10, H.1, pp.47—81.

Christiansen, A.(2006): Der"more economic approach" in der EU-Fusionskontrolle. in: *Zeitschrift für Wirtschaftspolitik*, Jg.55, H.2, pp.150—174.

Chu, W.(1996): The Human Side of Examining a Foreign Target. in: *The Dealmaker Journal*, Jg.30, H.4, pp.35—39.

Conn, R.L.& Connell, F.(1990): International Mergers: Returns to U.S. and British Firms. in: *Journal of Business Finance & Accounting*, Jg.17, H.5, pp.689—711.

Conn, R.L., Cosh, A., Guest, P.M.& Hughes, A.(2005): The Impact on UK Acquirers of Domestic, Cross-border, Public and Private Acquisitions. in: *Journal of Business Finance & Accounting*, Jg.32, H.5&6, pp.815—370.

Czinkota, M.R., Ronkainen, I.A.& Moffett, M.H.(2005): *International Business*. 7. Auflage, Thomson South-Western, Mason (Ohio).

Danbolt, J.(2004): Target Company Cross-border Effects in Acquisitions into the UK. in: *European Financial Management*, Jg.30, H.1, pp.83—108.

Daniels, J.D., Radebaugh, L.H.& Sullivan, D.P.(2007): *International Business: Environment and Operations*. 11. Auflage, Pearson, Upper Saddle River (NJ).

Datta, D.K.& Puia, G.(1995): Cross-border acquisitions: An examination of the influence of relatedness and cultural fit on shareholder value creation in U.S. acquiring firms. in: *Management International Review*, Jg.35, H.4, pp.337—359.

Deresky, H.(2006): International Management: Managing Across Borders and Cultures. 5. Auflage, Pearson, Upper Saddle River (NJ).

Dunning, J.H.(1977): Trade, Location of Economic activity and the MNE: A Search for an Eclectic Approach. In: Ohlin, B.(Hrsg.): *The International Allocation of Economic Activity*, Macmillan, London, pp.395—418.

Dunning, J.H.(2000): The Eclectic Paradigm as an envelope for Economic and Business Theories of MNE Activity. in: *International Business Review*, Jg.9, H.2, pp.163—190.

Dunning, J.H.(2001): The Eclectic (OLI) Paradigm of International Production: Past Present and Future. in: *International Journal of the Economics of Business*, Jg.9, H.2, pp.173—190.

Erb, C.B., Hrvey C.R.& Viskanta, T.E.: (1996): Political Risk, Economic Risk, and Financial Risk, in: *Financial Analysts Journal*, Jg.52, H.6, pp.29—46.

Eun, C.S., Kolodny, R.& Scheraga, C.(1996): Cross-Border Acquisitions and Shareholder Wealth: The Synergy and Internalization Hypotheses. in: *Journal of Banking and Finance*, Jg.20, H.9, pp.1559—1582.

Fatemi, A.M & Furtado, E.P.H.(1988): An Empirical Investigation of the Wealth Effects of Foreign Acquisitions. In: Khoury, S.J./Ghosh, A.(Hrsg.): Recent Developments in International Banking and Finance. Lexington Books, Lexington (Mass.), pp.363—379.

Gann, J. (1996): Internationale Investitionsentscheidungen Multinationaler Unternehmungen. Gabler, Wiesbaden.

Ghauri, P. & Fang, T. (2001): Negotiation with Chinese: A Socio-Cultural Analysis. in: *Journal of World Business*, Jg.36, H.3, pp.303—325.

Glaum, M. (1996): Internationalisierung und Unternehmenserfolg. Gabler, Wiesbaden.

Goergen, M. & Renneboog, L. (2004): Shareholder Wealth Effects of European Domestic and Cross-Border Takeover Bids. in: *European Financial Management*, Jg.10, H.1, pp.9—45.

Gomez-Mejia, L. R. & Palich, L. E. (1997): Cultural Diversity and the Performance of Multinational Firms. in: *Journal of International Business Studies*, Jg.28, H.2, pp.309—335.

Gregory, A & McCorriston, S. (2005): Foreign acquisitions by UK limited companies: short-and long-run performance. in: *Journal of Empirical Finance*, Jg.12, H.1, pp.99—125.

Grotherr, S. (2003): Grundlagen der internationalen Steuerplanung. in: Grotherr, S. (Hrsg.): Handbuch der internationalen Steuerplanung, nwb-Verlag, Herne/Berlin, pp.3—28.

Gupta, Anil K. & Govindarajan, Vijay (1991). Knowledge Flows and the Structure of Control within Multinational Corporations, in: *Academy of Management Review*, Vol.16, pp.768—792.

Heiko, L. (1989): Some Relationships between Japanese Culture and Just-In-Time. in: *The Academy of Management Executive*, Jg.3, H.4, pp.319—321.

Hofstede, G. (1982): *Culture Consequences: International Differences in Work-related Values*. Abridged Edition, Sage Publications, Newbury Park.

Hofstede, G. (1993): Interkulturelle Zusammenarbeit. Kulturen, Organisationen-Management. Gabler, Wiesbaden.

Hofstede, G. (2001). *Cultures Consequences: Comparing Values, Behaviors, Institutions, and Organisations Across Nations*. 2. Auflage, Sage Publications, Thousand Oaks (California).

Hoti, S. & McAleer, M. (2004): An Empirical Assessment of Country Risk Ratings and Associated Models. in: *Journal of Economic Surveys*, Jg.18, H.4, pp.539—588.

House, R., Hanges, P.J., Javidan, M., Dorfman, P. & Gupta, V. (2004, Hrsg.): *Culture, Leadership and Organizations*. The GLOBE Study of 62 Societies, Sage Publications, Thousand Oaks (California).

Hutzschenreuter, T. & Voll, J. C. (2008): Performance effects of "added cultural distance" in the path of international expansion: the case of German multinational enterprises. in: *Journal of International Business Studies*, Jg.39, H.1, pp.53—70.

Johanson, Jan & Vahlne, Jan-Erik (1977). The Internationalization of the Firm-A Model of Knowledge Development and increasing Foreign Market Commitments, in: *Journal of International Business Studies*, Vol.8, pp.23—32.

Kang, J.-K. (1993): The International Market for Corporate Control. Mergers and Acquisitions of U.S. firms by Japanese firms. in: *Journal of Financial Economics*, Jg.34, H.3, pp.345—371.

Kessler, W. (2003): Grundlagen der Steuerplanung mit Holdinggesellschaften. in:

Grotherr,S.(Hrsg.):Handbuch der internationalen Steuerplanung,nwb-Verlag,Herne/Berlin,pp.159—185.

Kissin W.D.& Herrera,J.(1990):International mergers and acquisitions,in:*The Journal of Business Strategy*,Jg.11,H.4,pp.51—54.

Kiymaz,H.& Mukherjee,T.K.(2000):The Impact of Country Diversification on Wealth Effects in Cross-Border Mergers.in:*The Financial Review*,35.Jg.,H.2,pp.37—58.

Kleden,M.(2005):Der Zusammenschlussfall GE / Honeywell.Verlag Dr.Kovac,Hamburg.

Klumpp,U.(2006):Die "Efficiency Defense" in der Fusionskontrolle-eine rechtsvergleichende Untersuchung über die Berücksichtigung von Effizienzgewinnen bei der Zusammenschlusscontrolle nach deutschem,europaischem und US-amerikanischem Recht,Nomos Verl.-Ge; Baden-Baden.

Kogut,Bruce & Zander,Udo (1993).Knowledge of the Firm and the Evolutionary Theory of the Multinational Corporation,in:*Journal of International Business Studies*,Vol.24,pp.625—645.

Koller,T.,Goedhart,M.& Wessels,D.(2005):*Valuation-Measuring and Managing the Value of Companies*.4.Auflage,Wiley,Hoboken (NJ).

Krug,J.A.& Hegarty,W.H.(1997):Postacquisition turnover among U.S. Top Management Teams:an Analysis of the Effects of Foreign vs.Domestic Acquisitions of U.S. Targets. in:*Strategic Management Journal*,Jg.18,H.8,pp.667—675.

Krug,J.A.& Nigh,D.(2001):Executive Perceptions in Foreign and Domestic Acquisitions:An Analysis of Foreign Ownership and its Effect on Executive Fate.in:*Journal of World Business*,Jg.36,H.1,pp.85—105.

Kutschker,M.& Schmid,P.(2008):Internationales Management,6.,überarbeitete und aktualisierte Auflage,Oldenbourg,München.

Larsson,R.& Risberg,A.(1998) Cultural awareness and national versus corporate barriers to acculturation.In:Cardel Gertsen,M.(Hrsg.):Cultural dimensions of international mergers and acquisitions,de Gruyter,Berlin/New York,pp.39—56.

Lucks,K.& Meckl.R.(2002):*Internationale Mergers & Acquisitions-Der Prozessorientierte Ansatz*.Springer,Berlin.

Maitland,Elizabeth,Rose,Elizabeth L.& Nicholas,Stephen (2005).How firms grow: clustering as a dynamic model of internationalization,in:*Journal of International Business Studies*,Vol.36,pp.435—451.

Markides,C.C.& Ittner,Ch.D.(1994):Shareholder Benefits from Corporate International Diversification:Evidence from U.S.International Acquisitions.in:*Journal of International Business Studies*,Jg.25,H.2,pp.343—366.

Mayfield,J.,Mayfild,M.,Martin,D.& Herbig,P.(1998):How Location Impacts International Business Negotiations.in:*Review of Business*,Jg.19,H.2,pp.21—24.

Mishra,D.R.& O'Brien,T.J.(2001):A Comparison of Cost of Equity Estimates of Local and Global CAPMs.in:*The Financial Review*,Jg.36,H.4,pp.27—48.

Moeller, S. B. & Schlingemann, F. P. (2005): Global Diversification and Bidder Gains: A Comparison Between Cross-Border and Domestic Acquisitions. in: *Journal of Banking and Finance*, Jg.29, H.3, pp.533—564.

Morck, R. & Yeung, B. (1992): Internalization. An Event Study Test. in: *Journal of International Economics*, Jg.33, H.1/2, pp.42—56.

Morosini, P., Shane, S. & Singh, H. (1998): National Cultural Distance and Cross-border Acquisition Performance. in: *Journal of International Business Studies*, Jg.29, H.1, pp.137—158.

Nahavandi, A. & Malekzadeh, A. R. (1988): Acculturation in Mergers and Acquisitions. in: *Academy of Management Review*, Jg.13, H.1, pp.79—90.

Rosenzweig, P. M. & Singh, J. V. (1991): Organizational Environments and the Multinational Enterprise. in: *Academy of Management Review*, Jg.16, H.2, pp.340—361.

Schulte, J. L. (2005, Hrsg.): Handbuch Fusionskontrolle. Luchterhand, München/Unterschleifiheim.

Schweiger, D. M., Csiszar, E. N. & Napier, N. K. (1993): Implementing International Mergers and Acquisitions. in: *Human Resource Planning*, Jg.16, H.1, pp.53—70.

Sebenius, J. K. (2002): The Hidden Challenge of Cross-Border Negotiation. in: *Harvard Business Review*, Jg.80, H.3, pp.76—85.

Shimizu, K., Hitt, M. A., Vaidyanath, D. & Pisano, V. (2004): Theoretical foundations of cross-border mergers and acquisitions: A review of current research and recommendations for the future. in: *Journal of International Management*, Jg.10, H.3, pp.307—353.

Solnik, B/McLeavey, D (2008): *Global Investments*, 6. Auflage, Addison-Wesley, Boston (Mass.).

Sudarsanam, S. (2003): *Creating Value from Mergers and Acquisitions*. Prentice Hall, Harlow.

UNCTAD (1992): World Investment Report 1992: Transnational corporations as engines of growth. New York/Genf.

UNCTAD (2007a): Handbook of Statistics 2007. New York/Genf.

UNCTAD (2007b): World Investment Report 2007: Transnational Corporations, Extractive Industries and development. New York/Genf.

Vermeulen, F. & Barkema, H. G. (2001): Learning through Acquisitions. in: *Academy of Management Journal*, Jg.44, H.3, pp.457—476.

Very, P., Lubatkin, M. & Calori, R. (1996): A Cross-National Assessment of Acculturative Stress in recent European Mergers. in: *International Studies of Management and Organization*, Jg.26, H.1, pp.59—86.

Very, P. & Schweiger, D. M. (2001): The Acquisition Process as a Learning Process: Evidence from a Study of Critical Problems and Solution in Domestic and Cross-Border Deals, in: *Journal of World Business*, Jg.36, H.1, pp.11—31.

Viscusi, W. K., Harrington, Jr., J. E. & Vernon, J. M. (2005): *Economics of Regulation and Antitrust*. 4. Auflage, MIT Press, Cambridge (Mass.).

Weber,Y,Shenkar,O.& Raveh,A.(1996):National and Corporate Cultural Fit in Mergers/Acquisitions:An Exploratory Study.in:*Management Science*,Jg.42,H.8,pp.1215—1227.

Wengrowski,B.S.(2004):The Importance of Culture and Bargaining in International Negotiations,in:*Defense* & AT-L,Jg.30,H.5,pp.26—29.

Williamson,O.E.(1975):*Markets and Hierarchies:Analysis and Antitrust Implications*.Free Press,New York.

Williamson,O.E.(1985):*The Economic Institutions of Capitalism:Firms,Markets,Relational Contracting*.Free Press,New York.

第13章

恶意收购以及防御措施

恶意收购是企业收购的一种特殊形式,它的计划和执行违反了目标企业管理层的意愿。下面我们首先来深入研究目标企业管理层的利益,之后我们再考虑对恶意收购进行经验研究以及买方进行恶意收购的不同方法,这里划分为要约收购、黎明突袭、代理权之争和溢价收购。潜在的收购候选人尝试,用不同的防御战略来保护自己免受恶意收购,这里基本上可以划分为预防和反应防御措施。

这一章阐述的中心问题是:

● 在尝试恶意收购的过程中会识别出哪些不同的利益集团?

● 恶意收购有多频繁?

● 恶意收购方法可以划分为哪几种?

● 潜在的目标企业应如何防御恶意收购?

13.1 恶意收购和恶意收购方法概述

资合公司,特别是股份制公司的一个典型特征就是所有者和管理者的职能可能是互相分离的,也就是"所有权和控制的分离"(Fama & Jensen,1983,第 301 页)是可以实现的:管理层,例如股份制企业的总裁,并不一定是企业的所有者。鉴于这个事实,所有者和管理者之间就有可能发生利益冲突。因此企业收购的过程中可能会出现,虽然一项收购与所有者的目标相一致,但可能会违背管理层的意愿,我们称这种情况为恶意收购(hostile takeover)。

也可以将恶意收购的威胁理解为是对管理层的约束工具,使其按照所有者的意愿行事,而不是将个人利益放在首位。如果企业拥有尚未开发的升值潜力,那么资本市场会推动管理层采取适当的对应措施,恶意收购会威胁到管理职位的话,那么这种压力就会产生作用。管理层会尝试避免这种情况,由此也会尝试阻止恶意的企业收购。如果这样可以提升企业价值,那么从股东方面来说恶意收购是受欢迎的,恶意企业收购是实现升值潜力的最后方法。恶意收购中会产生的问题是,如果管理层在很长一段时间内优先进行收购的防御,这会使得目标企业的行动能力不足,那么企业价值甚至可能会受到损害。

恶意收购会引起媒体的关注,例如,沃达丰收购曼内斯曼、甲骨文收购仁科软件以及舍弗勒收购大陆集团都是恶意收购,它们是恶意收购在媒体和社会的很多部门引起轰动的例证。尽管有很高的媒体关注度,但恶意收购也还是很罕见的,占所有收购金额的比例也很低(见图13—1)。

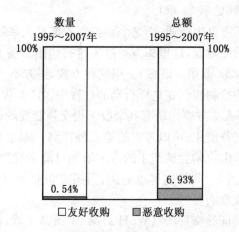

图 13—1　恶意收购的数量以及金额占总收购的比例

直至当前世界经济危机爆发之前,在过去的一段时间内,恶意收购的数量和金额都增长强劲。这种现象产生的原因是,低利率形成的有利融资可能性以及私募股权公司和对冲基金重要性的增加。在一个采访中,冯必乐(Heinrich von Pierer),西门子股份有限公司前任总裁,恰当地总结了对冲和私募股权基金活动引起恶意收购的显著增加:大量基金利用银行轻易就可能筹集到 6 000 万~8 000 万欧元,为此每个德国集团公司都是潜在的收购目标(《世界报》,2007 年 1 月 13 日)。

有趣的是,恶意收购的平均交易额比所有收购的平均交易额更高,这可能是因为,公司越大,对于前面提到的激励问题就越没有抵抗力,而且公司越大,公众持股量趋向也越高,这一方面有利于管理层追求个人利益,另一方面也使恶意收购成为可能。在大股东拥有影响力的企业中,对管理层进行约束应该会比使用恶意收购工具更简单,这就是为什么在这种情况下恶意收购的意义更小。

在德国直到 20 世纪 90 年代,恶意收购还是十分罕见的。与之相反,在美国很久之前已经使用恶意收购,并且最晚是从 20 世纪 80 年代开始,对大企业的收购就是美国资本市场的固定组成部分。20 世纪 70 年代企业集团多元化的剧烈增长导致对于所谓的企业掠夺者来说存在着很高的诱惑来恶意收购、拆分企业,然后变卖各个部分。甚至好莱坞(Hollywood)的电影都利用了这种现象,例如在电影《华尔街》中。德国资本市场中恶意收购的出现是与“德国股份公司”的分拆同时发生的,典型的是,德国的大上市企业都通过交叉持股互相交织在一起,并且银行以及保险公司都在企业持有大量的股票。伴随着这种联系的缺失,对恶意收购的防范措施之墙也就坍塌了。恶意收购在德国一如既往处于次要地位的原因可能是,在职工参与决策的股份公司中,恶意收购后的重组更难实现,因为这些措施的运行取决于员工代表们的同意。

在"友好收购"过程中,潜在买家与目标公司的管理层进行谈判,在恶意收购的框架下(可能是在与管理层的对话失败后),它会直接找目标对象的所有者。[①] 在实践操作中形成了不同的恶意收购方法:公开收购要约、打包购买以及通过证券交易所购买。

希望控制一家上市企业的可能买家提出公开收购要约,并把它直接送给目标公司的股东,面对这个要约,管理层既可以同意也可以持反对意见。在公开收购要约过程中,潜在买家向目标企业的股东出价,在一个特定时间范围内以指定条件购买他们的股份。为了使要约对股东有吸引力,要约价格多半要在股票当前市场价值基础上给出一个溢价,德国的公开收购要约受《证券收购和接管法》的管辖(见第 11 章)。

如果目标企业的股票不能自由流通,而是个别投资者拥有大宗股票,那么买方就可以通过打包购买取得对目标公司的控制权,这里买方通过支付打包附加费直接从所有者那里获得一只或多只大宗股票(Schanz,2000,第 339 页)。用这种方式,买方不必事先宣布公开收购要约,也有可能获得对一家企业的控制权。在这样行动的过程中,《证券收购和接管法》要求,如果买方股权界限达到了 30%,那么买方要向所有其余股东提交强制要约(见第 11 章)。

与打包购买交替或者互补使用,可以考虑的第三种控制一家上市企业的方法是通过证券交易所购买,这时必须注意,由收购尝试产生的需求增加可能会导致交易所行情上涨,也由此实际上同样要支付"收购溢价"。此外这里也适用,当买方企业超过 30% 的股权界限时,必须向所有还留下的股东做公开收购要约。

与收购方法无关,根据《证券交易法》(WpHG)第 21 条第 1 款,在达到或者超过法律规定的 3%、5%、10%、15%、20%、25%、30%、50% 和 70% 的股权限制时,买方都有义务立即、最晚是在 4 个交易日内将它的股权状况告知目标公司和联邦金融服务监管局。这是一种循序渐进的方式,涉及的时间跨度很长,不让目标企业或者其他市场参与者知晓收购事情是不可能的。买方企业可以尝试通过"慢慢接近"目标企业来避开这种强制登记,就像舍弗勒收购德国大陆集团时那样。当买方企业通过获得股票期权,实际上有能力不用成为所有者就能得到对目标企业的控制时,人们就称之为"慢慢接近"。

13.2　防御措施

作为对恶意收购危险的防范和作为对恶意收购的反应,(潜在的)目标企业方面发展了一系列防御措施,防御恶意收购企图的方法可以划分为预防措施和反应措施。预防措施是在尝试恶意收购的准备阶段就已经采取的措施,而反应措施表示的是存在恶意收购要约时开始执行的步骤。防御措施这个概念在大多数情况下并不是完全适用的,因为通常每一项措施都不能完全防止恶意收购,而仅仅是使其变得困难。

下面描述的防御措施(见图 13—2)主要产生于美国,就此而言,每次在德国使用时都要批判性地检验,德国法律是否会允许相关措施。

---

① 因为非上市公司也可能实现所有权和经营权的分离,所以恶意收购也可能发生在这些公司中。

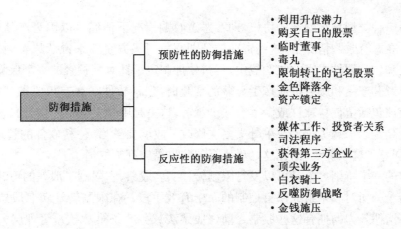

图 13-2 恶意收购中的预防性和反应性的防御措施

13.2.1 预防性的防御措施

如果对投资者来说交易并没有值得期待的升值,那么他们就没有意愿来恶意收购一家企业。就此而言,对于所有企业来说,防范恶意收购就在于要利用所有可能的升值潜力,这样从恶意收购威胁中发展出的规范就产生作用了。

防范恶意收购企图的另一种可能性是,有潜力的目标企业购买自己的股票。这样潜在的收购者在市场上能自由获得的股票数量就减少了。同时必须注意,随着流通股票的减少,收购者为了在全体股东大会中取得控制权(或者是其他决定性的股票临界值)而需要的股票数量也会减少。购买自己的股票在《股票法》第 71 条等是有规定的。购买自己股票的前提条件是全体股东大会决议,它或者明确地对购买做出决议或者根据管理层的要求明确授权。因为根据《股票法》第 71 条第 1 款和第 2 款,只允许在 10% 注册资本的最高限额内购买自己的股票,所以这种防御措施的效用是受到限制的。如果收购要约已经公布的话,那么购买自己股票会使《证券收购和接管法》第 33 条等的限制不起作用(见第 11 章)。

一个主要是在美国,而不是在德国起作用的重要防御措施是错列的董事会任期,也就是说把董事会成员的任职期限错开。在实现企业目标的转变时,出价人大多需要重建目标公司的董事会,错列的董事会任期使得出价人很难将现任所有董事会成员同时替换成他信任的人。

上述预防性防御措施可以通过协议来进行补充,在恶意收购的情况下,对于侵略者来说,协议的运用会引起明显的企业价值降低,这就是所谓的毒丸(poison pills)。特别是在美国,这种方法有重要的意义。例如,期权就属于这种方法,它使得股东可以在有收购企图时以远低于市场价购买股票(Achleitner,2002,第 216 页)。根据德国的法律,这样的协议是不允许的,它们违反了平等对待原则,根据该原则,股东是不可以没有理由地受到不平等待遇的(《股票法》第 53a 条)。然而受到许可的排除带毒丸股东认购权的增资在德国也是允许的。由受到许可的排除带毒丸股东认购权的增资,其法律基础是全体股东大会做出企业章程变化的决议,而这个决议必须至少包括,在参加投票的股权中 3/4 以上票数同意。由此授予管理层最多 5 年的权利,在董事会同意下增资(《股票法》第 202 条第 1 款和第 2 款)。然而增资被限制在授权时原始资本的 50%。受到许可排除股东认购权的增资使管理层可以提供给(新的)大股东高份额的原始资本。这里也适用,在收购要约发表之后这些措施会使《证券收购和接管法》第 33 条等的限制失效。

毒丸的另一种类型是与顾客的协议,即在恶意收购情况下他们可以因为产品项目的变化而得到补偿。在恶意收购情况下,这些责任的到期交付对买方企业来说意味着额外的财务负担。在甲骨文和仁科软件之间的收购战中,仁科软件制定了针对其顾客的一个保障项目,如果企业被收购或者其产品和服务供应产生显著的变化时,仁科软件顾客有权要求高额补偿。这个保障服务应该包括由仁科软件或者其合法继承者,这里是甲骨文支付赔偿,而这个赔偿应该至少是 2 倍最高是 5 倍购买价。在甲骨文多次修改其收购要约后,仁科软件的管理层在 2004 年 12 月中旬同意了这项提议,而在这之后所有的防御措施都被取消了。

德国法律的一个特别之处是可以发行限制转让实名股票,它限制了股票的可转让性,并且以这种方式给予公司对股东组成保持控制的一个有效手段。在限制转让实名股票情况下,在购买者能具有法律效力的拥有这些股票之前(《股票法》第 68 条第 2 款),管理层、董事会或者股东大会必须同意将股票转给购买者。这样对不受欢迎的购买者来说形成了障碍,这至少会推迟他们获得控制权。然而只有在股票发行时才有可能确定限制转让的实名股票,因为这需要所有相关股东的同意,后来附加限制转让实际上是不可行的(《股票法》第 180 条第 2 款)。

特别是在与国家安全相关的领域,例如在军火行业和航空业,企业有时候会受到法律强制来发行限制转让的实名股票。例如,德国汉莎航空股份有限公司发行了限制转让的实名股票,因为联邦政府在汉莎航空公司全面私有化之前已经公布了《航空证明保险法》(LuftNaSiG),其规定,德国的航空公司是只允许发行限制转让实名股票的股份有限公司。以这种方式保证德国上市的航空公司可以满足欧盟条例以及遵守航空法关于参股和控制关系方面的规定。[①]

在提前解雇情况下支付给高级管理层较高的遣散费,也可以充当恶意收购预防性的防御措施,这样的支付叫作"金色降落伞"(golden parachutes)。因为一般恶意的企业收购往往要伴随着替换高级管理层,所以高级管理层较高的遣散费会导致买方要支付很高的后续费用。然而,在德国使用金色降落伞并不是完全可行的。根据德国的法律,管理层各种薪酬都必须与管理层成员的任务和绩效以及公司的状况保持适当的比例,并且不允许没有特定理由发给超额的报酬(《股票法》第 87 条第 1 款),而这样金色降落伞的使用就可能是有问题的。最近这些年,金色降落伞总是越来越频繁地陷入公众批判,因为它们可能会被高级管理层滥用,为了获得协定的遣散费,他们甚至会支持违背所有者利益的收购(Bouchon & Müller-Michaels,2005,第 1039 页)。由此可以得出,恶意收购一般是随着在资本市场中对收购对象低估而进行的,这经常会被认为是管理层管理不善的结果。因此在恶意收购的情况下,遣散费形式的管理层报酬经常是不恰当的。一旦签订这样的合同变得众所周知了,股票价格就会下降(Achleitner,2002,第 218 页)。

资产锁定是另一种可能的预防性防御措施。因为大企业名下有很多不同的经营业务,恶意收购企图完全可能并不针对整个公司,而是仅仅针对公司下属的几个部门。使用资产锁定方法,在恶意收购的情况下,企业可以通过暂时把对方感兴趣的组成部分分割到对方忽视的另外一个部门来防范恶意收购。以这种方式,出价人就不能获得初始的目标对象,并且出价人也在收购中暴露了出来。为了不必真的将企业分割成几个业务部,企业会与第三方签订认购权

---

① 按照欧盟法规 2407/92,航空公司申请和持有欧盟飞行许可的前提是欧盟国家或者其公民所有权占多数,而且公司的业务要随时受到它的控制。为了确认航空公司满足欧盟的要求而能够拥有航权,它们必须随时提供参股和控制权的证明,这可以通过记名股票得到保证。

协议,然而这仅适用于恶意收购企图的情况。为了使资产锁定的进行变得容易,相关企业组成领域应该在之前就作为法律上独立的子公司自立门户。不然,销售权要直接针对相关的资产和负债。在德国,这种防御措施在禁止损害——禁止采取会伤害企业措施——的背景下是不允许采取的,因为这样会在很大程度上剥夺目标公司的经营自由(Steinmeyer,R.,2007,第 624页)。

13.2.2　反应性的防御措施

当目标企业的管理层不能通过预防性的防御措施来阻止一项恶意收购企图时,他们就要采取短时可行的、反应性措施来进行防御。在采取反应性防御措施时,德国立法者通过使目标企业管理层有义务停止那些可能会妨碍到持股人有关接受要约自由决策的行为,来保护股东("中立义务";Steinmeyer,2007,第 592 页)。这时,德国《股票法》以及德国《证券收购和接管法》基本上禁止股份公司管理层在公开收购要约公布之后采取旨在阻止要约成功的措施(《证券收购和接管法》第 33 条第 1 款,"不作为义务")。

《证券收购和接管法》第 33 条第 1 款考虑到了预防禁令的五个例外,因此,根据《证券收购和接管法》第 33 条第 1 款第 2 句选择一,允许公司收购要约中没有涉及的正派认真的企业负责人采取行动(Ek,2005,第 1025 页)。由此《证券收购和接管法》第 33 条第 1 款第 2 句选择二使得可能寻找竞争性要约,并且选择三允许进行目标企业董事会已经同意的所有行动。全体股东大会可以由备用决议授权目标企业管理层在一项恶意收购要约之前采取防御措施,这里允许给予授权的最高时限是 18 个月(《证券收购和接管法》第 233 条第 2 款)。全体股东大会可以通过备用决议授权管理层,在收购情况下可以采取全体股东大会管辖权范围内的防御措施(《证券收购和接管法》第 33 条第 2 款)。这种大规模的权力转移从股东角度来说是有问题的,因为在全体股东大会进行决策时并没有具体的决策基础,出价人和要约的内容都是不清楚的。对于股东来说这可能导致不可能从一项收购要约中实现利润(Steinmeyer,2007,第 609页)。除了法律中明确规范的备用决议之外,管理层也可以使全体股东大会在恶意收购进行的过程中决定有关的防御措施(《证券收购和接管法》第 16 条第 3 款)。

媒体关系和投资者关系都是短期可行防御措施中的一种。在媒体关系中,为了通过目标导向的信息政策来影响公众的想法,企业必要时会使用日报、电视和广播等不同的媒体。因为,特别是在德国,恶意收购会与工作岗位的减少联系在一起,所以恶意收购大多会将媒体关注的工会批评引到自己身上。企业内部特别是董事会的职员代表会表现出对恶意收购的消极态度(Achleitner,2002,第 220 页),受居民和员工这种消极态度的推动,可能会导致反对收购的结果。就此而言,出于这些理由,股东们决定反对出价人的要约也是有可能的。1997 年 3 月,克虏伯股份有限公司尝试收购蒂森集团,这场收购战一直伴随着政治、工会和员工方面的激烈反应,大量的工作岗位都陷入了危险之中。紧接着就是反对恶意收购的警告性罢工和大规模示威,在涉及政治和员工代表的多天谈判之后才达成了统一,即安排两家企业合并。

与媒体关系相比,投资者关系并不试图去影响已经存在的公众想法,而是将目标直接对准企业的股东。借助大量有关恶意收购要约以及支持管理层敌对态度的企业管理基础信息,管理层尝试说服股东拒绝出价人的要约。2000 年在沃达丰恶意收购的过程中,曼内斯曼的管理层尝试使其股东信服,这项收购对股东价值是有害的。[①]

诉讼也可以用来防御恶意收购,大多数涉及民事、刑事或者卡特尔法方面的起诉。即使目标企业的控告是毫无希望的,但随着司法的介入或许也可以引起收购的延迟,以这种方式就可以暂时获得准备进行更多防御措施的时间。如果收购的时间点对出价人来说特别重要,那么几个星期或者几个月时间的延迟也可能导致交易会对出价人失去吸引力。使用法律诉讼来反应性防御恶意收购的一个例子是甲骨文恶意收购仁科软件,由于仁科软件对甲骨文收购的各种各样的起诉,最终成功地将恶意收购总共拖延超过 18 个月。

为了阻止一项恶意收购,潜在目标企业的管理层也可以创造那些对收购来说是法律阻力的条件,所以,一方面可以通过收购第三方企业提高潜在交易对象的规模,另一方面也可以通过水平收购扩大其相对市场份额。在存在各种各样融资可能性的背景下(参见第 9 章),如今交易的规模对出价人来说往往不再是阻碍。然而,水平收购引起的相对市场份额扩张可能会导致恶意收购企图的失败,因为其违反了卡特尔局的规定。然而,出价人可以向卡特尔当局承诺,在收购完成后会再次出售对卡特尔法敏感的企业部分,就会使这种防御措施的效果受到限制(Steinmeyer,2007,第 627 页)。

除了已经阐述过的措施之外,为了反应性的防御恶意收购,目标企业管理层可以出售出价人特别感兴趣的子公司或者企业分支,从而降低目标公司对出价人的吸引力。然而,对目标公司管理层来说,考虑到他们的行为义务,这样出售顶尖业务非常有问题,管理层采用这项措施不仅会导致股东可能会出售股票,而且还会将一个有价值的企业组成部分从企业中分离出去。在德国的法律框架中,出售顶尖业务仅仅是在这样例外情况下才是可行的,即当交易是在收购要约公布之前就已经是遵循战略的一部分(《证券收购和接管法》第 33 条第 1 款第 2 句选择二)。如果不是这种情况的话,管理层基本上是不可能以重大公司利益为由出售顶尖业务,而根据《证券收购和接管法》第 33 条第 1 款第 2 句选择 3 这个决定必须建立在董事会同意的基础上(Bouchon & Müller-Michaels,2005,第 1035 页)。

寻找一个有竞争力的善意收购要约被认为是防御一项恶意收购的最后可能性中的一种。如果第三方企业在目标公司管理层的同意下提交一份收购要约,那就是所谓的"白衣骑士"。这种情况下的溢价大多会高于竞争性恶意收购要约情况下的溢价。管理层希望通过第三方企业的收购来更好地维护目标公司的利益,所以有时候就达成了让步协议,而这些让步涉及了独立自主的程度、放弃分割和接管全体职工。寻找一个有竞争力的要约在德国法律中也占据着特殊地位,由于寻找"白衣骑士"并不是瞄准要反对一项收购的本身,所以任何时候它都是允许的(《证券收购和接管法》第 33 条第 1 款第 2 句选择二)。实际上,通过寻找一个有竞争力的要约,使股东们可以在两个不同要约之间做决定,从而扩大了股东们的决策空间(Steinmeyer,2007,第 602 页),这种防御措施的有效性取决于股东的决定。目标企业的管理层虽然可以建议股东们接受善意收购要约,但却丝毫没有受到任何约束力,股东们一般会偏爱有着较高收购溢价的要约。

在 2006 年默克股份两合公司尝试恶意收购先灵股份有限公司的过程中,拜耳股份有限公司就作为"白衣骑士"出现了。2006 年 3 月 13 日,默克股份两合公司向先灵股份有限公司递

[①] 在沃达丰对收购要约进行多次改进后,曼内斯曼的管理层才建议接受该要约,这份要约带有一个苦涩的附加条件,就是将给现任和已经离任的管理层支付 5 700 万欧元的特殊奖金和离职补偿金。就该特殊奖金在 2004 年根据《联邦刑法》266 节中关于违背忠诚的条款在杜塞尔多夫州法院提起了刑事诉讼。2006 年 11 月 29 日,该案件以 580 万欧元保证金为条件暂时终止审理,2007 年 2 月 5 日在满足了保证金的条件下,本案最终终止审理。

交了一份每股高达 77 欧元、总交易额为 146 亿欧元的恶意收购要约。2006 年 3 月 23 日,拜耳股份公司做出反应,提出每股先灵股票高达 86 欧元也就是总计 163 亿欧元的一个还价。在默克股份两合公司违背管理层的意愿已经购买了大份额先灵股票(21.8%),并且离进一步获得 25% 的否决权已经不远时,拜耳股份公司在市场外购买下 35% 的先灵股权(《法兰克福汇报》,2006 年 6 月 16 日,Nr.137,第 11 页)。以这种方式,拜耳股份公司就超过了提交强制要约 30% 的门槛,接着拜耳向其他股东出价每股先灵股票 86 欧元,即总交易价值为 163 亿欧元。虽然先灵股份有限公司的管理层和董事会以不欢迎和价格太低为由拒绝了默克股份两合公司的出价,他们同意拜耳股份公司实质上更高的出价并且建议股东们接受这个出价。默克股份两合公司不准备修订其出价,股东们就由于较高的溢价而接受了拜耳的出价。先灵股份公司管理层对拜耳收购要约积极的态度得到了回报,新建的药品部门设在柏林,先灵的名字被整合到公司名字中以拜耳—先灵的形式继续使用。

　　反吞噬是另一种反应性的对抗措施。所谓反吞噬,就是目标公司对出价者收购的恶意反向收购(Achleitner,2002,第 222 页)。从企业管理的角度来看,这种防御方法只有在收购追求的目标并不取决于交易方向时才有意义,就像获得协同效应一样,然而,在操作实践上会很少采用这种战略。例如,在初始的出价人必须拥有收购能力的持股量,这对于执行这种措施是必需的。此外,为了能够进行这项交易,原本的目标公司也必须拥有必需的资金,而且必须要以应当的速度准备和执行这些措施,而在恶意收购要约时做到这一点是很困难的。根据德国法律,当对出价企业的要约不依赖于出价企业对目标企业的要约时,是允许进行反吞噬(《证券收购和接管法》第 33 条第 1 款第 2 句选择一;Bouchon & Müller-Michaels,2005,第 1040 页)。否则,在出价人的要约变得众所周知之后再向出价人的股东们提交一项要约,有时候会被认为是"预防行为"而受到惩罚,因为根据《证券收购和接管法》第 33 条第 1 款第 2 句预防行为是违法的。还有观点认为,如果董事会同意(《证券收购和接管法》第 33 条第 1 款第 2 句)并且反向的收购要约从目标企业的角度来说在经济上是有意义的,那么它们就是得到允许的。

　　2007 年中旬,澳大利亚的原材料集团必和必拓(BHP Billiton)公布要恶意收购他的竞争者力拓(Rio Tinto)。总部在伦敦,但是主要在南非进行运营的露天采矿集团力拓的管理层拒绝了这项要约,理由是它并不与企业真实价值相符。接着必和必拓完善了它的要约,为了防御恶意收购要约,力拓的管理层在 2007 年 11 月通告说,要向它们的侵入者必和必拓提交一份反向收购要约。在 2008 年 2 月,中国铝业公司(Chinalco)和美国铝业(Alcoa)已经共同获得 12% 的力拓股票之后,由于新的收购竞争,必和必拓必须再一次提高它的要约。在 2008 年 11 月,必和必拓令人吃惊地撤回了其要约。就像该集团宣布的那样,该集团已经没有兴趣进行该项收购,必和必拓解释说,全球的经济形势衰退以及由此伴随着产生的原材料价格崩溃都是导致这项决策的原因。此外,在收购的情况下,欧盟委员会为了避免其形成支配市场的地位而命令必和必拓,将铁矿业务和煤炭业务分开。特别是在铁矿石市场上,在合并的情况下,必和必拓和力拓已经控制了 1/3 的钢铁原材料的出口(《南德报》,"巨头的战争取消了",2008 年 11 月 25 日)。收购中断的另一个理由是力拓的高额债务,其在 2007 年收购加拿大铝制造商加拿大铝业(Alcan)时就产生了大约 3 800 万美元的负债。原计划是,在收购完成之后,马上就将不属于加拿大铝业核心业务的包装业务再一次出售,然而在经济危机导致股票价格下降时,力拓重新设定了出售计划,并且继续负有这笔债务(《德国金融时报》,"债务减免:力拓再一次'赶走'子公司",2008 年 8 月 18 日)。2009 年春天,中国铝业宣布,欲投入 195 亿美元将其在力拓的股权从 9.3% 提高到 18%。这项已经计划好的增资受到激烈的批判,最终该计划在 2009 年

7月以失败而告终。取而代之的是,必和必拓和力拓在合并它们的铁矿业务方面达成了共识。通过合营公司,两家企业想要至少节约100亿美元。为了在合营公司中获得50%的份额,必和必拓要支付给力拓58亿美元。而为了要继续减少债务,力拓也将增资152亿美元列入计划之中(路透社:"力拓由于必和必拓——合营公司而断然回绝了中国铝业",2009年7月5日)。

企业掠夺者是指这样一些公司,它们专门收购、分拆其他企业并且继续出售其各个部门给别的公司。在20世纪80年代出现的绿币讹诈就是专门考虑这类收购者的货币收益的一种防御手段,现在几乎没有人使用这样的防御措施。这种防御措施的名字是来自于单词"讹诈"(Blackmail)和美元的绿色。在绿币讹诈的情况下,出价人已经拥有目标企业的股票,他们会向潜在的购买者出价,使其买回自己的股票并且为此要在出价人买入价格的基础上支付一个溢价,作为补偿,出价人撤回要约并且有责任不能再继续侵入企业。然而这个防御战略也存在危险:出价人从一开始就这样安排他的要约,以至于重要的并不是原本的企业而是使目标企业中自己的股票获得一个尽可能高的溢价。在德国基于平等对待原则,使用绿币讹诈来防御恶意收购是被禁止的,因为由此可能会剥夺股东自己决定是否接受要约的可能性。除此之外,还要注意第57条(禁止防御或者存款利率)、《股票法》第62条(在接受禁止的好处时股东们的法律责任)以及第77条(购买自己的股票等)(路透社,"力拓由于必和必拓——合营公司而断然回绝了中国铝业",2009年7月5日)的那些限制。此外,根据《股票法》第53a条,在相同的前提下,在德国必须同样对待所有股东,这一点在通过公司获得自己的股票时也是适用的。

在企业管理实践中,上面描述的预防性以及反应性防御措施大多并不是互相分开运用的,而是联合在一起运用。通过这种方式,企业希望更有可能防御恶意收购。表13—1举例指出重要的收购步骤以及曼内斯曼股份公司针对沃达丰的恶意收购采取的防御战略。

表13—1　　　　　　　　　　　　　沃达丰恶意收购曼内斯曼的过程

日　　期	措　　施
1999年10月	·曼内斯曼的总裁克劳斯·埃瑟(Klaus Esser)宣布,购买英国的手机提供商桔(Orange)。桔是世界上最大的手机企业之一,并且作为英国第三大无线电话运营商也是沃达丰最大的竞争对手之一。
1999年11月	·沃达丰向曼内斯曼的股东们提出了第一个总额为1 000亿欧元的收购要约,也就是每股曼内斯曼股票兑换43.7股沃达丰股票,这相当于每股曼内斯曼股票203欧元,11月初,每股曼内斯曼股票报价为162欧元。 ·克劳斯·埃瑟认为这项要约"完全不恰当"。 ·为了抵抗恶意收购,曼内斯曼与法国的传媒公司威望迪(Vivendi)就成立联盟进行谈判。 ·沃达丰将其要约提高到每股曼内斯曼股票兑换53.7沃达丰股票。 ·曼内斯曼董事会再一次拒绝了这项要约。 ·防御战中,曼内斯曼投资超过了1亿欧元,大部分用在了媒体广告上。 ·大约1 000名企业工会成员在杜塞尔多夫进行抗议,反对沃达丰的收购。
1999年12月	·欧盟同意曼内斯曼收购桔。
2000年1月	·沃达丰批评曼内斯曼,用巨大收购风险警告来欺骗其股东。 ·为了抵抗沃达丰的恶意收购,曼内斯曼在美国在线欧洲版刊登了媒体报道。 ·在签订合同之前不久,曼内斯曼和威望迪之间的谈判失败。也是在同一天,沃达丰和威望迪宣布,当沃达丰获得50%的曼内斯曼股票时,他们将共同创建一家互联网企业。 ·曼内斯曼股份公司的董事会主席乔希姆·芬克(Joachim Funk)向克劳斯·埃瑟保证,在他离开企业之后,企业会提供给他带司机的汽车以及有秘书的办公室。

16

续表

日　期	措　施
2000 年 2 月	· 因为与威望迪的协作失败,曼内斯曼也就放弃了对收购的反抗。 · 曼内斯曼董事会同意了这项收购,并且同意给管理层发放高达 5 700 万欧元的特殊奖金。 · 沃达丰为收购曼内斯曼支付了大约 1.9 亿股沃达丰股票。 · 曼内斯曼董事会按照沃达丰的建议,于 2000 年 7 月 31 日解除与克劳斯·埃瑟的合同,并且保证提供给他解雇补偿。

13.3　参考文献

Achleitner, A.-K. (2002), Handbuch Investment Banking, 3. Auflage, Wiesbaden: Gabler.

Bouchon, M.; Müller-Michaels, O. (2005), Erwerb börsennotierter Unternehmen, in: Hölters, W. (Hrsg.), Handbuch des Unternehmens-und Beteiligungskaufs, 6. Auflage, Köln: Schmidt (Otto), pp.970—1057.

Ek, R. (2005), Aktiengesellschaften und Unternehmensakquisition, in: Hölters, W. (Hrsg.), Handbuch des Unternehmens-und Beteiligungskaufs, 6. Auflage, Köln: Schmidt (Otto), pp.1063—1128.

Fama, E.F.; Jensen, M.C. (1983), Separation of Ownership and Control, in: *Journal of Law and Economics*, Vol.26, Issue 2, pp.301—326.

Schanz, K.-M. (2000), Feindliche Übernahmen und Strategien der Verteidigung, in: *Neue Zeitschrift für Gesellschaftsrecht*, 3.Jg., pp.337—347.

Steinmeyer, R. (2007), Handlungen des Vorstands der Zielgesellschaft, in: Steinmeyer, R; Hager, M. (Hrsg.), *Wertpapiererwerbs-und Übernahmegesetz. Kommentar*, 2. Auflage, Berlin: Erich Schmidt Verlag GmbH & Co., pp.582—634.

第14章

协作代替并购

企业合并始终意味着相互联系,并且因此也意味着对参与企业的决策自由有着或多或少的限制。联系强度是企业合并差异的最重要标准,正如第 1 章已经描述的那样,对企业合并进行分类,一方面取决于协作中对经济独立性的限制程度,另一方面也取决于企业联盟方式(并购和合并)。研究指出,并购和合并往往不能实现对它们的预期(见第 4 章),因此为了增长,企业要加强寻找其他可选择的战略。在这一背景下,企业协作在过去 20 年内就变得越来越重要,以至于很多文献中都提到"协作趋势"(Michel,1996,第 34 页,Balling 1998,第 29 页;Hoffmann & Schaper-Rinkel,2001,第 135 页)。在这种情境下,邓宁(Dunning,1995)甚至惊人地指出经济系统从"分层次的资本主义"到"联盟资本主义"的根本转变(Dunning,1995;Pausenberger & Nöcker,2000)。

在下面的章节中,我们要更详细地研究企业协作现象。首先我们会解释,协作的概念意味着什么(见 14.1 节)以及都有哪些协作形式(见 14.2 节),接着会介绍形成协作的理念(见 14.3 节),然后我们再借助阶段模型来深入研究协作管理的重要方面(见 14.4 节),最后,这一章会概括出协作成果的经验性研究成果(见 14.5 节)。

这一章会阐述如下主要问题:

● 什么是协作以及协作都有哪些形式?

● 产生协作的原因有哪些?

● 协作进程可以划分为哪几个阶段? 在每个单独阶段又会出现哪些问题和困难?

● 协作成果经验研究的最重要发现是什么?

14.1 协作的概念

协作是指法律上和经济上独立的企业之间通过相互协调或者共同完成(部分)任务而进行的自愿合作。在创造价值的各阶段中都用到协作,这些各种各样协作行为给出了协作的多种形式。企业的合作从联盟中成员资格、有关产品销售的长期合同、研究和发展领域的共同活动(FuE)一直延伸到建立共同子公司。在语言惯用法中存在着大量协作性企业合并的术语,一部分使用的是同义词,一部分使用的是有着相似或者交叉内容的词语。例如"战略联盟"、"合资企业"、"关系网络"或者"增值合作伙伴关系"这样的概念。

协作和并购之间本质的差别在于,协作中所有参与的合作伙伴基本上都保留了它们在经济上的独立性,然而并购是一家企业控制另一家企业,因此在企业集团结构框架下也形成了清晰的主导和从属的地位关系(见表 14-1)。从协作中保留经济独立性可以得出,伙伴企业的合作被限制在界限清晰的创造价值阶段,这也未必就排除了有关部门中不平等的决策能力。在合并中,没有一个合作伙伴可以在违背其他合作伙伴意愿的情况下实现自己的意愿,这一点也适用于协作。企业基本上是独立的,为了共同完成特定的(部分)任务,它们自愿进行合作,并且由此自愿在所选择领域内放弃一部分自由。此外,与此关联的协作本质特征就是,参与企业基本也可以自由地结束合作。然而,在做出有关结束合作的决策时,要注意企业在协作过程中形成的任何合同绑定。

表 14-1　　　　　　　　　　　　　　协作和收购典型的特征

区别特征	典型的特征值	
	战略联盟	并购
连接强度	由低到中	由高到完全
经济上的独立	原则上所有协作伙伴 保持经济上的独立	并购对象失去经济上的独立 统一经济绩效原则
等级关系	平等	主导也就是从属关系
结束合并的可能性	所有协作伙伴有同等程度 决策自由(相互关系)	只有收购者有决策 自由(单方面)
合并涉及的绩效过程范围	价值链的一部分	整个价值链
连接方式	合同、个人关系、没有取得 多数控制的股份投资(合营企业)	超过一半的股份投资、 获得全部资产
时间范围	长期但是有期限的	持久绑定

对于建立协作,我们基本可以使用与并购相同的理论。例如,协作可以以实现规模和联合优势、获得接触知识的渠道、减少特定活动的风险或者影响竞争关系为目标。就如已经说过的那样,协作和并购在一些方面有着实质的差别,特别是有关捆绑强度和可逆性的程度方面,以至于它们在每个具体情况下,鉴于追求目标的差异(鉴于其他的标准)都会表现出不同的优势和劣势。此外,协作(就如并购一样)会显露出特定的问题,与并购相比,增加的协作需求或者协作伙伴的战略行为可能产生的冲突。在 14.3 节,我们还会详细地深入研究,与并购相比协作的优势和劣势。

14.2 协作形式

14.2.1 协作的特征

可以根据不同的标准对协作的形成方式进行系统分类,表14-2给出了分类的一些重要标准的概况,接下来会对这些标准进行解释。

表14-2   协作的形成方式

维度	形成方式		
绩效经济的关系	水平	垂直	侧面
地理范围	国内	国际	
持续时间	时间上是有期限的	没有期限,持久的	
法定形式上的安排	宽松的	由合同决定	股份投资
竞争关系	不存在竞争的协作	竞争者之间的协作	
目标	非战略性的	战略性的	

资料来源:Pausenberger(1993,4438列)。

首先,与并购一样,根据协作伙伴绩效经济的关系可以分为水平协作、垂直协作和侧面协作。

(1)水平协作是由相同行业以及相同增值阶段的企业形成,原本相互竞争的企业也有可能会互相协作。水平协作的目标主要是实现规模经济、共同使用竞争力以及分担风险。作为成功水平协作的例子,我们可以列举从1978年就开始一直存在的菲亚特(Fiat)和标致雪铁龙(PSA Peugeot Citroen)在商用车领域的合作。在协作的框架下,这些企业用几乎完全相同的菲亚特达克特(Fiat Ducato)、Peugeot Boxer和Citroen Jumper车型在欧洲轻型商用车领域成功地确立了领先地位。

(2)行业内部,在价值链(供应商—顾客—关系)上下连接阶段经营的企业,构成了垂直协作。在过去几十年间这种协作越来越重要,因为企业,特别是在工业生产中,就像前面说到的汽车行业,在最近几十年都没有考虑过缩减自己的垂直整合并且将升值阶段外包出去。然而,正如汽车行业这样的产业需要配套的以及满足需求的供应商;反过来这又以供应商和顾客之间紧密持久的关系为前提,也就是协作(Semlinger,2007)。

(3)为了互补地满足顾客需求,不同行业的企业可能会以侧面协作的方式进行合作。所以为了互相输送顾客,塞克斯特(Sixt)汽车租赁公司与大约50个国际航空公司(例如,包括德国汉莎航空公司、法国航空、国泰航空以及LTU等)并且同样与许多旅馆或者连锁酒店(例如,希尔顿、凯悦、华美达和喜来登)协作。

以地理范围为标准,协作可以分为国内和国际两个层面。协作可以限制在国内的活动范围中,这种合作关系对那些所在地以及业务重点被限制在一个空间有限范围内的小企业来说也是可行的。与之相反,在国际协作中,合作伙伴是在跨越国界的范围内组织它们的共同活动。

协作的持续时间,可能是有期限的,也可能是无期限的。有期限的协作大多表现出项目特征,随着协作目标的实现这项合作也就结束了。有期限协作的时间是随着项目任务的变化而变化。如果参与协作企业追求的目标必须要求长期的组织以及与此相连要有一定程度的稳定性,它们就可以进行无期限的协作。

从法定形式的观点出发,协作可能会在组织强度上有所不同。极端情况下,在协作伙伴之间没有合同规则或者财务交织的状况下,甚至也可能会实现协作(松散的协作)。协调的平行行为也近似属于这一种协作,即由于相互之间的行为依赖性,在紧密的寡头垄断中甚至可能并不存在企业之间直接的交流(并且不少的反垄断法调查都证明了这一点)。然而为了给参与企业提供适当的法律保障,大多数协作会通过商定或者合同进行明确规定(合同协作)。当协作活动被独立出来,在协作伙伴持有股份投资、法律上独立的公司内进行时,协作会达到最大可能的组织化程度。

此外,根据协作伙伴之间的竞争关系也可以分为不存在竞争的协作和竞争者之间的协作。如果参与企业并不在相同市场进行活动,那么我们就称为"不存在竞争的协作"。前面提到的塞克斯特汽车租赁公司与航空公司以及连锁酒店协作的例子就近似涉及不存在竞争的协作。然而,特定的行业内那些原本活跃于相同市场并且相互竞争的企业也可以互相协作。例如菲亚特和标致雪铁龙协作的案例,协作伙伴在相同市场中提供非常相似、可以相互替代的产品。在这种相互关系中,人们也称为"竞合"(Brandenburger & Nalebuff,1996)。

最后,根据它们的目标可以分为战略和非战略导向的协作形式。战略导向的协作会涉及那些对相关企业竞争意义重大的价值增值领域,例如研发协作或者协作开发新市场。对于企业的存在和进一步发展意义较小的协作形式,可以称为"非战略协作",例如协会中的会员身份就近似属于这一种。

14.2.2　重要的协作形式

文献中引起激烈讨论并且在实践中显示出了重大意义的协作形式是战略联盟、合资公司和企业网络,这些形式在下面的章节会进行进一步的解释。然而,就像前面文献和管理实践中已经提到的那些概念,这些概念并不是互相之间界限分明隔离的,以至于协作的不同形式也并不完全排除重叠的部分。[①]

14.2.2.1　战略联盟

战略联盟概念指的是法律和经济上基本独立的企业之间正式长期的合作,而合作要实现的目标是通过合作伙伴企业互补的强项来平衡自己的弱项,并以此来共同获得竞争优势(Sydow,1992,第63页)。战略联盟以在获得经济收益的相互联系方面区别于其他协作形式。在德语文献中,很大程度上存在着一致的观点,即战略联盟是协作行为的一种水平形式(Backhaus & Piltz,1990,第3页;Albach,1992,第664页)。然而盎格鲁—撒克逊作者也将一部分侧面和垂直的协作视为战略联盟(Porter & Fuller,1989,第364页)。战略联盟也通过将它们合作重点聚焦于合作企业的战略上而区别于其他的协作形式。此外,战略联盟在法律形式方面一般以较小的组织化程度为特点,常常放弃建立一家有独立法人资格的合资企业,但是一般来说战略联盟也会呈现出合资公司的制度形式。

根据不同的目标设置,战略联盟也可以分为不同的类型。市场开发联盟、大规模联盟、责

---

① 在英美语言里,协作主要是指"战略联盟"和"合资企业",这些定义也有不同的含义和交叉。

任分担联盟以及能力联盟都属于其中(Backhaus & Plinke,1990,第32页)。

(1)市场开发联盟有利于快速和高效地开发跨区域和全球市场,它的目标在于,获得进入那些因为贸易保护主义或者由于其他的障碍(例如,文化差异)而变得很难接近的特定市场的通道,或者在那些大的、国际重要市场中取得一席之地。

(2)大规模联盟使得很多企业可以共同、充分利用例如生产中的规模经济并且可能还有联合效应。此外,由于共同组织的生产中会有更高的总额,企业就可以更快地获得享用经验曲线优势的机会(见第3章)。

(3)通过责任分担联盟,高的投资需求以及与此相连的大项目风险可以被分摊到多家企业之中。

(4)通过能力联盟最终可以实现互补能力的结合,来完成复杂的任务。

在一些行业中,战略联盟对企业来说十分重要,这特别适用于航空运输行业。在国际航空运输中经营的企业,特别是所谓的低成本运营企业[例如瑞安航空公司(Ryanair)]从进入市场开始就面临着高的竞争压力,例如,通过提供新的飞行终点等方式来开发新市场,对于那些凭借自身实力的航空公司来说几乎是不可能的。同时,通过并购来增长或者巩固市场结构的可能性也由于限制性的法律框架条件而同样受到严重制约,例如根据欧盟条例,欧洲航空公司的主要股东必须是欧盟成员国或者它们的公民。出于这个原因,国际航空公司自20世纪90年代开始就加强寻找增长的其他替代形式。结果是国际航空运输业如今由三大联盟所控制:汉莎航空公司参与其中的星空联盟,英国空中航线领导下的寰宇一家(Oneworld)航空联盟以及法国航空参与的天合联盟(SkyTeam)。星空联盟是由五家航空公司——包括德国汉莎航空公司——于1997年成立的,并由此成为第一个国际航空公司联盟。如今它成为由超过20家航空公司组成的世界性网络并且每天协调超过18 100架飞机飞到975个目标机场(http://www.staralliance.com)。

14.2.2.2 合资企业

合资企业,在德语文献中也可以写为"Gemeinschaftsunternehmen",这个概念表示的是一家法律上独立的企业,两个或者更多合作伙伴会作为合伙人参股这家企业,而且以共同利益确立业务政策。[①]对合资企业来说,典型的特征就是合作伙伴共同决定业务政策,也就是说,一般来说,在其他合作伙伴反对的情况下,其中的一个合作伙伴并不能实现自己的意愿。相应地,大多数情况下它们会在公司管理层中占据平等的地位。然而,有必要在成立之时就已经安排好一种机制,使得在冲突情况下能够避免阻碍合作并且获得合营公司决策和行动自由(见14.5节有关协作管理的部分)。为了避免有人处于支配地位,合资企业经常会使用相同的参股份额,但是管理实践中有时也会与此有偏差,例如资本雄厚的大企业与资源匮乏的较小企业进行协作的时候。在这些情况下,共同的领导层会按照合同来进行安排。进一步又可以分为全功能合资公司和部分功能合资公司。如果合资公司仅仅关注合营人利益下的单独几个职能(例如,生产、销售或者研究与开发),那么人们也称之为部分功能合资公司,然而全功能合资公司,就像这个概念已经表明的那样,会掌管所有获得经济收益的职能。

与战略联盟一样,合资企业也能够掌管各种各样的职能,例如,为了减少单个企业的负担,在合资公司的形式下,可以执行很多复杂的任务,例如,与高成本和高风险相联系的研究和开发部门中的任务等。合资企业也可能是在收缩市场中巩固市场结构并且整齐缩减生产能力的

---

① 在英语地区还有由合同进行合资的情况,这时不成立独立的法人,成为合同合资。

一种手段,例如,西门子在 2006 年将它亏损的网络部分引进到与诺基亚建立的合资公司中,当时,在这一业务领域西门子大约有 37 000 名职员,诺基亚引进大约 23 000 名职员。根据官方通告,合资企业中员工数量在四年间缩减了大约 10%～15%(明镜在线,http://www.spiegel.de/wirtschaft/0.1518.422341.00.html)。为了至少部分地从竞争激烈的市场中撤退出来,西门子在过去就已经开始使用协作战略了。从 1967 年开始,西门子就与博世(Robert Bosch)有限责任公司共同经营博世—西门子家用电器有限责任公司,并且在 1999 年将它的计算机业务引进到与日本企业富士(Fujitsu)建立的合资企业中。

在国际背景下,合资企业有助于获得进入因贸易保护主义而隔离的市场通道,规避进入限制或者通过当地合作伙伴的参与来降低当地国家特有的风险。因此在新兴经济体以及发展中国家,合资企业常常是市场进入以及市场加工战略的一部分。例如,在中国,大众与中国最大的汽车企业成立了三家合资企业(上海大众、一汽大众以及一汽奥迪),合作的重点就是生产汽车。大众与上海汽车工业公司(SAIC)共同经营的上海工厂,因拥有大约 13 000 名员工而属于大众最大的工厂,生产波罗(Polo)、途安、帕萨特以及斯科达明锐等(http://www.volkswagen.de)。

14.2.2.3　企业网络

网络的概念一般来说是通过直接或者非直接关系被联系在一起的要素组成的系统(Kutschker & Schmid,2008,第 532 页;Windeler,2005,第 213 页;Sydow,1992)。借鉴到企业管理中,企业网络可以理解为是多个企业或者企业部分之间经过协调后的合作。这个概念解释已经表明了,网络可以分为内部组织网络以及组织之间的网络。内部组织网络意味着一家企业内部的关系网。将企业解释为网络的观点认为:如今在特定市场中,纯粹的集团公司等级制度结构可能不再有效,换言之,为了充分使用它们的能力,子公司或者企业的其他分支应该或多或少起到集团公司的作用。组织之间的网络,也就是多个企业之间的网络,一般情况下可以理解为是独立和互不依赖的两个或者多个企业之间长期协调的合作。下面讲到网络的话,始终是指这种组织之间的网络(Siebert,2007,第 9 页;Kutschker & Schmid 2008,第 536 页)。这种合作可以通过例如专利合同、许可证协议或者特许经营协议来进行管理。但是企业网络的定义也并没有把像战略联盟或者合资企业这样的其他协作形式排除出去,例如,战略联盟或者合资企业都可能成为更广泛企业网络的一部分,就如图 14—1 说明的那样。

特别地,企业网络会通过它们的规模而区别于其他的协作形式,也就是说,通过合作伙伴的数量以及由此产生的网络关系中的数量而区别于其他协作形式(Kutschker,1994)。在只有两个或者说三个企业共同合作的协作中,可能已经建立了简单的双方和三方网络关系。直觉上网络会使人们想到大量的企业,它们维系着相互之间更多数量的关系(见图 14—2)。

此外,根据关系数量的不同,网络也可以分为简单网络和复杂网络。简单的网络一般是星状结构:一个单独的参与者维持多个同等的且由它在中间进行协调的(只要是双边的)关系,特许经营体制就是这种网络的一个典型的例子。就像图 14—2 中看到的那样,在简单网络中,只有一部分有潜力的、可以想象的关系会得以实现。然而与之相比在复杂的网络中,企业之间大部分潜在关系在网络中都会得以实现并且不存在处于中心位置的成员。

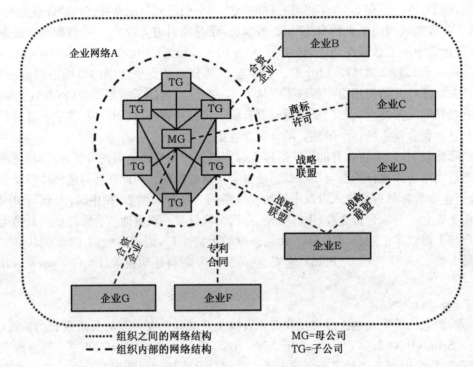

资料来源：Kutschker & Schmid(2008,第544页)。

图14—1　组织内部以及组织之间的网络

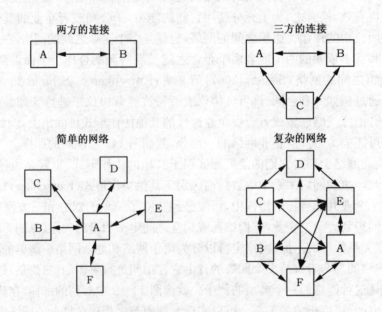

资料来源：Morschett (2005,第390页)。

图14—2　不同连接数量的网络

14.3 协作分析的解释方法

下面将介绍理论方面的基础,而用它们就可以解释协作的建立和成功,以及问题和失败。在第 3 章我们已经详细地讲述并购的理论基础,那里解释的概念中有一些也可以移植到其他的合并形式中来使用,例如协作。下面章节我们会部分地与前面的阐述相联系,但是同时又会聚焦于每一个协作特有的理论。就像第 3 章其他部分指出的那样,不同的理论理念并不是互相排斥的,而是局部地阐明了协作的不同方面,就此而言它们是互相补充的。

14.3.1 交易成本法

交易成本法是解释存在企业协作最常用的理论方法(Williamson,1990,第 21 页;见第 3 章 3.2.3.5 节)。在产权的决定、转移和执行相互关系中就形成了交易成本,并且可以划分为开创成本、协议成本、进展成本、控制成本和后期调整交易合同的成本。在这些成本中,首先涉及的是管理实践中很难测量的信息以及协调成本。

交易成本理论是建立在行为导向假设基础上的,股东仅仅拥有有限的获取和加工信息的能力,他们是有限理性的。其次也要假设,人们的行为是机会主义的,他们会严格追求自己的优势,并且倾向于违反规则和欺骗其他的股东。

就像第 3 章已经详细阐述的那样,交易成本理论认为,交易可以借助不同的协作机制进行,并且在相同的条件下股东通常会选择带来最少交易成本的交易形式。第 3 章在主要通过两个协作机制形成的相互关系中解释并购,即由市场决定的价格和等级制度企业或者说是集团结构来协调并购,并且我们已经进一步解释了交易成本的多少以及在两个方案之间做出的选择,主要取决于特定投资的重要性以及不确定性程度。

作为协调各项活动的其他可能形式,协作同样可以使用交易成本理论来进行解释和分析。如图 14-3 中展示的那样,它们在市场和企业之间假想的连续性中采取一个中间态度。换种方式来说,协作结合了价格方面和等级制度协调方面特定的特征和优势。一方面,两个合作伙伴基本互不依赖;另一方面,也不必建立稳固、不灵活的等级制度结构。当协作对它们中的一方来说可能不再有利时,合作伙伴基本会结束合作。同时,协作中包括的经营活动会通过中期到长期有效的框架协议以及细节上并不明确、合同规定的调整来协调,在一定情况下也可以通过自愿形成的从属和支配关系来进行协调。

交易成本理论的基本观点是,当与协作相比,价格方面的协调以及等级制度的协调都会产生更高的交易成本时,就会选择协作的交易形式。根据威廉姆森(1990)的观点,当涉及中等特定程度的交易并且交易的总体形势和结果的不确定性程度很低时,就是这样的情况。表 14-3 给出了与价格方面和等级制度的协作相比,协作最重要的交易成本优势的概况。

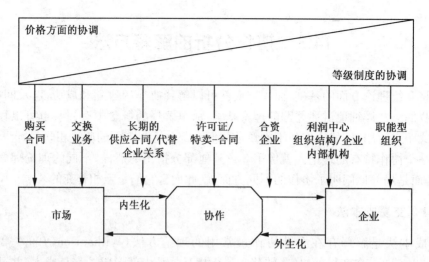

资料来源:Kutschker & Schmid (2008,第 544 页)。

图 14—3　组织内部和组织之间的网络

表 14—3　　　　　　　　　　　　协作性交易形式的交易成本优势

协作的交易成本优势	
与市场相比	与等级制度相比
· 寻找适当顾客或者供应商的成本更低	· 等级制度协作工具与市场测试的结合
· 商谈、协商和控制合同的成本更低	· 减少投机性行为
· 基于紧密的关系会产生更好的信息交流	· 职能或者领域方面有针对性的合作
· 那些不可编码、与个人有关的知识变得可以转移(隐性知识)	· 降低了投资决策的不可逆转性
· 转移对竞争重要的信息	· 分权的组织结构会加强对环境改变的适应能力
· 可能会放弃(双重的)质量控制	· 企业会更容易并且更快地进行再定位
· 更快的贯彻革新或者说是标准	

资料来源:Sydow (1992,第 143 页)。

14.3.2　规模经济和复合优势

　　规模经济和范围经济的实现可能不仅仅是并购的动机,而且也是建立协作的动机。当长期的平均成本随着投入数量的增长而降低时,就形成了规模经济。产生这种成本递减是因为,例如,由员工的专业化或者由引入专业的机器等引起业务量的扩张,会导致流程质量和效率的提高。当在一个有组织的机构内共同生产两种(或者多种)不同产品产生的单位成本小于分开生产产生的单位成本时,就形成了范围经济。范围经济的前提条件是,肯定存在两个生产过程都可以使用、可以任意分割的投入要素,不然成本就会成比例上升(见第 3 章)。

　　协作可以使多个企业的活动联系起来,并且通过这种方式共同实现规模经济和范围经济,例如,可以通过研究和开发协作来降低成本。当将它们的生产能力合并后,协作伙伴可以更好地利用采购条件或者使用更有效率的生产过程时,采购或者生产部门的平均成本可能会降低。

　　与并购相比,协作的优势是可以将合作限制于能够获得规模和范围经济的任何一个增值分支。协作的劣势在于,协作的管理可能更昂贵并且可能会更容易产生冲突。在并购中,等级制度组织的企业可以独自使用优势,然而协作的合作伙伴必须要建立一个有效的机制来分配合作产生的优势。

14.3.3　组织学习理论

建立协作关系的一个最重要动机在于,企业想要获得接触协作伙伴特定知识的一个通道,因此企业协作可能理解为是获得知识的一种方式。组织学习理论尝试更准确地解释组织之间的知识交换过程以及由此产生的问题(Hamel,1991;Inkpen,1996)。因为知识是企业一项最重要的资源,所以这个理论是以建立在资源上的观点为基础,也就是说,获得竞争优势可以从根本上追溯到企业中存在着特定的资源(例如,核心竞争力)。

为了在自己的企业中成功使用新的知识资源和产生长期的竞争优势,协作也可能以获得新知识资源为目标。此外,力求获得的知识可能是生产流程技术或者产品技术方面的,也可能是特定的管理能力方面的,或者是有关市场和顾客的知识。因此在文献中将知识分为显性知识(explicit knowledge)和隐性知识(tacit knowledge)(Inkpen,1996,第 126 页)。显性知识可以相对简单地在市场中转移,例如借助许可证授权。然而隐性知识就不是这样了,允许来自不同企业的人们进行有规律的紧密合作,是为了以这种方式转移知识或者甚至产生新知识,这也是协作的一个优势。

从单个企业的角度出发,当员工们有能力在合作企业中识别出对他们来说重要的知识,并且在合作的过程中将其占为己有,而且同时也能够阻碍那些对未来竞争能力来说必不可少的、自己特有的知识在合作伙伴中的传播,这时以获得知识为目标的协作就成功了。根据哈梅尔(Hamel,1991)的观点,与知识有关协作的成功取决于,协作伙伴是否在学习决心(intend)、透明度(transparency)以及学习能力(receptivity)方面表现出了相似的影响(Hamel,1991,第 85 页)。这里学习决心是指参与协作的合作伙伴向其他企业员工学习的意愿。学习能力最终包括进行协作的企业吸收合作伙伴知识,以及成功地将其在自己的企业中内生化的能力。

14.3.4　降低风险

协作可以理解为企业风险管理的一种工具。企业可以将高风险的活动分摊到"多个肩膀上",并且通过这种方式也限制了每个单独企业的风险,例如,它也使企业有可能用更少的投资额参与到多个从自己的角度来说太宽泛并且很有风险的投资项目中。通过形成这种投资组合,企业可以利用多元化的优势并且降低总体的风险。就如已经解释过的那样,这种合作也可能会带来规模经济和范围经济。

就如在第 3 章已经相应地讨论过的并购方面那样,在一个完全新古典模型的世界中,建立投资组合和降低企业层面的总风险对所有者来说并不是可行的。在一个没有交易成本和其他市场缺陷的世界中,从自己的角度来说所有单个项目都可以在资本市场上进行交易,并且投资者甚至可以免费形成最佳的多元化投资组合。然而现实是以各种各样的市场缺陷为特征的,而并不是所有的单个项目都可以在股票市场中进行开价和交易,因此通过协作将风险分摊于企业各个层面可能是有帮助的。例如,通过银行联盟或者说财团联盟提供巨额贷款,或者通过多个建筑公司完成大的建筑项目。

对企业来说,新流程技术或产品技术的发展以及新市场的进入都与高度的不确定性联系在一起,与其他的竞争者分摊风险可能也是有效的。在这种相互关系中,科古特(Kogut,1991)将合资企业视为"看涨期权"以及"过渡机制",借助于它们的参与企业才克服了不确定性。韦斯顿等(Weston et al.,2001,第 428 页)进一步阐述了这些想法:

"战略联盟是由于不确定性和模糊不清创造出来的,并且代表了同样不确定和模糊的关系形式……看起来战略联盟代表了探索学习的一种形式。在那些动荡和改变占主要地位的高科技行业,可以使用战略联盟来调查进入市场的可能性,来监控新技术的发展,以及来降低发展新产品和进程的风险和成本。"

在市场的进一步发展过程中,不确定性会变得越来越小,例如,可能是因为形成了法律环境、产品标准或者清晰的需求结构。韦斯顿等(2001)指出,协作显示出的高度灵活性,在稳定的环境中会失去意义,并且因此生产者可以通过收购来建立更简单的等级制度结构。20世纪90年代后期,在德国电信市场中,人们会明显地观察到这些进程,市场自由化之后主要是在移动通信业务新市场中马上形成了大量的联盟,其中国内的能源提供企业[例如,费巴、维尔格、莱茵集团(RWE);还有曼内斯曼、德国铁路)以及国外建立的电信企业[例如,英国电信、英国大东电报(Cable & Wireless)、美国电话电报公司(AT & T)]都参与到了其中。实际上,直到21世纪初技术和市场结构稳定化的过程中,所有的联盟才因为收购(例如其他参与者的退出)而解体,并且转化成等级制度的集团结构(Hungenberg,1998;Bronner & Mellewigt,2001)。

14.3.5 竞争的影响

也可以在工业经济的框架下对协作进行分析。工业经济研究在特定市场中企业的相互竞争,需要特别研究的是,不同的生产者结构是如何影响竞争行为和由此影响企业成果的(市场—结构—行为—绩效模型)。

企业协作可以理解为企业行为的一部分,它们可能会影响市场结果和从企业角度来说的成功。这可以最简单地借助建立卡特尔来加以说明,卡特尔是市场中生产者之间的合同,以降低竞争强度或者完全规避竞争为目标。这就导致了:通过卡特尔合作伙伴们取得一致,并不是自由地设定,而是在共同利益下确定特定的竞争参数。影响强度最大的是价格卡特尔,这里卡特尔企业共同确定并且接下来要由所有企业共同执行的价格。典型的情形是,卡特尔企业可以共同要求垄断价格并且通过协商限制市场上的产出量来贯彻执行。由于卡特尔会降低社会福利,所以在德国、欧洲以及大多数其他的国家基本上是禁止卡特尔的(GWB第1条,EGV第81款)。

企业协作的其他形式也会有助于影响竞争结构和竞争过程,所以企业协作可以用来达到产品标准,结果是成为市场进入壁垒而对其他的生产者产生影响。在这一背景下,在竞争激烈的市场中,较短期的产品生命周期协作协议可能会提供优势。研究和开发领域的协作可能缩短开发时间,并且由此为更快速地分期偿还投资支出提供了前提条件。与竞争者签订的协议也可能会实现更快速的市场扩张。这种协作性的行为方法为合作伙伴企业提供了直接优势,此外,针对竞争者还形成了市场壁垒。

14.3.6 代理理论

前面章节研究了形成协作的理论基础,接下来我们转向协作过程中产生的问题并且给出有关解释的理论基础,在这一背景下代理理论就显得特别重要。使用代理理论可以分析协作的管理问题,特别是涉及控制和激励方面的问题。就如第三节已经解释的那样,当委托人向代理人委派一项任务并且委托人的收益取决于代理人的行为时,我们就称之为代理或者说是委托—代理关系。当与委托人相比,代理人拥有信息优势并且因此他们可以根据自己的利益而充分利用决策和行为余地时,委托—代理关系中的问题就出现了。

在协作的背景下,可以借助代理理论模型主要研究两种类型的关系:(1)两个(或多个)协作伙伴之间的关系;(2)一方面是协作伙伴之间的关系,另一方面是他们建立的合资企业管理层的关系(Herzig et al.,1999,第 766 页)。以代理理论模型的结论为基础,可以推导出以减少代理问题、降低与此相连的成本、提高协作稳定性为目标的有关建立协作的建议。所以可以尝试,借助控制,例如通过激励机制,或者经过准许的威胁等方法来减少代理问题,因为控制方法是以平衡委托人和代理人利益为目标的。

14.3.7　博弈论

为了管理协作伙伴的行为,公式化的代理理论模型经常使用博弈论。回到数学家诺伊曼(Neumann)以及经济学家摩根斯坦(Morgenstern,1994)的工作上,博弈论研究的是,推导出公式化的数学方法来分析多个参与者(玩家),例如在市场上,或者其他态势下的相互作用,这里要假设所有参与者在纯经济意义下都是理性的。参与者(例如,企业)遵循在数学上表示为目标函数的确定策略,并且他们要受到一定限制(约束条件)约束。从行为的相互作用以及遵守的约束条件可以得出,简单来说,结果以付给参与者的支出(=收益)的形式表达出来。

借助博弈论可以解释,在哪些假设下,对参与者来说互相协作是理性的以及在哪些时候并不是这样的。对此最著名的模型是囚徒困境,它描述被怀疑共同进行了很严重犯罪行为的两个囚徒的状况。两者已经达成协议,拒绝坦白。如果两者都遵守这个决定,那么他们可能仅仅会因为轻微的罪行而被判 1 年的短期刑罚,因为并不存在不利于他们的明确证据。在分开进行的审讯中,检察官向被逮捕者提出了下面的提议:如果两者中的一人招供并且提供共犯的罪证,而另一个共犯继续拒绝坦白,那么招供者作为污点证人而免受惩罚;反之,共犯必须接受最高惩罚 5 年的牢狱之苦。如果两者都供认不讳,那么他们会得到一个轻微减少到 4 年的刑罚。

表 14-4 展示了这四种可能的结果—状况(人们称为回报矩阵)。从共同的角度来看,两者都遵守约定好的(协作)战略是最佳的,因为这样拘留惩罚的总和是最小的(2×1=2)。然而对于两个嫌疑犯来说坦白并且由此背叛另一个人也是理性的,这并不取决于他对其共犯的行为采用了哪种假设。例如 A 假设,B 会像约定的那样保持拒绝坦白,那么他自己可能会通过招供而完全不受牢狱之苦而成功脱身;反之,如果 A 相信,B 会坦白并且背叛自己,那么他自己也应该同样坦白,从而他只会被判 4 年而不是 5 年。如果两个囚徒都自私地进行行动,那么在该情况下并不会得到两者都拒绝坦白的协作性答案。从共同的角度来看,个人理性行为也会导致次优的答案,因为当两者都招供时,惩罚的总和(4+4=8)远远高于协作的情况。

表 14—4　两个玩家/两种战略囚徒困境的结果组合

		嫌疑犯 B	
		沉默 (=协作)	坦白 (=背叛)
嫌疑犯 A	沉默 (=协作)	A:1 B:1	A:5 B:0
	坦白 (=背叛)	A:0 B:5	A:4 B:4

就像囚徒困境这个非常简单的模型一样,实际上在企业之间关系中也可能存在着激励结构。例如,企业可能出于(短期)自私的动机而违背协议,在研究和开发协作中控制信息、在供

应商协作中会供应有缺陷的货物或者为了重新协商合同条件而利用相互之间的依赖性。

需指出的是,囚徒困境展示的是一个极其简单化的模型,然而实际上会存在着多重促进合作伙伴合作意愿的机制。特别是,囚徒困境是一个"单独的博弈",在囚徒困境中每个参与者都有激励来背叛另一个人并且选择独立的策略。然而实际上企业之间的许多关系都可以更确切地表达为是多阶段的、反复的博弈。共同协作战略中的一个玩家出于机会主义进行的背叛,可能会在接下来的游戏过程中受到其他企业通过抵制而进行惩罚。互惠策略,例如"以牙还牙"策略(你怎样对我,我就怎样对你),在反复的博弈中展示出了解决囚徒困境的可能性。例如,当由名誉损失为指标的机会主义错误行为的成本很高时,协作策略才会在回报矩阵的其他形式中吸引两个参与者的注意力。所有的协作伙伴通过特定的投资而长期地绑定在协作中,并且由此展示出稳定的绑定联系(commitment),这样最终协作关系的稳定性就提高了。

14.4 协作的管理

在下面的章节中,我们转向协作管理。协作管理可以理解为要管理所有的活动,也就是说协作的计划、操控和控制(Pausenberger & Nöcker 2000,第400页)。与并购的管理相类似(见第5章5.1节),也可以把协作的管理看作阶段过程。就如图14—4展示的那样,协作管理的过程可以分为协作的建立阶段(问题分析、编制计划、选择合作伙伴以及安排)、执行阶段以及完成阶段。

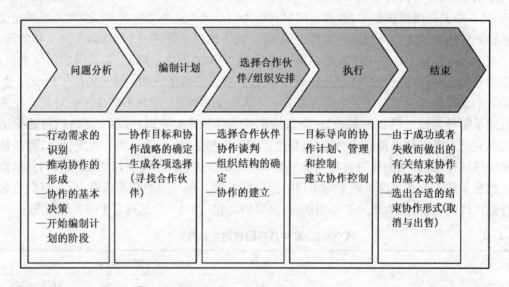

资料来源:Pausenberger & Nöcker (2000,第401页)。

图14—4 协作管理的过程

14.4.1 建立协作

决定建立一项协作,首先应从分析问题开始,在分析问题的框架下可以识别出战略行动的需求。行动需求可能是,要完成一项与大量资源并且因此也与高风险相连的大项目,必须要开发新方法或者新产品而企业并没有足够的研究和开发能力,又或者这个创新过程的最终结果是很不确定的或者应该开发地理上很远而且文化上不同的市场。然而,推动建立协作的动力并不一定来自于企业自身,它也可能发生在企业外部,例如顾客、供应商或者其他的企业或者由于法律规章而强迫企业进行协作。为了解决问题,管理层会在内部和外部增长的相对优势和劣势以及协作性增长的可能性之间进行权衡。如果做出了建立协作的基本决定,管理层实际上就进入了编制计划阶段。

在编制计划阶段的框架下,首先要制定协作可以实现的目标。协作的目标可以从分析问题的结果中推导出来,也就是说,从识别出的战略性行动需求中推导出来(例如,进行大项目)。更进一步,管理层必须确定,协作应该伸展到哪些产品、市场、地区或者功能领域(例如,研究与开发)。从协作目标中也可以推导出要向潜在协作伙伴提出的要求。

必须要以各项要求的组合为基础来寻找和评价潜在的协作伙伴。为了达到这个目的,必须要获得潜在协作伙伴的信息。但是,由于信息不对称,进行搜寻的企业管理层始终只能有限地了解到潜在合作伙伴的特征和意图,这就产生了问题。因此企业会多次研究与那些因为以前业务关系已经很熟悉的其他企业的协作,也就是那些供应商、顾客或者竞争者。除了可以放弃昂贵的信息收集这个明显优势之外,特别是在供应商—顾客协作中从一开始还存在着一定程度的信任。经验研究表明(Pangarkar et al.,1997,Jennings et al.,2000 以及德国的 Schumacher,2006),信任是稳定和成功协作的一项重要前提。如果协作的目标在于开发新市场或者获得新技术,那么继续动用已经熟悉的企业常常是不可能的。未来出现前面提到的信息和代理问题也会更严重。

尽管与并购相比,协作运转得更灵活,由此也更容易,但是仍然要高度重视最终协作伙伴的选择。在选择合作伙伴时要特别注意,对于两家企业来说协作的优势应该要超过其劣势(双赢情况)。进一步,选择合作伙伴时应该尽可能使自身的弱项通过合作伙伴的强项来平衡。除了这种战略契合之外,还要注意在文化方面企业也要互相适合(文化契合)。

决定了选择哪个协作伙伴之后,紧接着要进行协作谈判。在协作谈判的框架下,协作伙伴要互相确定通过协作可以实现的目标,并且共同确定协作性合并的战略。尤其是协作法律上和组织上的安排也要成为协作谈判的课题。在这一背景下也要确定,为了实现合作目标是否要建立法律上独立的机构(合资企业)或者选择制度化弱一些的合作形式。

为此,合作企业必须就领导结构(见下面章节)以及协作成果的分配达成一致。分配成果以准确测量协作获得的价值增长以及分配规则为前提。这两个方面在合资企业中看起来相对不成问题,因为根据它们自己的法人资格必须编制资产负债表与损益表,并且这也接近于根据资本份额来分配成果。在组织程度很弱的战略联盟中,测量和分配成果更加困难。当协作的目标和与此相连的成果难以测量时,困难还会继续增加,就像开发和转移知识的情况一样。

14.4.2　协作的执行

为了进行协作,有利于协作目标实现的管理和控制活动都是必要的。领导结构对于协作的管理来说是至关重要的,也就是领导权限在协作伙伴之间的分配。这里可以分为对称的领导结构和非对称的领导结构(Holtbrügge,2005,第 1191 页)。在对称的领导结构中,协作是由协作伙伴同等进行管理的(所谓共享的管理协作)。与之相反,非对称的领导结构突出的是其中一个协作伙伴的支配地位,因此人们也称为"家长主导的协作"。非对称的领导结构为新兴经济体和发展中国家的协作提供了建议,即在这些国家中外国大企业与当地小企业进行协作。另一个例子是国际上活跃的大制药企业与国内专注于研发的小生物科技企业之间的伙伴关系。

参与企业要不断地控制协作成果。为了能够决策是否应该继续进行、扩大、收缩或者结束协作,连续的成果控制是必要的,为此,可以建立协作控制机制。它的任务在于,尽早发觉有可能出现的负面计划偏差。除此之外,协作控制也可能在正偏差的基础上识别出协作进一步发展的潜力。因为参与协作的企业一般会追求能够在不同程度上实现多元化的目标,所以每一个企业必须从自己的角度来判断协作的成果。

14.4.3　结束协作

可能有两种原因会导致结束协作。其一是至少对于一个参与伙伴来说,协作的成本超过了它的收益,那么会由于失败而结束协作。然而也有可能恰恰是因为它成功了而结束协作,例如,因为一项研究项目成功结束并且现在也不再需要之前为此建立的合资企业了。如果应该结束一项协作——无论是因为成功还是失败,那么还要决定应该以哪一种方式来结束,可能的结束形式是取消协作或者由一家合作企业完全接管或者由一个第三方来接管。

为了成功结束协作,可以推荐的是,在建立协作时参与企业就已经明确确定了退出策略。"这项策略应该具体指出退出的明确标准以及退出的触发点,并且有关什么时候以及如何结束这项联盟合作伙伴们要明确地达成共识"(Cools & Roos,2005,第22页)。

14.5　协作的成果:经验研究的结果

随着20世纪80年代以来协作重要性的上升,协作的成果也渐渐变成了经验研究的课题。然而并不能简单概括和解释有关这个主题的文献,这是因为存在着大量不同的协作形式而且经验研究调查的是哪一种协作形式常常也并不是完全明确的。有时候在一个抽样调查中也会混合着使用不同的协作形式,为此,在没有进一步调查的情况下判断一项协作是否成功是不可能的。协作成果一般可以理解为是目标实现的程度,然而参与一项协作的多个合作伙伴可能追求不同的目标,例如,合资企业可能为一家企业进入一个陌生市场提供了可能性,然而外国的合作企业可能期望来自合资企业的知识流入。目标设置的差别可能会导致,参与协作的企业对协作成果有着不同的评估:虽然对一家企业来说协作可能是一个很大的成功,但是对另一家企业来说它可能是一个失败。对协作成果有区别的评价也因此要求,要测量所有参与协作企业的目标实现程度,必要时也要在单个合作伙伴积极的成果评估与其他合作伙伴消极的评估之间进行平衡。

最后要注意的是,在现实中,可靠地评估协作成果对相关合作企业自己来说通常并不简单。就如前面提到的那样,当涉及的协作项目并不拥有法人资格(例如,战略联盟、网络)而且因此甚至没有会计职责的时候,这一点就特别适用。无论何种协作的组织和制度化程度,当协作的目标只有用定性的标准进行评估才有意义时,通常也很难形成一份正式的成果评估(Pausenberger & Nöcker,2000,第406页),就如已经提到的那样,例如,以转移知识为目标的协作就是这种情况。

从方法论的观点出发,在经验研究中主要有三个对协作成果来说很重要的方法:内部问卷调查、以"死亡率"为基础进行的成果测量、资本市场导向的事件研究法,接下来将介绍和批判性地评价不同方法以及对它们来说最重要的经验研究。

14.5.1　内部问卷调查

与测量并购成果相类似(见第 4 章),测量协作成果的一种方法就是,向参与协作企业的管理人员进行问询。这种方法的意图是,用简单的方式来评估,协作伙伴互相分散的目标是否能够得以实现,以及哪些决定要素对协作的成功或者失败起到关键作用。因为参与管理人员的说法是主观的,并且可能会导致失真的判断,所以要批判性地看待这类研究的结果,对内部问卷调查的评论见第 4 章 4.2.1 节。

特别要指出的是,咨询公司会就协作成果进行问卷调查研究。在毕马威进行的以英国参与的 155 个协作结果为对象的研究中,34%的被调查管理人员承认,并没有实现协作的预期。问卷调查的另一个例子是由布利克与厄恩斯特(Bleeke & Ernst,1991)进行的经常被引用的研究,其对 49 个跨国界战略联盟的结果进行了分析,发现两个合作伙伴形成的联盟中只有51%可以说是成功的。从两个合作伙伴的角度出发 33%的联盟都是失败的。进一步,他们也确定了,跨国界战略联盟的成功比率与跨国界并购的成功比率是类似的。然而可以证明,合作伙伴之间与市场相关的地理上的交叉会阻碍联盟的成功,与之相比,在并购中这可能会是有益的。此外,根据这项研究,当协作是由类似企业组成的时候,战略联盟会更成功。在管理实践中经常可以观察到,弱一点的企业会寻找一个强大的协作伙伴,布利克和厄恩斯特认为,这并不是一个会保证成功的策略。此外,研究也得出,当合作企业在合资企业中持有不同的自有资本份额时,合资企业会更可能导致失败。

14.5.2　死亡研究

测量协作成果的另一种可能方法是使用所谓的死亡率,死亡率意味着协作的死亡数或者说是死亡率。这样的研究背后隐藏了一个问题:从建立到解散或者——特别是合资企业的情况——由一家合作企业或者由第三方接管,一项协作会存在多久。死亡研究与测量并购成果中转售分析调查是类似的问题。当在一个特定的时间内不再继续出售被并购的企业时,转售分析就认为并购是成功的。

科古特(1988)对 148 家合资企业的死亡进行了分析并且确定,合资企业平均是在形成的第五年和第六年之后就倾向于不稳定,并且会被解散或者被出售。这一点特别适用于国际合资企业,它们中几乎有一半(44%)都在上述的时间内结束了。哈里根(Harrigan,1998)调查了1974～1985 年之间的 895 个协作(合资企业和战略联盟),并且查明它们平均只有 3 年半的寿命。那些参与企业自己认为成功的协作中,被调查协作中只有 42%以及所有协作中只有 50%存在超过了 4 年。86%的协作在 10 年期满前都结束了。此外,这个研究的作者认为,解释协作不稳定性的关键因素是企业文化、所有者结构、相对规模以及参与合作伙伴的协作经验。因此在国际协作中,合作企业的母国对协作的稳定性扮演着一个重要的角色,根据科古特(1988)的观点,例如,与有美国或者英国参与的协作相比,有德国、日本或者也有荷兰参与的协作明显更稳定而且更少解散。此外,亨纳特等(Hennart et al.,1998)指出,协作是否通过解散或者通过收购结束,对于使用死亡率来经验性地评价协作成果来说这一点是至关重要的。他们也发现,批判性成果因素的存在(文化不契合)虽然会提高协作通过并购结束的可能性,但并不是协作解散的可能原因。实际上一项协作的结束常常也并不是通过解散,而是通过合作企业中的一家对协作进行的并购。根据布利克和厄恩斯特(1991)的研究,他们调查的联盟中 78%都是这种情况,鲁尔(Reuer,1998)发现,他调查的 272 家国际合资企业中甚至有 83.8%是通过一个合作伙伴的并购来结束的,并且波森伯格与诺克尔(Pausenberger & Nöcker,2000)对于跨国界德国企业参与的协作也得出了相似的结论。

然而,使用死亡率来测量协作成果并不是没有问题的。如果协作没能实现对它的期望就结束了,那么这种方法可能在大多数情况下是适用的;但是对于那些相反结局的协作来说这肯定是不适用的(Yan & Zeng,1999)。一项解散了或者被并购了的协作并不一定是失败的。戈梅斯—卡塞雷斯(Gommes-Casseres,1987)明确指出,协作的结束甚至可能是成功的一个标志,因为协作可能已经实现了它的目标并且因此不再需要协作了。同样有可能的是,一项协作从一开始在时间上就是有期限的,例如其作为市场进入和开拓战略的一部分,这时短寿命是很普遍的并且可能不如将其视为合资企业的一个潜在特征(Kutschker & Schmid,2008,第894页)。只有在设定期限的协作提早结束的情况下,短寿命才可能是失败的一个标志。

14.5.3　事件研究法

与测量并购成果一样,在最近几十年测量协作成果时也更多地使用了资本市场导向的事件研究法(event studies)(见第4章4.2.4节)。虽然以死亡率为基础的问卷调查和研究倾向于传递出协作高失败率的印象,但是事件研究法的结论指出,平均来说资本市场对公布协作的反应是完全积极的。表14—5给出了用事件研究法研究协作成果的一个标准概况。

表14—5　　　　　　　　　　资本市场导向的协作成果事件研究

	抽样对象	时间区间	累积非正常收益
Burton(2005)	947个协作英国,1993～1995	[−1,0]	+1.55%**
Jones & Danbolt(2004)	229个合资企业英国,1991～1996	[0]	+0.5%***
Park et al.(2004)	272个协作,2001	[−1,0]	+1.49%***
Socher(2004)	1 011个战略联盟,D,1997～2002	[0]	+3.8%***
Gleason et al.(2003)	513个协作,财务部门,1985～1998	[−1,0]	+0.51%***
Ferris et al.(2002)	325个合营企业,SG,1987～1996	[−1,0]	+0.52%***
Chen et al.(2000)	174个合营企业,SG,1979～1993	[−1,0]	+0.96%***
Chan et al.(1997)	345个战略联盟,1983～1992	[0]	+0.64%***
Chung et al.(1993)	230个合资企业,美国,1969～1989	[0]	−0.16%
Chen et al.(1991)	88个合资企业,美国/中国,1979～1990	[−1,0]	+0.71%***
Koh & Venkatraman(1991)	175个合资企业,美国,1972～1986	[−1,0]	+0.87%***
McConnell & Nantell(1985)	136个合资企业,美国,1972～1979	[−1,0]	+0.73%***

注:*** 在1%水平上显著,** 在5%水平上显著。

例如,麦康奈尔和南特尔(McConnell & Nantell,1985)对1972～1979年间136个合资企业公告做了一个抽样调查,表明在公告合资企业的两天之内就获得了统计上显著的平均+0.73%的非正常收益。总体来说,资本市场大约对他们调查的公告中的2/3都产生了积极非正常收益的反应,大多数后来的研究也都得到了相似的结论。总的来说,资本市场导向事件研究法的研究结果因此也得出了下面的结论,即合资企业的公告一般会导致参与企业在资本市场中的价值上升。麦康奈尔和南特尔(1985)也确认,在他们的调查样本中,上升的价值会在协作伙伴之间大致相同地进行分配,后来的研究也都支持这个结论。例如,克鲁切利等(Crutchley et al.,1991)也调查了82家美国—日本合资企业的公告,得出美国合资企业有+1.05%的非正常收益以及日本的合作企业有+1.08%的非正常收益。

进一步的研究表明,结束协作的公告在资本市场上会导致价值损失。在一项总共有1 037个与战略联盟有关的公告研究中,索卡尔(Socher,2004)指出,在公告当天不仅有1 011个建立协作的公告有高达+3.8%的积极非正常收益,而且也有26个战略联盟解散的公告产生了-4.2%显著的消极非正常收益。

更进一步可以指出,资本市场对不同的协作形式有完全不同的反应,伯顿(Burton,2005)在由947个英国的协作公告组成的研究中指出,与其他协作形式的公告相比,建立合资企业的公告明显有一个比较低的非正常收益。尼尔等(Neill et al.,2000)证明,当协作由相似规模的企业组成时,非正常收益会更高。与之相反,不同合作伙伴的协作并不会引起统计上显著的价值上升,这个结论也弥补了之前在问卷调查和死亡研究框架下已经解释过的观察现象。费里斯等(Ferris et al.,2002)确定,资本市场对可以将更多注意力吸引到核心业务上的协作给予更多的回报,与之相比,多元化的协作并不会产生积极的非正常收益。

特别要注意的是,作为评价协作公告的因素,获得技术通道在资本市场中看起来也扮演着一个重要的角色。科尔和文卡特曼(Koh & Venkatraman,1991)以及查恩等(Chan et al.,1997)证明,资本市场会给予技术相关的协作以积极的非正常收益,与之相比,营销或者采购协作并不会引起显著的非正常收益。达斯等(Das et al.,1998)也得到了相似的结果,他的研究表明与营销联盟相比,技术联盟会有更高的非正常收益。索卡尔(2004)确定,与一个不是高科技领域的企业相比,高科技企业的非正常收益明显会更高。此外,研究和开发领域的协作也表现出了特殊的价值上升,就像最近琼斯和丹伯特(Jones & Danbolt,2004)以及卡姆帕特和菲斯特(Campart & Pfister,2007)已经证明的那样。

这里介绍的研究结果都是以短期观察为基础的,在这个短时间内分析资本市场对协作公布的反应。可以观察到的是,这些反应是以资本市场的期望为基础的,而并没有将协作实际上取得的成果评价作为基础。在大多数有关协作成果的事件研究中,使用的时间段都是公布前后几天的时间。只有很少的研究会选择长期的观察时间。格莱森等(Gleason et al.,2003)的研究在这个方面就是一个例外,作者研究了由513个财务部门协作组成的抽样调查,不仅仅涉及公布时间点的非正常收益,而且也涉及协作公布后6个月、12个月、18个月时间内的非正常收益。这三个时间段中的每一个他们都能证明有显著的积极非正常收益。与此相比,费里斯等(2002)研究的时间段是一直到协作公布的36个月后,而他查明这个时间段的大部分时间可能并没有出现统计上显著的非正常收益。

14.6 参考文献

Albach,H.(1992):Strategische Allianzen,strategische Gruppen und strategische Familien,in:*ZfB*,Jg.62,Nr.6,pp.663—670.

Backhaus, K. & Piltz, K. (1990): Strategische Allianzen-eine neue Form kooperativen Wettbewerbs?,in:*Backhaus*,K.& Piltz,K.(Hrsg.):ZfbF Sonderheft Nr.27 "Strategische Allianzen",pp.1—10.

Backhaus, K. & Plinke, W. (1990): Strategische Allianzen als Antwort auf veranderte Wettbewerbsstrukturen,in:Backhaus,K.& Piltz,K.(Hrsg.):ZfbF Sonderheft Nr.27 "Strategische Allianzen",pp.21—33.

Balling, R. (1998): Kooperation. Strategische Allianzen, Netzwerke, Joint Ventures und andere Organisationsformen, 2. Aufl., Peter Lang, Frankfurt am Main.

Bleeke, J. & Ernst, D. (1991): The way to win in Cross-Border Alliances, in: *Harvard Business Review*, Nov/Dec 1991, pp. 127—135.

Brandenburger, A. & Nalebuff, B. (1996): Coopetition, New York u. a.

Bronner, R./Mellewigt, T. (2001): Entstehen und Scheitern von Strategischen Allianzen in der Telekommunikationsbranche, in: *Zeitschrift für betriebswirtschaftliche Forschung*, 53. Jg., pp. 728—751.

Burton, B. (2005): Concurrent capital expenditure and the stock market reaction to corporate alliance announcements, in: *Applied Financial Economics*, 15, 715—729.

Campart, S. & Pfister, E. (2007): Technology, Corporation and stock market value: An event study of new partnership announcements in the biotechnology and pharmaceutical industry, in: *Economics of Innovation and New Technology*, Vol. 16 (1), pp. 31—49.

Chan, S. H., Kensinger, J. W., Keown, A. J. & Martin, J. D. (1997): Do strategic alliances create value? in: *Journal of Financial Economics*, Vol. 46, pp. 199—221.

Chen, H., Hu, M. Y. & Shieh, J. (1991): The wealth effect of international joint ventures: The case of U. S. investment in China, in: *Financial Management*, Vol. 20, pp. 31—41.

Chen, S.-S., Ho, K. W., Lee, C. & Yeo, G. H. H. (2000): Investment Opportunities, free cash flow and market reaction to international joint ventures, in: *Journal of Banking & Finance*, Vol. 24, pp. 1747—1765.

Chung, I. Y., Koford, K. J. & Lee, I. (1993): Stock Market Views of Corporate Multinationalism: Some Evidence from Announcements of International Joint Ventures, in: *The Quarterly Review of Economics and Finance*, Vol. 33, No. 3, pp. 275—293.

Cools & Roos (2005): The Role of alliances in corporate Strategy, Boston.

Crutchley, C. E., Guo, E. & Hansen R. S. (1991): Stockholder benefits from Japanese-US joint ventures, in: *Financial Management*, Vol. 20, pp. 22—30.

Das, S., Sen, P. K. & Sengupta, S. (1998): Impact of strategic alliances on firm valuation, in: *Academy of Management Journal*, Vol. 41, No 1, pp. 27—41.

Dunning, J. H. (1995): Reappraising the Eclectic Paradigm in an Age of Alliance Capitalism, in: *Journal of International Business Studies*, Vol. 26, No. 3, pp. 461—491.

Ferris, S. P., Sen, N., Lim, C. Y. & Yeo G. H. H. (2002): Corporate focus versus deiversification: the role of growth opportunities and cashflow, in: *Journal of International Financial Markets, Institutions and Money*, Vol. 12, pp. 231—252.

Gleason, K. C., Mathur, I. & Wiggins, R. A. (2003): Evidence on Value Creation in the financial Services Industry through the Use of Joint Ventures and Strategic Alliances, in: *The Financial Review*, Vol. 38, pp. 213—234.

Gommes-Casseres, B. (1987): Joint Venture Instability: Is it a Problem? in: *Columbia Journal of World Business*, Summer 1987, pp. 97—102.

Hamel, G. (1991): Competition for competence and inter-partner learning within international strategic alliances, in: *Strategic Management Journal*, Vol. 12, pp. 83—103.

Harrigan, K. R. (1988): Strategic Alliances and Partner Asymmetries, in: Contractor, FJ./ Lorange, P. (Hrsg.): Cooperative Strategies in International Business - Joint Ventures and Technology Partnerschips between Firms, Lexington, pp. 205—226.

Hennart, J.-F., Kim, D.-J. & Zeng, M. (1998): The Impact of Joint Venture Status on the Longevity of Japanese Stakes in U.S. Manufacturing Affiliates, in: *Organization Science*, Vol. 9, No. 3, pp. 382—395.

Herzig, N., Watrin, C. & Ruppert, H. (1999): Unternehmenskontrolle in internationalen Joint Ventures-Eine agencytheoretische Betrachtung, in: *Die Betriebswirtschaft*, 57. Jg., H. 6, pp. 764—776.

Hoffmann, W. H. & Schaper-Rinkel, W. (2001): Acquire or ally? A strategy framework for deciding between acquisition and cooperation, in: *Management International Review*, Vol. 41, No. 2, pp. 131—159.

Holtbrügge, D. (2005): Management internationaler Strategischer Allianzen, in: Zentes, J., Swoboda, B. & Morschett, D. (2005, Hrsg.): Allianzen und Netzwerke in der realen und der virtuellen Okonomie. 2. Aufl., Wiesbaden 2005, pp. 1181—1201.

Hungenberg, H. (1998): Strategische Allianzen in der Telekommunikation, in: *Zfbf*, 50. Jahrgang, Nr. 5, pp. 479—498.

Inkpen, A. C. (1996): Creating knowledge thorough collaboration, in: *California Management Review*, Vol. 39, No. 1, pp. 123—140.

Jones, E. & Danbolt, J. (2004): Joint venture investments and the market value of the firm, in: *Applied Financial Economics*, Vol. 14, pp. 1325—1331.

Kogut, B. (1988): A Study of the Life Cycle of Joint Ventures, in: Contractor, FJ./Lorange, P. (Hrsg.): Cooperative Strategies in International Business-Joint Ventures and Technology Partnerschips between Firms, Lexington, pp. 169—185.

Kogut, B. (1991): Joint ventures and the option to expand and acquire, in: *Management Science*, Vol. 37, No. 1, pp. 19—33.

Koh, J. & Venkatraman, N. (1991): Joint Venture Formations and stock market reactions: An assessment in the information technolgy sector, in: *Academy of Management Journal*, Vol. 34, No. 4, pp. 869—892.

KPMG (1997): Joint Ventures: A Triumph of Hope over Reality, London.

Krystek, U. & Zur, E. (2002): Strategische Allianzen als Alternative zu Akquisitionen? in: Krystek. U. & Zur, E. (Hrsg.): Handbuch Internationalisierung: Globalisierung - eine Herausforderung für die Unternehmensführung, 2, völlig neu bearb. und erw. Aufl., Berlin 2002, pp. 203—221.

Kutschker, M. (1994): Strategische Kooperationen als Mittel der Internationalisierung. In: Schuster, L. (1994, Hrsg.): Die Unternehmung im internationalen Wettbewerb. Erich Schmidt, Berlin, pp. 121—157.

Kutschker, M. & Schmid, S. (2008): Internationales Management, 6. Auflage, München.

McConnell, J. J. & Nantell, T. J. (1985): Corporate Combinations and Common Stock Returns: The Case of Joint Ventures, in: *Journal of Finance*, Vol. 40, pp. 519—536.

Michel, U. (1996): Wertorientiertes Management Strategischer Allianzen, Vahlen, München.

Morschett (2005): Kooperationen, Allianzen und Netzwerke: Grundlagen-Ansätze -Perspektiven, 2. Auflage, Wiesbaden.

Neill, J. D. , Pfeiffer, G. M. & Young-Ybarra, C. E. (2000): Technology R&D alliances and firm value, in: *Journal of High Technology Management Research*, Vol. 12, pp. 227—237.

Neumann, J. von & Morgenstern, O. (1944): Theory of games and economic behavior, Princton.

Park, N. K. , Mezias, J. M. & Song, J. (2004): A resource-based view of Strategic Alliances and Firm Value in the electronic marketplace, in: *Journal of Management*, Vol. 30 (1), pp. 7—27.

Pausenberger, E. (1993): Unternehmenszusammenschlusse, in: Wittmann, W. (Hrsg.): Handwörterbuch der Betriebswirtschaft, 5. Auflage, Stuttgart, Teilband 3, pp. 4436—4448.

Pausenberger, E. & Nöcker, R. (2000): Kooperative Formen der Auslandsmarktbearbeitung, in: Schmalenbachs Zeitschrift für betriebswirtschaftliche Forschung, 52. Jahrgang, Juni 2000, pp. 393—412.

Porter, M. E. & Fuller, M. B. (1989): Koalitionen und globale Strategien, in: Porter, M. E. (Hrsg.): Globaler Wettbewerb: Strategien der neuen Institutionalisierung, Wiesbaden 1989, pp. 363—399.

Reuer, J. (1998): The Dynamics and Effectiveness of International Joint Ventures, in: *European Management Journal*, Vol. 16, No. 2, pp. 160—168.

Semlinger, K. (2007): Effizienz und Autonomie in Zulieferungsnetzwerken-Zum strategischen Gehalt von Kooperationen, in: Sydow, J. (Hrsg.): Management von Netzwerkorganisationen, Wiesbaden, pp. 29—74.

Socher, C. (2004): Does partnering pay off? -Stock Market Reactions to strategic alliance announcements in Germany. Working Paper, University of Munich.

Sydow, J. (1992): Strategische Netzwerke: Evolution und Organisation, Nachdruck der 1. Auflage.

Wiesbaden. Weston, J. F. , Siu, J. A. & Johnson, B. A. (2001): Takeovers, Restructuring & Corporate Governance, 3 rd ed. , Upper Saddle River.

Windeler, A. (2005): Netzwerktheorien: Vor einer relationalen Wende? in: Zentes; J. , Swoboda, B. & Morschett, D. (Hrsg.): Kooperationen, Allianzen und Netzwerke, 2. Auflage, Wiesbaden, pp. 211—233.

Williamson, O. E. (1990): Die Ökonomischen Institutionen des Kapitalismus-Unternehmen, Märkte und Kooperationen, Tubingen.

Yan, A. & Zeng, M. (1999): International Joint Venture Instability: A Critique of Previous Research, A Reconceptualization, and Directions for Future Research, in: *Journal of International Business Studies*, Vol. 30, No. 2, pp. 397—414.

卖方视角的并购:撤资

从卖方的视角来看,并购意味着撤资。除了增长决策以外,以撤资形式进行的收缩决策是保证企业成功的另一种战略措施,因此撤资和并购是一个硬币的两面。在本章深入研究不同的撤资形式和撤资决策的原因之前,我们首先要解释撤资的概念。紧接着我们再介绍撤资过程的每个阶段:战略计划、寻找有潜力的买家以及谈判和签约。撤资的经验研究结果也使这一章更完整。

本章将要回答如下基本问题:

- 撤资可以划分为哪几种形式?
- 为什么企业部门会被撤资?
- 典型的撤资过程是怎样进行的?
- 撤资是如何成功进行的,以及成功的撤资取决于哪些因素?

15.1 撤资的定义与形式

在企业管理学中,可以发现撤资概念有各种各样的定义(Jansen,1986,第25页),一般财务学的定义是将撤资视为把投入的资金释放出来,根据这个定义,撤资是投资的反义词。在战略管理的情境下,撤资可以理解为关闭、偿还或者继续出售子公司或者总公司可以分割的部门(业务单位、工厂)。在并购意义下,撤资可以视为是将子公司或者总公司可以分割的一个部门出售给一个或者多个其他公司(Dohm,1988,第2页),这里进行撤资的企业将继续存在。撤资后,一个或多个业务部门中的撤资对象可能会由新的所有者来继续经营管理。因此,撤资代表了总体资产价值的所有权、领导权以及控制权的转移。

我们可以将撤资划分为不同的形式。如果撤资对象的业务将继续进行,那么可以分为出售和产权分拆。如果与之相反,放弃撤资对象的业务,那么可以分为关闭和变现。所有撤资形式的前提条件是撤资对象可以与企业的其他部分进行明确的划分。如果要对不是独立自主的企业单元进行撤资,例如,一个子公司,那么为了明确地划分撤资对象,企业首先必须进行重组。

在出售的过程中,将法律上独立的企业部门或者至少组织上可以分开的企业部门(例如,一个工厂)出售给一个或者多个法人或者自然人,在这里涉及的是否是已经存在的或者为了出售目的而新建立的子公司都无关紧要。在出售子公司多数股份的过程中,母公司会失去对撤资对象的控制,所有权和控制权都移交给了买方。如果出售通过现金支付进行的话,那么可以用来偿还债务或者进行分红的资金就流向了卖方。通常只要被撤资的企业领域不是独立自主的企业单元,在出售之前都要将其从企业集团中分拆出来。在德国,母公司与撤资对象的分拆要根据《转化法》的执行细则进行。根据分拆的法律概念,《转化法》中企业分割有下面的形式:分裂、拆分和剥离(见图 15—1)。转移的权利载体至少要将它的资产分为两部分,这对于所有的分拆形式来说是共性。[①] 在一个所谓部分的整体所有权接替过程中,至少要有一部分所有权转移到已经存在或者新建立的法人。与之相对应,作为补偿进行接管的法人要支付自己的股票份额给出售方(Hirte,2007,第 556 页)。

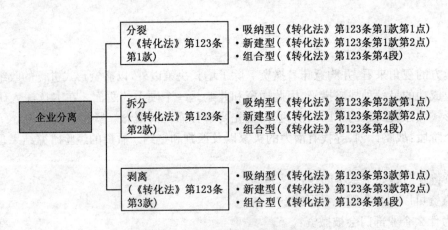

图 15—1 《转化法》规定的分离形式

在分裂的过程中,转移法人的全部资产和负债都要进行分割并且至少转移给两个其他法人。这里涉及的可能是已经存在的企业(对于吸纳型分裂)或者是一个新建立的企业(对于新建型分裂)。此外,两种选择是可以混合的(《转化法》第 123 条第 4 款)。在分离的过程中,被转移的企业将不再作为独立自主的法律单元存在。作为对失去股份的补偿,被转移企业的股东将获得进行接管法人的股票(Picot & Müller-Eising,2004,第 259 页)。当母公司无法提供给子公司根据母合优势准则可以得到的额外利益回报时,就会特别考虑这种撤资形式。由于解散母公司和向子公司进行转移的成本很高,所以在企业管理实践中分裂相对很少见。

与分裂有区别的是,在拆分(spin-off)中,原来的法人将作为法律单元继续存在,因为它仅仅将资产的一部分转移给一个或多个其他的法人。就像在分裂中一样,资产的拆分也可以在已经存在的或者新的法人上进行,此外也可能使用两者结合的形式。作为补偿,会向被转移企

---

① 如前所述,法律上必须区分企业作为经济管理组织和后台经营企业的法人和所有者。

业的股东提供目标企业(们)的股票。在拆分中也会涉及一部分的分裂,在这一部分中,原始企业会剩余一部分资产。被拆分的企业将作为空壳公司继续存在,但是对被拆分出去的企业部分就不再有权利了(Bühner,1998,第810页)。2005年,拜耳公司将它业务中的最大部门拆分给新建立的朗盛(Lanxess)公司。作为拆分的回报,拜耳的股东以10:1的定额比例获得了朗盛公司的全部股票,这意味着拥有10股拜耳股票的股东可以额外获得1股朗盛公司的股票。拜耳公告重组以及将化学和聚合体业务拆分出去在资本市场引起了非常积极的反应。在公告当天(2003年11月7日)拜耳股票就上涨了大约9%。

像拆分一样,剥离可能仅仅是原始企业的一部分资产转移到新的或者已经存在的法人上,被转移企业在这种情况下也将保持继续存在。与拆分相比唯一的区别在于人,也就是作为对于资产转移的回报能够获得接管企业或者说是新企业股票的人。在拆分时这些人是被转移者的股东,然而在剥离时它们是被转移企业自身。对于被转移法人的股东来说,并没有直接的股份变化。被转移的公司只是用资产来交换接管法人的股票。

在产权分拆新股发行的过程中,少部分股票会在证券市场上出售给法律上独立的企业部分,或者说子公司,这里可以分为初始分拆上市和二级分拆上市。在初始分拆上市的框架下,即将出售的股票是由于撤资对象增资而刚刚获得的,然而在二级分拆上市中即将出售的股票是来自于母公司的持股(Achleitner & Wahl,2003,第23页)。产权分拆与变卖显示出了强烈的相似性,与变卖相比,在产权分拆中,并不会将多数股票出售给一家企业或者其他的投资者,而是在证券市场上出售少数股票。如果在证券市场中将多数股票卖给一家子公司,那么我们就称为子公司新股发行。

如果即将被撤资的企业部门达到了首次公开发行的前提条件,那么可以考虑用产权分拆或者子公司新股首次公开发行的形式来进行撤资。在德国,《交易所法》、《上市许可规定》以及《证券章程法》都对准许的前提条件进行了规定。如果进行撤资的企业在以后的时间会决定将其出售,那么上市可能简化有关购买价的谈判。但是上市对于未来的出售意图来说可能是不利的,因为潜在的未来买家现在不能直接获得100%的股票,而是要取决于新股东的态度。2007年7月,西门子公司首先想要以产权分拆的形式使它们的西门子VDO自动化业务领域上市。在首次公开发行后,西门子通过在VDO西门子占有多数股权而继续对其自动化业务领域施加影响。上市的计划,对竞争者德国大陆集团产生了影响,它在2007年4月就已经表达过对接管VDO的兴趣。在2007年7月德国大陆集团在与美国的汽车配件厂TRW的出价竞争中,将它对VDO的出价从原来的100亿欧元提高到了114亿欧元。此后,西门子将它的业务领域VDO卖给了德国大陆集团而并没有进行之前决定的首次公开发行(Heise Online,"西门子会彻底改建:大陆集团购买了VDO西门子",2007年7月25日)。

对以获得撤资对象业务为目标的撤资形式进行补充,可以发现与放弃被撤资企业部门业务相关的撤资形式,这里也可以分为关闭和变现。关闭描述的是暂时或者永久地放弃生产活动,变现指的是结束一家企业或者企业部门的工作并且出售它的资产。

15.2　决定撤资的原因

为什么企业部门会被撤资呢?原因可以分为两类:企业特定的与所有者特定的。当预期企业剩下的相关业务单位会失去价值时,就是企业特定的出售原因。因此撤资避免了令人担心的减值并且取而代之实现了单位机构现在的价值。当企业进行相关业务活动的条件已经改变，或者说变得可以预见时，这种情况就可能会出现。需求下降、竞争者的新技术和革新都可能会引起这样的改变。通过对一些部门的撤资，企业可以聚焦于剩下的部门。撤资可以发生在企业投资组合的重新定位之前，或者说管理层会清除掉投资组合中那些不能再创造额外价值的组成部分。

业务领域投资组合重新定位的一个恰如其分的例子就是林德公司。当卡尔·冯·林德（Carl von Linde）在1879年成立这家企业的时候，它首先从事的是制冷技术领域；1907年这家企业就已经将它的经营范围扩展到了工业气体领域；随后，1943年和1958年又扩展到了设备制造以及铲车业务领域。在林德集团公司战略性重新定位的过程中，重组措施出现于2001年。在那之后，公司将工业气体和设备制造领域合并到了一起。2004年，林德以3.25亿欧元的价格将传统的业务分支——电冰箱——卖给了美国企业开利（Carrier）公司，这样林德就与企业最初成立时的初创业务分离了。紧接着2006年以117亿欧元的价格并购了英国工业气体制造商BOC。为了交易的部分融资以及想进一步聚焦于工业气体业务，林德以40亿欧元的价格把传统的铲车部门出售给了凯安集团。

并购后的投资组合净化是另一个决定撤资的企业特定原因。并购的过程中，买方企业经常会获得目标企业中那些不适合企业总体投资组合的业务领域和子公司。因此，在投资组合净化的过程中，买方企业致力于对这些企业部门进行撤资。有效投资组合管理的一个例子是巴斯夫股份公司（见图15-2）。在1997~2006年，巴斯夫公司并购了大量的企业，这些企业的营业额总计高达130亿欧元。由于各种各样的并购，一些业务领域变得不再适合总公司的投资组合了，所以后来巴斯夫公司就将自己与那些业务领域分开。为此巴斯夫公司卖掉了累计营业额高达110亿欧元的业务领域。此外，巴斯夫公司关闭了大量的合资企业，而它曾经将一些企业部门剥离到这些合资企业中。

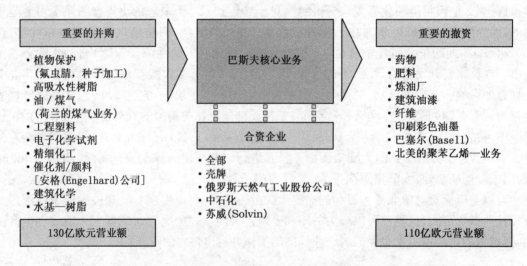

图15-2　1997~2006年巴斯夫股份有限公司在收购之后所进行的投资组合净化

所有者特定的撤资原因特别在中小企业中扮演重要的角色。在这些企业中，接班人多半是决定撤资的一个最重要的所有者特定原因。特别是在那些所有者和管理者功能没有相互分离的企业中，当所有者欲从企业中退出并且没有找到合适的继承者时，经常就会出售企业。但是为了确保企业经营的连续性，大多数情况下出售是最后的方法。在不完全资本市场的假设下，老合伙人的财务"瓶颈"也是另外一个所有者特定的撤资原因。因为在这些情况下，时间上的行动余地大多是非常受限的，出售经常是计划外的并且非系统化的。因此在这样紧急出售的过程中，卖方必须常常要承受相关企业部门价值的损失（Rechsteiner,U.,1994，第 47 页）。

15.3 撤资过程的阶段

撤资过程描述的是战略性决策过程，它可以分为三种典型阶段：战略性规划、寻找有潜力的买家以及谈判和签约阶段。在撤资过程的第一个阶段，即战略性规划，要识别出撤资对象。为此要分析，一个特定的企业部门是否出于上面提到的撤资原因而不应该再成为总体投资组合的一部分。

第二个阶段的内容是为撤资对象寻找潜在的买家。为了加速寻找买家，卖家一般会在一个信息备忘录上总结出最重要的企业信息。此外，也可能会委托他人进行一项供应商尽职调查，这使得有兴趣购买的人可以更简单地评估目标对象以及在这样评估的基础上提交购买出价。

信息备忘录涉及的是对购买对象的描述，借助这些描述会唤起潜在买家对撤资对象的兴趣。信息备忘录大多以报告的形式寄给有兴趣的投资者。这其中包含的信息都是机密，信息备忘录包含企业领域的信息、它的绩效以及它的业务计划。由此，它还含有关于企业部门领域所处市场和竞争环境的说明。在信息备忘录的形成过程中，要在提供给潜在投资者足够信息的必要性以及详细信息泄露到竞争者那里的危险性之间取得平衡。

为了进一步支持出售过程，除了信息备忘录之外，卖家还可以委托进行一项供应商尽职调查（详细的描述见第 5 章"买方尽职调查"），这里涉及的是由卖家推动进行的一项尽职调查，时间上要在潜在买家的尽职调查之前进行。在供应商尽职调查的过程中，要从未来投资者的角度出发，对撤资对象的机会和风险两方面进行分析。与建立信息备忘录相比，供应商尽职调查并不是由卖家自己进行的，而是由卖家委托独立的第三方进行，由此可以期待，它可以向潜在购买者传达信任（Nawe & Nagel,200,第 512 页），例如这可能是一个审计师事务所。在研究结束后，供应商尽职调查的结果会以详细的供应商报告形式记录下来。考虑到保守秘密的义务，这份报告只会呈递给有限的准买家。

在谈判和签订购买合同阶段，卖家与准买家进行销售谈判。这里卖家必须要决定，是想要以排外的个别谈判形式还是以拍卖的形式来出售其企业或者说其企业部门。如果卖家与一个它选中的准买家进行双边谈判的话，那么首先可能也为进行买家尽职调查提供了可能性。在谈判过程中，中间结果可以记录在一个谅解备忘录上，并且要简单陈述那些选择和合同草案。接下来可能是签署购买合同以及将企业转移给买家。

与双边谈判相比，在受限的拍卖中，卖家并不是从出售过程一开始就确定了买家。相反，这里卖家会有意识地选出多个潜在买家，与它们进行谈判。一般在每一个准买家提交了一份保密协议之后，卖家就会将其他的企业数据公开。在那之后，感兴趣的人可以在规定的期限内提交第一个要约。这除了包括价钱之外，大多还包括潜在投资者的经济形势、计划的交易特征以及整合战略。借助这些要约卖家会考察，要允许哪些潜在的投资者进入接下来的一轮拍卖。准买家之间的竞争形势也使获得更高的销售价成为可能。同时对卖家来说，也提高了交易成本。除了前面已经提到的出售可能性之外,公开拍卖也是出售企业的另一种形式。与受限的拍卖相比,这里卖家并不会限制投资者的范围,相反,它会公布它的销售意图并且这样首先定位在匿名买家范围。公开拍卖的一个缺点在于信息会传播到一个更大的买家范围内。由此也要注意,只有当多个购买者都有兴趣购买这个将要出售的企业或者说是将要出售的企业部门时,才可以有效地使用这种形式出售企业。其他情况下就会存在着危险,即与拍卖过程相关的成本会过度抵消掉在一个可能更高的销售价中能够预见得到的优势。

如果找到了一个合适的买家并且买家和卖家就合同内容已经达成了一致,那么在股份交易或者资产交易的形式下撤资对象就转移到了买家的资产中。在这个阶段之后,对卖家来说撤资过程就结束了;反之,买家在交易结束后接下来就要完成交易对象在其企业中进行整合的挑战(见第8章)。

15.4　撤资的经验性研究结论

撤资决策的成果同样可以像并购成果那样进行经验性研究。绝大多数研究会使用事件研究法来评价撤资的成果,由此要研究资本市场对公告撤资的反应(见第3章)。成果研究可以根据被调查的撤资种类的不同(变现、变卖、分拆和剥离)而进行分类。在很长一段时间内,对撤资成果效应的研究成为美国资本市场上的研究重点,然而在最近这几年对欧洲和德国的撤资成果的研究也增加了。只有考虑到这种更新的研究结果才能得出一个全面的概观。苏达萨纳(Sudarsanam,2003)和奥斯特罗斯基(Ostrowski,2007)给出了经验性研究的一个详细概况。

表15-1总结了选出的一些有关撤资经验性研究的最重要特征和研究结果,这些描述是根据调查的撤资类型而进行排序的。给出了每个研究的时间段、交易数量以及所在的地理位置。由此经验性研究也可以根据事件时间的长短来进行区分,而这个时间长短是调查非正常收益的基础;研究时间段的长度不同也可能获得不同的研究结果。在表15-1中仅仅展示了,那些只涉及公告撤资种类时间点前后很短时间的研究或者结果,在这些研究的描述和讨论之后紧接着会简短地深入研究长期的结果。实际上所有有关撤资的研究都表明,资本市场会对公告产生积极的反应。因此,进行撤资企业的股东就会从计划好的撤资中获利。

表15-1　　　　　　　　　　撤资决策的经验性研究结果

作者	样本(时间间隔;国家;次数)	区间	显著性
清算			
Hite et al.(1987)	1963～1983;美国;49	[-1;0]	12.24%***
Akhigbe;Madure(1996)	1970～1992;美国;81	[-1;0]	7.99%**
Sullivan et al.(1997)	1963～1989;美国;173	[-1;0]	9.19%**
分裂			
Klein(1986)	1970～1979;美国;202	[0]	1.12%***
Hite et al.(1987)	1963～1983;美国;55	[-1;0]	1.66%***
Afshar et al.(1992)	1985～1986;英国;178	[-5;-1]	1.18%***
		[0;+5]	-1.20%***

作者	样本(时间间隔;国家;次数)	区间	显著性
Lang et al.(1995)	1984~1989;美国;93	[-1;0]	1.41%***
Slovin et al.(1995)	1980~1991;美国;179	[0;+1]	1.70%***
Mulherin;Boone(2000)	1990~1999;美国;139	[-1;+1]	2.60%***
Kaiser;Stouraitie(2001)	1984~1994;英国;590	[-1;0]	1.2%**
Schereck;Stienemann(2004)	1989~2002;德国;147	[-1;1]	0.66%**
Cooney et al.(2004)	1994~2000;澳大利亚;223	[0;+1]	1.15%***
Kiymaz;College(2006)	1989~2002;美国;205	[0;+1]	3.07%***
分拆			
Hite;Owers(1983)	1963~1981;美国;123	[-1;0]	3.30%***
Vijh(1994)	1964~1990;美国;113	[-1;0]	2.90%***
Allen et al.(1995)	1992~1991;美国;94	[-1;0]	2.15%***
Slovie et al.(1995)	1980~1991;美国;37	[0;+1]	1.32%**
Mulherin;Boone(2000)	1990~1999;美国;106	[-1;+1]	4.51%***
Kirchmaier(2003)	1989~1999,欧洲,48,	[-1;+1]	5.40%***
Veld;Veld-Merkoulova(2004)	1987~2000;欧洲;156	[-1;0]	1.74%***
	德国;13	[-1;0]	2.49%***
Schiereck;Stienemann(2004)	1989~2002;德国;3	[-1;1]	4.92%***
Sudarsanam;Qian(2007)	1987~2005;欧洲;157	[-1;0]	4.24%***
剥离			
Schipper;Smith(1986)	1963~1983;美国;76	[-1;0]	1.83%***
Slovin et al.(19950)	1980~1991;美国;32	[0;+1]	1.23%**
Mulherin;Boone(2000)	1990~1999;美国;125	[-1;+1]	2.27%***
Langenbach(2001)	1984~1999;德国;32	[-1;0]	1.42%kA.
Hulbert et al.(2002)	1981~1994;美国;185	[-1;+1]	1.92%***
Vijh(2002)	1980~1997;美国;336	[-1;+1]	1.93%***
Schiereck;Stienemann(2004)	1989~2002;德国;49	[-1;1]	1.20%***
Hand(2006)	1981~1995;美国;265	[-1;+1]	2.29***

注:***,** 在 1% 和 5% 的水平上显著;没有关于显著性的信息。

如果对不同撤资形式的研究结果进行比较,那么肯定会发现某种区别。一个很极端而且同时很少使用的撤资形式是清算,清算中会对相关企业进行分割,也就是会单独出售资产价值,而不是捆绑着一起出售给其他投资者或者以发行股票的形式独立出去。这些研究指出,在公告时间前后进行撤资的企业会出现高度显著的价值增加(Hite et al.,1987;Akhibe & Madura,1996;Sullivan et al.,1997)。而这与其他的撤资形式相比基本上会更高一些。高的非正常收益主要是由于,相关企业原先是过度分散的并且对业务层面资产的使用是没有效率的。由于单个资产价值会高于它们过去以结合形式产生的价值,所以就更偏向于将企业业务继续进行分割(Hite et al.,1987,第234页)。

与清算相比,变卖、分拆和剥离基本上会更经常成为经验性研究的对象,并且也会更经常作为撤资形式来使用。还有这些交易会在公布时间点前后获得显著积极的收益,但是这会比清算获得的收益少一些。在这些研究结果的比较中很引人注目的是,平均来说与变卖和剥离相比分拆会引起更高的股价反应(除了那些表格中描述的研究外,还有 Rosenfeld,1984;Michaely & Shaw,1995;Bühner,1998 和 Chemmanur & Paeglis,2001)。与之相反,变卖和剥离在股价反应的程度方面并没有本质的差别。分拆中更高的股价反应可能是由于多个原因决定的。与变卖和剥离不同的是,分拆中股东会从撤资中直接获利。进行撤资企业的管理层从拆分中并不会额外获得可以投资于非营利项目的资金[对此在第3章解释过的詹森和梅克林(Jensen & Meckling,1976)的自由现金流假设]。此外,分拆也与信号效用有关,通过放弃这项销售收益,企业管理层向资本市场传达了这样的信息,即企业处于稳定状况中,并且进行撤资并不是出于偿还的原因或者是由于企业危机,而是仅仅出于战略考虑。

大量的研究也调查了那些明显超过公告天数的事件时期。部分来说,研究中的事件时期会延伸到公告前后的几周或者几个月(Hite & Owers,1983;Jain,1985;Seward & Walsh,1996;Pellens,1993)。相反,其他研究也有针对性地深入研究了撤资准备阶段的股价发展(Skantz & Marchesini,1987;Kaserer & Ahlers,2000;Kirchmaier,2003)以及接下来这种交易中的股价发展(Cusatis,1993;Vijh,1999;Madura & Nixon,2002)。在对这些研究结果进行解释时,必须要考虑撤资形式以及选择的时间段。

与公告时期的研究结果相比,长期研究的结果是互相矛盾的。卡瑟尔与阿勒尔(Kaserer & Ahlers,2000)在一项有关剥离准备阶段股价发展的研究中表明,撤资会产生显著积极的非正常收益。相反,杰恩(Jain,1985)查明,对变卖来说在公告之前会产生消极的股价发展并且卡基梅尔(Kirchmaier,2003)查明分拆也是如此。

也有一些研究观察了撤资决策后的长期发展,都得到了不一样的结论。卡基梅尔的研究表明,在公告分拆之后,先前母公司的长期股价反应并不一致,并且大多数情况下也不是显著的。然而分拆出去的企业在长期内的发展会好于市场整体表现。与卡基梅尔相比,考塞提斯(Cusatis et al.,1993)确认对先前的母公司以及分拆出去的企业来说,长期内都会产生显著的积极非正常收益。与之相反,迈克尔里和肖(Michaely & Shaw,1995)查明对分拆出去的企业来说,会产生显著消极的非正常收益。马杜罗和尼克森(Madura & Nixon,2002)深入研究了剥离的长期发展,他们指出,这项交易对先前的母公司来说并不成功。与迈克尔里和肖(1995)一样,他们查明剥离出去的企业会产生负面影响。

有关撤资长期成果效用的不同研究结论可以归因于方法问题。在长期的研究时间内,除了核心的撤资以外还有大量的其他事件会对企业的股价发展产生影响,以至于撤资的成果效用会变得不明显,并且可能会被其他的影响所掩盖。

不同的经验性研究也深入研究了撤资成功的决定因素。大部分文献都研究了战略上、财务上以及制度经济上的成功标准。企业想要集中于它们的核心业务被认为是最重要的战略动机。通过撤资,企业可以将自己与那些无关紧要的边缘业务和企业部分进行分离。随着业务的减少,企业结构变得更透明并且管理层也可以集中于他们拥有显著能力的市场和技术。大量的研究指出,与向核心靠拢一起进行的撤资,在资本市场会得到显著积极的评估(John & Ofek,1995;Daley et al.,1997;Desai & Jain,1999;Kaiser & Stouraitis,2001;Vijh,2002;Cooney et al.,2004;Veld & Veld-Merkoulova,2004;Kiymaz & College,2006)。韦尔德和韦尔德—默库勒瓦(Veld & Veld-Merkoulova,2008)进行的 Meta 分析证实了聚焦对分拆的积极影响。[1]

大量的研究深入探讨了进行撤资企业的财务状况对股价反应的影响。阿弗夏等(Afshar et al.,1992)、朗等(Lang et al.,1995)、苏利文等(Sullivan et al.,1997)、马杜拉和尼克森(Madura & Nixon,2002)以及基玛与科莱奇(Kiymaz & College,2006)表明,特别是那些财务状况不佳或者有破产威胁的企业在撤资中会获得较高的积极股价反应。与此相反,库尼等(Cooney et al.,2004)并不能确定股价反应和企业的财务状况之间存在着显著的相互关系。希斯和扎玛(Hearth & Zaima,1984)以及西奇尔曼和皮特威(Sicherman & Pettway,1992)甚至指出,财务稳定的企业会有更高的积极股价反应。因此总的来说,有关撤资财务动机的研究并没有得出明确的结论。

可以将信息不对称的强度视为影响资本市场对撤资反应的另一种潜在影响因素。就像已经解释过的那样,撤资使企业的复杂性降低了。撤资之后投资者可以更好地理解企业结构,并且识别出可能的缺陷评估(Schipper & Smith,1986),投资者密切的监督可以降低代理成本。然而,经验性研究并不能完全支持这些想法,他们得到了不一致的研究结论。[2] 基尔申纳斯瓦密和萨布拉马尼亚(Krishnaswami & Subramaniam,1999)对分拆进行的研究指出,平均来说,在公告撤资的阶段有着更高程度信息不对称的企业会产生更高的非正常收益,与之相比,威尔德和威尔德—默库勒瓦(2004)并没有证出这种相互关系。威尔德和威尔德—默库勒瓦的 Meta 分析(2008)也并没有证明,对于分拆来说,在信息不对称的强度和积极非正常收益的高度之间存在着预期的相互关系。还有在变卖的情况下也并不能确定有显著的影响(Lang et al.,1995)。

15.5 参考文献

Achleitner,A.-K.;Wahl,S.(2003),Corporate Restructuring in Deutschland,Sternenfels:Verlag Wissenschaft und Praxis.

Afshar,K.A.;Taffler,R.J.;Sudarsanam,P.S.(1992),The Effect of Corporate Divestments on Shareholder Wealth:The UK Experience,in:*Journal of Banking and Finance*,Vol.16,No.1,pp.115—135.

Akhigbe,A.;Madura,J.(1996),Intra Industry Effects of Voluntary Corporate Liquidations,in:*Journal of Business Finance & Accounting*,Vol.23,No.7,pp.915—930.

Alien,J.W.;Lummer,S.L.;McConnell,J.J.et al.(1995),Can Takeover Losses Explain Spin-Off Gains? in:*Journal of Financial and Quantitative Analysis*,Vol.30,No.4,pp.465—485.

Bartsch,D.;Borner,C.J.(2007),Werteffekte strategischer Desinvestitionen.Eine Ereignisstudie am deutschen Kapitalmarkt,in:Zeitschrift für betriebswirtschaftliche Fors-

---

[1] 只有巴奇与伯纳(Bartsch & Börner,2007)在他们的研究中得出了相异的结论,即集中度的增加导致市场的负面反应。

[2] 研究成果必须按照不同的撤资形式来分析,因为变卖和拆分对于股东和管理层关系的影响是不同的。

chung,59.Jg.,Nr.1,pp.2—34.

Bühner,R.(1998),Unternehmensspaltung-Motive und Aktienmarktreaktionen,in:*ZF-BF*,50.Jg.,Nr.9,pp.809—840.

Chemmanur,T.J.; Paeglis,I.(2001),Why Issue Tracking Stocks? Insights from a Comparison with Spin-Offs and Carve-Outs,in:*Journal of Applied Corporate Finance*,Vol.14,No.2,pp.102—114.

Cooney,M.R.; Finn,F.; Karl,A.(2004),Australian Divestiture Activity:An Examination of Gains to Sell-Off Announcements,in:*Australian Journal of Management*,Vol.29,Special Issue,pp.135—151.

Cusatis,P.J.; Miles,J.A.; Woolridge,J.R.(1993),Restructuring through Spin-Offs.The stock market evidence,in:*Journal of Financial Economics*,Vol.33,No.3,pp.293—311.

Daley,L.; Mehrotra,V; Sivakumar,R.(1997),Corporate Focus and Value Creation-Evidence from Spin-Offs,in:*Journal of Financial Economics*,Vol.45,No.2,pp.257—281.

Desai,H.; Jain,P.C.(1999),Firm Performance and Focus:Long-run Stock Market Performance Following Spin-Offs,in:*Journal of Financial Economics*,Vol.54,No.1,pp.75—101.

Dohm,L.(1988),Die Desinvestition als Strategische Handlungsalternative,Frankfurt am Main:Peter Lang GmbH.

Hand,J.R.M.(2006),Noise Traders in Event Studies? The Case of Equity Carve-Outs,Working Paper,Kenan-Flagler Business School.

Hearth,D.; Zaima,J.K.(1984),Voluntary Corporate Divestitures and Value,in:*Financial Management*,Vol.13,No.1,pp.10—16.

Hirte,H.(2007),Aktiengesetz und GmbH-Gesetz mit Umwandlungsgesetz,Wertpapiererwerbs- und Übernahmegesetz, Mitbestimmungsgesetzen, 40. überarbeitete Auflage, München:dtv.

Kite,G.L.; Owers,J.E.(1983),Security Price Reactions around Corporate Spin-Off Announcements,in:*Journal of Financial Economics*,Vol.12,No.4,pp.409—436.

Kite,G.L.; Owers,J.E.; Rogers,R.C.(1987),The Market for Interfirm Asset Sales,in:*Journal of Financial Economics*,Vol.18,No.2,pp.229—252.

Hulbert,H.M.; Miles,J.A.; Woolridge,J.R.(2002),Value Creation from Equity Carve-Outs,in:*Financial Management*,Vol.31,No.1,pp.83—100.

Jain,P.C.(1985),The Effect of Voluntary Sell-off Announcements on Shareholder Wealth,in:*Journal of Finance*,Vol.40,No.1,pp.209—224.

Jansen,A.(1986),Desinvestitionen.Ursachen,Probleme und Gestaltungsmöglichkeiten,Frankfurt am Main,Bern & New York:Peter Lang.

Jensen,M.C.; Meckling,W.H.(1976),Theory of the Firm:Managerial Behavior,Agency Costs and Ownership Structure,in:*Journal of Financial Economics*; Vol.3,No.4,pp.305—360.

John,K.; Ofek,E.(1995),Asset Sales and Increase in Focus,in:*Journal of Financial Economics*,Vol.37,No.1,pp.105—126.

Kaiser,K.M.J.; Stouraitis,A.(2001),Agency Costs and Strategic Considerations behind Sell-Offs:the UK Evidence,in:*European Financial Management*,Vol.7,No.3,pp.319—349.

Kaserer, C.; Ahlers, M. (2000), Kursreaktionen anlasslich der Börseneinführung von Tochterunternehmen-Signaling oder verbesserte Unternehmenskontrolle in Konzernen, in: Zeitschrift für betriebswirtschaftliche Forschung,52.Jg.,Nr.6,pp.537—570.

Klein,A.(1986),The Timing and Substance of Divestiture Announcements:Individual, Simultaneous and Cumulative Effects,in:*The Journal of Finance*,Vol.41,No.3,pp.685—697.

Kirchmaier,T.(2003),The Performance Effects of European Demergers,Working Paper,London School of Economics.

Kiymaz,H.; College,R.(2006),The Impact of Announced Motives,Financial Distress, and Industry Affiliation on Shareholders' Wealth:Evidence from Large Sell-Offs,in:Quarterly Journal of Business & Economics,Vol.45,Nos.3 and 4,pp.69—89.

Krishnaswami,S.; Subramaniam,V.(1999),Information Asymmetry,Valuation,and the Corporate Spin-Off Decision,in:*Journal of Financial Economics*,Vol.53,No.1,pp.73—112.

Lang,L.; Poulsen,A.; Stulz,R.(1995),Asset Sales,Firm Performance,and the Agency Costs of Managerial Discretion,in:*Journal of Financial Economics*,Vol.37,No.1,pp.3—37.

Langenbach,W.(2001),Börseneinführungen von Tochtergesellschaften:eine konzeptionelle und empirische Analyse zur Optimierung der Rationalitätssicherung durch Märkte, Wiesbaden,Zugl.:Koblenz,Wissenschaftliche Hochschule für Unternehmensführung,Diss., 2000.

Madura,J.; Nixon,T.D.(2002),The long-term performance of parent and units following equity carve-outs,in:*Applied Financial Economics*,Vol.12,No.3,pp.171—181.

Michaely, R.; Shaw, W. H. (1995), The Choice of Going Public:Spin-Offs vs. Carve-Outs,in:*Financial Management*,Vol.24,No.3,pp.5—21.

Mulherin,J.H.; Boone,A.L.(2000),Comparing Acquisitions and Divestitures,in:*Journal of Corporate Finance*,Vol.6,No.2,pp.117—139.

Nawe, D.; Nagel, F. (2002), Vendor Due Diligence, in: Berens, W.; Brauner, H. U.; Strauch, J. (Hrsg.), Due Diligence bei Unternehmensakquisitionen, 3. Auflage, Stuttgart: Schaffer-Poeschel,pp.509—534.

Ostrowski,S.(2007):Erfolg durch Desinvestitionen.Wiesbaden:Deutscher Universitätsverlage.

Pellens, B. (1993), Börseneinführung von Tochterunternehmen-Aktienmarktreaktionen auf die Performance des Mutterunternehmens, in: *Zeitschrift für betriebswirtschaftliche Forschung*,45.Jg.,Nr.10,pp.852—872.

Picot,G.; Müller-Eising, K. (2004), Gesellschaftsrecht, in: Picot, G. (Hrsg.), Unternehmenskauf und Restrukturierung,pp.258—502.

Rosenfeld, J.D. (1984), Additional Evidence on the Relation between Divestiture Announcement and Shareholder Wealth,in:*Journal of Finance*,Vol.39,No.5,pp.1437—1448.

Rechsteiner, U. (1994), Desinvestitionen zur Unternehmenswertsteigerung, Bamberg: Difo-Druck.

Schiereck, D.; Stienemann, M. (2004), Wertsteigerung durch Desinvestitionen bei großen deutschen Konzernen, in: *Kredit und Kapital*, 37. Jg., Nr. 3, pp. 353—382.

Schipper, K.; Smith, A. (1986), A Comparison of Equity Carve-Outs and Seasoned Equity Offerings: Share Price Effects and Corporate Restructuring, in: *Journal of Financial Economics*, Vol. 15, No. 2, pp. 153—186.

Seward, J.; Walsh, J. P. (1996), The Governance and Control of Voluntary Corporate Spin-Offs, in: *Strategic Management Journal*, Vol. 17, No. 1, pp. 25—39.

Sicherman, N. W.; Pettway, R. H. (1992), Wealth Effects for Buyers and Sellers of the Same Divested Assets, in: *Financial Management*, Vol. 21, No. 4, pp. 119—128.

Skantz, T. R.; Marchesini, R. (1987), The Effect of Voluntary Corporate Liquidation on Shareholder Wealth, in: *The Journal of Financial Research*, Vol. 10, No. 1, pp. 65—75.

Slovin, M. B.; Sushka, M. E.; Ferraro, S. R. (1995), A Comparison of the Information Conveyed by Equity Carve-outs, Spin-offs, and Asset Sell-offs, in: *Journal of Financial Economics*, Vol. 37, No. 1, pp. 89—104.

Sudarsanam, S (2003), Creating Value from Mergers and Acquisitions, Harlow 2003.

Sudarsanam, S.; Qian, B. (2007), Catering Theory of Corporate Spin-Offs: Empirical Evidence from Europe, Working Paper, Cranfield University.

Sullivan, M. J.; Crutchley, C. E.; Johnson, D. J. (1997), Motivation of Voluntary Corporate Liquidations: Distress, Agency Conflicts, and Shareholder Gain, in: *Quarterly Journal of Business and Economics*, Vol. 36, No. 2, pp. 3—18.

Veld, C.; Veld-Merkoulova, Y. V. (2004), Do Spin-Offs Really Create Value? The European Case, in: *Journal of Banking & Finance*, Vol. 28, No. 5, pp. 1111—1135.

Veld, C.; Veld-Merkoulova, Y. V. (2008), Value Creation through Spin-Offs: A Review of the Empirical, Working Paper, University of Sterling.

Vijh, A. M. (1994), The Spin-Off and Merger Ex-Date Effects, in: *The Journal of Finance*, Vol. 49, No. 2, pp. 581—609.

Vijh, A. M. (1999), Long-term Returns from Equity Carve-Outs, in: *Journal of Financial Economics*, Vol. 51, No. 3, pp. 273—308.

Vijh, A. M. (2002), The Positive Announcement-Period Returns of Equity Carve-Outs, in: *The Journal of Business*, Vol. 75, No. 1, pp. 153—190.

作者简介

Prof. Dr. Martin Glaum

Professor of International Accounting Justus-Liebig-University Giessen
He was Visiting Professor at several universities，e. g. at Universität St.
Gallen，University of Glasgow，DePaul University（Chicago）and University
of Michigan，Ann Arbor.Martin.Glaum@wirtschaft.uni-giessen.de

马丁·格劳姆　博士、教授
吉森大学国际会计教席
曾经担任瑞士圣加仑大学、英国格拉斯哥大学、美国芝加哥德保罗大学和密西根大学访问教授

Univ.-Prof. Dr. Thomas Hutzschenreuter

Professor of Corporate Strategy and Governance an der WHU Otto Beisheim School of
Management in Vallendar/Germany.
He was previously Professor or Visiting Professor at Boston University，Duke University
（Fuqua School of Business）and Bucerius Law School Hamburg.
Thomas. Hutzschenreuter@whu.edu

托马斯·赫特施莱因特　博士、教授
德国奥托贝森管理学院企业发展和公司治理教席
曾经担任美国波士顿大学、杜克大学福库商学院和汉堡法学院教授或者访问教授

Prof. Dr. WANG Xuyi

Professor of PwC-Chair for Accounting and Controlling CDHK Tongji University
Vicedirector of Selten-institut of economy and management Tongji university
Guest professor of Ruhr University Bochum，University of Göttingen，esmt，
WHU，University of Münster and University of Zürich
wangxy@tongji.edu.cn

王煦逸　博士、教授
同济大学中德学院普华永道会计和管理控制讲座教授
同济大学泽尔腾经济管理研究所副所长
德国波鸿鲁尔大学、哥廷根大学、德国 ESMT 商学院、奥托贝森管理学院和明斯特大学以及瑞士苏黎世大学
客座教授